卢晓衡 —————— 著

走出湾塘
志在卫国

卢伟如
的
革命人生

社会科学文献出版社
SOCIAL SCIENCES ACADEMIC PRESS (CHINA)

图 1　卢伟如（1919.10—1985.1）

图 2 任三大队政委时摄于大岭山下青竹笋
村后面的树林中（1943 年 6 月）

图 3 着国共合谈处军服留影（1946 年
7 月 11 日摄于烟台）

图 4 穿八路军军装留影
（1946 年 7 月 11 日摄于
烟台）

图 5 1948 年 3 月 14 日，攻克洛阳第 3 天，第二十三
团副团长卢伟如（中）、参谋长方晓（左）、政治处主任
齐安国（右）合影留念

图 6　1950 年 5 月舟山群岛全部解放后留影

图 7　20 世纪 50 年代留影

图 8　1952 年春，与训练部副部长段仲宇（左）和黄迪菲（右）在炮校办公楼前合影

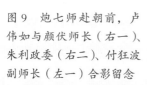

图 9　炮七师赴朝前，卢伟如与颜伏师长（右一）、朱利政委（右二）、付狂波副师长（左一）合影留念

图10　上甘岭战役中炮七师指挥所，左二为参谋长贺进恒、左三为实习副师长卢伟如、左四为政委朱利

图11　在被炮七师炮火摧毁的联合国军炮兵阵地上留影

图12　1953年反登陆战备中，与参谋长贺进恒（左）在朝鲜中坪里坑道口留影

图 14　1955 年秋，在苏联留影

图 13　1953 年秋，停战后于板门店留影

图 15　1955 年秋，在
苏联时着军装留影

图 16　1956 年中国炮兵留学人员与苏联炮兵指挥学院领导、教员合影，前
排右三为卢伟如

图 17　1964 年冬，炮兵科学技术研究院副院长卢伟如（中）陪同院长孔从洲（右）视察第一研究所工作，左为王仁德所长（原政委）

图 18　1979 年 1 月，卢伟如副参谋长（左四）率团赴英国考察军事技术装备时，与英国公司人员合影

图 19　1982 年 9 月，卢伟如副司令员（左三）在北京南口靶场察看高炮威力与飞机易损性实验效果

图20　1982年11月，广州军区新领导班子合影，左六为王猛政委、左七为尤太忠司令员、右四为卢伟如

图21　在广州与军区指战员一起植树（摄于1983年春）

图22　1983年12月在东江纵队成立40周年纪念会上讲话，第一排左二为林平政委

图23　1985年1月12日（逝世前五天），卢伟如（左二）回惠阳参观考察，左一为惠阳县委书记黄旭光、左三为惠阳县县长刘品谋、左四为何清、左五为胡美战秘书

图 24 1985 年 1 月 15 日（逝世前两天），卢伟如（左侧前排左二）会见在广州出席炮兵科研会议的同志们

图 25 1946 年 7 月 11 日，卢伟如和叶景舟结婚 5 年后的第一次合照，地点山东烟台

图 26 叶景舟（摄于解放初期）

图 27 1949 年春，卢伟如夫妇与儿子小可在徐州合影留念

图 28 1950 年 5 月下旬，舟山群岛全部
解放后，叶景舟抱着女儿小舟合影留念

图 29 1952 年 9 月，卢伟如赴朝鲜前线前，
在南京与叶景舟合影留念

图 30　1952 年，卢伟如父亲卢茂业第一次到南京看望儿子、儿媳和孙子、孙女

图 31　父母与孩子（1958 年摄于南京）

图 32　卢伟如夫妇和子女们唯一的全家福照片，1962 年冬摄于沈阳市郊东大营炮兵科学技术研究院内。后排左二小衡、左一小可，前排右一小舟、左一小巾、左二小全、右二彼克（如上按年龄大小顺序排列）

图 33　母亲与女儿（摄于 1973 年）

图 34　1976 年粉碎四人帮后的喜悦

图 35　1982 年 7 月，广东武装斗争史座谈会后老同志合影留念，右三为卢伟如，右四、右五为曾生夫妇

图 36　1982 年 7 月 11 日与东江纵队老战士在北京陈达民家中聚会，后排左一曾生、左二刘宣、左三张英、右三陈达明、右二邓灯，前排左三为叶景舟

图 37　1982 年 7 月 11 日
与曾生（右）合影

图 38　东江纵队老战友
聚餐，左一谢鹤筹、左
二曾生、左三卢伟如

图 39　1982 年 7 月，曾生（中）、
邬强（左）、卢伟如合影

图40　1982年8月与廖安祥（左）在北京钓鱼台国宾馆

图41　1983年12月2日，东江纵队成立40周年纪念会合影，左二为曾生、左四为叶锋、左五为卢伟如

图 42　1985 年 1 月 12 日（逝世前五天），回湾塘看望家人和乡亲们

图 43　1986 年秋，父亲逝世后卢家子女陪同母亲到长城散心

图44 2009年12月，本书作者与当年一所科研人员曾翟（左一）、王振涛（左二）、顾余铨（左三）合影，他们一直工作在炮兵武器研制岗位上，并做出重要贡献

图45-1 炮七师抗美援朝第二届功臣代表大会纪念册（左）

图45-2 卢伟如在纪念册内的题词（右）

图46 惠阳茶园客家围楼榴兆楼大门外景，左一为连贯之女连子、左二为"参加抢救文化人"的老干部叶钧、右一为中央电视台10频道《1942——香港秘密大营救》节目编辑王蕾（摄于2010年）

目 录

第一章
家乡、家世和童年

一　偏僻山村好风光

1919 年 10 月 25 日，我的父亲卢伟如出生在广东省惠阳县龙岗区约场乡湾塘村①的一个普通农民家庭。经过新中国成立后，特别是改革开放后的多次行政区划调整，他的家乡现在叫作广东省惠州市惠阳区新圩镇约场村湾塘村民小组。

广东古称百越，简称粤，位于五岭以南、南海之北，是中国的南大门。惠阳位于粤东南的东江中下游腹地，南临浩瀚的南海。东晋太和元年（366）建县，名"欣乐"；南朝祯明三年（589）改名"归善"；民国元年（1912）更名"惠阳"，史有"繁大之邦，要冲之会，群山棋布，双江合流"②之称，其战略地位之重要又有"粤东咽喉"和"岭南门户"之形容。

民国时期，惠阳县的面积为 7830.9 平方公里，③ 是当时广东省的三个大县之一，是现在惠阳区面积（920 平方公里）的 8 倍，相当于现在地级市惠州面积（11300 平方公里）的 70%，管辖区域包括现在的惠城区、惠阳区、惠东县和深圳市龙岗区的龙岗、坪山、横岗、坑梓、坪地、大鹏、葵涌、南澳等地，横跨大鹏湾、大亚湾和红海湾及相关岛屿。

---

① 据卢伟如 1982 年填写的"干部简历表"。
② "双江合流"指东江和西枝江在惠州城内汇合。
③ 中共惠阳区委党史研究室、中共惠东县委党史研究室、深圳市龙岗区史志办公室：《中国共产党惠阳地方史》，中国社会出版社，2004，第 1、3 页。

白云嶂山下的约场乡，左侧偏中的平房所在地是湾塘村（摄于 2003 年）

1978 年深圳建市时，惠阳县龙岗区的绝大部分被划入深圳，只有约场乡、新圩乡留在惠阳县内并组建为新圩区，后改为镇，面积 158 平方公里。约场位于新圩的东面，东西宽 8 公里，南北长 9 公里，面积 72 平方公里，约占新圩镇面积的一半，距淡水镇（区政府所在地）18 公里，距惠城区（惠州市政府所在地）29 公里，西与东莞市清溪镇隔山相望，南与深圳市龙岗区坪地镇相接，位于惠州、东莞、深圳三市的交界处，是惠阳区内经济较为发达的地区之一。

站在卢家祖屋外的晒场上，向北可见连绵起伏有如绿色长龙的白云嶂山系，最近的白云嶂山海拔 1003 米，是东江地区第二高峰（第一高峰为罗浮山，海拔 1228 米），紧邻它的银屏山，海拔 898 米，相对于低海拔地区而言，这些山峰很显高大雄伟。

"两座名山奇峰高耸仙境地，四时风景鸟语花香别看天。"位于银屏山麓的一座小小观音寺门上的这副对联，对当地风景的贴切描写，可谓出神入化，不知作者是何人？迈步于山间小道，只见树木婆娑，流水潺潺，花香鸟语，凉风吹拂，令人心旷神怡，如入"仙境地"。

"混沌初开日月星辰千秋普照，乾坤始奠风云雨露万物聊生。"与观音寺相连的盘古宫门上的这副对联，讲述了盘古神明的神话传说，不知作者是何方神圣？能够描绘出"开天辟地"的磅礴气势，令人肃然起敬。盘古宫始建于光绪十四年（1888），宽22米，深11米，高11米，进间有天井，一进为长方形厅堂，二进为横排三厅，右厅供奉盘古王、玉皇、药王；左厅供奉盘古姑、冯莲祖、张新姐；中厅供奉盘古婆。如此神仙布局，应为民间信仰，很为当地人所喜爱，香火兴旺不衰。

盘古宫外景（摄于 2003 年）

约场乡以约场圩（即集市）为中心，圩上引人注目的建筑是魁星阁。魁星为古代天文学中二十八宿之一"奎星"的另一称谓，被尊为文运之神。约场魁星阁始建于清嘉庆十八年（1813），建成于光绪己丑年（1889），从开工到建成长达76年，建成后的魁星阁以"三圣宫后座为上，梅山为列枕后，银屏为屏，左右伯山公山耸峙，可聚日月之精华，得致秀灵之荟萃，方位极善"①。这座宽10米、长13米、高11米，分上中下三层，近400平方米的三层砖木结构建筑，在清朝末期，对于一个偏僻山村而言，应该是"大建筑"，有1200多位捐款者。

比魁星阁更早落成的三圣宫，在"文革"期间被毁，没有留下物品和

---

① 碑文撰于魁星阁建成5年后的光绪甲午年（1894），题为"重建约场魁星阁碑记"。

资料，但据老人回忆，三圣宫一直是约场的主要庙宇，比魁星阁雄伟。

幼年卢伟如常随母亲到三圣宫、魁星阁、盘古宫和观音寺参拜上香，不时与小伙伴到圩场、白云嶂山、银屏山等处玩耍，在沐浴家乡大自然美好风光的同时，接受家乡风俗习惯的影响和中国传统文化的熏陶。在家人悉心照顾下，他聪明伶俐，身体健康，身材渐显高大。

现在的盘古宫、观音寺、银屏山和白云嶂山，是深圳、东莞和惠州三市居民喜爱的风景区和休憩地，每逢周末或节假日，众多游人前来登山、散步和参观两座小庙，在享受亚热带大自然美好风光、呼吸新鲜空气的同时，领略中国传统文化的精神意境。

二　客家人的好传统

惠阳是客家人聚居的地方，拥有许多形态各异的客家围屋，湾塘是一处小小的客家围屋，如果不注意，是看不出来的。

湾塘村只有7户人家，其中卢姓4户，曾、潘、王姓各1户。此地原是"小水塘中的一个小山包"，清朝中后期，这7户人家的先人合力将这个小山包削平、拓宽后，在上面建造居所，从此池塘变成"弯弯的水带"，起名"湾塘"，很有意境。

一条小路从湾塘西面穿过池塘与村外的大路相通，另一条小道从东北部穿过池塘与村外的农田相连。通向大路的入口处设有岗亭，通向农田的小路建有小小的关公庙。历经百年沧桑，岗亭已不在，关公庙严重破损，村庄四周的围墙只剩下墙根，被掩没在野草丛中，弯弯的水塘被泥浆杂物充塞，掩盖了湾塘村以往的清秀风光。

现在能够看到的是，湾塘村内所有房屋都是一层的；所有墙壁均为"干打垒"结构；所有房屋排列成圆形；所有人家的大门朝向村外，而不是传统的"坐南朝北"，这样特别的建筑布局，是为了"共同防卫"。可见，这7户人家的先人具有客家人团结、务实、吃苦耐劳的奋斗精神。

卢伟如家的祖屋（摄于 1999 年）

走进湾塘，首先看到卢伟如家的祖屋，房前一大块宽敞的长方形平地，那是全村共用的晒场。卢家房屋外墙四角下方，均砌着两米高的条石，既为了加固，也是一种讲究。一字排开的 5 间房，西面 3 间，东面 2 间，形成两个内部不连通的居住单元，西单元的中间屋有天井，内墙有灰色涂面，画有精致的图案，是主人活动区和会客厅，也是湾塘 7 户家长开会议事的场所。

卢家主屋大门两边贴有"范阳世泽，两晋家声"的对联，"范阳"是现在的河北省涿州市，"两晋"指西晋和东晋（265～420）。史称卢姓祖居山东，为齐国姜氏后裔，被赐卢姓，尔后迁居范阳，成为望族，名"范阳堂"，亦称"范阳卢氏"①。据约场卢氏后人说，两晋时期，卢氏先人离开涿州，辗转河南、江西，先到福建，后经广东五华来到惠阳约场定居。按照客家人家规，门上对联旧了可以更新，但不更改文字，意在牢记中原根基，延续中原文化。

---

① 卢美松编著《中华姓氏谱·卢姓卷》，现代出版社、华艺出版社，2002。

中国历史上客家人南迁，多为战祸、灾荒或流放等原因，他们拖儿带女，长途跋涉，历经艰难，到达居住地后，还要披荆斩棘，披星戴月、开荒垦地，经受重重压榨和种种刁难，才能开创基业，繁衍生息，由此形成吃苦耐劳、不畏艰难、团结奋斗的倔强性格。作为他们的后代，卢伟如自然受到熏陶。

"据我所知，曾祖父、祖父均务农，我出生前，祖父已经过世，在我幼年时，祖母逝世。"这是《卢伟如自传》[①]中的记述。有关卢家先辈的情况，有一件事情可以说明。1983年卢伟如64岁生日，我弟弟江天专程从深圳来到广州，悄悄地给他买了祝寿蛋糕，卢伟如见后惊喜异常，当晚在笔记本上写道："儿童时代，有几年家境较好，阿婆（即祖母）给我过生日，悄悄地煮一个鸡蛋，不准别人分吃，还说'那样做不吉利，不长命'。我后来就再也没有过生日了。"

卢家生活的艰难，还体现在："我入党（1937年2月）时，家庭成员有父母和两个妹妹，还有伯母、堂兄嫂和堂弟，加上我总共9人，家有田地10亩，松山一面，耕牛两头，房屋5间。"由于人多地少，卢家"每年租种地主的水田约40亩，全家男女老少均参加劳动。农忙时实在做不过来，临时雇一两个短工帮忙。农闲时，父兄外出给有钱人打工，我记得父亲去给人砌桩墙[②]，做砖（坯），榨油，去糖寮（制糖作坊）烧火，或打柴割草担到约场圩上卖，一直忙到春节。家境好时，还养几只鸭子，鸭蛋拿去卖；养两只鹅春节杀了吃；养鸡放到收割完的禾田中，让它吃田里的谷"。

卢伟如描绘："我的父亲卢茂业早年念过私塾，但识字不多，淳朴忠厚，勤劳能干，吃苦耐劳，有爱国思想和正义感，不甚守旧，非常本分，从不参加任何党派，不加入任何社团与会门，不迷信任何鬼神。他青壮年时有靠劳动发家致富的思想，随着家境愈下，心灰意冷，在极为艰难的情

---

① 《卢伟如自传》初稿上注明撰写时间为1953年3月13日，地点在抗美援朝前线。

② 惠阳等地客家围屋，一般采用土、沙、石灰"三合土"结构的墙壁，客家话中称之为"桩墙"，如同北方采用"干打垒"方法修建墙壁，属重体力劳动。

况下维持全家人的基本生活。"

在这种情况下，卢家"节衣缩食，丰年可以自给，有时略有节余，荒年则于农历三、四月间向地主借债借粮，夏粮收获后加利归还"。但是，无论全家人如何辛勤劳作，经济状况仍然每况愈下。1950 年土改时，卢家被定为贫农，分得田地 20 亩，因劳力不足，在卢伟如劝说下，卢家将分得的田地大部退回。

我是卢伟如的长子，从出生到 13 岁，一直生活在惠阳县淡水镇的外公外婆（外祖父母）家中。在我的童年记忆中，每年冬天农闲时，阿公（即爷爷）总要来看我。他身材高大、脸色黝黑、消瘦，身着黑色或深蓝色的中式衣服，带些农产品，住下后第二天早晨必去早市购买一块猪肉，让外婆"煮给大家食"。外婆总是用这块肉"煲汤"（因为这块肉不大）。吃饭时，阿公总是用筷子挑选最好的肉放在我碗里，并说"小孩多吃长身体"。我听外婆说，"阿公穿的衣服都是自己染的"。染衣方法是：先将传统染料加水煮成黑色或深蓝色，然后将已经变色或者带补丁的旧衣服放入大锅，再煮上些时间，染色后的衣服"整旧如新"，看不出补丁，这是当地穷人节约穿衣的方法。阿公在农闲时，经常走村串巷，用这种传统方法替穷人染衣服，收取少量费用补贴家用。

1953 年卢茂业在南京探亲期间与卢伟如、叶景舟及两个孙子和两个孙女（从老二到老五）合影

卢伟如的母亲李观娣，又名阿莲。在我的记忆中，她是一位非常贤惠的阿婆（祖母），高瘦身材，总是忙个不停，不知疲倦。她的娘家是新圩客家人，家境比卢家好，嫁到卢家既要照顾丈夫、子女和其他家人，还要去地里干活，其吃苦精神，深受村人称赞。她能挑近百斤重的担子，到约场周边几十华里外的圩场卖，为的是多收一点钱。她说话较少，别人要她帮忙的事，她一定会尽力做。她从不和丈夫、孩子、家人、邻居和同村人争吵。村里人先叫她"阿李嫂"，后称她"阿李婆"，几乎没有人知道她的名字。她突然病逝于1953年，卢伟如非常悲痛，在感叹她没有过上好日子的同时，还为她从来没有照相，没有留下影像而深感自责。

三　发奋图强好子弟

卢茂业外出打工多，见识也多些。他看到富有人家"家有识字者能办大事"。荒年时，他向地主借债立字据，地主欺他识字少而耍花招，使他上当吃亏。这两种情况使他深切地体会到：要想改变贫苦家境，家中须有读书人。

1927年9月，卢伟如8岁时，卢茂业将他送到约场乡田心（村）小学上学。

穷人孩子懂事早。卢伟如看到家中大人从早到晚辛勤劳作，满身泥巴汗水，累不堪言，他放学回家后，经常放牛或做些力所能及的农活。他聪明用功，成绩优秀，很"守规矩"，被老师称赞为"好子弟"。

当时的小学语文课，多有歌颂忠君爱国、中华美德、大好河山和追求正义等内容，他从中学习到热爱国家、讲究品德的道理。随着年龄增长，他越来越注意观察外面的事物，对于乡村中经常发生"富人欺负穷人"的不公平现象，迷惑不解；对家中大人辛苦劳动得来的稻谷大部分交给地主，很想不通；看到学校里富家子弟欺负贫穷同学，他心中愤愤不平并暗下决心，一定要更加努力地学习，争取取得更加优秀的成绩，以证明自己绝不比富家子弟差。他由此养成热爱学习的好习惯，为后来形成的发奋图强精神打下基础。

1931 年九一八事变后，抗日运动在各地兴起，如火如荼，包括偏僻的约场乡。小学附近的圩场常有抗日救国集会，演讲者慷慨陈词，唱歌者激昂放声，演出的活报剧悲壮感人，台下民众义愤填膺，口号声响彻云霄。这些场景深深地刻印在这位 12 岁少年的心中，"随着逐渐多地参加这些活动，我开始产生仇恨日寇的爱国思想，"这是他自传中的记载。

因经济困难，田心小学"时办时停"，卢伟如上学"时上时停"，只好转到邻近的南坑乡贻德小学继续上学，终于在 1934 年 7 月完成全部课程而小学毕业。

第二章
继续求学和加入中国共产党

一 "革命思想萌芽"

小学毕业后，卢伟如希望继续上学，那个年代上初中费用很高，普通农家承担不起，只能让他在家劳动。15 岁的他拼命干活，希望在挥汗如雨的劳作中消除忡忡忧心和闷闷不乐的心情。

半年后，一位好心的小学教师向卢家表示，愿意介绍卢伟如到淡水镇郊"私立象山乡村师范学校"上学，并说明，此类师范学校招收贫困农家子弟，培养农村小学教师，学制三年，学生的学费和食宿费都由学校负担。卢伟如和家人喜出望外，感到"找到出路"，他很快报名并被录取。

1935 年 8 月底，卢伟如怀着喜悦的心情，告别家人，走出湾塘，来到 10 公里外的"私立象山乡村师范学校"（以下简称"象师"）报到。他怀着继续求学，以求改变家中贫困面貌的向往和决心，却走上了接受和追求革命的艰巨道路。

真该感谢介绍他入学的小学教师，不知道他是共产党员还是共产党的拥护者，或者只是一位热心肠的小学教师。实际上，他是卢伟如走向革命道路的第一位引路人，遗憾的是至今不知道他的姓名，只能将这个遗憾保存下去。

"象师"的前身"挺秀书院"创办于清乾隆五十年（1785），创办人叶维新是当时在知府任职的沙坑人，他将书院建在沙坑乡牛郎径村象山山麓、古寺①之旁、树林之央，环境优美清静，很适于读书。

---

① 拈花寺，也称象寺，原有建筑已被毁。

象山形似大象，面朝牛郎径村，由此引申出一首流传很久的客家民谣："牛郎骑象背，口含酸水吐周田；妈庙竖旗杆，细女仙人出石径。"由24个字组成的民谣，使用了当地6个村名和3个山名，① 其中"石径"是"用石块铺成的小路"，"细女仙人"指织女，与"牛郎吐酸水"相呼应。此诗描绘牛郎织女在患难中隔河互动的情景，表达了客家人从中原南迁南粤后的无奈与不屈不挠的精神。

"挺峙南天兴教化，秀凝象岭焕人文"，雕刻在书院大门的这副对联，庄严地宣示了书院的办学宗旨。书院开办时，只招收叶姓子弟，后来招收其他姓氏子弟，又因学生成绩优秀被指定为朝廷科举乡试的"考棚"，周围各乡的读书人必须经过这个"考棚"初试合格以后，才能到县知府参加应试，有的人后来中了举人或进士，挺秀书院由此名声大振。

光绪九年（1883），挺秀书院创建百年（实为98年），迎来了一次校舍大维修和大扩建。在吉隆坡华人首领叶亚来②的带动下，周田、沙坑在南洋的华侨华人慷慨解囊，汇集大笔资金，专项支持挺秀书院的校舍维修和扩建。建成后的书院扩大为三进院落，拥有教室、礼堂、食堂、实验室、宿舍等数十间房屋，还购置了一批较为先进的教学设备。此事牵动朝廷，决定"例授中宪大夫叶茂兰（即叶亚来）敕赠三代"，以表彰他支持家乡教育的突出贡献，挺秀书院也由此跃升为惠阳县的三大书院之一。

辛亥革命后，全国取消科举制，挺秀书院顺势改为新学制，小学分初小、高小，中学分初中、高中，采用新课本。北伐名将叶挺是周田人，曾在此读书。著名的教育家邓镜人先生曾在此任教，其子邓演存和邓演达都曾在此就读。邓家兄弟后来都参加孙中山领导的革命活动，特别是弟弟邓

---

① 6个村名为牛郎径村、酸水坑村、周田村、妈祖庙村、旗杆岭村和细女村；3个山名为象山、旗杆岭和仙人山，其中旗杆岭既是山名，也是村名。

② 叶亚来（1837~1885），原名茂兰，字德来，广东惠阳周田人，17岁赴马来西亚做苦工，24岁任芙蓉地区的"甲必丹"（由英国总督加封的华人领袖），32岁任吉隆坡"甲必丹"和吉隆坡地区行政首长，因在吉隆坡建市中发挥重大作用而被称为"吉隆坡王"，吉隆坡市内至今保留着以他名字命名的街道并建有他的塑像。他46岁时捐赠重资支援家乡教育，被清政府"例授中宪大夫叶茂兰敕赠三代"，是清廷奖励海外华侨华人的案例，尤其珍贵。

"象师"大门，我和妹妹新天（摄于 2007 年）

演达，早年参加同盟会，拥护孙中山与共产党合作，担任国民党中央农民部部长时，亲自约请毛泽东担任中央农民部委员，和他一起在武昌创办中央农民运动讲习所，由其任所长，毛泽东任副所长并主持所务。毛泽东后来回忆说："大革命时代做农民运动，陈独秀、彭述之不同我合作，倒是邓演达肯同我合作。"[1] 他在 20 世纪 50 年代的读书眉批中，将邓演达和岳飞、文天祥、瞿秋白、方志敏、杨虎城、闻一多同列，赞颂其"以身殉志，不亦伟乎！"[2]

卢伟如入学时 16 岁，在学习中接受"象师"的优良学风和邓演达、叶挺等老校友的爱国思想，然而，他接受得更多的是共产党员教师的革命思想教育。

---

[1]　见《伟大的爱国主义者——邓演达》（惠州政府网）和《毛泽东与邓演达》（中国农工民主党舟山市委员会网）。

[2]　刘南燕：《邓演达瑰奇的一生》，《中国农工民主党一干会议人物传略》，中国医药科技出版社，2006。

第一次国内革命战争时期（1924～1927），广东是全国革命的中心，北伐战争的策源地。为配合国共合作的两次东征，中共广东区委派遣一批共产党员到东江地区发动工农运动，组建农民武装和发展党组织，包括1924年派遣共产党员叶文匡①返回家乡惠阳。他以母校挺秀书院为据点，在书院教职员工和附近农民中发展党员。1925年4月建立的"象山支部"，是中国共产党在惠阳县最早建立的党支部。②

1925年春，书院董事会接受叶文匡建议，将挺秀书院改为"私立象山高级小学"，接收他推荐的共产党员担任教师。1928年，"私立象山高级小学"改为"私立象山乡村师范学校"。

此后"象师"几经风雨，曾在国民党惠阳当局压制下，改为"私立象山中学"。1932年春恢复为"私立象山乡村师范学校"，由共产党员刘一燕担任校长，在他和其他党员的工作下，"象师"校舍内部挂起这样革命、进步的对联，"看贫苦儿童蓬头赤足触目惊心，望有志青年扎根农村造福民众"，并开展相应教育工作。"象师"表面上按照国民政府教育部颁发章程授课，实际上偷梁换柱，以进步和革命内容为主：历史课重点讲授外国侵华史、中华民族英烈史和苏联十月革命史；地理课讲授帝国主义瓜分中国的大好河山，特别是日本侵略东三省、建立伪满政府和国民党政府不抵抗政策；音乐课教唱《工农世界主人翁》等革命抗日歌曲；还经常组织校内外人士做时事报告，批判国民党政府"先安内后攘外"的反动政策，将其对外关系称为"妓女外交"，尖刻辛辣。

卢伟如住在学校，时间充裕，精力充沛，除上课外，"听从老师指导，课余阅读进步书刊，包括《铁流》《子夜》等小说，《读书生活》《世界知识》《莫斯科印象记》《社会进化史大纲》等刊物和书籍"。这样的阅读，使他在不知不觉中接受了爱国革命思想。

---

① 叶文匡（1900～1927），广东省惠阳县秋长人，早年留学日本，1922年回国后参加海陆丰农民运动，1924年入党并奉广东区委派遣到惠阳开展工农运动，先后担任中共象山支部和特别党支部书记。1927年率农民自卫队参加惠阳"四大半围暴动"时英勇牺牲。

② 见《中国共产党东江地方史》（中国共产党东江地方史编纂委员会编《中国共产党东江地方史》，广东人民出版社，2001）和《中国共产党惠阳地方史》。

"象师"校舍第三院落内景，房屋为宿舍，庭院是菜园（摄于2007年）

许多年后他回忆说："该校对先进社会科学的宣传较为公开，将社会发展史列为正式课程，并有《战斗的唯物主义》和《剩余价值论》等书籍供学生阅读，老师讲课提倡同学们跟上形势发展，不要被社会淘汰。"

使卢伟如感到新奇的还有"象师"以陶行知的"做学教合一"为校训，由学生组成"生活团"负责生活管理，以此锻炼学生的能力。学校设有养殖场和实验农场，饲养"力行鸡""北京鸭"，养蜜蜂和种植果树，培养学生的农业技能。

更重要的教育发生在共产党员教师和进步学生的谈话中，以及进步同学之间的议论中。卢伟如回忆说："这一切在开始接触时，都使我感到新奇，甚至莫名其妙。朴素的正义感使我觉得这个学校很好，这里的教员都很好，老师说的和做的，都是对的，有道理的。""学校所在地受革命影响较深，亲密同学中经常谈起共产党员的英雄事迹，对于共产党，我更加觉得神秘，对于共产党员高歌就义的英雄行为，我发自内心地敬佩。""听同学说，某某老师、某某同学是共产党员。通过接触观察，感觉到这些老师和同学都是学校最优秀、最有威信的人，促使我在内心燃起要成为共产党员的革命愿望。"

周田是北伐名将叶挺的家乡，当地人对叶挺英勇善战的事迹津津乐道，引以为荣。卢伟如经常听到人们介绍叶挺事迹，十分敬仰，深受教育鼓舞。

1936年初的一天夜晚，情况突变。国民党警察突然来到学校，宣布学校停办并抓走校长刘一燕，还要抓捕两个共产党员教师，在进步同学的掩护下，两位党员教师得以逃脱。经学校董事会营救，刘一燕获释，而"象师"停办的决定却"不容更改"。

"象师"的突然停办，意味着卢伟如即将失学。在此困难时刻，共产党员教师李志坚①主动向卢伟如等同学提出愿意帮助他们转到"惠阳县立简易乡村师范学校"继续上学，从而解决了这些贫困学生继续上学的问题。

卢伟如怀着依依不舍的心情，离开了他珍爱的"象师"和沙坑、周田地区，回到湾塘家中过春节。

他在"象师"上学只有一个学期，却接触到一个全新的世界，产生了"革命思想萌芽"。

二　投入抗日救亡学生运动

寒假过后（1936年2月），卢伟如、叶子良、黄道明等10多位"象师"同学，来到50公里以外的平山镇郊"惠阳县立简易乡村师范学校"（以下简称"县师"）报到。

---

① 李志坚（1907～1944），广东省惠阳县平山镇白花乡（现属惠州市惠东县）人，1930年10月入党，同年参加"惠阳县立简易乡村师范学校"的创建工作并担任学校董事会成员和总务长，此后转任私立象山乡村师范学校教师，1935年调往中共广西省南宁市担任某县的县委书记，1936年奉调返回惠阳县平山镇领导党的重建工作。从1939年起，先后担任中共粤北省委组织部干事，增城、龙门、从化、博罗四县中心县委组织部长。1942年1月被叛徒出卖被捕入狱，1944年春出狱后被地方党组织误杀。

平山镇位于惠州市东南，淡水镇东北，它们是惠阳县当时经济最发达的三大城镇之一。平山镇在经济发展方面虽不及惠州和淡水，但由于它是惠州、淡水通向潮汕地区的必经之路和交通枢纽，以及惠阳东部地区的商品集散地，因而被称为惠阳东部地区的经济中心，经济和战略地位都很重要。

现在的平山镇，是惠州市惠东县的政府所在地，人口73万，面积3200平方公里，北临河源市紫金县，东与汕尾市陆河县和陆丰市相连，南临大亚湾和红海湾，海岸线长218公里。

1930年冬，在惠州担任中学校长的平山镇白花村人戴德芬[1]，从省教育厅申请到一笔经费，决定在家乡创办一所乡村师范学校，为家乡提供小学师资。经考察并考虑到经费不多，他将学校设在被称为"红色据点"的平山镇郊青龙潭乡青林村，将那里的一所已经废弃的学校维修扩建为新校舍，[2] 被外界戏称为"简易办校"。

戴德芬在建校舍时节约经费，简易行事，但在约请教师方面却很下功夫，在购置图书方面舍得花钱。他通过籍贯浙江的县长周俊甫约请著名教育家陶行知先生从浙江推荐多位教师前来任教，其中包括校长金步墀；还约请同乡李志坚参加学校筹办工作并担任"学校董事会成员"兼教务长，他本人兼任学校董事会主席。

学校图书馆藏书丰富，有很多当时进步作家的著作，例如鲁迅的《呐喊》《彷徨》《野草》，茅盾的《子夜》，邹韬奋的《萍踪寄语》，还有不少当时的"禁书"，以及《卡门》《铁流》等外国小说。

戴德芬力主校名冠以"简易"二字，真正的原因是他主张"弃繁就简的教学方法"，采取"弹性课程"，要求以"做学教"方针设置课程纲要，学生通过全部课程纲要，就可以毕业，不限时间长短。还提出要培养"农夫身手，科学头脑"和"知行结合，手脑双全"的新型小学教师，要求学生到附近小学兼课并"了解民情"。

---

[1] 戴德芬（1888～1978），平山白花人，毕业于中山大学，是一位优秀的教师、校长和有识之士，政治上倾向共产党。

[2] 惠阳县立简易乡村师范学校创办时在平山镇郊青龙潭乡青林村（现属青龙潭开发区），1942年日寇占领平山时，"县师"校舍突遭大火烧毁，原因不详。

学校设有语文、数学、历史、地理、教育学等课程，语文课学习"普罗文学"，选择《石壕吏》《卖炭翁》《捕蛇者说》等诗词、文章，教师讲课时联系现实，揭露国民党官吏鱼肉人民、贪赃枉法的行为。

"县师"开办第二年（1931），九一八事变爆发，各地纷纷举行抗日运动。9月下旬，在校长金步墀和教师肖盟泉①与盛震叔（三位都是共产党员）带领下，由30多位进步师生组成的宣传队到平山附近农村宣传抗日，通过演讲、唱歌、演出节目和张贴标语等活动，揭露日本帝国主义的侵略罪行，抨击蒋介石"攘外必先安内"的不抵抗政策，很受群众欢迎。②

他们的活动引起国民党地方当局的注意，1932年的一天凌晨，大批军警突然包围"县师"，逮捕校长金步墀和教员肖盟泉。经营救，金步墀获释，但需"辞任校长"；肖盟泉继续被关押，于第二年端午节在惠州被国民党杀害。

国民党平山当局在"县师"更换校长后，又在校内"严加管控"，开除了两位进步学生，焚烧进步书刊，明令"校内禁止集会结社"，实际上就是禁止校内举办抗日救亡活动。

卢伟如等同学从"象师"来到"县师"，如同"从解放区来到国统区"，觉得暮气沉沉，这里的同学大多抱着"文凭主义"埋头学习，不谈国是，得过且过。这样的现状显然不能满足他们追求进步的要求，决定共同订购《读书生活》《大众哲学》等进步刊物轮流阅读，并与"象师"师生保持通信联系。

他们很快了解到，国民党惠阳当局对"象师"的压制，并没有吓退惠阳县内其他学校的抗日救亡运动，设在惠州的省立第三中学师生在丰湖书院举行抗日集会和组织宣传队下乡宣传；淡水镇崇雅中学师生举行集会游行，走上街头高唱《义勇军进行曲》等抗战歌曲，淡水进步青年组织"淡

①　肖盟泉，原名肖风鸣，江西信丰人，1924年入党，曾任中共信丰县委书记、赣南特委委员，后被国民党当局通缉，由党组织安排到"惠阳县立简易乡村师范学校"改名换姓担任教师，1931年9月带领抗日救亡宣传队下乡宣传，后被国民党惠阳当局逮捕，1933年端午节在惠州被国民党当局杀害。

②　《中国共产党惠阳地方史》，第173、174页。

水生活读书会""坑梓生活读书会""桂岗海岸读书会""澳头生活读书会"等，开展抗日救亡活动。而"县师"同学虽然在公开活动中不谈论学生运动，却也消息灵通，私下对惠州和淡水的师生表示"非常羡慕"。

经过几个月的私下串联准备，在暑假前三天，沉寂的校园气氛突变，同学们手持标语、旗帜在操场上举行聚会，呼喊"团结抗日""还我河山"等口号并在校园游行，口号声越来越大，气氛越来越热烈，他们返回操场再次召开全体学生大会，讨论通过"致国民党县党部的信件"，内容是"取消不准举办抗日救亡的禁令"和"要求校长辞职"。

这是一次有准备、有组织的学生运动，主要发起者是从"象师"转学来的同学，身材高大的卢伟如走在游行队伍前面，其他同学各有分工。卢伟如经过"象师"革命教育和"县师"的磨砺，从普通农家子弟转变为进步青年，并有一定的活动能力，在同学中威信较高，被同学们推选为学生会主席。

突然发生的抗日救亡学生示威，使学校措手不及，他们商议做出"需要时间请示"的回应和"按期放假"的决定，要求学生们考完试后回家过暑假。

首次举行抗日救亡活动就取得胜利，卢伟如和同学们以喜悦的心情结束示威，完成考试，然后返回各自家中度暑假。

三 学生会主席面临的严峻考验

9月1日开学以后，校长没有辞职，"禁令"没有撤销，校方的解释是"尚未接到县党部通知"，学生会决定在课余时间组织抗日救亡活动，校方没有干预。

10月上旬，校方宣布县党部决定，原任校长辞职，由国民党平山区党部书记周宝善兼任校长。他上任不久，一条"内部消息"在校内传开："校务会议认定卢伟如为不良分子，将要开除学籍，如果他主动检讨，可以从宽处理。"面对学生询问，周宝善含糊其词，不置可否，使这些十六七岁的学生难辨真假。

这样一来，卢伟如在不清不楚的状况下背负着"不良分子，可能要被开除学籍"的污名，他没有低沉屈服，坚持不检讨和努力学习，要以优秀成绩证明自己品学兼优，不是什么"不良分子"。同学们用各种方式表达对学校的不满和对他的支持，使他感到患难见真情。这种情况持续到学期结束。

寒假期间，正在家中准备欢度春节的卢伟如突然接到一封"县师"发来的信件，打开一看，竟然是学校给他的开除学籍通知书，理由为"不堪教育"，这是周宝善校长以"枪打出头鸟"的方式分化瓦解学生运动的第二招。

首先受到打击的是卢伟如和他的父母与家人，卢家的 1937 年春节在悲愤气氛中度过。卢伟如从"好子弟""好学生"变成"不良分子""不堪教育"而被"开除学籍"，这是全家人完全不能接受的晴天霹雳。卢茂业难受之时，仔细听取卢伟如解释并认为：儿子担任学生会主席，领导抗日救亡学生运动是"天经地义"的事情。他理解儿子，支持儿子尽快到学校交涉，争取继续上学的机会。

农历正月初五（1937 年 2 月 15 日），卢伟如"怀着被无理开除之愤慨"，从约场家中来到"县师"，向学校慷慨陈词，要求"收回成命，恢复学籍"。

按照周宝善的设想，卢伟如接到通知后不会再到校，从而可在新学期达到"一走了之，杀一儆百"的目标，而卢伟如却选择在大年初五来学校申辩，这该如何应对？

正在僵持之时，具有正义感的教师刘仑①走进办公室，将卢伟如劝到

---

① 刘仑（1913~2013），原名刘佩伦，笔名流铃，斋号"笔耕堂"，国家一级美术师，著名国画家和版画家。广东省惠州市（现惠城区）桥西人，1931 年毕业于广州市立美术专科学校，曾赴日本深造，1934 年在上海参加鲁迅倡导的新兴版画运动，其《前线军民》和《通讯兵》等作品受到鲁迅赞扬并被收藏，1935 年参加"一二·九"运动，1936 年后，先后担任"中华全国木刻界抗战协会"理事、常务理事，并返回广州主持广东分会工作，在"惠阳县立简易乡村师范学校"等校兼任图画教员，后任中山大学讲师、副教授，1948 年赴台湾进行为期 3 个月的写生。1951 年参加中国人民解放军，曾任南京军事学院美术教员、《解放军文艺》美术编辑、总政治部文学美术创作室和军事博物馆创作员，其创作的油画《红军过草地》被定为国家文物。1957 年转业任广东省文艺创作室和广东画院创作员，1982 年任广州画院首任院长和广州美术家协会主席，1993 年离休后任广州画院名誉院长和广州美术家协会名誉主席。

宿舍，安置下来。

刘仑时任"中华全国木刻界抗战协会"常务理事并主持该会广州分会的工作，是广东知名的进步、爱国青年画家。他应戴德芬董事长邀请，在"县师"兼任美术教师，因绘画水平高和教学态度好，很受全校师生尊重。他社会经历丰富，在上海参加过鲁迅倡导的新兴画运动和"一二·九"学生运动，关注"县师"的学生运动。他担心进步学生可能吃亏，没有想到事情来得这么突然，强烈的正义感和对青年人的爱护，促使他联合几位进步教师向校长交涉，理由是卢伟如"学习成绩优秀"，学生会主席是"同学们选举产生，开除他的学籍很可能引起同学们搞示威，将事情闹大，届时难以处理"。

卢伟如与刘仑20世纪70年代在北京同游长城时合影

周宝善听完刘仑等教师的意见后，觉得很难拒绝：一是这几位教师都是学校的教学骨干，尤其刘仑是省内知名画家，需要尊重；二是因开除一位学生学籍而在开学后引起学生们示威，事情闹大，届时处理难度很大，不如现在顺水推舟，接受刘仑等的意见，暂不执行开除学籍决定，可以彰显校长的"宽大胸怀"，并将教育卢伟如的责任，推给刘仑等负责。

开除学籍问题的解决，与当时国内形势变化亦有关系。1937年春节为公历2月11日，在此之前的1936年12月12日，中国发生西安事变，中国共产党从"逼蒋抗日"转变为"联蒋抗日"，国民党从"剿共"转变为"政治解决"。除夕那天（2月10日），中共中央公开发表致国民党全会的信件，[①] 主动提出将红军改名为国民革命军，直接接受南京中央政府指导，在此情况下，第二次国共合作将要到来。国内形势即将发生重大变化，促使刘仑等进步教师在与校长交谈中提出"国共都能合作，我们学校还容不下抗日学生？"他们也向卢伟如指出，"你们可以上书国民党县党部，为什么不与国民党官员校长接触？这是授人以柄，还是要讲策略的"。

开除学籍风波结束，卢伟如在深深感谢的同时，思考着这样的问题：这么困难的问题，为什么能够这么快解决呢？他从刘仑等教师的身上，看到了他们为学生挺身而出的刚正不阿精神，也看到他们注意策略，讲究方式方法的作风，从而增加了对刘仑等进步教师的敬重，使他在后来与他们走得较近，得到他们的很多帮助和启发。

四　加入中国共产党

1937 年初，原"象师"教师李志坚和彭泰农[②]两位共产党员受中共南方临时工作委员会[③]的委派，回到家乡平山镇发展党员和建立党组织。

他们抵达后很快找到从"象师"转到"县师"的同学们。卢伟如等在

---

① 1937 年 2 月 10 日（农历除夕），中共中央公开致电国民党五届三中全会，明确提出四项保证，其中包括：苏维埃政府改名为中华民国特区政府，红军改名为国民革命军，直接接受南京中央政府与军事委员会指导，坚持执行抗日民族统一战线之共同纲领等内容。见张海鹏主编《中国近代史》，群众出版社，1999，第 323～324 页。

② 彭泰农（1915～1943），又名泰，惠东白花人，1931 年在平山镇"惠阳县立乡村师范学校"参加抗日爱国运动，1936 年任惠阳民众教育馆馆长，组织青年爱国读书会，1937 年初入党，先后担任平山区委委员、惠州中心支部书记、东江临时工作委员会书记。1942 年参加东江人民抗日游击队，1943 年 2 月奉调香港新界港九独立大队政训室工作，同年 3 月 3 日在新界与日本宪兵作战时负伤被俘，11 日被日寇杀害于香港粉岭。

③ 1936 年夏，中共中央北方局书记刘少奇派遣薛尚实（罗根）等同志到香港和广州负责华南地区和广东各地党组织的恢复与重建工作。当年 9 月，薛尚实在香港成立"中共南方临时工作委员会"（简称"南临委"），标志着中断两年多的中共广东省领导机构的重新建立。

离开"象师"一年多后突然见到他们，如见亲人，欣喜若狂，忙着讲述别后情况。李、彭二人听后十分高兴，认为这批青年进步很快，决定以他们为基础，吸收当地青年，组织"青年友联社"，开展读书活动。

此后，李、彭二人通过赠送进步书刊、召开时事座谈会、交流读书心得和单独谈话等方式，向他们讲述革命道理。包括卢伟如在内的多位同学，提出加入中国共产党的请求。经李、彭研究并报经上级党组织批准，决定首先发展叶子良、卢伟如、游扬①、黄道明②四人入党。

名为"狮朝洞"的风景区位于平山镇西南郊，以山上众多形态各异的奇石和庙宇而闻名。自清朝嘉庆七年（1802）始建地藏王庙后，陆续建成观音、谭公等庙宇，引来众多信徒香客膜拜和游人参观，是平山镇附近人流较多的地方，被李志坚和彭泰农选择为召开秘密会议的地点，当时工作环境的险恶可见一斑。

游扬（摄于 1949 年）

1937 年 2 月下旬的一天上午，阳光灿烂，风光旖旎。在狮朝洞景区的一块大石上，有 6 位男青年围成圆圈，席地而坐，好像在聊天，其实是开会。这是李志坚、彭泰农、叶子良、卢伟如、游扬、黄道明 6 人在举行中国共产党的秘密会议，内容是：新党员宣誓与"中共惠阳县师支部"成立暨第一次支部会。

他们坐在位于谭公庙后面山上的大石上，可以看到山下通往平山道路的动静和周边动态，一旦有情况，可以按照预先设定的几条隐蔽路线撤退。

---

① 游扬（1914~2006），广东省惠阳县平山镇白花村人（现属惠东县），1937 年 2 月入党，曾任中共平山区委委员、博罗县第二区区委书记、东江纵队港九大队中队指导员、第六大队政委、两广纵队炮团政治部主任等职，新中国成立后先后担任驻印度尼西亚大使馆一秘、中共中央调查部一局二处副处长、广东省委调查部副部长，1983 年离休。

② 黄道明（1914~1994），广东惠阳人，1937 年 2 月入党，历任淡水区委宣传委员、区委书记、东江纵队第七支队沿江大队教导员、自卫大队政委、两广纵队第一师政治部组织科科长。新中国成立后任广州市委党校教育长，1983 年离休前任广州市建筑材料工业局副局长。

卢伟如等四人入党宣誓和支部会在山顶巨石上举行（游扬摄于1999年6月）

"余誓以至诚参加中国共产党，执行党的决议，保守党的机密，为实现共产主义事业奋斗终生，如有违背誓言，甘受党的严厉处分。"这是"南临委"撰定的新党员誓词，[①] 随着李志坚宣读，四位新党员的复述声音虽小，却铿锵有力。在那个年代入党，必须做好一不怕苦、二不怕死的思想准备。

接着进行的第一次党支部会，首先由李志坚传达上级决定，分析形势和布置任务。由于他们四人是大革命失败后在惠阳重建党组织中发展的第一批新党员，上级决定原定三个月的预备期缩短为一个月，并批准建立"中共惠阳县师支部"，指定叶子良任书记，卢伟如任宣传委员。新成立的党支部主要工作是通过举行抗日救亡活动，宣传党的抗日主张，进行社会调查，发展新党员。

入党后的卢伟如，"一边上学，一边从事党的工作，热情磅礴，工作

---

① 叶锋：《八十回眸》，2003，第60页。叶锋于1936年10月在香港入党，上级党组织为"南临委"。

积极，努力学习革命知识，进步很快"，这是他在自传中的描述。

"1937年7月7日卢沟桥事变后，抗日战争全面爆发，我受革命高潮鼓舞，参加校内及地方上的抗日宣传、募捐、清查户口等工作，干劲很大。"有意思的是，周宝善利用兼任校长之便，从"县师"抽调一批学生参加国民党平山区委的清查户口工作，竟然包括卢伟如，从而为党支部完成上级交给的"社会调查"任务，开启了"方便之门"。

然而，经过一段时间以后，同学们发现周宝善校长有贪污校款行为，并再次禁止学生举行抗日活动，从而引发极大的不满，党支部决定组织同学进行斗争。

这是卢伟如第一次在党组织领导下参加学生运动。他虽然不再担任学生会主席，却与数位同学一起被推选为全体同学的代表，负责与校长交涉。周宝善不接受同学们保障举行抗日活动权利和公布学校经费开支账目的两项要求，故伎重演，再次宣布开除卢伟如的学籍，限令他"即日离校"，还命令警察局派警察把守校门，不准学生外出，从而引起全校师生更大气愤。入党后的卢伟如面对再次被开除学籍的考验，很有定力，不为所动，始终坚持在斗争的第一线。

随着斗争的深入，全校师生宣布罢课并向社会人士和其他学校发出呼吁，数日后仍无效果，进而组织数十名学生代表前往惠州向国民党县政府请愿。政府方面用恐吓、分化、拉拢等手段对付学生，同学们没有上当，坚持斗争，终于使国民党县政府答应同学们的要求，撤换校长周宝善并收回开除卢伟如学籍的决定。

这次斗争虽然没有达到由李志坚担任校长的"内定目标"，却也取得了很大胜利。县政府指派一位姓刘的督学来校调查，后来其被任命为校长，不再禁止同学们举行抗日救亡运动。

此后，"县师"的抗日救亡学生运动进入新局面，卢伟如在"县师"继续学习和从事支部工作，直到1938年6月按照上级通知离开"县师"。

第三章
"专心致志于革命事业的开始"

一　从党支部书记做起

1938 年 6 月，卢伟如离开平山镇来到广州郊区，参加广东省委①主办的训练班。这是党组织对他的关怀培养。参加培训的时间，适逢他学生阶段结束，走上党的工作岗位前夕，真是及时雨。

"训练班虽然仅有两个月，却学习到不少革命知识，特别是老同志斗争经验介绍和革命烈士事迹报告的内容，激发了我的革命仇恨心，增强了斗志。"这是他的小结。

训练班结束后，卢伟如被任命为"平山镇抗敌后援会"党支部书记。"这是我学生阶段的结束与专心致志于革命事业的开始。"

自传中的这句话，既说明他人生阶段的划分，更表达他走上党的工作岗位后的坚强决心和对党的坚定信仰，是他贯穿终生、始终如一的行动准则。

"抗敌后援会"是抗日战争时期建立的抗战团体，遍布后方各地，在宣传抗战、募集款物、支援前线作战和救助失散伤兵与难民等方面发挥了很大的作用，性质上分为官办和民办两种。

"平山镇抗敌后援会"是"民间抗战团体"，"平山镇后援会党支部"

---

① 1938 年 4 月 18 日，经中共中央和长江中央局批准，中共南方工作委员会在广州召开干部扩大会议，决定撤销"中南委"并通过选举产生中共广东省委员会，由张文彬担任书记。见《中国共产党东江地方史》，第 260~261 页。

是党在平山镇及附近地区的秘密工作据点，也是"中共惠阳县师党支部"的继续发展。此时的新党员较多，据游扬回忆，当时在多祝（镇）有党员范伯敬、叶远平、何洪中；大洋乡有游扬、游观连、游振寰；白花（乡）有陈少英、廖志婉；菜溪子（乡）有徐慧常；龙岗区有黄道明、张绮儿等①同志。

不料在卢伟如上任不久，广东局势突变。

1938 年 10 月 12 日凌晨，日本陆军两个师团及先遣支队、海军两支舰队的舰艇 30 多艘以及飞机 60 多架，总共 4 万多人的兵力，以突然袭击方式，在惠阳县大亚湾发动大规模登陆，开始实施"进攻广东作战计划"。

当天中午，距大亚湾 20 公里的平山镇上空，突然出现 6 架日军轰炸机，盘旋侦察后，轮番冲向街区，投下一串串重磅炸弹。当天是平山"圩日"（如北方"赶集"），大街小巷人流如潮，突如其来的轰炸，造成大量民众伤亡，余下民众纷纷跑向城外，日机改为俯冲扫射，又造成许多民众伤亡。轰炸过后的平山镇烈火熊熊，浓烟滚滚，死尸遍地，伤者悲鸣，据不完全统计，当天罹难民众 400 余人，受伤 200 多人，被毁房屋 600 余间，损坏 200 多间。

当天下午，日军轰炸机还轰炸了平山附近的白花、多祝、平海、暗街、铁冲等地，又造成大量民众伤亡和房屋烧毁。与此同时，日军右路军三宅一零四师团在稔山半岛登陆并开始修建后勤支援基地。

日寇的野蛮轰炸使平山遭受惨重损失，也使"平山镇抗敌后援会"瞬间变成"前援会"。卢伟如带领党员抢救伤员、疏散群众、扑灭烈火，并在这些行动告一段落以后，发放救济款物，组织镇上群众转移至附近农村隐蔽。

在日军多路进攻下，国民党军队只有少部抵抗，大部闻风而逃。仅仅 3 天，日军已占领平山、淡水、惠州。到了第 10 天，东江下游及广州地区的大片国土沦陷于日寇铁蹄下。

---

① 游扬：《青龙潭简易师范与象山师范的人和事》，《惠东党史》2015 年第 1 期。该期为《惠东党史》杂志纪念游扬诞辰 100 周年专刊。

广东局势的突变,使后援会党支部失去与上级的联系。在上级意图不明的情况下,为了避免不必要的牺牲和损失,支委会决定所有党员分散隐蔽。

卢伟如安排好分散隐蔽和秘密联系方式后返回约场,见到家中发生的重大变故:因生活极其困难,他的堂兄嫂带着堂弟远下南洋(现马来西亚),寻求生路,家中只有父母亲和两个年幼的妹妹,备受打击的父亲苍老了许多,母亲早已积劳成疾,身体大不如从前,既要坚持种地,照顾两个女儿,还要随时准备应对日寇扫荡,真是艰难之极。

国难当头,面对家庭变故,卢伟如心情极为沉重,自从走上革命道路以后,他明白"家国不能两全"的古语,如今面对家中极为困难的局面,他只能强压悲痛,安慰父母,多做农活,暂时减轻他们的负担,同时注意寻找与组织重建联系的线索。

与此同时,中国共产党在延安、重庆、香港以至惠阳,采取了一系列应对日寇入侵广东的重大举措。

同在 10 月 12 日,周恩来获悉日军在大亚湾登陆的当天,以"国民政府军事委员会政治部副部长"的名义致信国民党军事当局,提出《对日寇进攻华南的初步分析及建议》,要求"加紧动员广大民众,特别是沿海人民及渔民,发扬广东革命精神,配合军队,实行自卫"。①

第二天(13 日),中共中央从延安致电中央南方局委员、八路军驻香港办事处负责人廖承志②和广东省委,要求他们派出干部到广东日本占领区开拓游击区,展开游击战。廖承志在与中共香港市委书记吴有恒等商议后,决定派遣"中共香港海员工委书记"曾生③、香港市委宣传部长周伯

---

① 中共中央文献研究室编《周恩来年谱》,人民出版社,1990,第 422 页。

② 廖承志(1908~1983),当时是中共中央南方局委员,中共中央在香港的代表和我党在广东工作的领导人。由他担任主要负责人的"八路军驻香港办事处"是"半公开身份",内称"八办"。

③ 曾生(1910~1995),广东省惠阳县龙岗区坪山人(现深圳市龙岗区坪山镇),1936 年入党,历任中共香港海员工委组织部长、书记,惠宝工委书记,惠宝人民抗日总队总队长,广东人民抗日游击队第三大队大队长,广东人民抗日游击总队副总队长、总队长,东江纵队司令员,北撤山东后任华东军政大学副校长,两广纵队司令员,新中国成立后任广东省军区副司令员、华南军区第一副参谋长、广东省副省长兼广州市市长。"文革"中被关押 7 年,平反后任国务院交通部副部长、部长,国务院顾问,中顾委委员。

明①和区委书记谢鹤筹②三人到惠阳县领导组建抗日游击队。③

与此同时，中共广东省委决定将省委迁往韶关，成立"粤北省委"领导全省工作，同时将广东沦陷区划分为西南、东南和东江三个区，组建三个特别委员会，领导当地抗日游击战，其中香港、澳门、东莞、宝安、惠阳等地，由"中共广东省东南特别委员会"（以下简称"东南特委"）领导。

10月24日，曾生、周伯明和谢鹤筹率领由60多名共产党员、进步工人和青年组成的"东江工作团"从香港到达惠阳县龙岗区坪山镇。

这里需要说明，坪山镇和平山镇，是当时惠阳县管辖的两个镇，坪山镇位于淡水镇西南部，平山镇在淡水镇东北面，两镇相距50多公里。"坪"和"平"书写不同，普通话发音相同，用当地通用语言客家话发音却不相同，当地人完全可以区别开来。坪山镇现在是深圳市龙岗区的区政府所在地，平山镇现在为惠州市惠东县的县政府所在地。

"东江工作团"抵达龙岗区坪山镇后，经过紧张的筹备工作，在10月30日召开惠阳县党组织扩大会议，决定成立"中共惠（阳）宝（安）工作委员会"（以下简称"惠宝工委"），由曾生任书记，谢鹤筹任组织部长，周伯明任宣传部长。随后召开"惠宝工委"常委扩大会确定当时的主要任务是发展党员、健全党组织、组建惠宝人民抗日游击队和地方人民自

---

① 周伯明（1918~1998），原名周益郎，广东大埔人，1936年入党，1937年7月在延安抗日军政大学学习后被派往香港，担任中共香港市委组织部长、宣传部长，从1938年10月起，先后担任惠宝工委宣传部长、惠宝人民抗日游击总队政委、广东人民抗日游击总队第五大队副大队长、总队参谋处长、惠阳县委组织部长、副书记、江北指挥部指挥员。1947年北撤山东后，先后担任二十军炮兵副军长、南京军区炮兵司令部副参谋长，1966年转业到广州，后任中国科学院广州分院和广东省科学院党组副书记、副院长，1983年离休。

② 谢鹤筹（1918~1988），广西同正（今扶绥）人，壮族，1928年入党并参加龙州起义，1937年调往中共香港市委任区委书记，从1938年10月起，先后担任惠宝工委组织部长、惠阳县委书记，1947年东纵北撤山东后，他留在广东坚持斗争，历任东江前东地委、江北地委组织部长，珠江三角洲地委书记，新中国成立后任广西民委副主任、国家民委副主任。

③ 曾生：《曾生回忆录》，解放军出版社，1992，第93~96页。

卫队，以及大力开展统战工作。①

"惠宝工委"成立后，曾生派遣"惠宝工委"妇女委员张绮如找到卢伟如，出示"东南特委"介绍信，要求他将"平山镇抗战后援会"党支部的整个组织关系转到"惠宝工委"，从而使"平山镇抗战后援会党支部"与党组织重建联系。卢伟如本人按照"惠宝工委"通知，到"惠青工作团"担任"中心支部书记"。

二 转任中心支部书记与认识叶景舟

"惠青工作团"的全称是"香港惠阳青年回乡抗日救亡工作团"，它在1937年卢沟桥事变后，由三位惠阳籍党员干部叶锋②、刘宣和严尚民在香港发起成立。在"中共香港海员工委"领导下，这三位共产党员依托"香港惠阳青年同乡会"，动员在香港的惠阳青年组建成工作团返回惠阳开展抗日救亡工作。1937年8月派遣的第一批由12人组成的工作团在淡水、平山周边及沿海地区工作4个月，1938年1月派遣的第二批由20人组成的工作团在淡水、周田、澳头等地工作10个月，在宣传抗日、组织自卫武装、统一战线和秘密发展党员等方面都取得了较好的成绩。

日军入侵广东后，根据曾生建议，经"东南特委"批准，叶锋等三位同志很快组建成第三批"惠青工作团"，由68位团员组成，他们在"东江工作团"抵达坪山的第二天（10月24日），来到坪山协助"东江工作团"工作。

---

① 《中国共产党惠阳地方史》，第197~198、211~212页。
② 叶锋（1916~2014），广东惠阳秋长人，1935年在广州参加学生运动和党的外围组织，1936年11月在香港入党，历任"惠青工作团"团长、广东人民抗日游击队第三大队民运部部长、政训室主任，东江纵队第二支队支队长，路东行政委员会主席，江南指挥部政治部主任等职，北撤山东后，受组织派遣返回广东领导地下工作，新中国成立后任广东省东江行署专员，1953年调往北京担任国家计委文教司司长，"文革"期间蒙受不白之冤被关押6年，1974年出狱平反后任国家地质总局副局长、香港新华社副社长（副部级），逝世前是国家发展改革委员会正部级离休干部。

与党组织重建联系的卢伟如，精神振奋，全力以赴地投入"惠青工作团"工作中，此时的第三批"惠青工作团"已增加到200多人，其中党员60余人①，肩负着"惠宝工委"交付的大量工作，协调指挥任务很重。

日军占领下的惠阳，人民群众对日寇和伪军深恶痛绝，抗日热情高涨，他们普遍认为"惠青工作团"的团员"在日寇侵占惠阳后返回家乡抗日，是真正的爱国者"，很愿意支持他们的工作。惠阳县的多数乡绅与国民党军政官员也持这种看法并在力所能及的范围内支持"惠青工作团"的工作。国民党驻惠阳的军政长官，出于希望得到港澳和海外捐赠的目的，也在一定程度上支持"惠青工作团"的工作，从而使"惠青工作团"在各项工作中发挥出较好的作用，成为"惠宝工委"名副其实的得力助手和生力军。

当时在淡水、坪山驻有两支国民党部队，一支是国民党正规军第一五一师独九旅，旅长温淑海②，另一支是国民党地方部队罗坤大队。这两支部队都与上级失去联系，经济困难，军心动摇，处境艰难。根据"惠宝工委"指示，"惠青工作团"在以往工作基础上，加强对他们的统战工作，争取到温淑海为"惠青工作团"在坪山中学开办"抗日武装训练班"开绿灯，并争取到他同意接收一定数量的工作团团员到该部和罗坤部"协助做政治工作"，还争取到他同意签发"任命曾生为惠宝人民抗日游击队总队长"的委任书，为即将成立的游击队取得了一定的"公开合法名义"③。

在坪山中学举办的抗日武装训练班，实际上是"惠宝工委"培训青年干部的基地，参加训练的青年有的来自香港，多数为本地招收，既有惠阳

---

① 见中共惠阳区党史办、惠东县委党史办和大亚湾区委组织部编《永远的丰碑——惠阳惠东大亚湾抗战实录》，社会科学文献出版社，2008，第28～29页。

② 温淑海（1903～1968），广东惠阳人，广东西江讲武堂步科、陆军大学第四期毕业，曾任国民革命军第四军独立第二师第五团上校团长，抗日战争爆发后，任国民党六十三军一五一师四五三旅少将旅长，驻防淡水、龙岗、坑梓等地，曾支持建立惠宝人民抗日游击总队，后任六十五军一六零师师长，抗战胜利后任六十五师一六零旅旅长，1948年任九十九军军长，中将军衔，1949年离职赴香港，所率部队为解放军收编。

③ 《曾生回忆录》，第102～106页。

籍青年，也有广东其他县市以至外省籍的青年。他们经过10来天军事、政治训练后，有的留下作为组建人民抗日武装的骨干；大部分作为"惠青工作团"团员，被派往惠阳各地工作；还有少部分被派往国民党军队协助做政治工作。这些青年在后来的斗争和工作中发挥较好作用，其中涌现出一批作战和工作骨干。

周田村叶挺故居育英楼（摄于2008年）

在坪山工作一段时间后，卢伟如随团转往沙坑、周田一带开展工作。据《东南特委工作报告》披露，此时的惠阳"党是比较健全了，党的威信提高了，工作积极起来了，组织也发展起来了，在20天内，即发展了一倍（指党员人数增加一倍）"①。

经过紧锣密鼓的筹办，12月2日，"惠宝人民抗日游击总队"在周田叶挺将军家育英楼正式成立，这支由100余人组成的游击队由曾生担任总队长，周伯明担任政治委员，成立后立即开赴惠宝沿海地区，开展抗日游

---

① 《东南特委工作报告》（1939年1月29日）的原件存于广东省档案馆，这里引自《永远的丰碑——惠阳惠东大亚湾抗战实录》，第28～29页。

击战。

　　沙坑是"象师"所在地和卢伟如走向革命的始发地，周田是卢伟如的福地。他在工作中认识了工作团的小队长叶景舟（即我的母亲）。这位端庄秀丽的客家姑娘原名叶锦珠，是叶锋的亲戚与晚辈，后经叶锋介绍到香港打工和参加"惠青工作团"工作，并于1938年8月入党。她既熟悉工作团在香港和惠阳的情况，又能在周田、沙坑等地当向导，工作热情高，办事很麻利，很快引起卢伟如注意和好感；叶景舟对他也抱有好感，这两位志同道合的同志和战友，年龄相当，俱为初中文化，都是客家人，家乡邻近……通过接触，很快从普通同志过渡到亲密朋友，明确了恋爱关系。

会龙楼客家围屋正面外景（摄于2007年）

　　叶景舟的家在会龙楼①，这是一座里面居住着20多户叶姓人家的大型客家围屋。它始建于光绪十五年（1889），由叶景舟的曾祖父叶健珊（又名"德发连"）出资建造，他是叶亚来的"财政部长"，自己在吉隆坡创建"德发行"商号，积蓄大量财富，调回家乡建造围屋。围屋纵向分三路，外开三门，内分三堂、四横、一围笼，四周由高两层、厚80厘米的夯土墙围合，四角为坚固的三层碉堡，可以望到很远的地区，防卫条件好。整座围屋建筑面积4390平方米，加上正门外禾坪（晒场）和半月形池塘，占地近万平方米。"惠青工作团"经常在会龙楼内开会和举办各种活动，卢伟如常到那里参加会议和其他活动，认识了叶景舟的父亲叶

① 会龙楼在抗日战争和解放战争时期，曾是东江革命学校的举办地，惠阳县委、特委的办公地，现在是广东省历史文物和革命文物保护单位。

志球和母亲邓秀春，两位老人很快认可了这位未来女婿，在政治上更加支持共产党。

三 从区委书记到县委组织部长

1938 年 12 月，"惠宝工委"决定集中调整惠阳县内党组织，建立淡水、坪山、平山三个中心区委，任命卢伟如为平山中心区委书记，下辖平山、多祝、增光、稔山、白花等支部。

元旦过后，卢伟如赴任，回到他离开仅仅两个月的平山，看到遭受日寇烧杀抢掠后的群众抗日热情高涨，国民党因军事连连失败在群众中威信扫地，统治能力大为下降，"为我党开展工作提供了有利条件"，因而更加努力地抓紧工作，当时惠阳县三个中心区委党员数量很快增加到 300 多人，其中部队党员 75 人。

卢伟如经常深入群众，因年轻，且身材高大、平易近人，被群众称为"高佬卢"。将高个子男人称为"高佬"，后面加上姓，是东江地区客家人尊敬对方的表示。卢伟如觉得它符合"不得使用本人姓名全称和暴露党员身份和职务"的纪律要求，没有反对。

不料此例一开，称呼他为"高佬卢"者越来越多，党内同志，甚至领导同志也这样称呼他，以至"高佬卢"成为他的别名和绰号，许多群众和基层党员只知道他叫"高佬卢"而不知道他的姓名，这种情况持续多年，直到"文革"中卢伟如接受审查，负责审查他的专案组同志到东江地区调查他的情况时，出示他当时的照片后，许多基层干部和群众脱口说出"原来高佬卢就是卢伟如"的感慨，之后的话语，尽是评功摆好，使几位参加外调的年轻同志深受触动转而钦佩卢伟如的革命经历。

1939 年 8 月，根据形势发展需要，惠阳县的地方党组织与抗日武装的党组织分开，卢伟如调任惠阳县委宣传部长，后来改任组织部长，还兼任过武装部长，他自己说："由于年轻，尚知缺乏担任这一领导工作的能力，工作之余，拼命阅读革命理论书籍。"也由于年轻、肯干，他经常被委派执行比较艰苦的重要任务，其中为曾生、王作尧两部从海陆丰地区①返回宝安敌后山区提供安全掩护和物资保障，是最重要的任务之一。

有关此事，卢伟如在自传中仅以"经受了第一次反共高潮的考验与实际工作的锻炼"一语带过，具体内容是在他逝世后的 1985 年 4 月，由他的亲密战友邬强、黄业、邓秀芳、彭沃、史明、黄布、何清、王彪、郭际、李征等联名撰写的纪念文章②首次披露，大致情况如下。

由曾生率领的"惠宝人民抗日总队"于 1938 年 12 月 2 日成立后，使用国民党军编制的"第四战区第三游击纵队新编大队"称谓，简称"新编大队"。同年 10 月 11 日成立，由王作尧率领的"东莞抗日模范壮丁队"使用国民党军编制的"第四战区第四游击纵队第二大队"的称谓，简称"第二大队"。这两支抗日游击队成立后，以"勇战强敌的精神"，在歼灭敌军过程中迅速发展壮大，至 1939 年底，"新编大队"由初建时的 100 余人发展到 700 多人，其中战斗人员 500 多人，"第二大队"由数十人发展到 200 余人，整编后战斗人员 120 余人③，被称为"两大主力"。

东江抗日游击队的快速发展，被国民党军第四战区视为眼中钉、肉中刺，欲除之而后快。他们在全国第一次反共高潮的推动下，在 1940 年 2 月初，以国民党军第四战区指挥所主任香翰屏的名义，命令曾生、王作尧"立即率部到惠州集训"，集训地点选在西湖中一个无人居住的小岛，从岸上到小岛要坐船，据说还有一条时隐时现的小道从岸边通向小岛，一旦封锁道路和船只，岛上游击队插翅难逃，聚而歼之的图谋昭然若揭。这一企图被曾、王两部识破后，多次交涉无果，只能借故拖延。

到了月底，香翰屏眼见阴谋失败，改为军事"围剿"。他从粤北调来国民党军一八六师，纠集保安第六团、东北地区保八团、梁桂平支队、罗坤支队和潮汕李坤支队等总共两个师的数千兵力，"围剿"总数只有 700余战斗人员的曾生、王作尧两部。

---

① 即海丰县和陆丰市，属潮汕地区。
② 见《我军一位优秀指挥员——深切悼念卢伟如同志》一文，作者邬强、黄业、邓秀芳、彭沃、史明、黄布、何清、王彪、郭际、李征，写于 1985 年 4 月 19 日，李征执笔。
③ 《曾生回忆录》，第 109、130 页。

面对强敌堵截"围剿",曾、王两部奋起抵抗,边打边撤,终因实力悬殊而损失惨重,按照预案撤退到海陆丰山区隐蔽,战斗人员减至百余人,而且面临人地生疏、语言差别大、供给不足和伤病员多的情况,虽有当地党组织的极力保护,仍未摆脱危险境地。

4月下旬,香翰屏在没有搜寻到两个大队的情况下,公开放出"曾、王叛军已经全部剿灭,曾、王二人被毙"的虚假消息。

在延安的中共中央非常关心失去电台联系的东江游击队,在设法了解情况后,中央书记处于5月8日将发给"粤委小廖并转梁广、梁鸿钧、林平①并发南方局"的电报发到香港,指出曾王两部"必须大胆坚持在敌后抗日游击战,同时不怕磨擦,才能生存发展"。"仍应回到东宝惠地区,在日本与国民党之间,在政治上与优良条件下,大胆坚持抗日与打磨擦仗,曾王两部决不可在我后方停留,不向敌进攻而向我后方行动的政策,在政治上是绝对错误的,军事上也必失败,国民党会把我们当土匪剿灭,很少发展可能。前去潮梅,(1)人地生疏;(2)顽固派仍可以扰其抗日后方口号打我;(3)将牵动当地灰色武装的暴露,不然不能存在。"电报还指出回防的注意事项。②

梁鸿钧经历重重困难,于6月初将这份电报带给曾生、王作尧。曾、王在生死攸关的关键时刻看到电报,犹如在茫茫黑夜看到明灯,找到走出迷津的办法,决定按照中央"五·八"指示的要求,尽快安排部队返回惠东宝地区。

曾、王两部从海陆丰地区返回宝安敌后山区,沿途有国民党军队的关

---

① 林平(1908~1984),即尹林平,江西兴国人,1929年参加红军,1931年入党,1932年随毛泽东指挥的红军第一、第五军团攻打漳州,后任独立大队副队长、副团长、团长,厦门临时工委书记,1937年底调任南方工委武装部部长,后任广东省委常委、省军委书记,1939年任东江特委书记,1940年任东江前线特委书记兼广东人民游击队第三和第五大队政委、广东前线敌后军政委员会主席,1943年任广东临时省委书记兼广东人民抗日游击总队(东江纵队)政委。东江纵队北撤后,他留在广东坚持斗争,历任华南分局副书记、粤赣湘边区纵队司令员兼政委。新中国成立后任广东省军区第二政委、广东省副省长、省委书记处书记,"文革"期间遭受严重迫害,平反后任广东省委书记和政协主席、中顾委委员、第五届全国政协常委。

② 东江纵队志编委会编《东江纵队志》,解放军出版社,2003,第129~130页。

卡严密把守，还可能遇上外出的日伪军，两部总共百余人，弹药缺乏，给养不继，伤病员多，只有坚决依靠沿途党组织和群众的支持掩护，才能实现返回。

中共东江特委、东江军委对曾、王两部从海陆丰地区返回宝安敌后山区做出了周密部署，考虑到返回路途主要经过惠阳县内，因而特别强调惠阳县委必须采取有效措施，加强沿途的安全掩护和物资保障，切实保证曾、王两部安全抵达宝安敌后山区。惠阳县委研究后决定由组织部长卢伟如和淡水区委书记叶基[①]负责执行这一重大任务。

卢、叶二人接受任务后，深感事关重大，经研究后认为，此时的惠阳县委已经发展到领导淡水、惠州、坪山、大鹏、平山、高谭、多祝等7个区委，党员人数500多人，具有做好这一重要工作的有利条件，关键在于安全掩护措施必须到位：一是避开日伪军和国民党军的岗哨、关卡和驻地；二是严格保守部队行踪秘密；三要保证部队沿途的食宿供给。

为此，他们不惧艰险，不辞辛苦地多次往返于返回途中，考察、布置沿途党组织落实引路向导、住宿营地、外围警戒、给养供给和情报通信等任务，可谓周密细致、不留死角。

卢伟如当时21岁，叶基29岁，在那个年龄段，大8岁如同大哥，叶基非常尊重这位年轻的上级，卢伟如也非常尊重和器重这位年长的部下，注意发挥他阅历深、见解多和处事稳重的优点，他们之间的团结互助和

叶基（摄于20世纪50年代）

① 叶基（1911～1986），广东惠阳淡水人，原名叶振基，1935年参加"香港抗日救国会"和"香港惠阳青年会"，1937年入党，同年参加"惠青工作团"返乡工作，1938年参加惠宝人民抗日游击总队，任第二中队中队长，后任淡水区委书记、惠阳县长杆队（长枪队）队长、东江人民抗日游击队护航大队副队长、东江纵队第六支队支队长、独立第四大队大队长、第七支队支队长、第五团团长。北撤山东后，任两广纵队第四团团长、独立师参谋长，参加豫东、济南、淮海和解放广东战役，后任广东军区珠江分区团长、参谋长等职，曾任惠阳地委副书记、广东省电业管理局党委书记等职。

默契配合，也是完成任务的重要原因。

7月下旬，曾、王两部从海陆丰大安洞出发进入惠阳，在县内有关地方党组织的掩护下，避开日伪军、国民党军和地方反动武装的驻地，不走大路而专走偏僻小路，先经热水洞、狗眼地穿过稔平公路，再经黄塘到淡水东面的万年坑，稍做休整后，再经山子下村到坪山东南的小三洲，再次休整。直到9月上旬，看准机会，曾、王两部越过广九铁路，胜利回到宝安县布吉乡雪竹径、杨尾、上下坪一带山区隐蔽休整。从海陆丰到宝安布吉，直线距离200余公里，实际行走路程要多得多，而且走走停停，包括途中休整，共用40多天时间。

至此，历经劫难的曾生、王作尧两部终于渡过险关，回到宝安山区隐蔽休整。据统计，抵达目的地的曾生、王作尧两部指战员共108人，他们是经过严峻战斗考验的坚强骨干，在后来战斗中发挥了很大作用。

第四章
"秘密大营救"中的"罗衡"

一 领导茶园和惠州段

1941 年 12 月 8 日凌晨（夏威夷时间），日本军队突然袭击美国海军基地珍珠港，同时在东南亚和西太平洋进攻美、英等国军队，太平洋战争由此爆发。

同一天上午 8 时（香港时间），日本空军突然袭击香港启德机场，陆军从深圳跨过界河挺进九龙半岛，英军抵抗至 25 日圣诞夜晚，英国驻香港总督宣布向日军无条件投降，香港全境沦陷，160 万香港同胞立即处于悲惨命运中，正在香港避难并坚持抗日救国活动的大批内地文化人和民主人士（以下简称"文化人"）处于极度危险中。

同在 12 月 8 日，中共中央在延安召开政治局会议，随即致电正在重庆主持中央南方局工作的周恩来和在香港的中共中央南方局委员、八路军驻香港办事处负责人廖承志等同志，就"日、英战争后，我对英美方的政策"发出指示，要求"香港文人、党的人员、交通情报人员应向南洋及东江撤退。此事请酌办"①。

第二天（9 日），周恩来两次致电廖承志，询问"港中文化界朋友如何处置？尤其九龙朋友已否退出？""能否有一部分人隐蔽？""与曾生部及

---

① 电报内容见南方局党史资料征集小组编《南方局党史资料》第 3 册，重庆出版社，1986，第 71 页。

海南能否联系?"① 其急切的询问,充分体现了党中央、周恩来对身陷香港危境的内地文化人的极大牵挂和高度焦虑。中国共产党在香港和广东的组织和武装力量,在廖承志的协调指挥下迅速动员起来,全力以赴地投入到一场空前规模的营救文化人的秘密大行动中,史称"秘密大营救"。

他们千方百计地找到散居港九地区的文化人,分两路转移:茅盾、邹韬奋等大部分文化人分批从香港偷渡到九龙,再转移到位于宝安县白石龙村的游击队临时总部,被称为"陆路";梁漱溟、李少石和廖梦醒夫妇、范长江、夏衍和蔡楚生、金山等演艺界人士,经香港长洲岛偷渡到澳门或经广州湾到肇庆,再乘车船到广西桂林,被称为"水路"。此外,还有少数重要文化人,如何香凝、柳亚子以及他们的家人,乘船从海路脱险。

在数百位文化人被护送到游击队临时总部后,周恩来进一步指出,"自香港撤退的人士,大多数是我党统一战线的文化人,过去在渝、港均已很红了,若久住,不仅国民党特务,就是广东当局也要注意。无论如何不能停留……一些去浙江、经沪到苏北;一些去桂林;一些来渝"。他还对邹韬奋、茅盾与孔德沚夫妇、张友渔与韩幽桐夫妇、胡绳、吴全衡、于伶夫妇、章泯、戈宝权、沈志远、刘清扬等数十位文化人的去向,分别做出安排。

根据周恩来指示,在白石龙村游击队临时总部的文化人将沿着秘密交通线分批接力护送:

一、由游击队派出武装分批将他们从白石龙村护送到惠阳县茶园村。

二、由惠阳县委负责茶园接待并将他们护送到惠州,再安排他们从惠州乘船北上到老隆(当时党内称为"后东",即现在的龙川县城)。

三、由老隆站负责当地接待并将他们转送韶关。

四、由韶关站负责当地接待并安排他们乘火车经湖南转到桂林或经上海转往苏北根据地。

东江特委书记林平认为,惠州是东江地区的政治经济中心,国民党重

---

① 中共中央和周恩来指示引自黄秋耘、夏衍、廖沫沙等《秘密大营救》,解放军出版社,1986;何小林、郭际编《胜利大营救》,解放军出版社,1999;杨奇编《见证两大历史壮举》,人民出版社,2011。下同。

兵把守的中心城市，秘密交通线上不可或缺的关键环节，必须坚决打通，要求惠阳县委派出得力干部潜入惠州，建立秘密交通站，确保文化人的安全转移。

当时的惠阳县委由书记谢鹤筹、宣传部长王鲁明①、组织部长兼武装部长卢伟如三人组成，他们都很优秀，新中国成立后都走上部级领导岗位，由他们组成的县委领导班子有如"三驾马车"，团结协力，战斗力强。

秘密大营救行动开始后，根据上级指示，惠阳县委已将"惠阳大队"交由游击总队指挥，直接投入接应护送文化人行动中。还在坪山区开辟三条交通支线：一是从白石龙村经沙湾、大井、洋和朗、坑梓到茶园；二是从白石龙村经田心村、坑梓到茶园；三是从大鹏半岛沙鱼涌到田心村，再经坑梓到茶园。1942 年的坪山区，并不像现在的深圳市坪山区那样交通发达，而是山岭连绵，公路极少，敌情严重，土匪横行。因靠近广九铁路有 100 多人的日伪军中队常驻，还有几小股伪军分散驻扎，国民党"保八团"部队盘踞区内，几股数十人的武装土匪经常抢夺香港难民钱财。文化人在区内转移，尽管有游击队武装护送，仍然需要地方党组织事先开辟道路。所谓"开辟"，主要有三方面工作：一是更换沿线乡村不合格的伪保甲长，实在更换不了，就将他们监视起来，不允许他们给日伪军和国民党方面通风报信；二是在各日伪军和国民党军队驻地周边布置情报网，随时掌握他们的动态；三是劝走沿线土匪，实在劝不走的采取武力措施驱赶。根据林平指示，县委将"开辟"三条交通支线的任务交给坪山区委书记何武切实执行，他带领党员群众经过极大的努力完成了任务。

惠阳县委接到新任务后，决定将卢伟如抽调出来，专门负责领导从茶

---

① 王鲁明（1915～2003），广东省东莞厚街人，原名王寿祺，1936 年 10 月入党，先后担任中共东莞临时工委委员、县委委员兼水乡区书记、东莞抗日模范壮丁队政工队队长、东莞及惠阳县委宣传部长、惠中地区特派员、广东省临时工委及广东区党委干事，1946 年起在香港地下组织从事党务工作并担任中共香港市委委员、1948 年任（东江）江南地委书记、广东人民解放军江南支队政委，新中国成立后先后担任东江地委副书记兼组织部长，1956 年调至外交部先后担任机关党委书记、驻罗马尼亚、阿尔巴尼亚政务参赞，驻瑞典王国大使、国际问题研究所副所长、党组副书记，1980 年起任国务院港澳事务办公室副主任，1988 年离休，享受老红军和正部级待遇。

园到惠州接应护送文化人的工作，还决定将梁化区委书记陈永①抽调出来，担任卢伟如助手，一起潜入惠州，参与筹建和领导秘密交通站。

陈永（摄于1952年）

这是卢伟如在惠阳县委岗位上接受的最重要、最艰难的任务，他当时22岁，已有5年党龄和地方工作经验，具有不怕强敌的大无畏精神和地下工作者的严密思维。他认为："对付日本鬼子好办些，他们是外国人，不熟悉情况；汉奸也好办，将他们赶走或打死就可以了；难办的是国民党，他们人多又是地头蛇，有政权、军队、警察，还有保甲长，相互牵连。"

卢伟如首先来到茶园村，与依约前来的陈永会面并安排茶园站工作。

茶园村位于惠阳县秋长镇西部，大体处于白石龙村和惠州的中间位置，距惠州城90华里，即使体质较弱的文化人，从茶园徒步到惠州，可在一天内走到。它处于丘陵地带，居屋分散，便于隐蔽，是游击队的后勤基地，还有惠阳县委秘密交通站，党的力量强，群众基础好，掩护力量强。

惠阳县委秘密交通站设在茶园村善美小学内，由学校董事会主席叶汉生任站长，校长叶瑞林协助他工作，他们都是共产党员，在不动声色中将秘密交通站的工作做得很好。卢伟如决定叶汉生、叶瑞林和游击队专门派来的联络干部叶维儒三人组成领导班子，由叶汉生总负责并兼任接待护送文化人的茶园秘密交通站站长。

善美小学只有一个"邻居"，名叫"榴兆楼"，这是一栋大型客家围屋，规模与"会龙楼"相当，建于清末，也在四角设有坚固的三层碉堡，围屋内有多处院落、居屋、压水井等生活设施，居住着20多户叶姓人家，

---

① 陈永（1913～1996），原名陈永年，曾化名陈化、陈旭、陈旭辉、陈达年，广东省惠阳龙岗区葵涌镇坝光村（现属深圳市龙岗区）人，1938年参加革命，同年10月入党，曾任惠阳县淡水区、梁化区委书记，曾奉命参加筹建并领导惠州秘密交通站的接应护送文化人工作，在广东人民抗日游击队第三大队从事政治工作，并被派往香港经商，为党组织筹集经费，1949年随华南分局从香港撤回后在粤赣湘边纵队任江南税务局副局长，广州解放后负责组建广东省粮食公司并任副经理，后任省商业厅物价处处长、办公室主任，离休前任广东省石油公司顾问。

他们都是中国共产党的基本群众，文化人住在榴兆楼，依靠他们，可以解决住宿、饮食问题，还可在庭院散步，只要不出大门，外人不会发现。

根据如上情况，卢伟如同意叶汉生的意见，同意榴兆楼作为文化人在茶园村的驻地，并同意家在围屋的"小鬼"交通员——共产党员叶钧、女党员叶玉定和叶梦昙参加接待工作，由叶钧担任接待组组长。

2010 年春，中央电视台第十频道《重访》节目组拍摄《1942——香港秘密大营救》时在榴兆楼大门合影，左一为连贯之女连子，左二为东纵老干部叶钧，右一为主编王蕾，右二为卢晓衡

二　将秘密交通站设在敌人眼皮下

茶园站工作安排好后，经过一番精心准备，卢、陈二人前往惠州。卢伟如化名"罗衡"，身着西装，身份是"香港昌业公司经理"，年长卢伟如6 岁的陈永西装革履，身份是公司的"少东家"。他们昂首阔步地走进国民党军队戒备森严的惠州城，住进高级旅店，在"筹划生意"的掩护下，开始为秘密交通站选址。

惠州是东江地区的政治经济中心，素有"岭南名郡"之称，以西湖美景闻名于世。北宋大文豪苏东坡谪居惠州，写下许多赞美惠州山水的诗篇。清代有人将惠州西湖与杭州西湖相比："西湖西子比相当，浓抹杭州惠淡妆。"到了清代晚期，惠州著名诗人江逢辰写出了"一自坡公谪南海，天下不敢小惠州"的名句，为后人所乐道。

身负重任的卢伟如，无心欣赏惠州西湖的美景，也无意领略惠州历史上的文人逸事，只对惠州的政治、军事、经济和社会情况感兴趣。他看到在日寇和国民党军队的交替占领下，城内生活物资紧缺，是经商贸易的好机会和开展地下工作的好条件。他更看到，惠州城内局势险恶，自1940年国民党军队大举进攻东江游击队以后，中共惠州区委已撤出城区，只留下少数几个潜伏党员。

他们很快走完所有街道，将目光集中在西枝江和东江交汇处的东平半岛水东街，这里商铺密布，民居客栈交错，人群密集交杂，是当时惠州最繁华的街道，隐蔽性好，水陆交通方便，距东江客运码头近，符合文化人的住宿条件。

深入考察发现，当时惠州最豪华的东湖旅店，位于水东街北面的上板塘街，处于闹市却很冷清，还有国民党军队岗哨，可谓闹中取静，很不寻常。

经了解，原来是国民党六十五军一八七师师长兼"惠（州）淡（水）守备区司令"张光琼①包下了旅店三楼所有房间。此人有一"爱好"，就是好搞女人，东湖旅店三楼是他设置的"安乐窝"。为保守"机密"，除了他的极少数亲信，一八七师和惠州城的军政官员都不准进东湖旅店。在他包下旅店三楼后，再也没有人敢租住一、二楼房间，惠州城的军警、便衣到处横行霸道，也不敢靠近东湖旅店。

---

① 张光琼（1902~1975），广东文昌（今海南省）人，云南陆军讲武堂18期炮科和国民党军陆军大学将校训练班毕业，1927年任黄埔军校潮州分校教官，后任炮兵营营长、上校团长、六十四军一五五师四五六旅副旅长、旅长，1939年任六十五军一八七师副师长，1940年春升任该师长兼惠淡守备区司令，1946年起先后任整编六十五师副师长、广东第四区行政督察专员兼"清剿区司令"，1949年2月任第六十二军中将军长，1949年7月离职后出走香港，1950年在香港通电起义，后来移居巴西直到病故。

从高处俯视惠州水东街（摄于 2010 年 4 月）

惠州东湖旅店大门旧址，原载彭长明、曾墨林主编《惠州红色遗产档
案》，中国社会出版社，2006

卢伟如认为："这种情况，反倒是一个可以利用的条件，秘密联络站
设在那里，反而比较安全。"经过深入思考，他决定以"香港昌业公司"
的名义，将东湖旅店二楼全部 10 个房间包租下来，外称"用作商务"，实
际上是用于惠州秘密交通站。

共产党县委的秘密交通站设在国民党驻军"最高长官"的住所楼下，"最高长官"住三楼，秘密交通站在二楼，一楼大门由国民党岗哨把守，文学作品中的情节，却发生在秘密斗争的现实中，这是卢伟如和他战友的杰作，既体现他们的极大胆识，也是经过慎之又慎考虑后的决定，符合"越是危险的地方越安全"的秘密工作原则。

这一决定很快发生作用。当时惠州的国民党军政官员、警察和特务，都知道张师座住在东湖旅店，而"香港昌业公司经理"罗衡在这个旅店包下二楼10个房间，"唯一合理的解释是，罗老板与张师座的关系不一般"，此后"罗老板"和昌业公司要求办理的事情，他们都支持协助。

卢伟如这一大胆决定，得到谢鹤筹和王鲁明的全力支持，考虑到"罗老板"单身住高级旅店，容易引起敌人怀疑，县委决定将叶景舟调到惠州与卢伟如"突击结婚"，参加秘密交通站工作。这个安排既有利于工作，也成就了这对革命夫妻的百年之好。

这是卢伟如和叶景舟婚后的第一张合照，1946年7月11日北撤山东后在烟台解放区的照相馆拍摄，卢伟如所穿的国民党军装是组织上发给他与国民党军方的谈判用装

　　县委还将陈永的未婚妻叶惠英也调到惠州"突击结婚"，协助工作，后来又调入李惠群和爱人潘秀金参加工作。其他同志分别以"香港昌业公司"的"股东"或"搭当"，或以"大行商"（即"水客"）的名义活动，使"香港昌业公司"很像一个"有实力的香港公司"。

　　秘密交通站建立起来后，卢伟如又在水东街租了几处商店和民房作为工作人员住所，用于接待不便到东湖旅店的同志，并供接待文化人使用。为掩人耳目，他放出风声，说这些房屋是为即将从香港逃难过来的亲友和股东准备的。

　　几天后，在游击队和惠阳县委的大力支持下，"香港昌业公司"从香港运来几十担煤油、棉纱、布匹、轮胎等货物，囤放在城内"东和行"商社。该行老板李士嘉等人都是由革命志士邓演达创建的农工民主党党员，该党惠阳特委与中共惠阳县委是秘密统战关系，不仅同意借用"东和行"店铺，还要求该党党员利用在国民党惠州政府和驻军任职之便，宣传昌业公司出售的是"货真价实的香港货"，这既是一种商业宣传，也是一种掩护。

　　"香港昌业公司"出售的紧俏商品，对国民党军政官员吸引很大，他们趋之若鹜，登门购买。"罗老板"通过与他们"谈生意"，侧面打听惠州驻军地点、人数和关卡情况，均得到满意答复，从而摸清国民党军队与警察的布防情况，还与他们拉近了关系，为即将通过的文化人搞到一批证件。

　　卢伟如了解到，日军占领香港以后，国民党广东当局通过侦察，获知大批进步文化人和民主人士将从香港经过东江地区返回内地，指示惠阳县军政当局加强侦察防范，增加检查站，搞"港九难侨登记处"，对接应护送文化人的工作构成很大的威胁。

　　为使文化人顺利过关，卢伟如花了一大笔钱，分别宴请国民党师长张光琼和副师长温淑海等军政要员以及警察和特务头头，趁他们酒酣耳热之时，提出有些亲友和同事从香港过来，途经惠州到后方避难，请他们"高抬贵手，多行方便"，得到他们的承诺。

三 廖承志检查工作堵漏洞

就在卢伟如和他的战友们紧张工作之时,廖承志、连贯①、乔冠华②沿着秘密交通线,从茶园来到惠州检查工作。廖承志肯定这两个站的工作,并规定两条纪律:一是文化人在惠州不准上街公开活动;二是把文化人的笔和本子收上来集中保管,以免暴露他们的真实身份。连贯补充两点:一要提醒住在东湖旅店的所有人,说话、举止都要格外小心,以免引起楼上国民党师长的怀疑;二是茅盾等重要文化人不住在东湖旅店,住在"东和行"或其他地方。

在此期间,在东江游击区领导抢救工作的中共粤北省委书记张文彬派身边工作人员司徒丙鹤赴韶关途经惠州。廖承志得知后,要卢伟如安排见面。秘密会面在惠州西湖苏东坡爱妾王朝云墓地附近,卢伟如亲自警戒,廖承志、连贯就粤北地区接应护送文化人的工作做出指示,要司徒丙鹤到韶关后转达给粤北省委领导。

廖承志具有丰富的革命斗争经验,十分欣赏卢伟如等年轻同志的勇敢精神,同意他们的工作方案,但也敏锐地感觉到"香港昌业公司"没有在香港注册是个漏洞,如果敌人略为用心,派人到香港查找,不难发现问题,后果严重,必须解决。

---

① 连贯(1906~1991),原名连学史,广东大埔人,1925年入党,抗日战争时期,担任八路军驻香港办事处秘书长兼机关书记,是廖承志的主要助手,后任中共广东区委常委、中共中央华南分局委员,新中国成立后历任中央统战部秘书长、全国人大副秘书长、国务院侨办副主任等职。

② 乔冠华(1913~1983),江苏省建湖县人,早年留学德国,1938年春回国,1939年10月入党。后经留德同学赵一肩推荐,随国民党军第七战区司令官余汉谋的亲信到香港创办《时事晚报》,撰写社论,并结识廖承志、连贯和当时在香港的内地著名文化人,在"秘密大营救"行动中,经廖承志安排,他利用赵一肩(时任国民党军第七战区参谋长,驻地韶关)的关系,在韶关接应护送文化人。

廖承志马上想到香港办事处的义务交通员廖安祥[①]，他与东江游击队李健行合办的"香港东利运输公司"在惠州设有办事处，廖承志在考察该办事处后认为，廖安祥凭借他的股东和商界朋友关系，可以很快在惠州开办一处新商社，因而指示刚到达的廖安祥留在惠州，以最快的速度开办一处新商社，并交给廖安祥三万元"开办费"，还要卢伟如兼任这个商社的"老板"，以便开展工作。

此后，廖承志、连贯、乔冠华又和从香港来到惠州的胡一声、李伯球等同志在惠州郊外开会，研究接送文化人的工作安排，确认卢伟如在惠州负责接应护送工作；连贯坐镇老隆，直接指挥当地的接应护送工作并协调惠州、老隆、兴宁、梅县等地的接送工作；乔冠华前往韶关，利用他与驻韶关国民党第十二军的参谋处长赵一肩留学德国的同学关系，与温康兰一起，负责由韶关经衡阳至桂林或经上海到苏北等地的接应护送工作。

会议结束后，廖承志等乘坐廖安祥包租的客船离开惠州，沿着东江向北溯流而上，前往老隆继续检查指导工作。

几天后，一个名叫"源吉行"的商社在惠州开张。香港采购由东利公司的李建行负责，途中由东江游击队负责押运，在沦陷区与国统区交界处的淡水镇，由廖安祥堂弟廖吉和负责接货并押运到惠州。叶景舟父亲叶志球和母亲邓寿春都支持共产党，他们居住在淡水镇打铁寮（巷名）19 号的邓家祖屋附有小院，不时用作存放货物的临时仓库，我出生在这所房屋，从小在院子玩耍，很为逝去的外公外婆自豪。

廖承志的补充措施很快发挥作用。"香港昌业公司"经理罗衡兼任"源吉行"经理，回旋余地更大，他还从廖安祥身上学到一些香港商业知识和"真做生意"的本领。他们二人以"庆祝源吉行开张"的名义，在西

---

① 廖安祥（1907～1997），原名廖能隆，广东省梅县人，1925 年起在香港打工，后来认识中共党员叶锋、刘宣等人，在八路军驻香港办事处做交通联络工作，又与东江纵队派到香港的李健行等合作，成立"香港东利运输公司"，承接香港至惠阳货运，并在香港、惠州等地参加抢救文化人的秘密大行动，曾在香港创建亚洲贸易公司和亚洲旅行社，新中国成立后任亚洲贸易（集团）有限公司名誉董事长和亚洲旅行社董事长、亚洲旅行社有限公司名誉董事长。

20世纪80年代廖安祥与卢伟如在北京钓鱼台国宾馆会见

湖游船上宴请张光琼、温淑海等人,推杯换盏之际,罗、廖答应为张、温"代购香港紧缺商品",张、温承诺关照"源吉行"和"香港昌业公司"。

此次宴会后不久,源吉行突遭日寇飞机轰炸,店面与库房都起了火,火越烧越旺,罗、廖率领员工奋力抢救,无奈火势太猛,救不过来,廖安祥急中生智,打电话向张光琼求救,张光琼当即派出部队灭火,不仅抢救出不少货物和用品,还将保险柜抬出来,廖安祥打开后发现"纸币被煲烂,计有三百张"①。张光琼获悉后指派军需官陪同廖安祥到银行兑换烧坏了的钞票,为源吉行挽回大笔经济损失。随着罗、廖的感谢和"国军救火事迹"的宣传,他们"与张师座关系不一般"的名声无人置疑,罗、廖办事更加方便。

正在接待工作准备就绪之时,1942年2月7日,日军突然再次进攻惠州,进城后抓了许多百姓,撤退前残忍地在西枝江边用刺刀将他们挑死,鲜血染红大片江水,日寇罪行滔天,罄竹难书。

日军撤出后,罗、廖等人返回惠州,看到老百姓被屠杀和城内被破坏

---

① 廖安祥:《香港工作六十年》,广角镜出版社,1985,第24页。

的景象，义愤填膺，怒火熊熊，他们强压心中的悲痛和愤怒，加紧整理房屋店面，在春节临近前做好接待准备。

四　接送茅盾等人过惠州

日军撤走后，国民党军一八七师很快返回惠州，准备过春节。林平认为，这是护送文化人从惠州北上的良机，指示惠阳县委抓紧实施。

第一批文化人从茶园到惠州由惠州区委书记蓝造①负责护送，他接到任务后首先潜入惠州，向卢伟如汇报情况，接受指示。

这时的榴兆楼已经住进茅盾和夫人孔德沚、张友渔②和夫人韩幽桐③、胡风、廖沫沙、宋之的、叶以群、胡仲持、许幸之、周钢鸣、沙蒙和葛一虹等20多位著名文化人，其中张友渔既是文化人，又是党的干部，他在香港参加文化人的管理工作，知道许多文化人住所，自愿留在香港参加营救工作，然后被护送到惠阳田心村（惠阳大队队部所在地）隐蔽，再转移到榴兆楼，组织上指定他为第一批被护送文化人的领队。其他人都来自白石龙村及附近地区，由于住地分散，他们中的很多人自离开香港后就没见过面，如今会合欣喜有加，将榴兆楼称为"中国式古堡"，在里面散步交谈，精神舒畅，再加上可口的客家饭菜，很快疲劳消除，接受转入"地下工作状态"的训练，包括"改名换姓"、使用国民党证件（这是惠

---

① 蓝造（1917～1990），广东深圳人，1938年入党，历任惠州区委书记、县委书记、东江纵队第二支队政委、边纵团长兼政委、支队司令员、武汉军区信阳步校校长、军事科研室主任、作战部长等职，1960年被授予大校军衔，1980年离休。

② 张友渔（1898～1992），山西灵石人，1927年入党，1941年春在香港任《华商报》总主笔，组织上安排他第一批撤出香港，他坚持留在香港协助寻找文化人，后被安排乘船到沙鱼涌转田心村隐蔽，赶上第一批从茶园北上的文化人，被指定为领队。1949年后任北京市委副书记、中国社会科学院副院长、全国人大常委会法制委员会副主任、中国法学会会长和中国政治学会会长等职。

③ 韩幽桐（1908～1985），回族，张友渔夫人，1926年入党，著名法学家，1941年在香港《知识青年》任编辑，1952年后任最高法院副院长、宁夏回族自治区高级人民法院院长、中国社会科学院法学研究所副所长等职。

州秘密交通站从国民党警察局搞到的)、按照证件上"商贾"身份着装(部分衣服是惠阳县委从城镇乡村收集到后转送过来的)和练习"商贾"的行为举止,以适应证件上身份要求和护送工作需要。

卢伟如听完汇报后认为,在日伪军已撤走的情况下,主要是对付国民党部队,也要防止土匪抢劫,还要考虑护送对象体质较弱的情况,决定:一是走茶园经永湖、三栋到惠州的大路,既方便走路,也符合他们的"商贾"身份;二是要求他们当天赶到,以保证安全;三是途中安排在永湖用午餐,在三栋用晚餐和休息;四是上述安排和沿途地方党组织的掩护保障问题,由蓝造在返回路上部署。

蓝造(摄于1960年)

谈话结束后,蓝造一路布置安排后返回茶园,向茅盾、张友渔等人报告安排情况,征求意见,并交代有关事项。根据文化人体质较弱的情况,他组织几位农民为他们挑行李,再请两位精壮的农民制作轿椅,供孔德沚乘坐。

除夕(2月14日)早晨,茅盾等文化人集合后,感觉一扫逃难以来之疲劳相,显得精神抖擞,身材较瘦的茅盾身着西装,戴上眼镜,身份是香港汇丰银行九龙分行的"副总经理";张友渔身着藏青色的丝绸长衫,头上戴着礼帽,颇有"米行老板"的派头;其他男士有的穿中装,也有穿西装不带领带,突显"逃难"状态而不失"商贾风度";几位女士有的穿旗袍,有的穿西服,很显"商贾太太"气度。

蓝造见后在内心称赞说,文化人水平就是高,进入角色快。尽管如此,他还是提醒他们"一定要记住各自'姓名'和'身份',还要记住你们都是'有钱的商人',遇到盘问,尽量不说话,由我们出面周旋"。经过一天演练,文化人们心中有数,都会心地点点头。于是,蓝造在前、区委交通员刘茂殿后,队伍出发。

这些文化人在香港被抢救出来后,刚到东江游击队总部时,很高兴有机会与共产党领导下的游击队接触，兴致勃勃，情绪很高。住了一段时间后，尽管游击队尽力设法照顾，但因偏僻农村的条件所限，而且在战争环境的高度警戒状态下，他们的活动空间较小，难免有生活单调之感。而且离开沦陷后的香港，走路多在夜间，还要通过敌人封锁线，处于紧张状况，如今大白天走在公路上，文化人顿觉开怀，有说有笑，茅盾夫人时而坐轿，时而步行，非常轻松，很快走到永湖镇。

午餐后继续前行，正当文化人感到疲惫时，天公不作美，突然刮小风飘细雨，当时所谓"大路"即"公路"，结构为"泥土加沙石"，走在细雨打湿的路面，鞋沾泥沙，越沾越多，越走越不方便，需要不时停下来除去鞋上的泥沙，颇为费事，走路速度大为下降，到达三栋已近黄昏。

三栋也是小镇，原计划是在镇上吃饭并略作休息。文化人很感疲倦，茅盾询问蓝造，从这里到惠州还有多少路程？蓝造回答 10 公里。茅盾接着提出：能否在三栋过夜，明天接着走？蓝造回答说，为了安全，只能当天赶到惠州，因大家疲劳，可以增加在三栋的休息时间。茅盾又提出买几个灯笼指路，由于镇上店铺关门，没有买到，只能摸黑上路。

从三栋到惠州的公路，在战争期间遭受破坏，坑坑洼洼，使队伍拉得很长，只有两支手电筒，蓝造等护送人员前后招呼，由于南北语言差别较大，文化人不能完全听懂，跌倒摔跤时有发生。

队伍通过一座小桥，突然扑通一声，接着是茅盾焦急的叫声："我太太掉到河里了！"蓝造等人立即跑过去，此时孔德沚已经在河底泥水中站立起来，大家赶紧将她拉上来，关切地询问是否跌伤，她坚强地回答："没有摔伤，不要紧的。"

蓝造观察后发现：此桥不高，河水不深，孔德沚跌下去后摔在水草中，因而没有受伤，衣服却被泥水打湿。她将衣服拧了几把，向大家致谢并表示"我可以继续走"。

再经努力，文化人在深夜前抵达惠州城外的接头点。在焦急中等候多时的卢伟如，立即迎上前去握手，简明扼要地向他们介绍入城注意事项后，领着他们走向城门。文化人惊奇地发现，"罗经理"走到城门时，只向把守城门的国民党士兵点点头，便领着他们顺利进城，没有查检证件，卢伟如解释是"事先打好招呼了"。

惠州城内夜深人静，店铺关门，显得空荡荡。20多人的队伍进城后分两路，按照廖承志交代，茅盾夫妇、张友渔夫妇等数人到水东街住"东和行"，其他人到上板塘街住东湖旅店。卢伟如获悉茅盾夫人途中跌落河道，特别交代安排好茅盾夫妇房间，赶紧送上热水。孔德沚当时满身泥污，衣服也已破损，与"有钱的商贾"夫人的身份不符，但她已无衣可换。叶景舟想起自己的母亲邓寿春年龄、身材都与她接近，于是赶回家与母亲说明情况。邓寿春是一位积极支持革命的进步群众，她毫不犹豫地把珍藏的几件旗袍取出交给女儿带去给孔德沚和其他通行女士。①

确已疲劳的文化人在各自住地抓紧洗漱、吃饭、上床睡觉，不一会儿传来阵阵酣睡的呼噜声。

第二天是农历大年初一，卢伟如首先来到"东和行"。

惠州从前一天起下小雨不见停，东江地区的阴雨天，虽然不像北方那样天寒地冻，却也让人感到又冷又湿，很不好受。茅盾等人不由自主地将双手互插到衣袖里，在屋内走来走去。卢伟如见状很不是滋味，立即派人出去购买木炭和食品。因大年初一，大多数商人返乡过年，开门的商店少，采购的同志转了很久，才买到一些木炭、咸鱼、猪肉、鸡和蔬菜。

茅盾见后喜形于色并说道："我们家乡的风味鸡很出名，让我太太给大家露一手吧。"孔德沚接着道："我正感到对大家的照顾无以回报，就让我服务一次吧。"到底是大作家的贤内助，在其他人协助下，她在厨房忙了不多的时间，就做好风味鸡和其他菜饭，陈永弄到些米酒，此时屋内生

---

① 邓寿春（1900～2006）生前对家人口述。2000年初，在惠阳区民政局对抗日战争时期帮助地下党工作的家属发放补贴活动中，由家人将此事件填写在申请表格中，并有王鲁明和另一淡水居民作为证明人签字。

起木炭火炉，大家边吃边喝边聊天，很快驱散寒气，有了春节的热闹气氛。

春节期间客船停运，需让文化人在惠州多住几日，国民党军队的警戒没有放松，军警、便衣仍在活动。卢伟如要求大家注意安全，特别要求曾经担任惠阳县三青团书记、现任蓝衣社盐警队（国民党特务组织）队长黄鑫和李茂白等地下党员注意国民党军政机关的内部动态，并安排在县民教馆工作的一位姓廖的女地下党员，专门接近国民党要人太太，探听国民党方面动向。

文化人按规定不准上街，但他们对惠州历史文化充满好奇，非常希望参观，特别是茅盾。卢伟如同意单独安排茅盾夫妇上街，委派陈永夫妇陪同，要求茅盾夫妇在外面不开口说话，以免他们的北方口音引起敌人注意。他们倒很配合，外出不长就返回住地。

文化人最大的安全隐患是他们的北方口音，与当地通行的客家话和白话（广州话）不一样，一开口就引人注意，容易出问题。卢伟如一再要求文化人注意，他们倒很配合，但也防不胜防，还是出了"岔子"。

大年初二上午，茅盾等人在屋里待的时间长了，仅仅走出"东和行"几步远，相互低声说了几句话，竟然被恰巧路过的两个国民党军警听出非本地口音，过来查验证件，还要进屋检查。正在为难之际，恰巧卢伟如过来看见，急忙上前拿出名片并解释"他们都是源吉行股东，因香港沦陷回家乡避难，路过惠州，暂住几日"。他费了很多口舌，两个军警仍不放过，坚持入屋检查，还要茅盾等人自己回答问题。

在这牵人心弦的紧张时刻，只见一个人摇摇晃晃地走过来，边走边嚷："这么多人围着干什么，搞什么鬼！"卢伟如一看喜上心头，来"救星"了！此人的哥哥叫王延吉，是国民党驻惠州的营长，营长弟弟经常到"东和行"与我们的人打牌，彼此混得很熟。卢伟如马上把他拉到一边，塞上一把票子，请他"说情"。他把票子往裤兜里一塞，走向两个军警，用毋庸置疑的口气训斥道："你们是干什么的？没长眼睛吗？这是罗老板，张师长朋友，你们不知道？要王营长亲自来给你们解释吗？"这几句话立即镇住两个军警，他们改而赔不是并赶紧走了。

此事虽然化险为夷，却着实让卢伟如感到后怕，担心文化人再住下去，不知还会出现什么想象不到的问题，因而果断决定，尽快将这批文化人送出惠州。

这些文化人大多没有到过惠州，对这座颇有历史文化的城镇很感兴趣，本想在逗留期间领略西湖景色并参观东征纪念碑等地，但因环境险恶不许参观，连在门口说话都可能出现不安全的问题，因而当交通站提出尽快北上，他们立即同意。

卢伟如根据上级指示，出发前给每位文化人发了 1000 元旅费，给茅盾多发了 500 元。孔德沚了解到公司货物中有布匹，婉转地表示离开香港太匆忙，连被褥都没有带，希望得到一点做床单被套的布料。卢伟如觉得像她那样的大作家夫人，很难开口提出物质要求，应该满足。他马上派人送去布料，为此茅盾责怪夫人多事，却也在内心感到这些年轻干部智勇双全，做事周密细致，因而郑重地向卢伟如表示感谢。

位于东江上游的老隆，是东江航运的终点站，文化人从惠州乘船去老隆，需要做好安全保障。卢伟如和他的战友们雷厉风行，经过紧张的安排准备，于正月初四带领文化人前往东江码头。

码头在惠州中山公园望江亭北部的江边，离住地不远。为不引起敌人注意，决定分两批通过中山公园前往码头，既分散国民党军警的注意力，还兼顾文化人参观的愿望。不料当队伍走到中山公园内廖仲恺先生纪念碑时，茅盾看得仔细，朗读碑文，诗兴大发，拿出藏在身上的钢笔和笔记本，当场吟诵作诗。

卢伟如见状很为焦急，心想"他这样十足的书生气，哪像商人呢？如果引起游人围观，很容易暴露身份，后果不堪设想"。因而赶紧上前在茅盾耳边小声地说道："现在是非常时期，你的身份是'商人'，不是作家，任务是赶紧上船。"不料茅盾听后竟然发脾气，张友渔以领队身份上前以"这会连累大家的"的话语劝说，孔德沚也上前拉着茅盾的手说，"咱们上船再写，不在这里停留，免得出事……"茅盾这才感到事态严重，收起笔记本和钢笔，和大家一起走向码头。

惠州中山公园内廖仲恺先生纪念碑

在此之前，卢伟如特意通过地下党员黄鑫，安排茅盾夫妇乘坐国民党官员的走私船，这种船是国民党军警和特务都不会检查的，安全更有保障。可是当茅盾上船看到舱内"一片乌烟瘴气"，立即退回，强烈表示"决不与国民党腐败官员同船"。在此情况下，只能将他们夫妇转到其他文化人所乘坐的包船中。包租的这条客船，从船长到水手都是地下党员或进步群众，还有负责护送的交通员，安全有保障。

卢伟如站在岸边目送北去的包船，心中默默地祝愿他们一路平安。

五　邹韬奋在惠州休养

送走第一批文化人后，卢伟如和战友们总结后认为，国民党军警的突然检查，虽然有惊无险地应对过去，但也说明安全工作存在隐患，决定派人到辖管"东和行"区域的派出所及其上级单位做工作，使安全工作进一步落到实处，从而使一批又一批的文化人在惠州安全转移。

1942年4月，著名的进步文化人邹韬奋被护送到惠州，上级说明他是周恩来特别关照的知名作家，因病需要休息，要安排他多住些日子，调养身体。陈永提出安排邹韬奋住在他家，可以更好地保护照顾。卢伟如知道，陈永住在临江的一栋民房，比较安静，他爱人料理家务细心，饭菜做得好，可以照顾邹韬奋先生，立即同意这一安排。

邹韬奋住了两天后对陈永说："我没有到过惠州，这里不会有人认识我，想出去走走，散散心。"陈永婉转地回答："国民党方面已经察觉你在东江地区，你的《萍踪寄语》书上有你的照片，如果国民党官兵对照书上的照片认出你，就可能出大问题了，还是小心好。"邹韬奋听后没有再说什么，但脸上的表情说明，他感到失望和无奈。

卢伟如听完陈永汇报后，以商量的口气说："像邹韬奋这样中央特别关照的文化人，我们当然要保证他的安全，也要考虑他的健康，上级交代要让他调养身体，如果总让他闷在屋里，病情可能加重，要想出一个两全其美的办法来。"陈永觉得很有道理，考虑一会儿后提出："不妨试试给他化装，派出得力人员陪同，到郊外散步，既能保证他的安全，又有利于他调养身体。"

第二天早晨，叶景舟和当时在惠州的游击队干部涂夫带着午餐干粮，领着化装后的邹韬奋到野外活动。她的身份是"罗老板太太"，涂夫的身份是皮革商人，身着有钱商人的便装①，陪着化名"李尚清"的"香港商人"邹韬奋先生到西湖游览。

战时偌大个西湖景区空空荡荡，游人很少，国民党警察、军警很少进入。叶景舟和涂夫陪同邹韬奋在湖边漫步休息，享用自带午餐，直到快天黑时返回，邹韬奋觉得休息得很好。

事实证明这个办法安全可行，以后陆续又安排了几次，每次更换地方。他们曾经泛舟西湖，拜谒古寺，漫步丘陵，在林中休息，岭南的大自然风光和清新空气使邹韬奋先生心情舒畅，身体有所恢复，脸

---

① 《秘密大营救》书中卢伟如的回忆文章《秘密接应惠州斗颜》中写道："涂夫身份是'国民党政工队副'，穿着一身国民党军服。"（第273页）经核对，这一表达有误，涂夫在惠州的地下工作身份是"皮革商人"，当时打入国民党军队担任"政工队副"的是郭杰。

上气色好转。

在四周无人之时，邹韬奋给叶景舟和涂夫讲评国内外时事，分析社会动向，他说话时手拿国民党报纸批判讽刺，把国民党虚伪、腐败的本质，揭露得入木三分，使这两位年轻党员深受教育，几十年后仍然记忆犹新。

邹韬奋在惠州住了十多天，感觉身体好些后，卢伟如和郑展、连洁夫妇护送其于4月下旬从惠州码头上船逆水而上到老隆，面交连贯。国民党顽军在通往粤北各处要津设立关卡，邹韬奋不能直往韶关，在郑展等人的护送下，坐"侨兴行"的运货汽车从老隆到兴宁，辗转梅县峯坑。

邹韬奋是惠州秘密交通站接应护送的最后一位文化人，至此，累计接应护送数十批文化人，每批多则二十余人，少则几人，总共数百人①，全部被安全护送到老隆，无人受损。

需要说明，此后还有少数文化人经过惠州到老隆，他们都从东江下游某地登船溯流而上，途经惠州，直接开到老隆。如中国近代史专家胡绳②、黎澍③、翻译家戈宝权④等文化人因留在游击队帮助工作，分别延后至5月和8月北上。这三位和张友渔、韩幽桐夫妇后来都在中国社会科学院工作，张友渔担任建院时的副院长，胡绳是第三任院长，黎澍在较长时间内担任《历史研究》杂志主编兼近代史研究所副所长，韩幽桐担任法学研究所研究员，戈宝权是外国文学研究所研究员，我在中国社会科学院院部工作期

① 《胜利大营救》一书提到总共抢救护送文化人和民主人士800多人。卢伟如、陈永、李惠群的回忆文章和谈话中提到接应护送的文化人的数字均为"共数百人"。
② 胡绳（1918~2000），生于江苏苏州，曾就读于北京大学哲学系，1938年入党，1941年在香港任《大众生活》编辑，1942年1~7月在东江人民抗日游击队帮助工作，曾任中共中央党史研究室主任、中国社会科学院院长、全国政协副主席。
③ 黎澍（1916~1988），湖南醴陵人，曾就读于北平大学商学院，1936年入党，1941年在香港担任国新通讯社经理，1942年1~8月在东江人民抗日游击队帮助工作，1947年任新华社香港分社总编辑和《华商报》编辑，新中国成立后曾任中国科学院（后中国社会科学院）《历史研究》杂志主编、近代史研究所副所长。
④ 戈宝权（1913~2000），生于江苏东台，1930年上海大夏大学毕业，1935年任《大公报》驻苏联记者，1938年起在汉口、重庆《新华日报》工作，1941年到香港协助叶以群创办文艺通讯社，他是我国著名的外国文学翻译家，离休前为中国社会科学院外国文学研究所研究员。

间，有幸曾在张友渔、胡绳两位院领导手下工作，也有幸先后为黎澍、韩幽桐、戈宝权提供服务，他们严于律己的精神和德高望重的品格，使我受益匪浅，记忆深刻。

"秘密大营救"从 1941 年 12 月 25 日香港沦陷算起，至 1942 年 11 月 22 日邹韬奋抵达苏北抗日根据地止，历时 11 个月，营救出文化人和民主人士及其家属共约 800 人。这一壮举体现了中国共产党和爱国民主人士、学者与文化人士的肝胆相照、血肉相连的亲密关系，营救的著名作家茅盾在 1943 年《脱险杂记》中，将"秘密大营救"称为"抗战以来（简直可以说是有史以来）最伟大的抢救工作。"

六 "惠州站"的其他功能

东江特委和游击队总部要求以完成接应护送文化人任务为目的而建立起来的惠州秘密交通站，在任务结束后继续办下去，有两方面考虑：

一是惠州站在完成主要任务的同时，弥补了惠州没有党组织的不足，成为党在惠州的工作基地，需要继续发挥作用。

二是惠州站"真做生意"，经费自给，并为游击队提供一定的经费支持，需要继续做下去。

据陈永回忆，"香港昌业公司"和"源吉行"都从日军占领下的香港进货，"源吉行"走九龙半岛经深圳、淡水到惠州的路线，"香港昌业公司"走九龙半岛经沙坑（乡）到惠州的另一条路线。"撤退文化人结束后，由于预订货物多，游击队需要经费，我们转为抢运香港物资，即做生意及其他工作。"货物多时，"每天雇佣二百多民工肩挑到惠州"，可以想象，二百多民工前呼后拥地肩挑走路，不时呼喊号子，浩浩荡荡的队伍非常壮观，运到惠州的货物数量多而获利丰，不少国民党军政官员私下经商，成为这两个公司的大客户，称赞"罗老板的生意很风光"。

此外，由于广东局势的变化，继续办下去的惠州站，很快在机要交通、统战和情报工作等方面发挥了更多的功能和作用。

1. 转送周恩来致何香凝密信

1942 年 4 月，由于叛徒出卖，中共粤北省委遭到国民党反动当局破坏，5 月 30 日，廖承志不幸在韶关被国民党军队抓捕，被关押在乐昌监狱。周恩来获悉后，立即致电东江特委书记林平，要求将他的密信尽快转送到隐居粤北的廖承志母亲何香凝手中，内容如下："何香凝先生：廖被捕，兹获悉关在乐昌监狱，恳望您设法营救。——周恩来"①

李征（摄于 1941 年）

游击队副政委兼政治部主任杨康华②派遣李征③将这封密信送到惠州秘密交通站，当面嘱咐李征"你要把电报内容记住，途中遇到危险时，就把电报销毁，见到罗衡再复述电报内容，切勿将信件落到敌人手中"。李征从杨主任手中接过一件有如半截香烟的小纸卷，密信写在上面。

李征出发时，恰逢国民党一八七师正在进攻游击队，形势紧急，他在地下交通员的护送下，当晚抵达茶园秘密交通站，第二天在茶园

---

① 密信和本章下面内容见李征《回顾一九四二年惠淡之行》，中共惠阳县委党史办公室、东纵边纵惠阳县老战士联谊会编《东纵战斗在惠阳》，广东人民出版社，1993，第 216～226 页。

② 杨康华（1915～1991），生于广州，祖籍浙江省会稽县，1935 年投身抗日救亡运动，1936 年入党，历任广州市委常委兼组织部长、东南特委宣传部长、香港市委书记（兼管澳门地下党）、广东人民抗日游击总队副政委兼政治部主任、东江纵队政治部主任、华东军政大学第五大队政委、两广纵队政治部主任、广东军区政治部副主任、珠江军分区副政委、珠江地委副书记兼组织部长、广东省教育厅副厅长、华南分局宣传部副部长、广东省委文教部部长、广东省副省长、省委统战部部长、省政协第一副主席。"文革"中受到冲击，1971 年复出后任省革委会政工组副组长，1979 年复任广东省副省长，1982 年任广东省顾问委员会副主任。

③ 李征（1919～1999），广东大埔人，生于马来西亚马六甲，1936 年参加马来西亚共青团，1938 年参加马来西亚共产党，1940 年因从事抗日运动被英国当局递解回国。1941 年参加广东人民抗日游击队，先后任《新百姓报》负责人、总部政治部组织科干事、第一支队政治处主任、东进指挥部政治部主任、第六支队第四团政委，北撤山东后，任纵队政治部宣传科长。新中国成立后曾任沈阳市委学校教育长，1965 年调回广东，任广州市委文教政治部副主任，1983 年离休。

站交通员老黄的引领下，绕道牛陇径，涉水渡过淡水河，获悉新圩、镇隆已进驻国民党军队，只好暂住客店，次日早晨再出发，中午赶到惠州城南门。此时，老黄已为李征准备好一些蜡黄色李子，让李征在快到城门时口中咀嚼李子，手握内藏有密信的另一个李子，走向城门，如果国民党哨兵检查，就将包有密信的李子吃下肚，所幸哨兵正在盘查其他行人和行李，见他们衣着整齐，没有盘问就挥手放过。

顺利躲过敌人检查后，老黄领着李征等人抄小路来到内部接待点——水东街南部小巷的一间平房，约20平方米的房间被隔成两半，外间堆放货物，里间是大通铺，还有茶桌和几把竹椅，犹如普通商行后屋。当天由陈永和叶景舟值班。经老黄介绍，他们热情地接待来自游击队总部的客人，并派人通知罗衡。

"罗衡来了，他虽然只有23岁，但很老练，身体魁梧，神采奕奕，衣冠楚楚，一表人才。"他与李征等人热情握手，李征赶紧说明来意，取出蜡丸，将电报交给他，并表示："杨主任吩咐，如果需要，我还可以将信送到老隆。此外，我们还有其他任务。"

罗拆阅后深感事情紧急重大，当即表示他派专人送去，李征不用去。还要他们"先住下休息，我去安排送信，再抽时间与你们谈其他任务。你们在这里行动要小心，没事不要上街"。后来几天，"他像兄长一样关心我们，知道部队生活艰苦，吩咐给我们加菜改善生活"。

2. 安排游击队员会见英国牧师

杨康华主任还要求李征到惠州天主教堂会见英国牧师士吉芬，亮明抗日游击队员的身份，面交港九大队政委陈达明给牧师的信函，说明游击队营救英军官员的情况，介绍游击队的艰苦战斗情况，争取他援助游击队西药和无线电器材等紧缺物资，并交代"此事如何办理，听从罗衡安排"。

罗衡认为争取国际友人援助是国际统一战线的大事情，提出要涂夫、郭杰（他们与李征同到惠州——笔者注）与他同去，三人去显得我们重视，可以在谈话中相互补充，而且涂夫和郭杰在游击队报社工作，有宣传工作经验，李征也觉得这样做更好。

第二天，李征等三人快到教堂时，碰上日军飞机轰炸惠州城区，飞机飞得很低，目标明确，他们判断不至于伤及具有显著特征的外国教堂，仍然按原计划走进教堂。

士吉芬牧师是英国人，在香港长大，40岁出头，微胖，头发微黄，戴一副银边近视眼镜，能讲流利的汉语。他对李征等游击队干部在日军飞机轰炸时到教堂见他非常意外，客气地在住所客厅接待他们，斟茶待客。

李征郑重面交陈达明政委信函，牧师展信看后，首先对港九大队营救英国军官表示感谢。李征强调说："我们港九大队对营救盟国朋友，不避艰险，不怕流血牺牲，尽力营救。您若有回信，我们可以带给陈达明政委。"士吉芬牧师表示："谢谢！以后我会派人去港九大队联络。"

牧师询问前线情况。李征等介绍游击队几次反日军"扫荡"和牵制日军进攻九龙的概况，也说到国民党军队一面抗日一面反共的情形，然后提出："士吉芬牧师，您是同情和支持我们抗日游击队的。我们游击战士希望得到您的帮助。譬如设法在大后方和伦敦报上发表文章，宣传我们人民抗日游击队在东江和港九敌后前线，英勇奋战，营救国际友人，坚持抗日救国、保卫家乡的战绩；揭露、谴责国民党军队打内战、屠杀抗日军民的罪行；呼吁制止内战，争取国际友人声援我们抗日游击队的艰苦斗争。"

士吉芬牧师认真听取介绍，不时询问细节。他表示，这次谈话使他得到了许多过去不知道的情况，了解到广东省内还有这么一支英勇的抗日游击队和他们的战果，并且诚恳地表示："一定设法搞到些西药和通讯器材给游击队，也会写文章在伦敦报刊上介绍东江抗日游击队英勇杀敌的功绩。广东有这样一支英勇善战的抗日游击队，应该让国际上了解。"

会见取得了圆满成功。李征等从教堂出来后，因为高兴，用罗衡给他们的一元大洋，在街上饭馆吃了顿好饭。

不久以后，英军服务团直接与港九大队联络；后来在惠州设立了办事处；给游击队送来了一批西药和无线电器材；伦敦报刊上发表介绍广东抗日游击队战斗事迹的文章，既支持了游击队的斗争，也扩大了广东人民抗日游击队的国际影响，从中可以看出这次惠州会见的良好作用。

3. 做国民党一八七师的情报工作

为接应护送文化人，卢伟如在与国民党军政官员周旋中，获取较多的军政情报,择其重要部分报送游击队总部,其中"一八七师连以上军官名单",源于该师后勤军官的贪心,看到"香港昌业公司"从香港运来的布匹多、质量好,"狮子大开口"地提出"为全师连以上军官每人做一套西装"的要求。卢伟如敏锐地感到"可做文章",要陈永答应他们的要求并提出"需要各位军官的身高和衣服尺寸"的"技术要求",由此得到该师连以上军官名单,抄送给游击队总部。

总部从名单上发现"政工队队长伍子辉"[1],他是游击队干部涂夫参加游击队前担任政工队队长时的部下,当年表现得很爱国,与涂夫关系好。由此,总部决定派遣游击队报社干部涂夫和郭杰[2]到惠州通过伍子辉的关系搞情报工作,并决定让他们在惠州"接受罗衡领导"。

罗衡听完汇报后,要求涂夫以"车轮(即汽车轮胎)商人"的身份活动,并对他进行指点。涂夫在上班时间直接走进一八七师政工队驻地"观澜书院",队长伍子辉突然见到涂夫,非常惊喜,立即热情向在场军官介绍"前任队长",涂夫任职时的两位队员也主动招呼"涂队长",由此涂夫与伍子辉接上头。

在第二次见面时,伍子辉支开政工队部下,与涂夫单独散步谈话,直截了当地询问:"老涂,我看你不是做生意的,究竟在干什么?"涂夫感到意外,出于对他的了解,还是亮明身份。伍当即表示:"你参加游击队也不告诉我,早知道我也一起参加。"涂夫见其态度真诚,干脆表示希望他提供情报的要求,伍子辉痛快地答应。此后,国民党一八七师的人员编制、武器装备、驻军分布等情况,陆续由伍提供给涂,涂交卢后报送游击队总部。

有一次,伍子辉利用日寇飞机轰炸惠州,办公室只留下他值班的机会,从师部参谋的皮包中偷出一张一八七师进剿游击队的作战图,要求涂

---

① 引自涂夫所写文章《东纵回忆片断》和伍旭所写文章《1942 年在惠州深入反动派的"心脏"进行斗争》,均刊于中共惠州市委党史研究室主编《惠州市党史资料通讯》第 7 期,1982 年 5 月。

② 郭杰,中共党员,广东人民抗日游击队报社成员,曾打入国民党六十五军一八七师政工队,被敌人发现后逃到韶关,后到重庆音乐专科学校学习,毕业后返回广东在珠江纵队政治部工作。新中国成立后参加抗美援朝,胜利后在沈阳军区政治部任文化副部长,"文革"中遭受迫害,不幸逝世。

夫在 4 小时内复制完毕并归还他。涂夫本来就会画图，很快就复制完毕，并将原图归还伍，可谓天衣无缝。卢伟如认为这张作战图十分重要，要涂夫带着地图回游击队汇报。在一八七师进攻游击队时，游击队总部根据这张作战部署图采取对应措施，使一八七师的这次大举进攻劳而无获。

此后不久，伍子辉主动提出政工队多数人思想进步，反对内战，他可以将政工队拉出来投奔游击队。这一情况被汇报给杨主任，经研究后认为，伍子辉提供的情报很有价值，他继续留在政工队作用更大，涂夫按此进行了劝阻工作，伍表示服从。

又过了不久，伍子辉以政工队应该有一位会导演节目和指挥唱歌的文艺人才为名，将化名郭清华、持有伪造证件的游击队干部郭杰，招收为"政工队副队长"。有了这个帮手，他的情报工作更有成效。

然而在顺利中蕴含着不测。两个月后的一天，伍子辉匆匆找到涂夫说，一八七师有人核对出郭清华的笔迹与游击队的蜡刻小报"字体一模一样"，判定他为"奸匪"，由于事态紧急，我已经通知郭杰立即撤退。他们也对你（涂夫）产生怀疑，你也要赶紧撤退。卢伟如获悉情况后，要求涂夫立即撤回游击队。

涂夫撤回游击队后，卢伟如没有指派其他人与伍子辉联系，却在考虑：伍子辉是什么人？为什么表现得如此之好？他反复思考这个问题，直到离开惠州仍然不得其解。

1947 年春，东江纵队已经北撤山东，它的老对手——国民党六十五军一八七师也北调山东莱芜与华东野战军作战，伍子辉在战场上以队长身份命令所属官兵打出白旗向解放军投降，当了"俘虏"的伍子辉向解放军的有关领导说出实情：他原名伍旭，1938 年加入中国共产党，受梁威林委派到国民党六十五军开展秘密统战工作，后来虽然与组织失去联系，仍然坚持为党工作，有关他的情况，东江纵队涂夫、郭杰可以证明。

当时在华东军区《华东画报》社工作的涂夫，很快接受组织上关于伍子辉情况的调查询问，他如实说明当时情况并为伍子辉写了书面证明。组织上考虑到伍子辉在国民党军队中尚未暴露身份，决定要他再次打入国民党军队，将他送到火线上敌我犬牙交错的地方。伍子辉回到国民党部队后，继续为党工作，在上海参加策动国民党六十五军军长李振（新中国成立后任四川省川西军区副司令员）和一八七师师长李明（新中国成立后在广东省参事室工作）的起义工作中再立新功，新中国成立后，他恢复原名伍旭，被安排在广州市自行车缝纫机工业公司工作。

这些情况后来辗转传到卢伟如处，他才恍然大悟：原来伍子辉是自己同志，难怪当时配合得如此默契。

4. 护送连贯到游击队

斗转星移，时至6月上旬，正在老隆的连贯完成将周恩来信件转交给何香凝的任务后，正准备按照周恩来指示前往重庆汇报，又接到周恩来的特急电报，要求他"不去重庆，立即撤往东江游击队待命"。

连贯看到电报后，知道情况紧急，来不及与爱人孩子告别，在向助手郑远交代工作后，立即赶往惠州找卢伟如。

卢伟如认为，连贯是周恩来亲自安排的领导干部，安全上不容出现半点问题，决定亲自护送连贯到游击队总部。他们立即从惠州出发，匆匆行进到淡水镇郊外的惠阳县委地下交通站，计划休息一会儿继续赶路。

办事周到的周恩来，在给粤北方面发电报后，又给东江抗日游击队发出协助连贯撤离到游击队总部的电报。根据周恩来的电报，林平政委亲笔致信连贯，要他尽快撤退到东江游击队。杨康华主任立即再次派遣李征奔赴惠州，要求他尽快将林平亲笔信面交卢伟如转给连贯。

李征接受任务后，立即从宝安县布吉乡雪竹径的游击队基地出发，快马加鞭地行走几十里，来到淡水镇郊外的惠阳县委地下交通站，准备稍加休息后赶往惠州。

李征突然发现卢伟如也在此交通站，立即上前面交信件。卢伟如拆阅后对李征说："你不要去惠州了，林政委要找的人就在这里。"他指着坐在旁边的人说："他就是连贯。"从来没有见过面的连贯、李征听后相视而笑，为"不谋而合的中途会见"而感到高兴。

卢伟如为此事没有耽搁而感到欣慰，继续将连贯护送到惠阳县大队所在地田心村，当面将连贯移交给高健大队长，要他保证连贯的安全，将连贯护送到游击队总部。

七　撤离惠州

6月18日，卢伟如突然收到邮政发来的特急电报，上书"父病，急归"四个字，这是要他"立即撤出惠州"的紧急暗号。

卢伟如当时不知道组织上要求他立即撤退的原因，但从发电报地点和连贯于本月上旬撤退到游击队的情况分析，他估计问题出在粤北①，考虑到自从抢救文化人行动开始以后，陈永的绝大部分时间与他在一起，粤北方面来人他都见过，有可能也涉及陈永。为保险起见，他决定和陈永一起撤退，并决定由李惠群接替秘密交通站的领导工作。

第二天是农历端午节，卢伟如和陈永两对夫妇撤离惠州。为避人耳目，他们按照回家探亲的通行做法，雇用四辆载人自行车，各乘一辆，卢伟如夫妇返回家乡约场，陈永夫妇到淡水汇报工作，隐蔽几天，再返回陈的家乡龙岗区坝岗乡待命。

此后，李惠群夫妇等同志一直工作到10月，才奉命关闭惠州秘密交通站，至此，"处于国民党军队警戒森严的环境下，惠州秘密交通站完成了各项任务，而未出乱子"，这是卢伟如在自传中的总结。

---

① 后来了解到，中共粤北省委有一位交通员被捕叛变，此人见过卢伟如，上级立即通知他撤退。

第五章
在东江抗日游击战场上

一　在实战中学习提高

"抢救文化人"行动结束后，考虑到卢伟如在惠州与国民党军政官员周旋时间较长，是他们的"熟面孔"，不宜继续留在惠阳地方工作，东江特委和游击队总部决定将他调入广东人民抗日游击总队，担任第三大队政治委员。

为了防备因姓名公开而暴露他工作过的地方组织，经上级同意，卢伟如继续使用"罗衡"这一化名，直到1946年7月东江纵队北撤山东。

1942年10月，卢伟如来到东莞大岭山抗日根据地第三大队驻地报到，从而开始他的军事生涯。

东莞位于广东省中南部，珠江出海口东岸，北接广州，南邻宝安，东连惠阳，东北为博罗，是广州南下香港的必经地，县内丘陵山区居多，西部是河网水乡，东江在此汇入珠江，流向大海。

大岭山区位于东莞的中南部，北面是莞城（即东莞县城），区内拥有大岭山、莲花山和大屏障山三个山脉，由北向南逶迤，主要山峰有大岭山、莲花山、水濂山、㑇尸山（又称红山），这些山虽然海拔不高，相对于东莞的低海拔地区，却显高大雄伟。北面的黄旗山，居高临下地俯瞰北部平原；西面白山、旗架山钳制着莞（城）太（太平镇）公路；东面大屏障山，与卢伟如家乡约场乡的银屏山、白云嶂山和飞鹅岭隔空相望，日军向东南亚输送武器弹药和战争物资的战略大动脉——广九铁路，穿行于这些山系间，是游击队的重点打击目标。

东莞"东江纵队展览馆"在大岭山村保留的第三大队队部

大王岭抗日根据地始建于 1940 年 10 月，是中国共产党领导的第 19 个抗日根据地，2006 年 5 月 25 日被国务院核定为第六批全国重点文物保护单位。

"第三大队"前身是 1938 年 12 月 2 日在惠阳周田叶挺将军家成立的"惠宝人民抗日游击总队"，首任总队长曾生，政委周伯明。它与王作尧率领的"广东人民抗日游击总队第五大队"被合称为东江抗日游击队的"两大主力"。

年仅 23 岁的卢伟如，被委以如此重任，该如何适应？好在与卢伟如搭配的大队长邬强比他大 8 岁，党龄也多 8 年，毕业于国民党中央军校广西分校（统称"黄埔 11 期"），在国民党军队中担任过副连长，参加过台儿庄战役和徐州会战，也参加过中国共产党领

1943 年 6 月，邬强大队长，摄于大岭山下青竹笋村后树林

导的武装暴动，来到广东人民抗日游击队后，一直在第三大队担任军事领导职务。这样一位作战经验丰富的大队长，与一个具有地方和地下工作经验，刚刚走上军队领导岗位的年轻政委搭配，确实是一个很好的组合。

1943 年 6 月，卢伟如，摄于东莞大岭山区青竹笋村后的树林，这是卢家保存他最早的相片

太平洋战争开始，日寇占领香港以后，日军在华抢夺、征集的大批军用物资一批又一批地通过广九铁路运到香港转往东南亚战场。为了保卫这条大动脉，长驻东江地区的日伪军多达数千人，他们占据控制铁路两边的城镇和主要公路干线，进占大岭山地区。国民党驻东江地区的一八七师加保安部队也有数千人。在日伪军和国民党军驻地以外，还有横行一方的地方恶霸和占地为王的土匪，只有 300 多名战斗人员的第三大队，处于"日、伪、顽、匪、霸"五种势力的交错状态下，经常由邬强和卢伟如各带一个中队分散活动，每天变换驻地，有时吃饭都困难，也有一个晚上更换两三个驻地，顾不上睡觉。

面对如此险恶的环境，卢伟如注意学习邬强的军事专长，邬强注意发挥卢伟如在地方与地下工作的经验，他们相互尊重，配合默契，在中央方针政策的指导下，坚决依靠地方党组织和广大人民群众，以坚定勇敢的战斗作风，灵活机动的战略战术，顽强不屈的战斗意志，较快地打出水平，打开局面。

二 "以德报怨之义举"

1942 年 11 月 21 日，卢伟如上任不久，他在惠州的"老朋友"张光琼师长派出一个团由大朗、金桔岭经莲花径出怀德，进攻驻在北栅的第三大队黄布中队。

在敌众我寡的情况下，中队长黄布率部奋起抗击，边打边退，与这个团周旋了一个多小时，然后转移到大宁村隐蔽。国民党团长误判黄布中队必然沿着莞太公路撤退，下令部队沿着公路追赶。

驻太平镇日军听到枪声，在情况不明的状态下，纠集一个大队出击。进入北栅的一八七师这个团在日军攻击下非常被动，该团的一个连在官涌桥附近被日军火力压住，退却无路，面临被歼困境。处惊不乱的黄布见状难下决心，遂而请示大队部，"打不打？如何打？"大队部回答"先不打"。

此时，邬强和卢伟如正在紧急商讨如何应对这突然出现的复杂情况：如果先打国民党一八七师这个团，则帮助了日军；如果先打日军大队，则为进攻我部的国民党一八七师这个团解了围。他们很快决定，为民族大义，先打日军。

黄布接到命令后，率领中队迅即迂回到日军侧翼实施攻击，日军被迫撤至官涌坳，被困在公路上的一八七师的这个连由此脱险，撤至北栅，该团其他部队也跟进北栅。这些国民党部队进村后竟然放肆地掠夺人民群众的财物，弄得鸡飞狗跳，令人气愤。

此时，日军又从莞城调来一个大队，分乘10辆卡车疾驰而来，包抄北栅，一八七师这个团闻讯胆寒，仓皇逃离北栅，日军在炮火掩护下急速直追，眼看一八七师这个团将要严重受损，第三大队再次主动出击，派出黄布中队攻击日军侧翼，迟滞了日军行动，终使一八七师这个团得以脱险。

眼看北栅乡亲一日受到顽军、日军的两次惨劫，第三大队指战员义愤填膺，在攻击日军的战斗中，打得非常英勇，总共毙伤日军30余人，缴获一批军需品，还收容了几个国民党伤兵。

游击总队的《前进报》报道了这次战斗，东莞民众闻之纷纷称赞第三大队"深明大义"，还将这次战斗称为"以德报怨之义举"。

《前进报》的评论指出："我队不念旧恶，奋勇增援，机动侧击，解顽军之危……牵制日军对顽军之追击，使顽军获机窜退，顽军中下级军官深受感动。"

由于此次战斗，在后来的一段时间中，小股日伪军不敢深入乡村抢劫，国民党军一八七师在这一地区的攻击行动锋芒顿挫，莞太公路沿线群众和开明绅士纷纷支持游击队。卢伟如抓住有利时机派出干部深入公路沿线乡村开展工作，从而打开了莞太公路沿线的新局面。

三 "大快人心之举"

汪精卫老婆陈璧君，是伪中央政治委员会委员，也是大汉奸。1943 年 10 月，她在广东"视察"时，窜至东莞慰劳日军和伪军。她在伪广东省绥靖公署参谋长黄克明少将陪同下，于 18 日乘坐炮艇抵达太平镇，慰问日军和伪三十师官兵。

10 月 19 日下午 3 时，伪三十师参谋长突然出现在厚街布置紧急警卫任务，要求驻军全力保护"肥婆"（即陈璧君）。我地下工作者黄琴获悉情况，立即给第三大队送来"陈璧君今日从莞城到太平，明天到石龙视察"的情报。

正在河田、横坑附近的卢伟如收到情报后，认为像陈璧君这样的大汉奸来到东莞，游击队应该有所行动，决定打她的伏击，将任务交给驻竹园的平南中队，增派手枪队队长叶风生率五名队员支援，并指定他的警卫员袁康[①]负责带路和参加战斗。

接到命令后，平南中队郑伟灵中队长和指导员李忠与叶风生研究后决定：以一个排的兵力加手枪队组成打伏击的突击队，由叶风生和李忠担任突击队的正、副队长，负责在公路上布雷及打突击。由中队领导率领其他兵力，部署在莞龙公路龙岭至沙岭一带，控制制高点，掩护突击队。部队动员后，已是凌晨 3 时，于是立即行动。

部队行进两个小时后，到达莞龙公路龙岭至沙岭段时，天已破晓，正

---

① 袁康（1925～2013），广东东莞人，1941 年参加广东人民抗日游击队，同年入党，调入第三大队后，曾任卢伟如警卫员，后任小队长、中队长，第一支队猛豹大队大队长，北撤山东后任两广纵队第二团营长、第五团参谋长，离休前任旅大警备区参谋长。

准备埋地雷，却听见汽车声，放哨的同志报告说敌人车队很快便开过来，30多位突击队员赶紧钻进青纱帐般的甘蔗田中埋伏。没有料到敌伪如此反常地赶早，怕死的敌人为了安全，特别安排陈璧君在天未破晓时从太平镇乘汽车出发。她所乘坐的黑色小轿车，在日伪军四辆大卡车前呼后拥的严密保护下，直奔石龙镇。

车队很快进入伏击圈，郑伟灵中队长下令"打！"顿时响起机枪、步枪的密集枪声和手榴弹爆炸声，公路上硝烟弥漫，汽车上的敌人被这突如其来的枪声搞得晕头转向。

不一会儿，后面两辆卡车上的日军架起机枪，向我军伏击阵地还击，还边打边调转车头，准备原路返回。制高点上的我军机枪、步枪接着齐鸣，打坏了小轿车，打伤了司机，轿车上的陈璧君面青唇白，龟缩成团。此时，从卡车上跳下十几个日军，将小车团团围住后，拉着陈璧君爬下小汽车，将她架上大卡车，再拖着被打坏的小汽车，朝着返回太平镇的方向逃去。陈璧君"视察"石龙镇和慰问日伪军的活动泡了汤。

这是一次成功的小型伏击战斗，原定目的已经达到。伪国民政府主席汪精卫的老婆陈璧君在东莞公路上被共产党的游击队打伤的事件很快传开，成为群众茶余饭后的话题，在广州的日伪高层人士为之震惊发怒，伪三十师师长慌忙跑到广州当面请罪，被陈璧君的契仔、伪广东省主席陈耀祖打了一记耳光。

游击队《前进报》发表了《大汉奸陈璧君出丑记》的报道，广大群众对汪精卫伪政权恨之入骨，得到消息后拍手称快，称赞共产党领导的东江游击队第三大队的这次伏击是"大快人心之举"。

四　"积小胜为大胜"

在当时敌强我弱的情况下，邬强和卢伟如看准了伪军的战斗力相对弱于日军的特点，决定以先消灭敌伪为目标，组织小型歼灭战，积少成多，积小胜为大胜，逐步开拓局面。

从 1943 年 2 月开始，他们组织部队在莞太、莞樟（木头）线及大岭山区连续进行多次规模不大的战斗，取得显著战果，其中夜袭篁村战斗歼灭伪军一个连，奇袭茶山全歼伪军一个中队，围攻北栅伪军麦浩、陈淇部，再歼伪军一个中队，再加上手枪队在东莞县城及郊区惩处汉奸，使敌伪的嚣张气焰大为收敛。

曾生总队长高度评价第三大队这一阶段的战斗："我离开（第三大队）以后，东莞大岭山区的斗争，在王作尧（时任副总队长）、邬强、卢伟如同志领导下，进行得有声有色。第三大队在莞太敌后工作委员会的配合下，打了一系列的小胜利，牢牢地控制着从大岭山西部地区，直到莞樟（木头）公路西段；并深入到日伪军占领的东莞城、厚街、太平一带活动，进一步摸索在敌占区斗争的经验。同时，不断派出小分队到大岭山东部地区活动，打击伪联防队。""在东莞，在王作尧同志领导下，邬强、卢伟如同志率领第三大队在大岭山区，靠近宝安的霄边附近以及莞太公路沿线，积极主动地打击日伪顽军，活动地区逐渐恢复和扩大，打了许多胜仗。"①

曾生（中）、邬强（左）、卢伟如合影（摄于 1982 年 7 月）

然而，对于一支人数不多的敌后游击队而言，作战的主动权并不在自己手中，力量强大的敌人更有主动权，在第三大队取得多次战斗胜利以

---

① 《曾生回忆录》，第 247、308 页。王作尧副总队长当时负责大岭山地区的军事领导。

后，恼羞成怒的敌人发动了大型"围剿"。

五　粉碎日伪"万人攻势"

1943 年 11 月，为了支援太平洋战场，侵华日军集中兵力，发动打通广九铁路战斗，日军第二十三军一零四师团先在广九铁路沿线两侧扫荡，国民党军队闻风逃跑，日军很快占领樟木头等地。

日军头目认为，活跃在铁路西部的东莞、宝安游击队威胁极大，为了确保广九铁路畅通，必须消灭这两支游击队。日军一零四师团纠集伪军第三十师等部队，总共 9000 多人，从几个方向同时进攻大岭山抗日根据地，号称"万人攻势"。

11 月 17 日，游击总队副总队长王作尧率领第五大队从东莞返回宝安，当晚宿营于莲花山下，第二天清晨哨兵发现日军，大队长彭沃立即指挥部队登上山头，与敌激战到八点多，由于敌众我寡，决定将队伍撤至大王岭。

与此同时，第三大队黄布中队在怀德、远丰与从太平方向开来的日军不期而遇，黄布中队长指挥部队边打边退，于下午 3 时也撤到大王岭。

邬强、卢伟如率领的三大队其他部队当时驻在大王岭，总队副政委兼政治部主任杨康华与他们一起行动，清晨发现一股日军从连平方向开过来，另一股日军从大王岭前面的杨屋村、大塘扑来。他们立即集合队伍上到后山准备战斗，不久与王作尧、彭沃率领的第五大队及黄布中队会合。

此时，两个大队总共 1000 余人，从不同方向上了大岭山，被日伪军包围在纵横不到 10 公里的大岭山区。敌人严密封锁所有通道，形成"铁壁合围"之势态，妄图"一网打尽"。此时，三架日本军用飞机盘旋在大岭山上空，不时发射信号弹，并且撒下点名王作尧的"劝降"传单，气焰十分嚣张。

被围困的游击队领导王作尧、杨康华、邬强、卢伟如、彭沃（第五大队大队长）、卢伟良（延安派来的长征干部，时任第五大队政委）等汇合后登上妈山顶观察敌情。科班出身的邬强指出，日军采用其惯用的"铁壁合围，先围后攻"战术。按照以往战例，如果当天下午 2 时之前不发动进攻，就可能第二天拂晓开始总攻。其他指挥员都赞同这一分析判断，大家都认为情况虽然严峻，还是可以找到对付的办法，并提出了一些建议。

王作尧综合大家意见后，做出作战部署：如果敌人白天进攻，我们利用有利地形大量杀伤敌人，坚持到黄昏后开始突围；如果敌人当天不进攻，就利用夜晚秘密突围。

不出所料，敌人当天下午没有进攻。

傍晚，两支游击队抓住短暂的有利时机，迅速地做好突围前的战斗动员准备，按计划兵分三路：王作尧、彭沃和卢伟良带领第五大队，在邬强陪同下为第一路；卢伟如带领第三大队黄业中队为第二路；第三大队黄布中队为第三路。三路部队均利用深夜天黑行军，避免与日军接触，从敌人的包围圈的间隙中钻出去。为此要求每个指战员紧束行装，不发出任何声音，将一切白色和浅色的物品都藏好。

因熟悉地形，侦察敌情准确，路线选择适当，组织工作严密，再加上人民群众的配合支持，三路人马都在当夜零时前胜利地实现突围。

卢伟如率领的部队从东面突围，他的警卫员袁康是当地人，熟知当地地形道路，卢伟如要他担任向导。他领着队伍避开大路，躲开敌人哨卡，穿过大环山后在大栅公坳和伯公坳间，翻过水濂山和青竹笋山地，插到蛤地、犬眠岭，整个行程 70 多里，在天亮前到达预定的牛园山沟隐蔽休整。

第二天（20 日）拂晓，日伪军兵分多路爬上大岭山，看不见游击队的任何踪影，觉得不可思议，于是放出军犬搜索，下令部队在山沟施以火力，在不见人影的情况下，只得开往金桔岭驻下。

同在第二天拂晓，王作尧、杨康华、邬强等在大进埔村紧急商讨反扫荡办法，决定采取刘伯承的"敌进我进"战术①，将部队拉到敌人后方，

---

① "敌进我进"战术是刘伯承在 1941 年提出来的作战方法，也叫"打磨盘"和"摸敌人屁股"。在具体战术上，当敌人向我根据地发动进攻和扫荡时，我不在根据地与其硬拼，而派出主力部队突围后，打击敌人后方据点和物资供应，而且要打在痛处，敌人势必回兵救援，从而达到粉碎敌人围攻和扫荡的目的。

袭击他们的后方基地设施、物资和人员，加大他们的后顾之忧，迫使他们撤回驻地，从而达到粉碎大"围剿"的目标。

按照总队领导部署，卢伟如率领黄业中队当天转移到东坑。在地下党的掩护下，他又一次运用"最危险的地方最安全"的隐蔽原则，率领部队在临近日伪军炮楼的民房中隐蔽休息一夜，备足精神，第二天（21日）率部挺进莞樟线，歼灭伪军30余人，大动作地破坏广九铁路的交通与通信设施。

黄布中队和手枪队则转移到水濂山展开"拿手好戏"：手枪队进入莞城杀汉奸、撒传单与炸毁桥梁，黄布中队先伏击日伪军的粮食与物资仓库，后又袭击在大岭山设点的日军，还在莞太公路击溃水乡伪军一个团，俘虏一个排，大大震动莞城与石龙的日伪军。

与此同时，王作尧和彭沃率领第五大队返回宝安，出击广九铁路多个车站，威胁广九铁路运输线。宝安大队根据总队命令袭击日军西乡机场，击毁飞机两架。

12月初，第三大队又在大岭山的瓜田岭打退日军进犯并乘胜追击，把日军赶出了大迳村。

日伪军将大部分兵力集中坚持在大岭山区，本想"守株待兔"，消灭游击队，不料游击队抓住他们后方空虚的弱点，以"敌进我进"的战术连连出击，给敌后方造成惨重损失，使敌进攻难以为继，只能撤回原驻地。

历时20天的"万人大扫荡"以日伪军失败而告终。

粉碎日伪军"万人大扫荡"战斗是广东人民抗日游击总队的一次重大胜利，第三大队在战斗中经受了极其严峻的考验并发挥了重要作用，这一重大胜利标志着游击队的战斗力大为提高，可以进行较大规模的战斗了。

六　对敌策反成果多

对敌策反工作具有特殊性和保密性，由总队领导直接掌握，第三大队由卢伟如政委负责，成果较为丰硕。例如1943年9月4日，伪军第三十师连长李正率领该连 100 多人向第三大队投诚，这是在王作尧副总队长领导下，由卢伟如组织实施的结果。1943 年 11 月 11 日，伪军第三十师第八十九团代团长兼一营营长梁德明，在厚街带领这个营和另一机炮连总共 130 名官兵起义，携带重机枪 4 挺和长短枪 120 多支，开进大岭山参加抗日队伍，受到邬强和卢伟如的热烈欢迎。1944 年 2 月，在第三大队多次进攻的威慑下，经卢伟如策划争取，驻常平伪军暂编第一团的一批官兵向第三大队携械投诚。

在策动梁德明起义过程中，王作尧副总队长和卢伟如政委通过第三大队的敌工干部黄琴先做该营第四连副连长黎汉威工作，再通过黎汉威做其表叔梁德明营长工作，4 个月后，梁德明营长决心弃暗投明，于 11 月 7 日将妻子、儿子委托黎汉威送到第三大队，并于 11 月 11 日率队起义。

黎汉威是广西壮族人，本是爱国青年，因日军占领南宁而投奔其在广东的表叔梁德明，他出发时只知道表叔是国民党第三十师第八十九团担代理团长兼一营营长，到东莞后即被梁德明任命为排长，这才发现当上汉奸排长，误入歧途，懊悔至极，情绪低落，被我地下党员黄琴发现并经上级批准开始做其工作，黎汉威立即转为游击队工作并在促成梁德明起义中发挥关键作用。

卢伟如和邬强都很关心曾经误入歧途的黎汉威，安排他在大队部担任侦察参谋，一段时间后，其因表现好和能力强而被提拔为独立中队的中队长，在梅塘反击日军偷袭战中，作战勇敢，指挥有力，战后由卢伟如和另一位党员介绍入党。

1944 年底，上级组织将黎汉威调回广西，他先后担任抗日部队的营长、团主任参谋，1946 年被派往越南人民军担任第三战区军事顾问，1947 年任我党领导的越南东北区华侨自卫团团长，1947 年返回广西十万大山人民武装部队担任第三支队副司令员，1949 年调任中国人民解放军粤桂边纵队第七支队司令员，配合二野与四野解放广西和剿匪，新中国成立后担任广西军区干部学校副校长，1955 年转业到地方后担任广西华侨事务处处长、自治区侨办副主任等职务。

另一个突出例子是麦定唐起义。他原是国民党十九路军的副团长，参加过上海抗日保卫战，战后回到家乡东莞，被伪军护河队麦浩队长抓捕并押送给日军，在日军"不接受任命就枪毙"的威胁利诱下，麦定唐向日军投降，担任日伪警察大队大队长。他由此与麦浩结下誓不两立的深仇大恨。麦定唐大队的副大队长王桂良是第三大队政训处干事张英①的小学同学，两人过去关系较好，张英通过王桂良了解到上述情况，提出策反麦定唐的建议。此事经林平书记批准并由卢伟如负责指挥，张英和他爱人李楠具体实施。

1943年初，麦浩引导日军攻打北栅，第三大队抓住战机消灭麦浩大部，麦浩因不在现场侥幸逃脱。战后张英致信麦定唐，提示他的仇家队伍已被游击队消灭，希望他不要有这样的下场：我们了解你的过去，希望与你见面叙谈，随信附上报道这次战斗的《前进报》。麦定唐回话表示，如果张英真有诚意，请到大队部小住一晚，以便当面请教。

张英同意赴约，卢伟如认真分析并报林平批准后，同意张英赴会。

在双方约定的那天，张英戴着墨镜，穿着大衣，身藏左轮、驳壳枪各一支，在中间人的引导下，来到罗村后面的学宫（已经拆掉）等待。不久，四名伪军官手持手枪向张英走来，张英见他们四人均枪口朝下，知道这是麦定唐的"欢迎队伍"，在一名枪手说出"张先生请"后，张英起身向前，在四位枪手的前呼后拥下，走进东莞县城的伪军大队部，在步枪队"夹道欢迎"后，他被迎送到麦定唐办公室，麦对此的解释是"考察张英的淡定程度"，他与张英握手后立即驱退左右，开始单独商谈。

由于麦定唐表达了起义意愿，为防止他说空话和设圈套，张英提出三点要求，一是今后碰到游击队的人要保护；二是为游击队提供情报；三是为游击队提供药品。

第二天上午告别时，麦定唐指着桌上的300块银元和一些药品，客气地表示："这点小意思，希望笑纳。"300块银元不是小数字，第三大队经

---

① 张英（1919~2010），广东东莞人，上中学时参加抗日活动，1938年1月入党，曾任中共大岭山区委书记、第三大队政训处干事，从事对敌策反工作，后任东莞大队大队长、新生大队政委（麦定唐为大队长）等职，新中国成立后任驻越南军事顾问团办公室主任等职，1984年离休前为外交部领事司副司长。

费紧张，有此经费可解燃眉之急，但张英想到首次见面收钱不好，只带走药品，并与麦定唐商定今后由张英爱人李楠负责与王桂良副大队长联系。

后来的事实证明，麦定唐信守承诺。由于种种原因，直到卢伟如调离第三大队，游击队总部并没有安排麦定唐部起义。直到1945年春，麦定唐才按照游击队通知，带着100多人的伪警察大队和六挺机关枪等武器起义并投奔游击队，在东莞敌伪人员中造成很大震动。

麦定唐起义后，被任命为东江纵队第一支队新生大队的大队长（张英任大队政委），在解放战争中，他先后担任粤赣湘边纵队第一支队第三团副团长、团长，1949年10月加入中国共产党，同年10月17日东莞解放时，麦定唐团长率部入城接受人民群众的热烈欢迎。

七 三大队扩充为三个大队

粉碎"万人大扫荡"战斗胜利后，游击总队乘胜前进，队伍扩大到4000多人，活动地区由原来的广九线以西的狭小地带，扩大到惠阳、宝安的沿海地区，并在东江北岸开辟回旋地带，游击总队接连攻下林村、横沥、石鼓、平湖等车站，击败广九铁路伪护路队、伪区公署。广九铁路这条穗港大动脉，终于再次被斩断，从而钳制了北犯日寇，支援了盟军的对日反攻。①

1943年12月2日，根据中共中央指示，为适应形势新发展，"广东人民抗日游击总队"改编为"广东人民抗日游击队东江纵队"，简称"东江纵队"。此时的第三大队人员、装备大增，在这次改编中，从第三大队分出东莞、铁东两个大队，也就是说，第三大队扩充为三个大队。

根据纵队指示，邬强和卢伟如在担任第三大队领导的同时，兼管东莞大队和铁东大队，此时部队摆脱困难处境，走上快速发展道路，卢伟如和

---

① 中共东莞市党史研究室、中共大岭山镇委员会编《大岭山丰碑》，广东人民出版社，1997，第311～312页。

邬强在感到欣慰的同时，将工作抓得更紧。

改编后的这一年年底，卢伟如率黄布中队和一些民运干部到莞龙、莞樟线北段开展工作。面对莞城伪警察大队的骚扰破坏，他亲自指挥黄布中队在板桥等地伏击两次，再加上张英对麦定唐大队长秘密工作的配合，使伪警大队锋芒顿挫，黄布中队乘胜扩人扩枪，发展壮大部队，民运干部抓紧工作，很快打开了莞龙线的全线和莞樟线北段的局面。

在此基础上，第三大队集中力量发起进攻，端掉一批日伪联防队和伪乡公所，将活动地区扩展到惠阳、博罗、增城等地，人民群众为之叫好，更加亲近游击队。

1944年1月11日，第三大队主动进攻广九铁路的常平车站，全歼伪军三十八师八十八团1个连，缴获长短枪30余支。2月下旬进一步在广九铁路中段全线展开破袭战，多次袭击下乡拉民夫的日军，并在常平又歼灭了伪军护路队一个排，再一次破坏了敌人修复铁路的企图。

连连受挫的日军转而将锋芒转向宝太公路、宝深公路、莞樟公路和位于宝安县的广九铁路两侧地区，集中兵力对游击队发动"十路围剿"。

纵队首长决定将主力转战外线，乘敌后方力量空虚之时，拔除敌军一批据点。具体指示邬强带领部队在大岭山坚持战斗，卢伟如率领郑伟灵中队转到温塘、桑园一带活动。郑伟灵中队乘日寇出击扫荡之机，袭击了广九铁路茶山据点，全歼伪军一个中队，从而钳制了日寇进攻宝安的势头。

纵队其他部队按原计划转到宝安地区，与梁鸿钧率领的宝安大队和当地民兵，以及不久前起义的梁德明中队会合后出击，再加上第五大队从另一方向出击，使敌人顾此失彼，疲于奔命，"十路围剿"以日伪军的失败而告终。

1944年9月，根据总部领导的指示精神，卢伟如给铁东大队大队长谢阳光和政委何清布置开辟水乡新区的任务，提出了四条意见：一是从增城打通和江北部队的联系；二是向西发展，准备大反攻条件；三是将水乡斗争与山乡斗争相配合，注意相互呼应支持；四是确定打击刘发如和李潮两部伪匪恶霸的策略。谢、何二人率领两个中队进入水乡后，按此部署行事，勇猛精进地打击敌人，取得了一连串胜利，两个中队人数很快扩大到数百人。

八 粉碎伪军黄猄坑偷袭

日伪军在广九线上连续遭到打击后，并不甘心。驻大朗伪军第四十五师第一三四团1000余人，于1944年3月31日清晨，进攻驻在梅塘乡黄猄坑的第三大队。

邬强和卢伟如接到敌情报告后，联络驻在附近的第五大队，与彭沃大队长一起查看地形，制订诱敌深入、在运动中歼灭敌人的作战计划。

面对来势汹汹的大量伪军，第三大队派出一分队与之周旋，在黄猄坑西北山地上展开声东击西的麻雀战，伪军来回奔跑，体力不支，在迷惑状态下被引入黄猄坑。

敌进入黄猄坑后发现上当入"口袋"，急忙改为撤退。此时，隐蔽在黄猄坑西南山上的第三大队主力从左翼杀出，第五大队主力从右翼插上，两支劲旅形成钳型攻势，指战员犹如饿虎擒羊，猛打猛冲，梅塘乡抗日自卫队和民兵也积极参战，登上黄猄坑周围山头打击伪军。

被包围的伪军派出一个连抢占西北面的风山，企图作为突围口，邬强见状立即命令黄布中队切断风山敌之退路，并以新增加的自卫队和民兵巩固包围圈。在两个大队的猛烈进攻下，这股伪军乱作一团，到处乱窜，有的掉进河溪，有的滚落山崖，有的眼看跑不掉，就地举手投降。

战斗进行到下午，第五大队派出的一个中队从黄江圩向敌人侧翼迂回，截断敌人后撤部队，在黄猄坑以北歼灭其负责掩护的一个连。两个大队继续追击，将残敌逼至黄江河边，敌兵将枪支弹药丢进河中，涉水过河，狼狈地逃回大朗。

追击战刚刚结束，第三大队立即返回风山，解决被包围在此地的伪军另一个连。

至此，战斗胜利结束，总共全歼伪军两个连，缴获轻机枪3挺，步枪100多支。邬强大队长在总结中指出，"由于部队大发展，实力大增，还有民兵支持，我们有条件打这种运动战，而且是打得较好的运动战"。

九　粉碎日军梅塘偷袭

伪军进攻游击队失败，日军头目认为原因是伪军"战斗力不强"。驻樟木头的日军大队长加滕决定亲自率领日军实施突然袭击，不要伪军参加，以重振"大日本皇军的军威"。

他通过侦察得知我纵队领导机关将东莞、宝安的一些部队集中在梅塘整训，纵队领导机关和第三大队都驻在梅塘乡龙见田村，认定是"突然袭击的好机会"，为此进行了精心准备。

1944年5月7日，加滕大队长率领三个中队、一个炮兵分队和一个短枪队总共500余名精干日军，深夜起程向龙见田村潜行，准备"奇袭"东江纵队领导机关和第三大队。

应该说，加滕的秘密行军相当成功，直到8日拂晓，王作尧和邬强起床散步时，突然发现一队日军向龙见田村旁马山高地方向运动，当即命令正在早操的第三大队立即进入战斗状态。

独立中队第一小队在小队长袁康带领下，奋勇当先，一鼓作气，先敌30米登上150米高的制高点——马山顶，取得粉碎敌人偷袭的主动权。中队长黎汉威和政委李忠（原名钟若潮）率第二小队占领马山尾。此时，邬强随部队登上马山尾指挥战斗。卢伟如率领其他中队占领马山两侧高地，支援独立中队战斗。

敌我双方在马山展开激烈争夺战。袁康率领第一小队利用居高临下的地形，用机枪、步枪、手榴弹的密集火力压向敌群，日军纷纷滚下山坡。上午7时日军分三路从东南、东北、正北方向再次向马山顶发起冲锋，第一小队在日军靠近时才猛烈射击，日军陈尸山梁，再次败退。

战斗从早晨持续至11时，日军以数倍兵力向马山顶发动四次猛烈冲锋，密集的炮弹在马山顶上不断爆炸，打断松树，烧着茅草，整个山头浓烟笼罩，独立中队政治委员李忠英勇牺牲，中队长黎汉威指挥部队顽强战斗，他见山顶防守吃紧，及时组织兵力加强第一小队，多次打退了敌人的进攻，为我军调整部署赢得了十分宝贵的时间，为胜利做出了突出贡献。然而，独立中队在浴血奋战中伤亡30多人，政委牺牲，中队长负伤，第一小队除小队长袁康等六位伤员以外，其余人员全部英勇牺牲。

卢伟如和袁康在20世纪70年代同游长城

双方激战至中午，战局转化，加膝眼见属下连续几小时的多次冲锋无效，不仅没有占领马山制高点，而且损兵折将，此时游击队大量援兵已到，再坚持下去，不仅"奇袭"无法实现，而且损失会更大，甚至可能全军覆没，因而决定撤退。

王作尧、邬强、卢伟如眼见战情变化，立即将部队部署调整为反包围的反击战。第二、第三中队在马山两侧高地继续支援独立中队作战，赶来参战的东莞大队从正面直插龙见田村北面的平点山，截击敌人。长山口、梅塘地区的自卫队和民兵都赶来参战，自卫队队长叶常伯率队员将土炮抬到阵地发射，增强了火力和声势。此刻，参战部队和民兵共约700人，从东、西、南三面形成了半月形包围圈，将400余日军围困在马山北侧的山沟中。

同时，赶来支援的第五大队在彭沃大队长率领下，已经占领猪肝山和象山，堵住日军退路。被围困的日军发动多次冲锋，均为第五大队居高临下的火力击退。

　　战至下午 3 时，日军两次施放烟幕弹掩护撤退，均遭我军强力堵截。战斗持续到黄昏，在日军队伍中突然出现一位熟悉地形的可恶汉奸，他将部分日军引向飞蛾山边的一条非常隐蔽小路逃脱。第五大队发现情况变化，在追击中击毙击伤日军 40 多人。

　　精心筹划的"奇袭"，以日军死伤上百，余下人员侥幸由汉奸带路逃出的不光彩结果告终，加滕大队长"无法接受"，情绪低落，在樟木头驻地剖腹自杀。

　　1944 年 7 月，中共中央和中央军委给东江纵队发来电报指出："自广州沦陷后，迄今六年，你们全体指战员在华南沦陷区组织和发展了敌后抗战的人民军队和民主政权，至今已成为广东人民解放的旗帜，使我党在华南政治影响和作用日益提高，并成为敌后三大战场之一。"电报要求东江纵队"力求继续发展，扩大武装部队，建立广大的强固的根据地。"①

　　同年 8 月，为执行中共中央和中央军委指示，根据东江纵队进一步扩大发展的需要，中共广东临时省委和东江军政委员会决定东江纵队建立支队编制并对部队进行相应整编。

　　同年 10 月，卢伟如接到上级调离第三大队的通知，结束了他在第三大队两年的战斗生活，他从中"学习到一些武装斗争经验，革命意志锻炼得更加坚强，提高了独立工作能力，培养了勇敢果断的战斗和工作作风，并学习掌握党的政策，运用党的革命策略"。这是卢伟如在自传中的概括总结。

---

　　① 《东江纵队志》，第 80 页。三大敌后抗日战场为华北、华东、华南敌后抗日战场。

第六章
从博罗开辟新区到抗战胜利

一 赴博罗开辟新区

1944年10月，卢伟如到总部报到后，被任命为纵队政治部民运科长，一个月后参加纵队组织的整风学习，又一个月后"神秘失踪"，实际上是"奉命前往博罗开辟新区"。

根据中共中央指示，东江纵队将要挺进粤北，准备与党中央派遣、由王震率领的南下部队会合，开创粤赣湘边根据地。① 为了实现这一战略转移，必须开辟博罗抗日根据地并将东纵总部迁至博罗。总部首长要求卢伟如"秘密带领少量部队进入博罗，与先前到达的韩继元②会合，公开打出第五支队③旗号开辟新区"。

博罗县位于粤东地区中北部。发源于江西南部的东江，经粤北南下在惠阳县横沥镇④转向西流，这一段东江的北面是博罗，南面是惠阳和东莞。

---

① 根据中央军委决定，以王震为司令员、王首道为政治委员的"八路军独立第一游击支队"由三五九旅主力4000人组成，也称"南下支队"或"南下第一梯队"，于1944年11月9日从延安出发，到达粤北后，因通信不畅未能与东江纵队接上头，再加上南下部队中大多数北方指战员气候不适，被迫返回延安。中央军委随后决定将三五九旅留在延安作为南下的第二梯队。

② 韩继元，1920年9月生，广东省博罗人，1935年入党，历任中共博罗县委青年委员、宣传部长、纵队电台报务员、独立第三大队政治委员、第五支队政治部主任，博罗抗日民主政府县长。

③ 第五支队是东江纵队第二批组建的支队，1944年12月卢伟如接受任务时，第五支队尚在惠阳组建中。

④ 广东省内有两个横沥镇，分属惠阳、东莞两县。

博罗没有常驻日伪军和国民党正规军，只驻有国民党的保安部队。东江游击队也很少到博罗。日伪军却不时进入博罗烧杀抢掠，国民党保安部队闻之逃跑，过后返回继续当政和鱼肉人民，博罗群众恨之入骨，期盼东江纵队早日北上。

1945年元旦过后，日伪军进犯博罗，驻博罗国民党保安部队大部撤至河源县桂山区连山洞，致使兵力不多的日伪军长驱直入，占领大片地区。

卢伟如抓住时机，率领部队开进博罗与韩继元部会合，公开打出"东江纵队第五支队"的旗号，大张旗鼓地拔除日伪据点，发动群众建立乡村抗日民主政权（以下简称"建政"）。

卢、韩认为，开辟新区需要实现人民群众的生活安定，也需要建设抗日民主政权，提出"实现生产救济，减轻人民负担，改善人民生活"的口号，派遣干部到乡村宣传党的方针政策，听取群众意见。

这些在惠东宝游击区行之有效的工作方法，在博罗收效甚微，原因是博罗群众不了解游击队，加上国民党特务造谣破坏，群众"建政"热情不高。经下乡干部再次说服教育，才收到一些效果，其中东宁乡酝酿民主政权做得较好，决定先行试点。

此时，东宁乡士绅已经了解东纵部队的主张，愿意发表他们对乡事的意见，但总觉得由人民自己组织抗日民主政权难以实现。农民群众则认为东纵干部意见很好，建立抗日民主政权还须依靠士绅出头才能做到，因为"耕田佬"从不过问这些事情。尽管绅士和农民群众都信心不足，但由于旧政权腐败且已解体，乡事没人打理，乡民很不方便，多数人还是希望尽快组建新政权。

在东纵干部的推动下，东宁乡召开"乡事座谈会"，到会绅士40余人、农民200余人，经过五小时的热烈讨论，决定成立"乡政筹委会"，选出"筹委"五人。"乡事座谈会"规定他们的任务是，按照自愿原则划分行政村，帮助每个村选出两位代表，在一周内召集各村代表联席会，选举"建政委员"成立"建政委员会"，制定东宁乡抗日民主政权的"临时施政纲领"，再指导各村选举村委会成员、村长、参加"乡参议会"的代表，其中民众代表60%、绅士代表40%。乡参议会成立后，随即复审代表资格和通过施政纲领，进而通过选举产生乡政委员和乡长。

这个繁复的博罗建政程序，表面看来并不适合农村，却在事实上由东宁乡的"乡事座谈会"提出并获通过，邻近的福田乡、联和乡要求效仿，因为"临时施政纲领"中有废除苛捐杂税，减轻民众负担；实行减租减息，保障交租交息；实行生产救济，改善人民生活等条款；还有废除保甲制，代之以民主选举的乡村政权，以及成立自卫队等都是与他们息息相关的内容。①

又经过一段时间，除东宁外，福田、联和等乡也完成"建政"任务，这些经验迅速传到其他乡村，从而使"东江纵队第五支队"在博罗名声大振。

二 第五支队政委

一个多月后，在惠阳完成组建的第五支队将要北上博罗。曾生司令员向支队长刘培②指出："经纵队领导研究决定，考虑到你们未到博罗之前，卢伟如、韩继元按照纵队领导指示，打着第五支队旗号在博罗活动，还出了名。第五支队这次去江北（指博罗），由你和参谋长叶昌带队，政治委员饶璜湘和政治处主任张华基留在江南另行分配工作，第五支队政治委员由卢伟如担任，政治部主任由韩继元担任。"③

---

① 见中共广东省委党史研究委员会、中共广东省委党史资料征集委员会办公室编《东江纵队资料》（1983年内部出版）一书第110~118页雅寒（韩继元）所写文章《博罗解放区民主建设的回顾》。另，文章后面注有"原载于1946年6月10日东江纵队刊物《前进文萃》"。

② 刘培（1919~2002），广东惠阳人，1939年入党，1941年参军，历任支部书记、手枪队事务长、指导员、护航大队大队长、中队长、第五支队支队长，新中国成立后在海军工作。

③ 引自《令人难以忘却的往事》，刘培口述，博罗党史办李春水记录，刘小河（刘培之子）整理。

2月18日，真正的第五支队开进博罗，两支队伍在博罗会师，民众震动。刘培、卢伟如、叶昌和韩继元在会师后抓紧扩大新区，加快"建政"，重点解决"减租减息"问题，推动乡村成立"农抗会""生救会"等，发展乡村民兵，实行"联乡自卫"，鼓励开明士绅出借枪支，再加上第五支队在博罗西区战斗中击败伪军李潮的进攻，拔除了日伪军刚刚建立的马嘶村据点，促使博罗新区的各项工作继续向前推进。

第五支队支队长刘培（摄于20世纪50年代）

与此同时，由王作尧和杨康华分别率领的北江支队、西北支队进入博罗县罗浮山以南的长宁乡、横河乡一带活动。第五支队和随后到达的独立第三大队各抽调一个中队组成独立第一大队，由何通任大队长，张英任政委，开赴博罗、河源和龙门交界的三边地区开展工作，并在龙门县组建龙博大队和六支常备民兵中队，支持开辟罗浮山根据地工作。

第五支队主力大队还会同其他部队，在罗浮山地区肃清敌伪势力，扩大以罗浮山为中心的抗日根据地，使东江南北两岸的解放区连成一片。

1945年5月，东江纵队司令部搬到博罗县罗浮山冲虚观。

6月初，东江纵队已经控制博罗县3/5的地区、人口并普遍建立基层政权，亟须建立区、县两级抗日民主政权。

6月15日，东江纵队政治部在罗浮山白鹤观举行增（城）博（罗）龙（川）三县各界名流参加的"国事座谈会"，到会的各界知名人士共80余人，其中有农民领袖、国民党员、原政府军政人员、名流士绅。政治部主任杨康华代表东江纵队在会上宣布委任原第五支队政治部主任韩继元为博罗抗日民主政府的县长，这是东江纵队建立的第一个县级行政机构，在东江地区影响很大。

三　护送美军飞行员和背送伤员

刘培前往博罗之前，曾生司令员要求他将两位美国空军飞行员"带到博罗，交给卢伟如和韩继元就行了"，当刘培向卢、韩二人谈起此事时，他们回答说："总部首长已经交代任务。"

这两位飞行员是美空军十四航空队飞行员伊根中尉和美海军第三舰队飞行员克利汉少尉。他们于1945年1月驾机袭击日军运输船时，被日军炮火击中坠入大亚湾海中，被东江纵队护航大队救起，护送到纵队司令部。

卢伟如和韩继元接手后，安排专人保护与照顾这两位美国飞行员，向他们介绍东江纵队的抗日斗争情况，由于当时战事较紧，在他们逗留10多天后，于3月11日派遣专人将他们护送到响水国统区，交给国民党抗日人士骆风翔。

两位美国空军飞行员非常感谢东江纵队的营救、保护和接待，当我护送人员从国统区返回之前，伊根中尉将他的手枪、佩刀、一封感谢信交给护送人员带回部队。他在给"曾司令"的信中写道："我把我的枪、子弹和佩刀送给你，希望对你有些帮助。那不是什么礼物，对于你给我的照顾，我是没有办法报答的。在十四航空队，我的声音微小，但在我回去后，将会充满赞叹，我将尽力为你和你们获得一些帮助。"

两位飞行员回去后，又多次给东江纵队来信，他们分别在信中写道："只靠写信，不能表达我对你们为我所做的一切的感激——我唯一能报答你们的办法是为你们的工作说话，我保证在每一个机会都去做。""一路上，我见到你们的工作成绩，对于你们能干的组织（工作），没有别的，只有赞叹。""和共产党游击队住在一起是快乐和得到教育的。""世界上所有善良的人们将拥护你们，你们的努力一定会获得成功。"①

到了4月，卢伟如率领部队攻打柏塘镇，它位于博罗东北部，在部队

---

① 见《东江纵队资料》中黄作梅的文章《我们与美国的合作》。

前进途中渡江时，突然发现小股隐蔽的伪军，卢伟如立即指挥部队将其打垮，然后马不停蹄地继续赶往柏塘镇并开始攻击。由于镇内伪军听到遭遇战枪声已加强防备，攻击一时难以奏效，为避免不必要的伤亡，卢伟如果断决定将部队撤出战斗。

部队返回途中，突然发现在遭遇战中腿上负伤的副中队长曹养无法走路，在没有担架的条件下，只好由战士、干部轮流背着他走。曹养身高1.78米，体重较重，背着他的大部分战士、干部都很吃力，不一会就要由其他指战员接过去。卢伟如也参加背曹养的队伍，与其他指战员一起轮流背曹养，走过十多公里，将他背回驻地就医，充分体现了第五支队官兵同甘共苦的互助互爱精神。

据曹养同志回忆，他当时腿伤较重，觉得很痛，但头脑清醒，对中队指战员轮流背他返回驻地，尤其是卢伟如支队政委几次背他，一直"感激涕泪，那眼泪和同志们背上的汗水联结在一起的情景，是我刻骨铭心的永远记忆！"①

四　第二支队支队长

1945年3月下旬，东江纵队在卢伟如家乡惠阳县约场乡魁星阁召开"东江解放区路东地区各界人士座谈会"，决定筹建"路东地区"② 参议会，后来在4月下旬召开的路东区首届参议会第一次会议上，选举第二支队支队长叶锋为行政委员会主席，按照已经通过的"执政纲领"，区参议

---

① 曹养（1926～2009），广东惠阳淡水人，1942年1月参加革命，1943年2月入党，曾任东江纵队副中队长、中队长及第四支队民主大队大队长，北撤山东后任华东野战军三纵八师三炮营副营长、二十二军山炮团营教导员，参加挺进中原、解放天津、淮海、渡江、解放浙东和舟山群岛等战役，新中国成立后任舟山要塞区炮兵处处长、司令部副参谋长等职，1983年离休。

② "路东地区"是指广九铁路以东至惠淡河和惠淡公路之间的区域，北以东江为界，南至大亚湾和大鹏湾，占据惠阳县的一大块，区内人口58万，是东江纵队在博罗成立抗日民主政府以后，成立的第二个抗日民主政府。

会是路东区最高权力机构。在此情况下，叶锋同志不拟继续担任第二支队支队长职务，总部决定由卢伟如接任。

卢伟如于 1945 年 5 月到惠阳上任。第二支队下辖第一（原惠阳大队）、第二、第三、第四大队和新编第一大队、湖东大队、华强大队和江南大队（原大鹏联防大队）等八个大队，拥有战斗人员 1000 多人。

抗日战争在 1945 年上半年发生了很大变化。在太平洋战场上，盟军粉碎了日本精锐的海军舰队，接连解放了几个被日军占领的岛屿，日军开始考虑防止盟军在中国华南沿海地区登陆，派出重兵加强粤东沿海地区，原拟派往南太平洋作战的一二九师团，中途改在大亚湾登陆，师团部进驻淡水镇，部队进驻稔平半岛一带。第二支队情报员获取该师团的南下全过程和作战部署方案，东纵总部将这一重要情报提供给盟军，这正是美军想要了解而没有了解到的重要情况，为此，美军总部专门发来电报表示感谢。

此时国内各解放区捷报频传，卢伟如从新华社广播中经常听到好消息，但是惠阳情况相反，驻守惠阳的日军数量不减反增，除日军第一二九师团调进惠阳驻守淡水沿海地区以外，日军另一个师团也从宝安县樟木头调到惠州，一个县内驻有两个日军师团，在日军作战部队紧缺的情况下，十分反常，日军这样的部署显然还是为了防止盟军在粤东沿海登陆。

卢伟如发现，日军重新占领惠州、淡水、澳头以后，采用武装押运和护航方式，利用樟（木头）惠（州）公路和东江水路运输物资，严重影响往来车辆和商船向我交税。为确保税源，必须打掉日军的武装押运护航。他和张持平政委商议后，决定在潼湖东江河先打第一仗，交由华强大队副大队长高乔和中队长李强负责。

7 月 16 日晨，高乔和李强率领一个近百人的中队，隐藏在河道边。上午 10 时，从广州开往惠州的船队，以日军汽艇为首，艇上挂着膏药旗，艇后有 10 余只货船。当日军汽艇驶近时，指战员看到汽艇上坐着日军，不戴帽子，穿着衬衣，还将两条腿浸在河水中，自在得很，没有战斗准备，正是伏击的好时机。

当汽艇进入伏击圈时，我爆破班拉响埋在河边的炸药，随着轰隆的爆炸声，河边大片石头抛向天空，落在汽艇上，埋伏在河边山头上的我军指战员用机枪、步枪向汽艇猛烈射击，击毙日军汽艇驾驶员和几个日军，被打坏的汽艇失去控制随着急流打转，舱内日军用机枪、掷弹筒还击，在发射几发炮弹后，汽艇随着急流向下游漂去。

这次伏击战不到半小时，此后再也没有看到日军护航，往来商船恢复向我税站交税。[①] 对于这样轻易得到的结果，卢伟如和他的战友都觉得日寇行为反常，两个师团兵力驻在惠阳，竟然被动挨打后没有还手，原因何在？

一个月后情况明朗，新闻广播传来特大喜讯：1945 年 8 月 15 日，日本宣布无条件投降，它标示着中国抗日战争和世界反法西斯战争取得最后胜利，中国军民和盟国军队将转入接受日军投降。

根据朱德总司令任命，东江纵队司令员曾生担任广东地区接受日军投降的将军。接到朱德总司令的命令后，东江纵队在惠阳组建新一团（也称独立团），任命卢伟如为团长，准备接收当地日伪军投降。

国民党军事当局却另有指示，广州行营命令驻广东日伪军"只能向国民党军队投降，不得向东江纵队投降和交出武器装备"。为了顾全大局，东江纵队没有采取大的行动，只接受了少量日伪军的投降缴械，原准备大规模接收日伪军投降的新一团，没有在这方面发挥作用，却接到总部关于做好自卫反击战斗准备的通知。

---

① 杨锦照：《潼湖东江河边伏击日军汽艇的战斗》，广东省惠州市惠城区政协文史委员会编《永不忘却——纪念抗战胜利 60 周年》，2005。

第七章
从自卫反击到北撤山东

一　江南指挥部指挥员

1945 年 9 月 10 日，根据中共中央关于准备开展分散斗争的通知精神，东江纵队总部决定将已经集中的部队改编为粤北、江南、江北、东进四个指挥部和自卫总队，任命卢伟如为江南指挥部指挥员兼第六团（原第一团）团长。

江南指挥部下辖第六团，第一支队、第七支队、港九大队和大亚湾海上独立大队，活动区域为惠阳、东莞和宝安，即原先的惠东宝抗日根据地和游击区。

根据国共双方签署的《双十协定》，中共中央同意让出在广东、浙江、苏南、皖南、皖中、湖南、湖北、河南（不包括豫北）的 8 个抗日根据地，并将上述地区的军队撤退到陇海铁路线以北，以及苏北、皖北解放区。

按照中共中央的要求，东江纵队和广东其他抗日武装，将要从浴血奋战 7 年[①]所创建的抗日根据地中忍痛撤出，转移到山东解放区。

《双十协定》墨迹未干，国民党广州行营主任张发奎在 10 月 25 日召开的"两广绥靖会议"上，部署在广东的全面内战，狂妄地提出 3 个月内消灭东江纵队等共产党领导的抗日武装。

张发奎敢出狂言，源于此时广东省内汇集了包括从缅甸撤回的被称为

---

① 广东省的抗日军事斗争从 1938 年 10 月日军登陆大鹏湾算起，为 7 年。

"王牌远征军"的新编第一、第六军（以下简称"新一军""新六军"）和第五十四军、六十四军的11个师10多万国民党正规军准备从香港乘船到东北、华北打内战。根据国民党军事当局的密令，这些部队在广东候船期间，将与原在广东的第六十三军、第六十五军、"民团"以及新接收的伪军一起"围剿"东江纵队和其他抗日游击队。

广州行营首先派出新一军、新六军和第五十四军一个师以及收编日伪军麦浩、陈培等部队进攻东江纵队，从东莞太平虎门开始逐村、逐乡扫荡，每进占一个乡村就进驻军队并严密把守附近的高山、道路、桥梁和水路，组织地主恶霸反攻倒算，逮捕、屠杀共产党干部和地方政权积极分子，恢复保甲制，建立区乡反动政权，统称为"填空格"战术。从东莞虎门到深圳南头，一路"填空格"，填完路西填路东，还占领沙头角、盐田、大小梅沙和大鹏半岛的葵冲等沿海地区，大有非消灭东江纵队不可的架势。

在大军压境的局势下，江南指挥部在指挥员卢伟如和政治部主任叶锋两人的指挥下，在人民群众支持下，以"兜圈子、捉迷藏"的办法避开敌之锋芒，使他们处于"看不见，找不到"状态。

针对国民党军队在"填空格"中迫害、杀害共产党干部和乡村积极分子，江南指挥部清除帮助敌人的反动分子，为被杀害的干部群众报仇，严厉警告反动地主，使他们不得不有所收敛，从而将实际控制权掌握在自己人手中。即使在新一军等"填空格"最猖獗的时候，这些地方党组织的多数乡、村干部仍然按照江南指挥部"人不离乡"的要求，坚守岗位，为部队提供交通、情报和粮食补给，使江南指挥部的部队仍然可以在这些地区中穿插活动。

10月下旬，根据广东局势的变化，中共广东区委领导机关和东江纵队总部从罗浮山转移到大鹏半岛，国民党广州行营侦察到情况后，立即派遣第一五四师一个团进占稔平镇，另两个团进驻白花等平山地区，摆开进攻稔平半岛和大鹏半岛的势态，妄图一举消灭东纵总部和广东区委领导机关。

总队命令江南指挥部第六团从西面保卫大鹏半岛，第七支队保卫稔山、白花以东地区，并征调东进指挥部第四、第五团从东面防守稔平半岛，曾生司令员亲自到三门岛江南指挥部下属海上独立大队部署应急的海上通道。

11月中旬，国民党军第一五四师这个团从稔平半岛北面开始进攻，被东进指挥部第四、第五团阻击在外，一五四师增派两个团分东、西两线进攻，战斗持续了一个多月，东进指挥部第四、第五团累计杀伤敌人120余人，牺牲50多人，从而减轻江南指挥部的压力，保卫了广东省委和纵队总部的安全。

双方对峙到1946年2月，国民党广州行营增派新一军的一个师进攻大鹏半岛王母圩、大鹏城、澳头港。卢伟如指挥第六团与之周旋，延缓他们的进攻步伐，掩护广东区委领导机关和东江纵队总部乘海上独立大队武装船只转移到香港新界。

时至3月，卢伟如率领江南指挥部警卫连和纵队司令部警卫营，转移到惠阳县田头山、梧桐山一带活动，并与第一支队重建联系，将第一、第七支队和第六团分散在惠东宝安地区坚持斗争，其中何清率地方党与民主政府干部和自卫队，在惠阳县龙岗、淡水公路以北的新圩、约场一带活动；第六团第二大队（原第二支队第二大队）回到他们原根据地惠阳清溪地区坚持斗争；江南大队在大鹏半岛坚持斗争；海上独立大队以宝安大鹏半岛南面的三门岛为基地，在大亚湾海域坚持斗争，并派出部队挺进担杆列岛。

与此同时，东纵总部决定派遣多支部队突破敌包围圈，从内线转到外线作战，东及海陆丰，北至粤北和湘赣接壤区域，涉及省内39个县。他们组织小分队和武工队，在地方党组织和人民群众的支持下，建立"梅花点式"的作战基点，采取敌进我退、敌驻我扰、声东西击、机动灵活的游击战术，力避强敌，打击弱敌，在老区坚决镇压反动地主和反动势力，团结开明人士，依靠基本群众，逐步恢复根据地；在新区则尽可能避免同国民党正规军作战，伺机歼灭国民党地方武装，摧毁他们建立的区、乡政权，站稳脚跟。这一系列战斗行动，分散了国民党广州大本营的兵力，打乱他们原定作战计划。

根据敌情的变化，卢伟如又将江南指挥部转移到惠阳县龙岗区坪山一带。不久，国民党新一军从东莞县樟木头、平湖直逼龙岗，卢伟如则将指挥部撤到大鹏半岛边上的葵冲地区。

大鹏半岛位于广东东南部，东临大亚湾，西靠大鹏湾，与九龙、香港岛隔海相望，一半属宝安，一半属惠阳。海岸线长133.22公里，是华南著名的深水海湾。半岛上有三座小山，林木茂盛，还有两个盆地平原。东江纵队经过上百次艰苦战斗，在半岛居民的支持下，将半岛创建成为抗日根据地。由于它临近香港，北靠东江地区，又是深水海湾，被确定为北撤基地，东纵总部要求江南指挥部在自卫反击战斗中，一定要注意控制好大鹏半岛，以便在需要北撤时，握有出海港湾的主动权。卢伟如坚决执行总部指示，在葵冲等地与敌人多方周旋后，将主力部队转移到大鹏半岛王母圩。

与此同时，江南指挥部海上独立大队以武装木船和国民党炮舰、炮艇展开海战，重伤敌舰并在三门岛建立海上基地。此后，在岛上渔民的支持下，海上独立大队打退了国民党军和港英当局的联合进攻，始终控制着三门岛。

由于江南指挥部的主力部队转移到大鹏半岛王母圩，国民党方面错误判断为"东纵司令部回到大鹏半岛西涌"，急忙派出一个团从龙岗进入大鹏半岛直扑西涌，结果扑空。当天下午，这个团从西涌撤走时，卢伟如指挥部队在南澳山伏击，战斗打得非常激烈，战士情绪高涨，当地农会、妇女会送茶送水，遭受严重伤亡的这个团后来利用夕阳西斜影响视线，沿着海边逃脱。

2月上旬，国民党广州行营突然派出第一五三师一个团进驻大鹏半岛大鹏城。进驻时间"很讲究"，因为"军调部"下属"第八执行小组"①计划于2月下旬到大鹏半岛视察。这个团驻下后公开宣称"这次住下就不走了"，还要民众配合说"他们在这里已经住了一年"的谎话，妄图制造"这里没有共产党抗日武装"的"根据"。当地群众将这些情况反映到江南指挥部，还报告这个团将派部队去坝江。为揭穿国民党广东当局的谎言，

---

① "军调部三人委员会"由中共代表周恩来、国民党政府代表张治中、美军代表吉伦组成，"第八执行小组"是"军调部三人委员会"下属机构，由中共代表方方少将、国民党代表黄维勤少校、美方代表米勒组成。

卢伟如下令伏击赴坝江之敌，消灭20多人，俘虏了一批官兵。

他们从审讯俘虏处了解到，该团士兵和中下级军官都不愿打内战，还了解到团长姓名，决定以政治部主任叶锋名义写信给团长，放俘虏回去送信，晓以大义，指出抗日战争胜利了，人民渴望和平、不要内战，你们不要做亲者痛仇者快的事情，赶快撤走。

叶锋还组织指战员书写"反对内战，实现和平"等标语，在国民党军驻地张贴；编写"战况报导"送给香港《华商报》等进步报刊，揭露国民党军队在东江地区打内战的事实。俘虏放回去后不到一周，这个团就撤走了，是否与那封信有关，不是很清楚。

时至3月中旬，张发奎发动的大规模军事"围剿"已经大大超出原定的3个月期限（从1945年10月底算起），而根据蒋介石命令，新一军、新六军、五十四军、六十四军以及原先驻守广东的六十三、六十五军都先后赶赴北方打内战，只有民团部队留在广东，他们身心疲惫，厌战者多，不可能采取大的军事行动，再加上香港和内地进步报刊的有力揭露，国民党广州行营发动的大"围剿"也就不了了之。

东江纵队取得了自卫反击战的决定性胜利，为谈判斗争创造了有利条件。卢伟如指挥江南指挥部部队在保卫中共广东区委领导机关和东江纵队总部安全转移，以及实际控制北撤基地等方面做出突出贡献并经受了严峻的战斗考验，增强了指挥才能，满怀信心地迎接新的战斗。

二 北撤谈判中的斗争

中共中央非常关心东江纵队等广东人民抗日武装，周恩来采取有力措施，促进谈判的进行，他安排林平飞赴重庆，举行中外记者招待会，揭露国民党广东当局发动内战、破坏和平的行为；又通过国民党代表张治中，安排张发奎也到重庆；还促成美军代表吉伦同意3月27日在重庆召开"军调部三人委员会"并签订"中共广东部队北撤山东烟台的协定"（以下简称"北撤协定"），规定中共广东部队北撤2400人，不撤退人员安排复员，广东省政府保证复员人员的生命安全，北撤船只由美军提供，张发奎和林平参加会议，在现场见证了"北撤协定"的签订。

在此之前，"军事调处执行部"的我方代表叶剑英促成"军事调处执行部"派出由中共代表方方少将、国民党代表黄维勤少校、美方代表米勒组成的"第八执行小组"到广州与国民党广东当局谈判，由于国民党方面的破坏，"广州谈判"没有进展。

"北撤协定"签订后，"军调部三人委员会"立即派出由中共中央代表廖承志、国民党代表皮宗阚、美方代表柯夷组成的"重庆三人小组军事代表团"从重庆乘飞机到广州落实"北撤协定"，张发奎和林平同机抵达。"重庆三人小组军事代表团"到达广州后，立即与"第八执行小组"会合，和国民党广东军政当局展开谈判。

谈判伊始，刚从重庆返回广州的张发奎故伎重演，装模作样地表示"不知广东那里有中共部队"。廖承志当即质问，"你们发了那么多限共、溶共、反共的密令针对谁呢？刚刚制定的绥靖密令，又针对谁呢？难道不是针对中共武装？"张发奎知道共产党缴获有这些文件，很怕被拿出来示众，因而不再狡辩，柯夷上校和皮宗阚上校也都不支持张发奎的纠缠，三方在 5 月 21 日达成并签署关于东江地区停战和东江纵队北撤山东的"联合会议决议"，规定北撤的具体工作由"第八执行小组"负责，国民党广东军队和政府保证北撤人员前往登船地点的途中安全。

为保证"联合会议决议"的贯彻执行，"第八执行小组"组建了江南、江北、粤北三个支组，每个支组都有三方面的 4 位代表组成：江南支组由中共代表曾生将军、实际部队代表卢伟如上校、国民党代表罗绮浩少将、美军代表比利少尉组成；江北支组由中共代表黄坚少校、实际部队代表周伯明上校、国民党代表曾广爕中校、美军代表琼斯少尉组成；粤北支组由中共代表兼部队代表杨康华上校、国民党代表黎国熹中校、美军代表纳尔逊上尉组成。[①]

---

① 周伯明：《纪念东江纵队北撤五十周年》，中共广东省委党史研究室、广州地区老游击战士联谊会主编《东江纵队北撤斗争纪实》，1996，第 7 页。

5月25日，三个支组从广州出发，分赴江南、江北、粤北三地调处。曾生司令员以江南支组成员身份来到惠州，国民党东江游击指挥部司令官香翰屏当晚在西湖游船上宴请曾生司令员，此后10多天，国民党驻惠州的军政要员们天天宴请曾生。

历史真会制造花絮，同样的"在西湖游船上宴请"，发生在1943年初，卢伟如以公司经理名义"在西湖游船上宴请"国民党军队驻惠州长官，时隔三年，主客对调，人员更换，由国民党军队驻惠州长官"在西湖游船上宴请"东江纵队司令员曾生，显示国内形势朝着有利于共产党的方向变化，东江地区亦是如此，但是，国民党惠阳当局要再做文章，甚至捣乱。

身处惠州的曾司令员，当然清楚国民党方面天天宴请的意图，多次径直向国民党方面提出宝贵时间不能这样浪费，要求他们尽快履行承诺，按照三方商定的办法，赶紧派人去坪山联络江南指挥部，国民党军方承诺赶紧办理。

然而，国民党驻惠阳长官却利用"坪山镇"和"平山镇"的普通话发音相同的情况，故意舍近求远、将联结人员派到距离较远，没有江南指挥部人员等候的平山镇，由此故意拖延了一周时间，事后以"搞错地点"搪塞，遭到曾生司令员的严词谴责。①

卢伟如按照总部要求，按时派出联络人员在坪山等待，左等右等，就是不见国民党方面联结人员的踪影，他特别担心身在惠州的曾生司令员安全，决定派遣江南指挥部参加军调部工作的赖仲元上尉、张松鹤上尉和欧阳洪中尉三人，以向国民党惠阳县政府领取北撤经费的名义，到惠州面见曾生司令员并接受指示，因为按照国共双方和美军方面

1946年6月在惠阳联络部队间隙，张松鹤为欧阳洪绘制的素描像

---

① 《曾生回忆录》，第466~468页。

商定的协议，国民党方面必须保证所有军调人员的安全。

接受任务后的赖、张、欧三人身着军调部配发的国民党军装，带着军调部臂章和证件很快进入惠州城，找到曾司令员并接受指示，他们从国民党惠阳县政府领到北撤经费后，由于临近天黑，决定当晚住在惠州，婉言谢绝国民党方面的"盛情宴请"，于第二天早上赶回部队向卢伟如汇报，从而解决了身在惠州的曾生司令员与江南指挥部的联络通信问题。①

此后，卢伟如按照曾生司令员指示，于 6 月 11 日率部到大鹏半岛葵涌镇，部署北撤基地的保卫和后勤保障等工作，准备迎接北撤部队。

三　北撤指挥部指挥员

"北撤协定"的签订，意味着东江纵队和其他广东抗日武装的北撤工作开始进行。东江纵队领导决定：排以上干部北撤，排以下干部及战士复员。

对于东江纵队而言，要在短期内将一支 11000 多人的武装部队按照北撤与复员两大部分安排好，无疑是一件庞大复杂的工作。对于江南指挥部而言，除了按照比例确定北撤和不北撤同志以外，还要将非北撤人员分成两部分：一是非战斗人员，在 4、5 月份复员；二是组织一支精干部队，负责北撤行动的保卫、接待等工作，在北撤人员乘船离开后才能撤走，这些指战员如何安排，特别是撤走和复员，如何保证安全，必须有一个稳妥的预案，考虑到国民党方面历来不讲信用，制订这一预案难度很大。

据负责这一工作的叶锋回忆，北撤人员是少数，他们的工作相对好做，留下的同志占大多数，他们的工作难做。指挥部要求各大队将复员的同志组织起来，安排骨干负责管理，既做好复员同志的说服工作，也协调好地方党组织的接收管理工作，效果较好。

---

① 见欧阳洪所写文章《一篇素描忆当年》，刊登于广州地区老游击战士联谊会主编杂志《老战士》2013 年第 1 期。同年 9 月 14 日，欧阳洪在与笔者谈话中补充了一些具体内容。

北撤时的葵涌镇有 20 多个村庄，3000 多人口，这个风景秀丽的小镇处在群山环抱之中，三条小河经沙鱼涌流入大鹏湾海中。从葵涌圩往南走出群山，可以看到大鹏湾的白色浪花、坪洲和岛屿。

葵涌是不出名的小地方，自从东江纵队在该地集中北撤，就开始闻名中外，小小的葵涌圩过去清静得很，北撤部队到来后就热闹起来了，各个村庄都驻有部队，到处都能听见北撤战士的嘹亮歌声。

根据东纵总部指示，为防备国民党军队的背信弃义行为，以江南指挥部为主，抽调东进指挥部参加，两个指挥部的部队部署在葵涌外围，随时准备阻击国民党军队的进攻，在情况发生变化下担负掩护北撤人员突围转移的任务。他们在附近山岗的战术要点构筑工事，设置地雷区，江南指挥部还在葵涌周围数十里范围内，包括淡水、惠州等地布置了严密的情报网，国民党军队的风吹草动，情报人员都会报回。

两天后（6 月 13 日），"第八执行小组"的中共代表方方少将、美方代表米勒上校、国民党代表黄维勤少校等人从香港来到葵涌检查工作。

此时，葵涌小镇已经汇集了东江纵队江南、江北、粤北、海陆惠紫指挥部（即东进指挥部）的北撤人员；还有珠江纵队、中区纵队、韩江纵队、南路纵队的北撤人员，加上护送和送行人员，已达 3000 多人。他们突破国民党军队的层层阻拦，先后抵达葵涌，有一些同志牺牲在路上。

6 月 15 日，广东中区①和珠江纵队罗范群、刘田夫、谢斌等领导同志到达葵涌，带来了广东区委书记林平的指示。此时，中央已决定林平不参加北撤，继续留在广东工作，他顾全大局，仍然非常关心北撤工作并做出"立即成立北撤指挥部，统一负责北撤的一切具体事宜"的决定，还亲自确定指挥部的主要成员，委托罗范群、刘田夫等同志传达落实。

6 月 16 日，在葵涌黄合楼召开北撤指挥部和政治部成立会议，根据林平指示，指挥部人员由如下人员组成：北撤指挥部指挥员卢伟如，政委罗范群（中区纵队），参谋长谢斌（珠江纵队）；政治部主任刘田夫（中区

---

①　"中区纵队"是指抗日战争时期在广东中部活动的"广东人民抗日解放军"。

纵队），组织部成员饶潢湘、何清、苏平，宣教部成员王士钊、黄固，秘书长叶锋，秘书廖荣铿，政治协理员黄克。[①]

北撤指挥部的成立是因为集中在葵涌的北撤单位多，必须有一个统一的领导机构负责领导管理宿营、安全警戒、作战、给养、卫生等方面工作，思想工作也必须有一个统一而坚强的政治机构负责，才能保证北撤任务的顺利完成。尤其在防范国民党背信弃义发动突然进攻方面，需要有一个统一指挥机构，在东纵首长到达前，由驻在地江南指挥部指挥员卢伟如担任北撤指挥部指挥员，是顺理成章的事情，它有利于北撤行动的统一指挥和统一行动。罗范群、刘田夫、谢斌都是参加过长征的老干部，也都是中央从延安派到广东的领导干部，水平很高，他们从大局出发，鼓励卢伟如大胆工作。

中国共产党在广东党组织和武装力量的主要领导骨干的大部分，都集中在这里，保证他们的安全，事关重大。卢伟如亲自检查安全工作的各个环节，严密注视驻地附近国民党军队的动态，一直保持高度警惕和慎之又慎的常备不懈态度。

北撤人员到达以后，香港进步报纸《华商报》先后发表文章，报道"共产党在广东武装力量的北撤人员，按照与国民党和美国方面达成的协议，已经集中在大鹏半岛葵涌镇沙鱼涌海岸附近，等待美军运输船的到来"。方方少将说："他们（指北撤人员）现在除了一心一意的'待命北上'之外，没有别的活动了。不过，第八小组的协议允许他们在宿营时采取必要的警戒，所以他们派出步哨。"江南指挥部指挥员卢伟如说："害人之心不可有，防人之心不可无，这是预防万一的做法。"这些报道引起了国内外的广泛关注，既是宣传工作，也是保卫措施。

6月22日，曾生、王作尧、杨康华等东纵领导先后抵达葵涌，根据广东区委林平书记的建议，成立"北撤部队军政委员会"，由曾生担任书记，王作尧、杨康华、林锵云、谢斌、罗范群、谢立全、刘田夫担任委员，军政委员会负责北撤行动的统筹领导，北撤行动的具体工作，仍然由北撤指

---

① 见《东江纵队北撤斗争纪实》书中叶锋撰写的文章《北撤前后》，第 15~17 页。

挥部和政治部负责，例如北撤基地的安全保卫，编制三艘船的登船人员名册，接待香港各报社来访记者与召开记者招待会，接待从香港和广东各地前来送行的亲属与干部战士等工作，都继续由北撤指挥部和政治部负责。

6月23日，方方、曾生向党中央报告，东江纵队和广东其他抗日部队，已经冲破国民党的重重障碍，集结于大鹏半岛。

此时，美军方面突然来电称因飓风来袭，登陆舰可能迟到。

真的是气候变化的原因吗？不久，林平政委从香港通过秘密渠道得到消息，证实这次推迟另有原因："决议"签订以后，国民党军参谋长何应钦下达秘密命令，要求广州行营"乘东江纵队集中北撤之际一举消灭之"。根据这一密令，广州行营参谋长制订"瓮中捉鳖，一网打尽"的作战计划，绘制"作战路线示意图"，准备提供给国民党军驻淡水、龙岗、宝安的部队使用。

国民党这个阴险毒辣的计划，被潜伏在广州行营内的我地下党员杨应彬等同志得到，并通过民主人士萨空了带给香港《华商报》转送连贯、方方和林平。方方和林平立即通知北撤部队做好战斗准备，并以最快速度报告周恩来、叶剑英，还动员香港所有进步报刊，公开揭露广州行营这一险恶的阴谋计划。

北撤部队军政委员会立即命令警戒部队和北撤人员进入作战状态。卢伟如指挥部队在葵涌外围进一步落实阻击国民党军队进攻的战斗准备；在葵涌周边数十里增加情报人员，形成更加严密的情报网；布置在万一遭到包围袭击时的陆路、海路突围计划和路线；要求海上独立大队增派武装船只到沙鱼涌海湾附近待命，以便在突然发生战斗时，将机关干部和非武装人员从海上转移到安全地方。

周恩来和叶剑英接到方方和林平报告后，很快在"三方"会议上揭露这一阴谋，严正要求国民党方面立即采取纠正措施，美军方面也要求国民党方面采取必要的措施，以免事态向坏的方向发展。香港报刊纷纷发表文章揭露谴责广州行营的这一行径。"第八执行小组"在中共代表方方的强烈要求下，决定由美方代表米勒上校出面以执行小组名义紧急致电张发奎，要求国民党广州行营在美军船只到达之前，切实保证北撤集中地所有中共人员的安全，在未接到"第八执行小组"关于中共人员已经登船的通知前，国民党军队不得超越军事分界线。在我方多种严厉措施下，国民党广州行营不得不取消原定作战计划，"瓮中捉鳖，一网打尽"计划胎死腹中。

6月26日，张发奎得到"第八执行小组"抵达葵冲地区的消息后，以他的代表王衡的名义，急电邀请第八小组全体成员返回香港共商保证中共人员安全的"要事"。这一"调虎离山"诡计立即被识破，方方首先坚决反对并表示："现在除非毛泽东主席下令调我离开这里，我才会走。其他人的命令，我都不服从。"美军代表米勒上校眼看工作即将结束可以回国休假，很不愿意节外生枝，不同意此时离开葵涌。第八小组以二比一的表决粉碎这一阴谋。此后香港报刊纷纷揭露国民党广州行营在东江纵队集结中玩弄阴谋，要求保证广东抗日武装的安全北撤。在此情况下，国民党广州行营不得不通过国民党中央社发表"保证中共人员安全北撤"的公开声明。

四　乘美军登陆舰北上山东

6月29日，天空晴朗，沙鱼涌海滩上阳光灿烂，微风吹拂，微波荡漾，根据通知，美军运输船将在当天到达。清晨，北撤人员收拾好行装，早餐后来到沙鱼涌海滩上等候，国民党代表黄维勤少校指挥他的部属按照名单逐一点名核对。

下午2时，美军三艘登陆舰（五三八号、五八九号、一零二六号）在一艘驱逐舰护卫下，徐徐抵达沙鱼涌海岸，同志们悬着的心才放松下来。这三艘登陆舰每艘可载70辆坦克和相关人员，吃水较深，只能在离海岸数十米处停泊。

下午4时，"北撤部队军政委员会"举行简单仪式，方方代表中央军委向全体北撤人员发表讲话，曾生司令员代表全体北撤战士向米勒上校赠送一面锦旗，上面绣着"和平使者"四个大字。米勒接过锦旗，高高举起

深圳市宝安区沙鱼涌，这里是东江纵队北撤的登船处，现在是旅游景点和休闲沙滩（摄于 2008 年）

并高呼"敬祝中国早日实现和平！"方方接着高呼"和平万岁"等口号，全体北撤人员也共同高呼口号。

仪式结束后，登陆舰面向沙滩打开舱门，放下铁板，就像张开一张大口，接着把门伸向沙滩。北撤人员开始登船，有的背着枪支带着行李涉水过去，也有的在渔船帮助下将物资运过去。

按照每艇 800 人的划分，北撤人员被分别安排在美军三艘登陆舰上。曾生、刘田夫等率领东纵司令部和江北指挥部的同志在第一船；王作尧、杨康华、林锵云和粤北指挥部的同志在第三船；罗范群、谢立全、谢彬与他们的纵队人员，以及江南、东进指挥部在第二船，东江纵队的主要物资都在第二船上，由卢伟如担任"船长"、高健担任"副船长"。

东江纵队 11000 人，北撤 2000 多人，大部分留在了广东。一些不在名额内的同志前来送行，早就抱着混上船的愿望。有些女同志帮助搬运物资跟着上船后，哭着不肯下船；还有些"小鬼"跟着上船队伍往前走，美国水兵阻拦，岁数较大的北撤人员出面解释说"这是我的儿子"，也就上了船。

"混"上船的女同志，多数是原来被迫给人家当童养媳，后来偷跑出来投奔游击队，叫她们回家，回哪个家呢？还有的夫妻都参加革命，丈夫北撤，妻子复员，从此两地分居，真不知道往后会发生什么情况。卢伟如的警卫员沈许和妻子叶秋月就属于这种情况，他们忧心忡忡，心有不甘的叶秋月向卢伟如提出随队北撤的要求，卢伟如的答复是"到时候会有办法"，这样的回答使叶秋月坚定信心，搬运物资上船后隐藏起来，挤进北撤队伍。沈许北撤后调任华野特纵成为坦克手，在解放战争和抗美援朝英勇战斗被评为全国战斗英雄，他所驾驶的坦克被命名为"朱德号"，至今陈列在北京的中国人民革命军事博物馆。他们夫妇和孩子们始终牢记"到时候会有办法"，并认为这句话保住了婚姻和家庭完整。

"混"上船的"小鬼"也有特殊情况，他们中的一些人隐瞒父母参加游击队当警卫员、通讯员、勤务员，打仗勇敢、做事机灵，参军后就把部队当成家，很不愿意复员回家，一心一意想跟着部队，都采取上船后就不下船的做法。

卢伟如身着军调部配发的国民党服装，站在登陆艇的一边指挥同志们登船，几个国民党特务上前与他纠缠，他机智地与他们周旋。

按照事先商定的分工，"副船长"高健站在登陆艇另一边，指挥同志们登船，当那些不在名额内的同志搬运行李时，高健悄悄地叫他（她）们上船后就不要下来了。当宣布名单上的2400人已经上船后，高健突然发出"同志们冲呀"的喊声，那些不在名额内的同志们听到号令，一拥而上，登上船去，躲藏起来。[①]

据核对，三艘登陆舰上北撤人员总共2583人，比原计划超出183人，其中包括珠江纵队89人，韩江纵队47人，南路部队23人，粤中部队105人，桂东南1人。

[①] 中共惠州市惠阳区党史研究室编《东江之子——怀念高健同志》，中央文献出版社，2004，第77页。

美方三艘登陆舰装载人员、物资后，和驱逐舰一起，开到离岸稍远的海中停泊过夜。

按照三方协议和美军规定，北撤人员登舰时，武器装备必须存入舰上仓库，抵达山东烟台以后再发还，只允许少数指挥人员佩戴手枪，指挥部秘密要求每艘登陆艇上挑选精干人员数十人暗藏手枪、手榴弹；还规定每艘登陆舰上，我方都要派出干部在航海室 24 小时值班，检查航线，以防万一；还要求暗藏手枪的人员住在仓库附近，以便万一发生情况，可以尽快打开仓库，夺回武器进行自卫。

6 月 30 日早晨，太阳刚刚从海平面上升起，美军登陆艇点火启航，在船上过了一夜的北撤人员，纷纷走上甲板，向在岸上送别的人群挥动手臂，高呼："再见吧，战友们！""再见吧，父老乡亲！""再见吧，亲爱的故乡！"接着响起《北撤进行曲》的合唱声：

> 为了广东的和平，
> 我们要离开战斗的家乡，
> 辞别亲人，告别战友，
> 飘过海洋到遥远的北方……

嘹亮的歌声充满激情悲壮，不少同志含着热泪放声歌唱，目视逐渐远去的沙鱼涌和大鹏湾海岸线，一再招手告别。

卢伟如站在登陆舰甲板上，静静地望着沙鱼涌海滩上送别的人群，望着在海滩后面山头上的哨兵，他们是江南指挥部的战士；他转头看看离岸不远的海中，几十艘船只仍然停在那里，这是江南指挥部海上独立大队的指战员。这是一群多么自觉、多么忠诚、多么可爱的指战员，他们担负保卫北撤安全的任务，却不能北撤。他们完成任务以后，能够安全撤离现场吗？国民党当局会怎样对待他们呢？尽管订有协议，国民党方面还会设法反攻倒算的，已经为他们安排好了应对方案，但是结果会是什么样呢？

面对此情此景，卢伟如思绪起伏，激动万分，指挥员走了，却将大多数战士留下来，他内心很不好受。然而，党中央和上级决定，为了和平，为了新中国，只能这样做。

在驱逐舰的护卫下，三艘登陆舰徐徐驶离大鹏湾，向大海深处开去，沙鱼涌越来越小，大鹏湾越来越远，不一会就看不见海岸线了，四周都是无边无际的大海。卢伟如仍然站在甲板上，专注地看着前后登陆艇和海上情况，看着驱逐舰时而在三艘登陆艇之前，时而在其后，其他船只见到美国军舰，都保持一定距离。

直到此时，他才有时间回想起北撤前的艰难战斗和复杂工作，特别是上船前几天的全面戒备和接待工作，都在有惊无险中度过，他感到如释重负，北撤指挥部指挥员的任务胜利完成，悬在心中的一块石头顿时落地，感觉轻松许多。

根据划分，解放战争开始于1946年6月26日，这是作为整体而言，但在广东，6月26日是北撤人员集中在大鹏半岛葵冲等待美军登陆舰的前两天。解放战争开始后，有三艘美军登陆舰在一艘驱逐舰的护卫下，载着中国共产党领导的东江纵队和其他抗日武装的2000多名骨干，从广东前往山东，这是中国历史上的一个奇特景观。国民党在《双十协定》上认可，中共中央同意让出的八个根据地，只有广东抗日部队通过严峻斗争实现北撤山东，其余浙江、苏南、皖南、皖中、湖南、湖北、河南七个根据地的部队都没有撤出而就地坚持斗争或者以军事突围方式继续战斗。

登陆舰的舱面被太阳晒得发烫，舱内800多人更感炎热。美军规定北撤人员在舰内不准烧开水和做饭，而他们供应淡水限制在每天三小时之内，每天只供应两顿干粮，还规定舰头舰尾不准北撤人员上去，北撤人员被困在炎热的舱内，周围是茫茫大海，很不好过。

这些美国军舰到中国的任务是将国民党军队运送到东北、华东等地，去接收日伪军投降和攻打共产党军队，"国军"穿着整齐，但很腐败，在舰上赌钱、吃鸦片、搞女人、吵闹不休，还送女人给舰上美军。美军据此向北撤人员提出送女人的要求，并说明"国民党军队都这么做的"，遭到拒绝后，他们对北撤人员态度变得生硬。

卢伟如组织几位懂英语的同志，与美军舰长、水手长座谈，宣传中共武装是抗日的军队，介绍在香港沦陷于日军时，东江纵队营救了包括美国第十四航空队飞行员纳尔·W. 克尔中尉在内的八名美国和英国军人，再加上美军人员在登陆舰上看到北撤部队纪律严明，官兵一致，非常团结，使他们相信这支游击队是中国共产党领导，能真正战胜日军的好队伍，和国民党军队不一样，从而拉近了彼此的距离，放宽了原先对北撤人员的种种限制，增加北撤人员到甲板上放松的时间和淡水与食品的供应，还放电影给大家看。①

第二天 7 月 1 日是党的生日，北撤人员举办庆祝会，大家在一起欢欢喜喜地唱歌、演节目，庆祝党的生日，祝福北撤成功。美军官兵看见他们如此热闹开心，节目也很有特色，很有兴趣，美军艇长提出举办双方联欢的建议。

中美两军联欢会很有特点，美军官兵没有想到的是，竟然有一些游击队员会唱英语歌曲，而且唱得很好。他们得到的解释是，东江纵队是一支有文化的队伍，有的队员在学校学过英语；还有不少从东南亚回国参加抗战的华侨，英语很好。美军官兵说："我们运送过许多国民党军队，他们和你们完全不同。你们官兵一致，看不出谁是官，谁是兵，都很团结友善。国民党军等级分明，经常发生军官打骂士兵的现象，他们在船上赌博、吵架。"看得出来，美军官兵没有接触过共产党领导的人民军队，他们的称赞是客观和真诚的。

在漫漫的航行中，卢伟如有时间与战友交流，也有时间休息，在恢复身心疲劳的过程中，回想过去，思索未来。一个普通农民的子弟，参加革命以后成长为游击队干部，第一次离开广东家乡到北方去，北方是什么样的呢？北方解放区又是什么样的呢？抗日战争已经结束，解放战争开始不久，北方是大兵团作战的战场，他期待投入其中。

美军登陆艇从南海出发，经过台湾海峡、东海、黄海，驶向渤海。在六昼夜的海上航行中，北撤人员克服了炎热、晕船和疾病等困难，于 1946 年 7 月 5 日早晨，抵达胶东解放区烟台市。

---

① 见《东江纵队北撤斗争纪实》书中刘文撰写的文章《北撤壮歌》，第 58～59 页。

五　热烈祝贺和直率意见

登陆舰停靠在烟台市浪坝码头，曾生司令员率领第一船同志首先上岸，受到胶东行署主任曹曼之、胶东军区副司令员王彬、第六师师长刘涌、政委仲曦东、烟台市副市长徐仲夫等党政军领导同志的热烈欢迎。

从码头到驻地，沿途彩旗飘扬，"热烈庆祝东江纵队北撤胜利"和"热烈欢迎劳苦功高的东江纵队"的口号声此起彼伏，烟台十万多军民热烈欢迎东纵北撤部队。当曾生司令员率部队经过时，鞭炮声和锣鼓声交相呼应，夹道欢迎的群众队伍，有人送茶送水，也有人将鸡蛋和其他慰问品送到北撤人员手中。

这些游击队指战员，长期在广东敌后环境中分散作战，没有见到过这样盛大的欢迎场面，感到亲切和温暖，从而一扫海上航行的疲劳，精神抖擞，行进有力并高呼："向烟台人民学习！""向山东人民学习！""向八路军、新四军老大哥学习！"

第一船上岸后，第三船接着上岸。卢伟如所在的第二船因为物资多而卸货时间长，最后上岸，仍然受到胶东军民的热烈欢迎。

抵达烟台的第三天恰逢7月7日，胶东地区和烟台市党政军民联合举行"纪念'七·七'抗日战争九周年暨东江纵队北撤胜利大会"，有关领导在讲话中高度评价东江纵队的北撤胜利，在此前后，中共中央华东局、新四军兼山东军区、晋冀鲁豫军区、山东省参议会暨山东省政府、渤海参议会和晋绥军区司令员贺龙、热河军区司令员萧克等单位和领导同志相继发来贺电慰勉。

中央华东局的贺电说："你们与日寇奋战八年，刚驱走了民族敌人，复遭国民党反动派大举进攻，浴血奋战11个月，历尽艰苦牺牲，但由于你们具有崇高的布尔什维克的坚定不移、不畏任何艰辛、忠实于人民的精神，胜利终于会被你们取得。中国人民有了你们这样的钢铁队伍，反动派任何的进攻一定被打垮，人民一定胜利。"

新四军军长兼山东军区司令员陈毅、副军长兼副司令员张云逸的贺电说："东纵坚持八年抗战，英名远播，威振寰球，曾给予并肩作战之八路军、新四军以极大鼓舞。""我东纵全体指战员秉忠贞坚卓之精神，为和平民主事业而奋斗，突破国民党反动派之严重封锁，而远渡重洋，得与我山东八路军、新四军部队会师，此实为我党我军之一伟大胜利。"

晋冀鲁豫军区司令员刘伯承、政治委员邓小平的贺电说："你们忠实执行协议，忍痛让出苦战八年、艰苦缔造的东江解放区，离别家乡父老，毅然北撤，获得国内外人士一致赞扬，特致亲切慰问。"①

卢伟如和他的战友们惊喜地看到，2000 多位东江纵队战斗骨干从广东转移到山东，竟然引起中共中央华东局和几位军区首长的极大关注和高度评价，亲切地感受到党中央和北方首长的关怀，更加坚信党中央决定的英明正确，激发了奔向战场的强烈愿望。

为适应在山东的休整管理，北撤人员重新编队。东纵司令部和政治部的同志为第一队；营以下的指战员为第二队；团以上干部和地方干部为第三队。

卢伟如被任命为第二队队长，陈达明为政委，叶锋为党总支书记。这个队人数最多，有 1000 多人，按照部队建制划分为几个连队，每个连队设连长和支部书记，驻在烟台市西郊芝水区（今福田区）上坊村。

胶东军区为北撤部队调拨了一批解放区自制的新军装。北撤人员脱去游击队的杂色衣服，穿上草绿色的八路军的新军装，整齐划一，面目一新，精神焕发。

各种慰问团给东纵部队送来了军鞋、布袜、布匹等生活用品和物资，还有胶东土特产；考虑到北撤人员适应北方生活习惯有一个过程，胶东地区党政军领导专门为他们调拨大米、白面做口粮；驻地所在的区、乡人民政府组织妇救会和识字班的大娘、大嫂，到北撤部队的伙房，手把手地教炊事员做馒头、包子、面条和饺子；随后，胶东军区抽调 120 位胶东籍炊事员到东纵部队，解决做面食困难的问题；驻地政府和党组织派出干部向

---

① 王吉伦：《两广纵队情系珠江》，军事科学出版社，2007，第 185～186 页。

东纵部队介绍当地革命斗争历史、群众的风俗习惯和部队应该注意的事项，既解决部队初到烟台的生活需要，也使他们受到教育。

慰问活动延续了一个多月，以中共中央华东局和新四军兼山东军区代表团的慰问为最高潮，他们从数百里远的临沂专程来到烟台看望慰问北撤人员，极大地鼓舞他们的斗志。

解放后的烟台，阳光灿烂，风光明媚，人民安居乐业，群众支前热情高涨。卢伟如和叶景舟参加革命后，一直在地下工作和敌后游击战争的环境中战斗和生活，长达 10 年，"远离党中央，孤悬华南敌后"是这种处境的生动写照，如今从广东家乡来到北方解放区，他们反而有了回家的感觉，身心放松，心旷神怡，可以睡上安稳觉，因而从内心高唱"解放区的天是明朗的天……"

北撤山东是他们革命道路的重要转折点。为保存纪念，卢伟如和叶景舟在抵达烟台的第 6 天（7 月 11 日）走进照相馆，照了 3 张照片：卢伟如穿着八路军新军装一张，穿着北撤前上级发的军调部代表服装（即国民党军装）照一张，夫妻合照一张。

在卢家保存的照片中，卢伟如担任三大队政委时在东莞大岭山青竹笋村的照片，尽管很不清楚，却是他一生中第一次照相，这次在烟台是第二次照相，也是他们婚后的第一张夫妻照，从 1942 年初"奉命结婚"起，在长达 5 年时间内没有夫妻合影，不是没有机会和条件，而是他们所处地下工作和敌后游击战的险恶环境下，为避免连累同志和家人，以不照为好。

组织上安排北撤人员以休整为主，他们工作之余，有时间漫步于烟台市，领略烟台解放区的生活和当地风景、历史文化与风土人情。

烟台张裕酿酒公司由爱国华侨张弼士先生于 1892 年创办，根据胶东地区适宜葡萄生长的气候和土壤条件，聘用奥地利技师，引进欧洲的种植和酿造技术，历经近 20 年的努力开创，生产出质量上乘的葡萄酒，1913 年获得巴拿马国际博览会的金奖，为近代中国赢得殊荣。张先生是广东大埔客家人，张裕酿酒公司是张氏的家族企业，至 1946 年时，由张弼士之孙和曾孙负责公司经营。他们获悉东江纵队的抗日英勇战绩后，热情邀请东纵指战员到张裕公司参观。卢伟如带领第二队的同志们来到张裕公司，听取了张弼士后代的介绍，参观生产车间、化验室和酒窖，了解葡萄酒生产的全过程，品尝"金奖白兰地"，为酒厂早在20世纪初就为国家争得巨大荣誉而自豪。

东纵部队北撤后，按照国共两党签订的协议，留下的人员安排复员，国民党广州行营却违反协议，指使地主向农民追缴在民主政权时报减的租额；支持地方反动势力向东纵积极分子寻仇报复；搜捕东纵人员，设立专门关押东纵干部战士的集中营，有的地方竟然贴出"凡持有东江纵队复员证者杀无赦"的标语。

这些反攻倒算行径，通过书信传到北撤指战员手中，引起他们对国民党广东当局的巨大愤慨，东纵领导决定以曾生、王作尧、杨康华、林锵云、卢伟如和周伯明暨全体指战员名义，给"东江解放区的士绅、父老、弟兄、姐妹们"发出"东江纵队北撤人员的重要通电"，登载在8月1日出版的《正报》上。主要内容是揭露国民党地方当局反攻倒算的罪恶行径，号召"东江父老乡亲团结起来，采取同一步骤，严肃自卫，人不犯我，我不犯人，人若犯我，迫我至于绝境，自不能束手待毙！"① 在发出"重要通电"的同时，卢伟如和第二队其他领导向指战员通报情况，分析形势，做思想政治工作，北撤指战员统一了认识以后，希望早日上前线打仗的愿望更加强烈。

休整一个多月以后，第二队内部出现了一些思想倾向问题。

关于东纵部队北撤后的下一步安排，中央华东局已经制订计划并上报中共中央。由于没有接到中共中央批示，华东局不便透露具体内容，也有意让他们有更多时间适应北方的气候和生活习惯，学习北方语言。更重要的情况是，东纵部队抵达烟台前夕，国民党发动全面进攻，华东解放区是主要进攻方向，中央华东局领导一直忙于指挥作战，没有多问处于休整状态的北撤人员情况，对于北撤人员几次提出希望早日安排工作和早上战场的要求，一般性回答"安心休整待命"。

---

① 《东江纵队志》，第723～724页。

第二队指战员在村子里住了一个多月，觉得"时间很长"，希望尽快安排学习、工作，早日奔赴前线的愿望越来越急切，在一时得不到满意答复的情况下，部分干部战士出现了焦虑心情，思想开始松懈，有的连队管理不严格，纪律松弛现象时有发生，极少数人自由散漫。一些指战员接触群众少，学习北方语言进度很慢，由于语言不通，沟通困难，谈不上做群众工作。叶锋首先发现问题，提出召开军民联席会，请群众给第二队提出意见和建议，卢伟如、陈达明表示支持。

9月5日是北撤部队到达山东满两个月的日子。这一天傍晚，第二队召开军民联席会，村干部、农会、妇女会和民兵以山东人的直爽以及解放区群众对子弟兵"一家人不见外"的感情，向东纵人员提出如下尖锐意见："你们有的人吃馒头要剥皮，太浪费！""有人将大米饭倒给狗吃，很不好！"还有"不爱惜子弹，随便打枪"，"在民众面前随便放置枪支，警惕性不高"，"每天只有早上出操一次，操练不够"，等等。

群众评论说这样浪费粮食，对不起老百姓，不像人民军队。老百姓的这些话，深深地刺痛每一位指战员的心，尤其是第一次听到，东纵指战员吃的大米白面都是胶东军区指战员让出来的，胶东军民为此多吃粗粮，很难吃到大米白面。而在广东，农民家中普遍养狗养猫，这些猫狗所吃剩饭，也是大米饭，而在当时的山东农村不会让猫狗吃大米白面，并认为这些细粮非常珍贵。

上坊村群众这种真心诚意的直率批评，使卢伟如和他的战友们思想上震动很大，当场表示会后一定要认真研究，改正缺点。军民联席会后，卢伟如、陈达明和叶锋专门召开政治工作会议，认真分析群众意见以后认为，老解放区的群众觉悟高，提出的意见直率、中肯，主要有三部分，一是浪费粮食，二是军事训练不够，三是做群众工作不够，总的精神是指出了第二队在继承人民军队的光荣传统方面做得不够，应该采取措施予以改正。会议做出努力学习北方部队好作风，大力继承和发扬人民军队的光荣传统，注意搞好军民关系的决定。

这个决定传达到连队后，各个连队都进行了政治思想教育和政策纪律教育，增加军事操练时间，积极开展军事训练，发动干部战士多做群众工作，组织指战员帮助群众收割庄稼，经常打扫村子的环境卫生，帮助群众挑水，女同志还帮老乡烧火、做饭，等等。

1946 年 9 月 13 日，第二队离开上坊村时，卢伟如（中间背向镜头者）向送别村民讲话

这样的事情做多了，再加上注意爱惜粮食，他们很快地得到了群众的肯定和称赞，密切了与人民群众的关系。8 天后，当第二队离开上坊村时，许多老百姓恋恋不舍地前来送行，卢伟如怀着激动的心情发表讲话，代表第二队全体同志向前来送行群众表示深切的感谢，再次表示继续向老区人民学习的决心和愿望。

六 在华东军政大学学习

9 月 13 日，北撤人员从烟台启程前往临沂中央华东局报到。

烟台市领导和群众热情地欢送北撤人员，安排他们乘汽车到莱阳。从莱阳起步行，沿途村庄组织群众搭起牌楼，扭起秧歌，热情迎送，高密、诸城、莒县等地安排了报告会，介绍当地情况和革命斗争经验，一路走来，卢伟如和他的战友们既受教育，也增长了知识。

1946 年 9 月 18 日，卢伟如（中）从烟台赴临沂途中在蓼兰摄影留念

10 月 4 日到达临沂，在县城北面 20 里的小寺庄安顿下来。两周后，华东局召开大会，向北撤人员传达中共中央"保存华南骨干，提高干部质量"的方针，宣讲华东局的贯彻方案，进行学习动员，宣布有关决定：所有北撤人员分成三个部分：军事干部和部分政工干部到华东军政大学学习；地方干部和部分政工干部到华东党校学习；部分女同志到女子大学学习。卢伟如和叶景舟都被安排到华东军政大学学习。

华东军政大学（以下简称"华东军大"）的前身是新四军游击支队的随营学校，后扩建为抗日军政大学第四分校，由原华中雪枫大学、山东军区军政干部学校、新四军淮南随营学校和山东军区通信学校等单位统编而成，中央军委任命张云逸兼任校长，余立金任常务副校长、曾生任副校长。大学的任务是，为推翻国民党反动派的统治，完成解放战争的伟大任务培训军政干部，向华东部队输送人才。

1946 年 9 月，卢伟如（右一）从烟台赴临沂途中乘船过河

　　针对东纵干部的情况，"华东军大"领导为他们设置的政治课程有三个重点：一是形势教育，要求他们通过学习，认清形势，明确任务，树立革命战争观念和我军必胜的信心；二是健全民主集中制，加强党委集体领导，学习延安整顿三风，即学风、党风、文风的精神；三是理论联系实际，要求学员联系斗争实际，对照检查，总结经验教训，通过开展批评与自我批评，整顿思想作风，领会中央文件的精神实质。

　　卢伟如在广东时，通过文件、报刊和延安广播，了解到八路军和新四军的英勇战绩，心中非常钦佩和叹服，如今直接听到这些首长和教员的讲课，进一步了解到八路军和新四军的丰功伟绩，很受教育启发，决心努力学习八路军和新四军的精神和经验，争取尽快适应解放战争的作战要求。

　　"华东军大"领导非常强调理论联系实际，要求以延安整风的精神，联系过去斗争的实践，检查主观主义、教条主义、宗派主义和自由主义在自己身上的表现和对革命事业的危害，并且在中队范围内开展的批评与自我批评教育，对于每一个学员说来，都是一次严格的考验。卢伟如认真回忆自己参加革命以来的经历，严格地按照共产党员的高标准对照检查，主动检讨过去"独断专行"和"游击习气"的缺点和问题，进行深入的自我批评，诚恳地接受了同志们的意见。

在"华东军大"学习的半年，是他参加革命后集中学习时间最长的一次，也是收获最大的一次。"在军大学习的前期，找出存在问题，回忆过去的思想状态，曾经陷入新旧思想斗争的矛盾中。后来心情平静下来，比较理性地接触到思想本质，才对自己过去在游击战争中，以及北撤以后的一些错误表现，有了新的认识。在认识到原来自己一直以为是正确的东西，也有不对的，或者做得不够时，我又陷入惭愧之中。这种革命正义的自责，终于使自己能够比较深刻和系统地进行思想反省，也能够比较客观正确地看待自己。"

卢伟如在《自传》中的这段话，描述了当时整风教育的心情和变化，在今天的人们看来，这种自责非常过分，但在当时的历史条件下，作用非常显著，说明了他思想境界的提高，实现了从地方游击队到正规军的思想转变，为投入解放战争新战场做好思想准备。

在军事技术方面，"华东军大"专门为这些游击战争出身的干部设置了有针对性的训练内容，卢伟如和其他东纵学员一起，努力学习毛泽东的人民战争思想、战略战术和作战指导原则，学习"集中优势兵力打歼灭战"的战略战术，以及"力求在运动中歼灭敌人有生力量"的"速战速决""包围迂回""穿插分割""围城打援"等作战原则，提高了组织能力和指挥水平，还进行了五大军事技术（射击、投弹、刺杀、爆破、土工作业）的正规训练。

经过半年的紧张学习，卢伟如深刻认识到自己身上存在的问题和不足之处，提高了政治水平和军事技能。他认识到：要彻底打败拥有美式装备的几百万国民党军队，必须正确实施人民革命战争的战略战术，过去熟识的那一套游击战术和方法，不能适应新形势下的作战要求，必须实现从南方到北方，从游击队到野战军，从游击战到大兵团作战的转变，最有效的办法是到野战军中学习，在战场上磨炼。为此他主动向组织上提出请求，毕业后到野战军去工作，到大兵团作战中锻炼提高。

第八章
挺进中原战役中的副团长

一　调任华野三纵八师二十三团副团长

根据中共中央指示精神，华东军区和华东野战军①总部决定，北撤人员完成学习任务后，抽调部分军事干部到野战军锻炼提高，其他人员集中组建"两广纵队"。卢伟如属被抽调之列，调至华东野战军第三纵队第八师第二十三团担任副团长。

同时调任三纵八师二十二团副团长的北撤干部卢德跃有记日记和保存日记的习惯，从而保留了宝贵的历史资料，而且形象生动："我们这一批从华东军政大学毕业分配到第三纵队的同志，1947 年 6 月 25 日随着部队从鲁中到鲁西南，进行外线出击行军。三纵正在外线出击，行动频繁，首长们未及考虑我们的工作，我们就随招待所行动，到分配工作时，又过 1 个多月。"② 在此期间，卢伟如等东纵干部认真学习了三纵的历史。

华东野战军第三纵队成立于 1947 年 2 月 3 日，由山东军区第八师、滨海警备旅和鲁南军区第十师组成，下辖第七、第八、第九师及纵队炮兵团与教导团，原八师的指挥机构为纵队指挥机构，原八师师长何以祥为纵队司令员，原八师政委丁秋生为纵队政治委员，原八师政治部主任刘春为纵

---

① 1947 年 1 月 23 日，新四军兼山东军区改编后称为华东军区和华东野战军。
② 见卢德跃所写文章《外线出击日记摘抄》，粟裕、陈士乐：《陈粟大军战中原》，河南人民出版社，1984，第 109～116 页。

队政治部主任，原八师副师长王吉文为八师师长，原二十三团政委王六生为八师政委。

三纵八师所辖的 3 个团，其中二十三团前身是八路军一一五师教导二旅五团，1943 年改为鲁南军区三分区第五团，它和以抱犊山区为根据地的原一分区第三团即八师二十二团，都是徐向前、罗荣桓先后指挥过的部队，在抗日战争中经历大小战斗千百次，被齐鲁大地的老百姓称为"老三团"和"老五团"。八师另一个团——第二十四团是原鲁南军区二分区主力团，长期战斗在微山湖畔，战功赫赫，电影《铁道游击队》描绘的传奇故事就出自这个团。

八师有 3 个荣誉称号，一是"老八师"，意有"老八路"之意；二是"陈毅的小老虎"，因陈毅司令员称赞"八师是我袖筒里的小老虎，放出来要咬人"而闻名；三是"头等兵团"，也因陈毅司令员的另一句话而著名："八师始终是很好的头等兵团，纪律为各军之冠，南下北来，人民交口称誉"。①

8 月中旬的一天，卢伟如来到二十三团报到，受到石一宸②团长、王良恩③政委的热烈欢迎。王政委随即召开会议，让卢伟如与机关同志见面。在王政委讲话表示欢迎后，卢伟如简要地做了自我介绍，表达努力学习、

---

① 张麟：《头等兵团：中国人民解放军第二十二军征战纪实》，解放军文艺出版社，2008，第 66 页。

② 石一宸（1914～2004），山东临淄县（今淄博市）人。1939 年入党。抗日战争时期历任连长、副营长、团参谋主任、军区司令部作战科长、教导团参谋主任。解放战争时期历任军分区参谋主任、旅参谋主任、华野三纵八师参谋处长、二十三团团长以及六十六师参谋长、副师长。新中国成立后历任华东军区司令部作战副处长、处长，福州军区副参谋长、参谋长、副司令员，军事科学院顾问。1964 年晋升少将，曾任第四届全国人大代表。

③ 王良恩（1918～1973），山东潍县人。1938 年参加八路军，同年入党。先后任班长、排长、指导员、教导员、营长、团政委、团长、师政治部主任、政治委员、华东军区组织部部长、南京军区政治部副主任等职。荣获二级独立自由勋章和二级解放勋章。1964 年被授予少将军衔。1965 年调任中共中央办公厅政治部主任，后任中共中央办公厅副主任兼政治部主任和中共中央办公厅临时党委副书记时，因遭受江青等的迫害，于 1973 年 1 月 26 日含冤辞世。党的十一届三中全会以后，经中共中央和邓小平批准，他的冤案得以平反昭雪，中共中央办公厅于 1981 年 5 月 5 日为他举行追悼会。

工作和战斗的决心。王政委当即要政治处主任齐安昌①写报告给师党委，补报卢伟如为团党委委员；看到他只带一名警卫员，没有马，要参谋长方晓②帮他选配一匹好马；还安排当天午餐加菜，表达欢迎之意。这样的热情接待和周到安排，使卢伟如深受感动并表示"我刚到，一天工作都没有做，就享此厚待，深为不安，容当更加努力地向大家学习，奋力工作战斗"。

在卢伟如报到前的 7 月中旬，在攻打济宁战斗中，二十三团团长景健忠在前线观察敌情时不幸中弹牺牲，上级决定将参谋处长石一宸调任二十三团团长，他熟悉军事组织工作，文化底子厚实，社会阅历丰富，上任后很快进入角色。

王良恩政委在二十三团工作时间较长，他识大局，体贴人，处事稳重，是一位既熟悉政治工作，又能指挥作战的干部。

参谋长方晓曾在延安中央军委第一期参谋训练班学习，他遇难不避，遇险不畏，胆大心细，执行命令坚决，组织指挥周密，坚持"每战必有斩获"。

八师在长期的军事斗争中形成的战斗精神和作风，一是各级领导指挥靠前，战前深入观察敌情，战时指挥大胆果断，机智灵活；二是干部冲锋在前，身先士卒，英勇顽强，具有连续作战作风；三是善于组织爆破、火

---

① 齐安昌（1917～2000），山东省昌邑市人，1938 年参军，同年入党。历任副指导员、指导员、副教导员、武工队长、敌工科副科长、联络科长、二十三团政治处主任、一九五团政委、师政治部副主任等职。新中国成立后，历任二十二军六十五师政治部主任、副政委、政委，定海守备区政委，舟嵊要塞区政治部副主任、主任、副政委，南京军区空军政治部主任等职。荣获二级独立自由勋章、独立功勋荣誉勋章。1978 年担任宁夏军区第二政治委员，宁夏回族自治区人大常委会副主任。

② 方晓，1918 年 9 月生，河南省社旗县人。1938 年参加革命，同年 3 月入党。曾在延安抗大和中共中央军委第一期参谋训练班学习。后任八路军晋西支队侦察参谋、一一五师教导二旅侦察参谋，滨海军区侦察科科长，山东野战军侦察科科长，华东野战军三纵八师三十四团参谋长，九师二十七团副团长，二十二军六十六师一九八团团长、六十六师参谋长，第六十四师副师长、师长，二十二军炮兵副军长，舟嵊要塞区炮兵司令员、副参谋长，南京军区司令部侦察处长，江苏省军区副参谋长，南京军区工程兵副军职顾问。1955 年 9 月，被授予上校军衔，1961 年晋升为大校。荣获三级独立自由勋章、二级解放勋章。1988 年被授予独立功勋荣誉勋章。

力、突击三者相结合的攻坚作战，能啃"硬骨头"；四是纪律严明，政治工作好，军民关系好。正因为如此，八师的领导干部伤亡率高，一代接一代的干部能够继续发扬指挥靠前、身先士卒的光荣传统，指挥部队越打越强。卢伟如从东江纵队转到这支作风过硬的部队，有如进入革命大熔炉，很快实现了从游击队指挥员到野战军指挥员的转变。

二　"大运动、大周旋"与磨炼意志

解放战争第一年，国民党发动全面内战的重点之一是华东战场，华东部队打出了优异成绩。毛主席称赞："我华东军在第一年作战中，已表现自己为全国各区战绩最大的军队。"①

中共中央和中央军委审时度势地提出了在解放战争的第二年举行全国性反攻，将战争引向国民党区域，在外线大量歼敌的作战方针。挺进中原，开辟中原解放区是战略重点。这种"以主力打到外线去"的战略决策，不同于一般军事意义上的战略反攻，它是在对手尚有一定优势，解放军处于相对劣势的情况下，所采取的一种主动的战略行为。

根据中央军委的部署，刘伯承、邓小平率晋冀鲁豫野战军主力4个纵队（又称刘邓野战军），约10万余人，于1947年6月30日渡过黄河，揭开人民解放军的战略进攻帷幕。他们在8月11日越过陇海铁路，向南实行无后方的千里跃进，挺进大别山。

华东野战军第一、第三、第四、第七、第十纵队共10多万部队，于7月初由内线转入外线作战，经过20多天的英勇奋战，前进到鲁西南郓城地区，在华野参谋长陈士榘、政治部主任唐亮指挥下，执行中央军委下达的策应刘邓野战军挺进中原的重大战略行动。其重大意义正如毛泽东主席在1947年8月4日签发电报中所指出的："刘、邓南下作战能否胜利，一半

---

① 毛主席讲话时间为1947年8月24日，见中共中央文献研究室、军事科学院主编《毛泽东军事文集》第四卷，军事科学出版社、中央文献出版社，1993，第208页。

取决于陈、唐、叶、陶五个纵队是否能起大作用。"①

　　此时的蒋介石仓促地从各地抽调第五军和整十一、七十五、八十三、四十八、五十七、八十四师部队也向鲁西南地区集中，加上原在鲁西南的罗广文、刘汝明两个兵团的整二十四、四十、六十八师，以及两个保安旅，企图以数量占优势的兵力夹击华野 5 个纵队，切断刘邓大军南进的后援。

　　为确保刘邓野战军胜利南下大别山，陈士榘和唐亮坚决执行中央军委指令，坚持在鲁西南地区拖住大量国民党军队，决定近期不打大仗，集中主力在手，机动灵活地与敌周旋，在运动中拖疲敌人，然后寻找战机打击敌人。为此，他们指挥部队与敌人展开大运动、大周旋。

　　卢伟如从鲁西南战役开始参加战斗，立即体会到大兵团作战中"大运动、大周旋"的极端艰苦性。据方晓参谋长回忆："在鲁西南与敌周旋的艰苦行动，是解放战争以来我经历中最紧张的一段，其紧张程度超过敌人重点进攻山东时期。三纵在郓城短暂休整后，南下围绕巨野、嘉祥、单县、曹县、城武、定陶等地与敌周旋，仅围绕曹县县城就兜了 3 个圈子，敌我经常相距 10 多公里，但你追我赶，谁也吃不掉谁。夜行军中，有的战士站着就睡着了，一停下休息，不管干湿地，一躺下就打呼噜。从 8 月上旬到 9 月下旬这一个多月，几乎每日必走。时值盛夏下雨多，战士们在泥水中行进，滚得像泥人一般，衣服没有干过，也无法换洗，满身汗臭，部队十分疲劳。"

　　卢伟如在这种吃大苦、耐大劳的行军锻炼中，想到那么多指战员都能够做到，自己肯定要做到，还从当前的艰苦，想到后面战斗更加艰巨，做出迎接、经受更艰苦考验的思想准备。

　　9 月上旬，陈士榘、唐亮率领的 5 个纵队在"大运动、大周旋"进行中与陈毅、粟裕率领的第六纵队会师，正式组成华东野战军外线兵团（也称陈粟野战军），兵力增加到 16 万余人，抓住战机歼灭敌整编第五十七师

---

①　中共中央文献研究室编《毛泽东年谱（1893~1949）》下卷，中央文献出版社，2013，第214 页。

9000 余人，促使中原南线战局向着有利于我军的方向转化。

为了配合刘邓大军及陈谢集团创建鄂豫皖和豫陕边革命根据地，并策应恢复苏中、苏北和保卫山东的任务，华野外线兵团会师后决定挺进豫皖苏边区，创建根据地。

三纵进入豫皖苏边区的前两个月，专打分散薄弱之敌，只打小仗，不打大仗，消灭保安团和土顽总计只有 1700 余人，虽然数量不大，却也积少成多，影响很大，在摧毁反动政权，发动群众，建立人民政权和发展革命根据地方面作用很大。

三纵以摧枯拉朽之势横扫敌政权，发展地方武装，创建、恢复人民政权。为扩大根据地，在这广袤的平原大地上连续转了几圈，西至皖豫交界的界首和槐店，曾一度跨越津浦路东至淮北灵璧、泗县、睢宁一带，在广阔的地区开展工作。在此期间，走了很多路，打了 10 多次小仗，后因敌情紧张，又返回豫皖苏地区。

抗日战争时期，卢伟如在广东工作，对于建立人民政权和发展根据地的工作，并不生疏。但是，北方与广东的情况与做法不尽相同，政策上也有差别。他注意学习党的政策和北方的工作经验，和其他干部一起，多次下到连队"做一些力所能及的指导工作"。

豫皖苏边区历来不是富庶之地，连年战火，国民党军的摧残破坏，致使人民生活极端困苦，更甚于鲁西南地区。抗日战争时期这里是根据地，群众盼望我军回来，见到我军，十分高兴。在地方党组织和人民群众的大力支持下，部队的粮食供应在数量上有基本保障，只是"有啥吃啥"。每天都吃高粱、黑豆等五谷杂粮，吃多了很难下咽，消化也不好。有的战士形容为"天天吃钢盔、铁锹"，部队就这样熬过 40 多天。

卢伟如北撤山东后，受到山东军民照顾，大部分时间吃细粮。在华东军政大学时，吃五谷杂粮较多，因加工较好，容易入口和消化。到二十三团后，在连续强行军中只吃硬如"钢盔、铁锹"的高粱、黑豆，不时感到胃肠不适应甚至胀痛。王良恩政委发现他一直忍耐坚持，吩咐炊事员给他搞点细加工主食，卢伟如不接受，坚持将细加工主食送给病号，自己仍然和指战员吃同样饭菜，这样坚持一段时间后，他的"广东胃肠"也适应这些食物而不胀痛了。

这位前东江纵队的指挥员，长期战斗在广东中南部的亚热带地区，那里自然资源丰富，游击队员走在树林和丘陵山地，很容易找到可以充饥的野果，更有父老乡亲的掩护，这种小区域游击战与连续40多天在广阔的中原地区强行军相比，其艰苦程度和持续时间，均不可同日而语。

多年的游击战争锻炼，却也造就卢伟如严于律己，在任何情况下都保持着沉着稳重的作风，再苦再累，只能咬紧牙关，坚持下去，绝不外露。由于有这样的作风，他将空前艰苦的长时间急行军视为"劳其筋骨"，磨炼革命意志的第一课，也是学习野战军优秀作风和战斗方法的第一课。

11月8～14日，三纵在永城地区休整并进行教育运动，主要纠正部队中对形势的错误认识，增强胜利信心和斗志。11月下旬到12月初，三纵开展以"忆苦"为主的阶级教育和土改学习运动。根据团党委分工，卢伟如联系三营，参加连队会议，在抓好工作的同时，自己也受教育。此后三纵西进，在12月11日抵达许昌城北的小召、尚砦地区，进行攻打许昌的战前准备。

三　攻占许昌后的留守与撤退

八师的任务是包围许昌，准备攻城，师作战会议决定，二十二团和二十四团担任主攻，二十三团为预备队。12月14日早晨，情况突变，师部命令二十三团接替二十四团，主攻西门。

许昌城内驻有国民党部队7000多人。许昌城的西门城高沟深，城门用装满沙子的麻袋堵塞，高3米，深3米。城门外壕宽30米，水深3米，外壕沟上有一处宽约60厘米的独木桥。城门坚固，工事结实，火力配备严密，由敌四十四师一一五团三营把守。石一宸团长认为，突破敌城门防御设施的关键是用火药爆破炸开城门，并注意保护好独木桥。

攻城是二十三团的强项，据说与团内不少指战员是矿工出身有关，他们将矿道爆破掘进方法带到部队用于攻城，可以连续爆破。在长达数米的厚实障碍物中炸出通道。

经过两小时准备，二十三团各部队各就各位。石一宸团长是组织火力的强手，他和王良恩政委、卢伟如副团长、方晓参谋长等前进到距离城门60米的民宅中指挥作战，营连干部就近听候调遣。卢伟如领会为"团领导最大限度地抵前指挥。"

此时全团火炮已经配置在主攻地段的前沿与纵深地带，明确各炮任务，具体落实到敌人每一个射孔，都有火力封锁，尤其注意压制城门两侧敌火力点和保护独木桥。

晚8时，随着石团长一声令下，响起阵阵炮声，炮弹在夜空中划出道道红光，飞向城防目标，接着是落地的爆炸声。在机关枪掩护下，三营八连指导员李华带着4名爆破手急速突进。李华是甲等战斗英雄、老爆破手，他机智地指挥4位爆破手躲开敌机关枪扫射，一个接一个地送上炸药包，进行4次成功爆破，在城门内长达3米的堵塞物中炸出一条通道。

此时，另外几位突击手从隐蔽处跃起，以迅雷不及掩耳的速度，穿过城门内被炸开的通道，进城后攀上城楼，用枪将守敌击倒并夺过敌枪支转向射击，捡起手榴弹向敌抛去。

在几位突击手攀上城楼之时，副连长杨佩山带领第二支突击队也钻过城门，与敌搏斗，很快占领西门阵地，打退敌反扑，用手榴弹炸毁冲过来的汽车，使敌重新堵塞城门的企图落空。

紧接着，参谋长方晓和政治处主任齐安昌率三营另外两个连快速清除城门内堵塞物后奔入城内投入战斗。尔后，石一宸团长、王良恩政委、卢伟如副团长分别率领第一、第二营跟进，与敌展开激烈巷战，迅速扩大战果。

不久，二十四团转从西门进入城内，二十二团突破南门，三纵其他部队如同潮水般地涌入城内协同作战，双方激战至15日16时，我军全歼守敌四十师特务营、一一五团、二十六师特务营、骑一旅残部、地方保安团等共7000余人，胜利攻占许昌。

许昌是平汉（今京汉）铁路中段国民党军队的重要补给基地，攻占许昌的胜利，使华东部队"发了大财"，缴获大量武器装备和物资，其中包括火炮 70 余门、汽车 100 余辆、1 列满载弹药的火车和几个堆满军需物资的仓库。

二十三团奉命控管缴获物资和仓库，按照粟裕副司令员指示，这些物资除满足三纵需要外，还要补充四纵和六纵。这两个纵队的成师、成团的建制部队，开进城内领取大量武器装备和物资。

攻克许昌后，八师受到上级表扬，担任突击队的二十三团三营八连首先突破城门，荣获纵队授予的"许昌连"光荣称号和"神速突击，顽强致胜"锦旗。

八师有一个老传统，每次战斗结束以后，都要组织干部查看敌人防御工事和战场，现场讲述战斗经过，"以战教战"，在提高指挥员作战指挥能力方面，作用很大。

许昌战后，王吉文师长召集营以上干部，从西门到南门查看地形，由突击队员讲述战斗经过，王师长进行现场总结，言简意赅，卢伟如很受启发，既领会突击队员舍生忘死、勇敢向前的战斗精神，也看到他们高超过硬的爆破技术，并学习到环环相扣、连续爆破的作战指挥方法。据后来被俘的国民党军洛阳警备司令邱行湘中将交代，在国民党军队再次占领许昌后，他亲率军官团到许昌西门考察被摧毁工事，当即哀叹"此乃共军最厉害的攻城手段，铁固钢坚，不能阻挡"。

我军攻占许昌后，敌第五兵团司令李铁军率整三师、二十师由河南省泌阳、确山北上，孙元良兵团从郑州南下，企图夹击我军，重开平汉路郑州至确山路段。

为配合陈谢集团歼灭该敌，粟裕副司令员命令三纵放弃许昌，赶赴金刚寺及外围村庄参加歼灭敌整三师二十旅战斗，二十三团立即随同三纵其他部队撤离许昌，奔赴新战场，由于缴获物资太多，留下卢伟如和团政治处副主任陈志坚率领供给处和二营五连留守许昌，继续清理物资。

在当时条件下，缴获的大量物资不可能被全部带走，清理任务十分繁重。陈志坚副主任根据以往经验和出于爱惜物资的考虑，建议晚些时候撤出许昌，卢伟如当即同意。不料情况突变，侦察报告敌大部队提前到来，卢伟如果断决定以一个排阻击掩护，两个排带着物资紧急撤离。由于敌我双方力量过于悬殊，这个排伤亡较大，但勇敢地完成了掩护任务。

回到部队后，石一宸团长和王良恩政委认为，留守许昌尽可能地多带物资，大多数人员安全返回，较好地完成了任务，而卢伟如却在向他们的汇报中认为"撤退晚了，造成了一个排伤亡较大，属指挥失误"。他为此主动向团长、政委检讨并承担责任。陈志坚知道此事后很感动，其他干部也印象深刻。

在撤出许昌后的行军途中，卢伟如乘坐吉普车，带领几辆满载物资的汽车行军，与另一支部队不期而遇。这支部队有很多战士挑着沉重的担子，满头大汗地行进。两支部队的战士碰在一起，二十三团战士问道，你们是哪个部队？怎么挑这么重的担子？对方答复：我们是中野（即刘邓野战军）部队，挑重担不算什么，刘伯承司令员和邓小平政委经常行军走路。卢伟如一听就坐不住了，刘邓首长行军走路，我这么一个小小副团长却坐吉普车，太不应该，当即下车将吉普车交给中野部队，供刘邓首长使用。他回到二十三团后守口如瓶，直到 20 世纪 70 年代与同志闲谈中才提到。

四　攻打洛阳的再次突破

许昌战役后，三纵在漯河、郾城地区进行"新式整军运动"① 和练兵运动，指战员思想觉悟大大提高，再加上人员补充和装备增加，战斗情绪空前高涨。

3 月 4 日，陈士榘、唐亮下达"围攻洛阳、诱歼援敌"的作战方案，命令三纵从东面和北面攻城；四纵从西面和南面攻城；八纵袭占偃师，阻

---

① 中央军委指示全军从 1947 年冬到 1948 年春，利用战役间隙，开展了大规模、有领导、有秩序的"新式整军运动"，解决"部队新成分多，特别是解放战士成分大量增多而出现的各种问题"。主要内容是："三查"（查阶级、查工作、查斗志），"三整"（整顿组织、整顿思想、整顿作风），实行"三大民主"（政治民主、经济民主、军事民主）。

击郑州、许昌方向来援之敌；九纵并指挥太岳第五军分区部队袭占新安、渑池地区，阻击潼关可能东援之敌，兼压制城门两侧敌火力点和担任战役预备队。

洛阳是中原地区的重要城市，地势险要，易守难攻。洛阳为中国三大古都之一，为历代兵家必争之地。古人言"洛阳之盛衰，天下治乱之候也"。据说蒋介石迷信这句话，于3月初召见第二零六师中将师长邱行湘，当面命他兼任洛阳警备司令，固守洛阳。

青年军二零六师组建于1945年1月，成员大多为在甘肃、宁夏、青海、陕西、河南等省失业青年，具有一定文化知识。这个师全部美械装备，蒋介石利用这些青年的爱国热情，施予法西斯党卫军式训练加特务控制，致使这些官兵的反共思想顽固。

邱行湘决心在洛阳建构一个"小而坚"的防御体系，配合外围机动兵力作战，反守为攻。在美国军事顾问指导下，他将洛阳城防修筑成半永久性工事，以洛阳中学的西北运动场为核心阵地，将城垣结合四关构成主阵地，以外围支撑点构成外围阵地，形成完整的防御体系。

三纵接到命令后，急奔洛阳郊外，作战会议决定，八师主攻洛阳东门和东北门，九师主攻北门。

八师各团的任务是：二十三团主攻东门，二十四团为第二梯队；二十二团从东北门攻城，归八师建制的七师二十一团为第二梯队。

二十三团的任务分配为：一营任突击队，二、三营为第二梯队。

洛阳城东门是国民党二零六师的守备重点。为固守洛阳，他们强迫民众拆毁大量民房，在东门外只保留清真寺，还有用作工事的少数房屋。此外，还征用大量民工在洛阳城内构筑工事、挖掘地道，利用古都两道城墙，构建起纵深约300米的3层防御障碍。第一层是城外区，第二层是瓮城区，第三层是城门内外约80米纵深的设防，配有各种明暗火力点和巷战工事。这些半永久性工事，比许昌防御工事坚固复杂数倍。

为扫除攻城障碍，三营巧取东关，为一营攻城提供出发地，尔后又配合一营攻击城东南隅潞泽会馆敌人。卢伟如带领二营扫除东关外之敌一个连，尔后任务是继续指挥担任攻城第二梯队的二营。

10 日晨，张明①营长率领一营进入东关阵地。这位 1938 年参加八路军的山东汉子，在不久前的战斗中手臂受伤，尚未痊愈，带着绷带指挥突击攻城。

3 月 11 日 19 时，石一宸团长下达攻打洛阳东门命令。当晚天空黑云密布，春雨沥沥，呼啸奔向东门的炮弹在夜空中划出一道道红线，不时照射出城门轮廓和城外泥泞的道路。

在火力掩护下，张明营长指挥三连经过激烈的战斗，夺取了敌桥头堡，取得实施爆破的前沿阵地。突击队员背着炸药包在泥水地上爬行，10 多位爆破手连续进行一系列爆破，在 40 分钟内不伤一人，扫除了密如蛛网的 13 道铁丝网和辅助设施，为二连突击小东门清除障碍。

突击小东门的战斗异常艰难。小东门外壕深 2 米多、宽 3 米，城门以装砂汽油桶堆砌堵塞，守军 1 个连，火力封锁严密。二连指导员王仲春以沉着、勇敢、机智的指挥，连续组织 7 次爆破，在高、厚各三层的装砂汽油桶堆积中，炸出了一条可供通过的通道，汽油桶内残留汽油熊熊燃烧，铁片变成火热的尖刀利刃。连长邱继太率领突击队勇敢无畏地边清理、边穿过犹如"刀山火海"的通道，突入城内占领小东门内的敌阵地，连续打退敌人多次反扑，为突击大东门提供了依托阵地。

此时，团参谋长方晓、政治处主任齐安昌和营长张明率领一营其他部队前进到小东门街上，并在一处碉堡指挥战斗。

距小东门约 70 米的大东门，高 10 米，两边有城楼，门首上书"固若金汤"四个大字，敌轻重机枪火力俯射东、西两大街通衢，威胁极大。许升堂连长指挥连续爆破，炸开城门，但城上仍有敌人守卫。因城门高、梯子短，一连战士们搭肩作梯，爬上城墙，与敌搏斗，消灭城墙上和城楼内

① 张明（1925～2001），山东邹平人，1938 年参加八路军，1940 年入党。历任指导员、副教导员，在宿北战役后被评为乙级战斗英雄。1948 年任华东野战军三纵八师二十三团一营营长，洛阳战役后被评为甲等战斗英雄，一营被授予"洛阳营"的光荣称号。同年参加淮海战役，获一级人民英雄称号。1950 年出席全国战斗英雄代表大会。以后担任团长、师长、定海守备区司令员，南京军区副参谋长、军政委、军长、军区副司令员、纪委书记。1988 年被授予中将军衔。是中共九大至十三大代表，曾任中纪委委员，第一届全国人大代表，第八届全国政协常务委员。曾荣获三级独立自由勋章、三级解放勋章。

守敌并占领城楼，连续打退敌人多次反扑，粉碎敌人使用装甲车堵塞城门的企图。

一营连续突破了三道险关，于22时占领东门。但在此时，营与团指挥所的联络电话线被切断，三次派出通讯员与团指挥所联系均未返回，这些通讯员十分勇敢，机智可靠，显然不是牺牲就是重伤不能动弹。敌人反扑更加疯狂，纵深炮火密如连珠地倾注过来，地面反击也在加紧，企图将一营消灭在立足未稳的突破地带。在与团指挥所联系不上，后继部队没有跟上，部队伤亡很大的情况下，一营不宜孤军继续进攻，只能坚守阵地。面对这异常紧急的意外情况，方晓参谋长、齐安昌主任和张明营长以及全营指战员都非常清楚：只有顽强拼搏、坚守阵地、等待后援这一条路了。

实际上，在一营突破第一道城墙防线，方晓参谋长、齐安昌主任和张明营长向前推进后，侧翼增援之敌以凶狠火力，重新封锁二十三团的前进道路。卢伟如和陈志坚率领第二梯队需要再次打开通道，才能通过，他指挥二营与敌激战3小时，才压住敌火力并前进到一营阵地。

此时是12日凌晨2时，方晓参谋长在指挥一营顽强地打退敌人多次反扑后，终于看到卢伟如、陈志坚率领的第二梯队冲过来，这才松了口气。双方简短交换意见后，卢伟如和陈志坚立即带着二营向城内西北方向扑去。

林贞烈士

刚冲过一段路，一辆隐藏在暗夜中的敌装甲车突然向他们开火，陈志坚应声倒地，中弹牺牲，连话都没有留下一句。卢伟如的警卫员林贞中弹倒地，身负重伤。林贞是东纵北撤"小鬼"，有文化，勇敢、机灵，他在生命垂危的时刻，用最后一口气对卢伟如说："首长，我不行了，活不了了，你将来回到广东告诉我父母，我在洛阳牺牲了。"由于战事紧急，卢伟如怀着万分悲痛的心情，交代二营干部安置好他们两人的遗体，带领指战员继续向前冲去。

随后，石一宸团长率领三营跟进城内，途中王良恩政委被敌炮弹炸伤，被送至后方。二营和三营以勇猛的战斗行动，向纵深和两翼发展，洛阳城内巷战激烈。

　　这时，敌人集中炮火猛烈轰击东门，连续组织凶猛的反冲击，企图封闭突破口。由于西门、南门、北门、东北门均未攻破，从东门突入的二十三团有被敌人吃掉或被打回城外的危险，如果那样的话，突破东门的战斗将前功尽弃。

　　三纵代司令员孙继先，是长征时带领18位勇士强渡大渡河的营长，他果断地调整作战部署，命令突击东门第二梯队的二十四团迅速跟进，尚未攻破东北门的二十二团和二十一团调过来从东门入城，还将从北门进攻的九师二十五团、二十七团也调至东门跟进，调整以后，三纵有六个团从东门进入市区作战。

　　双方战至12日午后，二十三团三营从城内向南门策应作战，与城外的陈谢集团第四纵队内外夹击，攻破南门，四纵部队开入城内。与此同时，四纵另一支部队突破西门进入城内。卢伟如带领二营占领鼓楼，与四纵部队在鼓楼大街会师后分路穿插，逐街逐巷地进行争夺，战至13日上午，我军累计歼敌万余人。

　　在我军猛烈攻击下，邱行湘步步退却，于13日凌晨收拾残部5000余人，退至"洛阳中学"内的小圩子核心阵地，给蒋介石发出"洛阳难保"的告急电，蒋介石回电称"已饬外围兵团兼程驰援，希鼓励三军，坚守阵地"。邱行湘接电后用重金收买300"死士"（即"敢死队"）做最后顽抗，"以待援军支援"。蒋介石这次回电并非言而无实，此时敌援兵整编十一师、三十八师已越过开封、黑水关逼近洛阳，城内攻歼残敌的战斗若不解决，我军将由主动变成被动。

　　"洛阳中学"面积不大，拥有高5米的围墙和宽5米的壕沟，坡度大而难以上下，院内5栋楼的房间内，设有地道孔穴连接，楼外有明碉暗堡。这是一个以深沟、高垒与地道孔穴相结合的集团工事，是洛阳守军的最后巢穴，我军两次爆破攻击，均未奏效。

　　三纵指挥部前移到靠近小圩子的银行楼上，华野外线兵团司令员陈士榘于14日早晨来到三纵指挥部，批准孙继先代司令员的方案，即利用缴获的大量炮弹，集中三纵和四纵十旅的 100 多门火炮，摧毁敌顽固工事，然后以四个团兵力攻击敌堡垒小圩子。有个战士在搬运炮弹时调皮地说："到了最后，还要喂他们这么多好东西，真是太可惜了。"此话一出，引起一阵笑声。

100 多门火炮发出的怒吼声，惊天动地，经过 40 分钟的密集轰击，万余发炮弹打到敌阵地上，围墙、炮楼倒塌，敌核心工事大部被毁。

17 时 20 分开始总攻，三纵二十三团由东、二十四团由北、四纵三十一团由西、三十二团由南，从四个方向发起猛攻，随着枪声、手榴弹爆炸声和呼喊声，四路突击队争先恐后地突入敌堡垒和敌师部所在地，顽抗的"敢死队"被消灭，敌官兵纷纷投降，至 22 时，核心阵地内守敌全部被歼，邱行湘受伤被俘，洛阳战役胜利结束。此役全歼国民党青年军二零六师及国防部直属炮兵、汽车分队 2 万余人，俘虏敌守备司令、中将师长邱行湘等一批军官，缴获大量武器装备和作战物资，其中包括担任阻援任务的我第八、第九纵队歼灭的敌孙元良、胡琏两兵团增援洛阳守军的 2000 余人。

1948 年 3 月 14 日攻克洛阳后，卢伟如在文峰塔前留影

3 月 15 日，中共中央给参战部队发来贺电，热烈祝贺洛阳战役的胜利。中央领导在陕北转战途中发出的这封电报，给全军将士以很大鼓舞。

攻克洛阳是二十三团战史上光辉的篇章，涌现大批英雄集体和个人。

突破东门是攻城胜利的关键，二十三团一营荣获华东野战军授予的"洛阳营"光荣称号，营长张明被评为"甲等战斗英雄"。

三营巧取东关，为一营开辟突击进攻的出发地，在城内战斗中勇敢穿插进攻，为战役胜利做出贡献。

卢伟如率领的二营作为攻城的第二梯队，横扫侧翼反扑之敌，再次打开通道，跟进后扩大战果，功不可没。

1948年3月14日攻克洛阳后，卢伟如（左二）、方晓（左一）、齐安昌（右二）等人摄于洛阳城内

陈志坚副主任是攻克洛阳战役牺牲的烈士中职务最高的干部，时年32岁，贵州赤水人，1938年参军，1939年入党，历任干事、股长、教导员、副总支书记、团政治处副主任等职。在洛阳战役之前，上级已经决定让他调任师直工科科长，在他的坚决要求下，师党委同意他打完攻占洛阳战役后到师部上任，他却英勇牺牲在战场上，为中国人民的解放事业贡献了生命。[1]他和林贞等在攻克洛阳战役中牺牲的336位烈士都被

① 引自《舟嵊要塞军史资料画册》，第80、218页。

安葬在洛阳烈士陵园，他们的英灵永远安眠在他们牺牲的地方，以教育后人。

五　攻克开封战斗的经验教训

由于敌情的变化，在攻占洛阳两天后，三纵奉命主动撤出洛阳，转移到宜阳地区稍做休整，然后东移襄禹一带继续休整，并进行总结和军事训练，20 天后参加宛西战役（"宛"是河南南阳的古称）。二十三团随八师强行军后，如期进入指定位置，修建工事，准备阻止敌十一师西援。该师见八师准备充分，未敢西援，八师备而未战，却也完成阻援和掩护中原野战军歼敌的任务，此役共解放县城 9 座，歼敌 2.1 万余人。

5 月 25 日，宛东战役开始。根据刘伯承、邓小平的命令，陈士渠、唐亮指挥第三、第八纵队前进至漯河、堰城及以南地区，节节抗击敌胡琏兵团，进行运动防御，战至 6 月 3 日，毙伤敌 2200 余人，致使敌胡琏兵团既不能南援，又无法东顾。在此期间，二十三团完成了上级交给的阻击任务。此役于 6 月 4 日结束，共歼敌 1 万余人。

6 月 15 日，粟裕决定以第三、第八纵队实施"攻取开封，调敌西援"和"先打开封，后歼援敌"的作战计划，并决定由陈士渠、唐亮负责指挥攻打开封战役。

开封是当时河南省省会和中原重镇，国民党在开封有守军 3 万多人。我军攻打开封，蒋介石势必调兵增援，必然会打乱他原定鲁西南决战的部署，也必然会出现被我捕捉到的战机。

陈士渠、唐亮决定，八纵从西、南两面攻城，三纵从东、北两面攻城。三纵攻打 3 个突击点，即曹门东关、宋门和北门，其中二十三团负责攻打曹门东关。

曹门东关外面的地势平坦宽阔，东关的城墙为高 3 米的土墙，墙外壕沟深 1 米多，无水，二十三团领导察看地形后认为，虽然关外地势平坦不利于隐蔽，但因此关不险，不难攻占。

这是三纵相继攻克许昌、洛阳后的第三次攻城，也是二十三团在河南第三次担任突击城门任务。团辖3个营，一营为"洛阳营"，三营有"许昌连"，二营尚无命名的作战单位，坚决要求当突击队，团领导认为顺理成章，很快确定下来。

6月16日24时，三纵、八纵同时攻城。二十三团二营仅用两小时就突入曹门东关，为所有攻城突击队之首。

二营勇猛地突破城门，却没有及时将突入城关的控制情况向团指挥所报告。石团长派遣参谋长方晓、政治处主任齐安昌以及一营副营长刘文会率领一营一连和三连赶往曹门东关察看情况。他们在曹门东关被左侧敌堡垒的火力阻挡，一连经40分钟战斗，在5时40分攻占该堡，全歼守敌，方晓参谋长等进入曹门东关内的一座小庙指挥战斗。

从小庙向外观察，在早晨的阳光下，城墙上下敌工事一目了然，方晓参谋长随即调整部署，未待完毕，敌人的纵深炮火猛烈轰击，城墙上下之敌也随之猛射，关内的多处房屋中弹后燃起大火，火势凶猛，烟雾冲天，前沿报告"有一股敌人由关外地道出来反击"（后来了解到是二营前进时未肃清的小股之敌，当时躲避在地道中）。熊熊燃烧的大火扑面而来，二十三团的两支突击队处境危险，方晓参谋长果断命令其撤出战斗。

事后证明，撤出战斗是当时唯一的正确选择，撤出后几分钟，曹门东关一片火海，不可能作为依托阵地，孙继先代司令员当即决定，二十三团放弃曹门东关，改从宋门跟进。

与此同时，三纵九师二十五团一营突击队，在爆破英雄陈佃俊率领下的12名爆破手，以11包炸药的连续爆破，炸通宋门通道，九师二十七团和八纵部队跟进城内与敌巷战。

"曹门东关得而复失"，使以突击攻城而自豪的二十三团指战员难以接受，一些指战员情绪受到影响。王良恩政委要求指战员不背思想包袱，"曹门东关没打好，城内战斗一定要打好"。指战员提高认识后，战斗情绪被调动起来，接着的城内争夺战斗中，打得英勇顽强。

根据纵队首长命令，方晓参谋长、政治处主任齐安昌 20 日晚率领三营从宋门进城参战。21 日晨，石一宸团长、王良恩政委、卢伟如副团长分别率领一营和二营从宋门入城与三营会师于北仓女子中学，进攻据守教养院之敌。

三营两次攻击均未成功。在集中全团力量的第三次攻击中，一营营长张明率部奋勇突入敌大楼制高点，歼敌 150 余人。教养院阵地被我占领后，敌整个防御集团侧翼暴露在我团火力下，敌军反复争夺，一营连续打退敌人 10 多次凶猛反扑，其间与敌人多次白刃格斗。

此时，敌飞机轰炸大楼，火炮齐发，枪炮声与炸弹爆炸声震耳欲聋。大楼内烈火熊熊，烟雾腾腾，无法立足，一营被迫撤到院内，死守阵地，双方战斗空前激烈，一营伤亡较大，但因阵地狭小，不能部署更多部队，只能依靠他们自身力量战斗到底。一营与敌血战竟日，始终屹立于教养院，坚持到最后胜利。

配属一营的三营八连指导员李华，是屡立战功的甲等战斗英雄和打坦克能手，在攻克许昌战役中，曾经指挥四名爆破手，进行连续四次的成功爆破，为八连荣获"许昌连"的光荣称号立下头功，却在这次激烈战斗中壮烈牺牲。

战至 21 日 17 时，二十四团和八纵部队攻占敌最后据点龙亭，并于 22 日拂晓将龙亭内残敌清扫完毕，攻占开封战役胜利结束，总共歼敌 3 万多人，击毙中将师长李仲辛，俘虏少将参谋长游凌云、少将旅长张洁，缴获大量武器、弹药和其他物资。这是我军在中原战场上又一次重大胜利，也是豫东战役第一阶段的最后一战。

在这次战役中，卢伟如和其他团领导的心情一样，对"曹门东关得而复失"感到难受，对二十三团后来打得勇敢顽强感到欣慰，体现了二十三团胜不骄、败不馁的优秀品质和顽强作风，也展现出二十三团政治工作的优秀传统。

卢伟如亲历这场战斗和战后总结，从中受到了深刻的启示和教育，他深深地感受到，指挥作战密不可疏，哪怕略有疏忽，就很可能导致战斗行动失败或遭受重大损失，切记勇猛精进还要慎重稳妥。

六　出生入死的战友情

开封战役后，粟裕命令部队实施豫东战役的第二阶段，即以"诱歼援敌"为目标的睢杞战役（6月27日至7月6日）。师领导考虑到二十三团在许昌、洛阳、开封战斗中，连续三次突击攻城，伤亡较大，在睢杞战役中采取"休兵轮战"措施，不让二十三团担负主攻或其他艰巨任务，将之配置于次要方向或第二线，因而直接作战不多，转移走路不少。这是师领导对二十三团的关怀，全团上下认识正确，战斗意志更加坚强。

睢杞战役的胜利，标志着华东野战军外线兵团挺进中原战役的结束。7月6日，三纵奉命向鲁西南转移，尔后南返河南省太康地区短期休整后，再返鲁西南休整练兵，准备参加攻打济南战役。

经过攻克许昌、洛阳、开封、宛东、宛西等战役的锻炼，卢伟如已基本掌握大兵团正规作战中指挥步兵团作战的要领，军事素质大有提高，决心争取在未来作战中承担更多任务。

然而在8月的一天，突然而来的调令将卢伟如调往纵队直属炮兵团担任团长，使他面临重新学习的任务，也是他长达34年炮兵生涯的起点。

调令到达后，石一宸团长、王良恩政委和方晓参谋长都向卢伟如表示祝贺，王政委提出："老卢要走，按老规矩，来时欢迎，走时欢送，略备小酌，以表心意。"

欢送聚餐在第二天中午举行，卢伟如深情地表示：在二十三团的工作战斗只有短短一年，学到的作战本领和优秀作风却很多，与二十三团战友们结下的战斗感情非常深厚，即使在一个纵队内调动工作，仍然觉得难舍难分。我这一年的进步，主要是二十三团这座革命大熔炉熔炼的结果，也是团党委领导，特别是石一宸团长和王良恩政委及其他同志帮助的结果，我还做得不够，到新单位后要继续向二十三团学习。

军令如山。欢送宴结束后，在团领导欢送下，卢伟如上马扬鞭，奔向新岗位。

1951 年春节，石一宸（右三）、方晓（右一）、卢伟如 3 家人聚会于南京，摄影者卢伟如，左一为叶景舟，右四为石一宸夫人，右二为方晓夫人

卢伟如非常珍惜在二十三团的战斗经历，他与二十三团战友们结下了深厚的革命友情，不仅表现在后来在南京等地的几家欢聚，更表现在王良恩"文革"期间受难的特殊情况。

1966 年 8 月，原任南京军区政治部副主任王良恩调任中共中央办公厅政治部主任，后任中办副主任、中办临时党委副书记兼政治部主任。王良恩到了北京后，因工作忙没有见过卢伟如，卢伟如也因为他在中央办公厅工作而没有打扰他。"文革"初期，王良恩和杨德中（也曾在第二十二军任职）作为周恩来总理的左右手，工作非常得力，却不幸遭到政治迫害于1973 年 1 月 26 日含冤逝世。

他逝世以后，在他的"问题"尚未解决的情况下，卢伟如和华东老战友曾到王良恩夫人王英所住的简陋平房看望她和孩子，鼓劲她相信党中央，有困难提出来，他们协助解决。在那种情况下，这种看望政治风险很大，却是他们在革命战争中一起出生入死战斗的真挚友情的真实体现。

十一届三中全会以后，王良恩的问题得以调查清楚，经中共中央和邓小平批准，推翻了强加给他的不实之词，平反昭雪。1981 年 5 月 5 日，中共中央办公厅在中直礼堂举行王良恩追悼会，石一宸、齐安昌、张明等当年与王良恩在二十三团共同战斗过的战友们特地从外地赶来参加追悼会，时任军委炮兵副司令员的卢伟如正在中央党校学习，他专门请假参加了追悼会。

当晚深夜，他在日记中写道："在追悼会上见到了许多华东野战军的战友。王良恩同志是个好同志，很忠厚老实，死时才 54 岁，实在可惜！"

他还写道："晚上到京西宾馆看石一宸、张明同志。"然而在第二天（5 月 6 日，星期一）"下午，石一宸、齐安昌、张明来到党校看望。和原来一起战斗同志小叙战斗友情，这是很难得的机会。正好小卖部来了西瓜和香蕉，我快步去买了几斤，大家吃了一点，代替喝茶，因为我当学员，就一个自己的茶杯，没有招待杯子，正好今天气温较高，大家都把外衣脱了，都穿衬衣。西瓜、香蕉倒正合大家的需要，聚后我们在校园内合影留念。"

1981 年 5 月 6 日，石一宸（左一）、卢伟如、张明（右一）在中央党校校园内合影

第九章
济南战役中的炮兵团团长

一 调任纵队炮兵团团长

1948 年 8 月，卢伟如到三纵总部报到后，受到丁秋生政委和孙继先代司令员的接见，听取政治部主任刘春有关纵队直属炮兵团的情况介绍，参加了纵队党委于 8 月 27~31 日召开的第三次扩大会议，听取中共中央关于欧洲情报局对南共问题的决议的传达、纵队党委工作总结报告，以及"纵队党委对炮团三个领导干部错误问题的处分意见"①。

卢伟如从刘春主任的介绍和有关文件材料中了解到，纵队党委于 1948 年春发现炮兵团三位领导在党内闹个人英雄主义，搞军阀作风，使下面产生队伍涣散、纪律松弛的情况，自宣布葛明同志担任团党委书记后，就不服气，还有严重的贪污浪费等问题，纵队党委 5 月扩大会议决定在炮兵团开展整风教育，在搞清问题后，为严肃纪律，调整了领导班子，其中包括将卢伟如调任为团长。

在随后召开的炮兵团干部会议上，刘春主任代表纵队党委宣布任命卢伟如为团长的决定。他在介绍新团长情况后，要求全团指战员在葛明政委和卢伟如团长的领导下，振奋精神，搞好战备，打好攻打济南这一仗。

---

① 见吴修全《中国人民解放军舟嵊守备区部队历史沿革大事记——1937 年至 1950 年》，舟山警备区政治部，1997，第 167~168 页；中国人民解放军第 22 军炮兵司令部编印《中国人民解放军第 22 军炮兵军战史》，1954，第 68~69 页。

卢伟如每调到一个新单位，都有"刨根问底"的习惯，他很快了解到，华东炮兵是在步兵基础上建立起来的，是在实战中发展起来的，三纵直属炮兵团也是这样。

1943年3月，国民党九十二军进犯鲁南抗日根据地，鲁南军区三团（二十二团前身）和五团（二十三团前身）在战斗中缴获八二迫击炮两门，因没有炮弹，便将它们埋藏在山沟里。第二年3月，鲁南青年踊跃参军，部队增人扩编，军区三团将埋藏的两门迫击炮挖出来，加上后来缴获的另一门，总共3门迫击炮和从步兵选调的36位战斗骨干，组成炮兵排，这是三纵拥有炮兵的开始。

为解决炮兵技术问题，鲁南军区动员曾任东北军炮兵连连长的一位当地人担任炮兵排教员。他技术不错，但封建迷信思想严重，每次射击前都要焚香烧纸，传授技术有所保留。经过炮兵排领导耐心工作，其传授技术情况有所好转。

这一年夏天，日伪军扫荡根据地，炮兵排首次参战。这位教员发射7发炮弹，全部命中日伪军阵地，步兵乘机发起冲锋，他又发射1发炮弹，结果命中碉堡，一小队伪军在搞不清我军有多少炮的情况下，缴械投降。

迫击炮在战斗中发挥威力，促使军区和团领导更加重视炮兵，决定将炮兵排扩大为炮兵连，但仍然只有3门迫击炮。五团后来缴获两门迫击炮，也成立了炮兵连。这两个炮兵连当时使用的炮弹完全依靠缴获所得，特别珍贵，被限定在一次战斗中全连只能用3发或5发炮弹，促使炮兵指战员刻苦地钻研技术。

1945年日本投降后，胶东军区开始自造炮弹，炮弹数量显著增加。同年10月，三团缴获敌军八二迫击炮两门，调归四团成立炮兵连，由此八师的3个团都有了炮兵连。

解放战争开始后，我军缴获的火炮、炮弹和炮兵装备大量增加，七师、八师先后建立师属炮兵营，使炮兵在战斗中发挥的作用越来越大。

1947年1月，华东野战军第三纵队正式成立，3月23日组建了纵队直属炮兵团，以山炮为主①，在泰安、济宁、许昌、洛阳等战役中，较好地发挥"火力拳头"作用；在攻占开封战役中，开始"行间接射击压制敌炮兵、摧毁敌工事和碉堡"，增大"火力拳头"作用。

睢杞战役以后，纵队从炮兵团抽调一些骨干到步兵连工作，以"溶化新解放战士"，说明炮兵团当时的政治工作还是比较好的。

卢伟如通过"刨根问底"，看到了纵队炮兵成长的历史。随后发生的3个领导干部的严重问题，影响很坏，但也只能在暂时和局部发生作用，而且纵队党委很快发现问题，采取教育和组织处理等措施，已经解决问题。通过整风教育，全团指战员提高了思想认识，但在部分干部战士中存在着消极情绪。他认为此时应该再次强调发扬炮兵团的优良作风和光荣传统，将炮兵团指战员的注意力集中到济南战役战备中，再建立必要的规章制度，堵塞漏洞，将会进一步提高炮兵团的战斗力，可在即将到来的解放济南战役中，充分发挥炮兵团的纵队"火力拳头"作用。葛明政委完全同意并支持卢伟如的意见。

炮兵团指战员对卢伟如这位新团长比较好奇，因为他原先是广东抗日游击队的指挥员，在二十三团担任副团长只有1年，从未在炮兵部队工作过，不知他能否胜任这样的领导岗位。

其实，卢伟如内心也有类似想法，只是战争年代，军令如山，不允许他有除服从调令外的其他想法，他很快意识到，从步兵到炮兵，需要学习的东西很多，攻打济南战役很快就会开始，他只能抓紧时间，全力以赴地投入调查研究和备战训练中，遇到不懂的问题，就"不耻下问"，向内行同志学习，坚持每天晚上加班阅读材料、书籍到深夜。他这样认真、刻苦的学习精神和态度，再加上文化程度较高（那个年代的初中毕业生较少）、悟性好，又有步兵作战经验，使他较快地掌握指挥炮兵作战的四大要素，即观（察）、通（信）、炮（射击）、驾（输送）等主要方法，仅仅经过22天备战，就投入攻占济南战役中。

---

① 华东野战军当时的炮兵配置原则是纵队炮兵团装备山炮，师炮兵营装备重迫击炮和迫击炮，团炮兵连装备迫击炮。野炮和榴弹炮都集中到特种兵纵队。

解放战争中，随着缴获火炮数量大增，华东野战军各纵队直属炮兵发展很快，像卢伟如这样从步兵调往炮兵担任指挥员的情况比比皆是，为让他们尽快掌握指挥炮兵作战技能，华野特种兵纵队①下达"攻占济南作战中炮兵应用的问题"的文件，阐述炮兵在攻占济南作战中的战术、技术要求，强调炮兵要牢固树立为步兵服务的观念，炮兵指挥员必须及时准确地了解支援步兵作战情况，派出前进观察所与一线步兵保持密切联系，转移阵地应交替前进，以保安全。各种勤务都要有两套人马，交替进行，以对步兵实施不间断的火力支援。这个指示还在通信联络、器材筹划、弹药准备与鉴定等方面，做出详尽规定，还要求特纵和各纵队炮兵，根据战役部署和作战任务，开展有针对性的战前练兵。②

刚上任的卢伟如，看到这份针对性很强的文件，如获至宝，认真学习执行。30多年后，原华野特种兵纵队司令员，后来担任军委炮兵副司令员、顾问的陈锐霆到广州"冬疗"，时任广州军区副政委的卢伟如在与他谈话中深情回忆说："济南战役开始前两周，我才调任3纵炮兵团团长，既要整风，又要战备，还要熟悉炮兵技术，此时看到华野特纵下发关于济南战役中炮兵应用的文件，真是及时雨，对我帮助很大。"

二　肃清外围和支援攻城巷战

1948年下半年，解放战争进入第三年，国民党在山东仅剩下济南、青岛等几个孤立据点，济南地位最重要，国民党军防守最严密，拿下济南，华北与华东两大解放区就可连成一片。

济南位于津浦与胶济铁路的交会点，北濒黄河，南依泰山，地势险要，易守难攻。它是国民党山东省政府和"第二绥靖区司令部"所在地，

---

① 华东野战军特种兵纵队成立于1947年3月18日，下辖骑兵、炮兵、坦克兵、工兵，重点为炮兵，在指导各步兵纵队炮兵作战方面做了许多工作。

② 陈锐霆：《走过百年》，中共党史出版社，2007，第153~154页。

也是国民党军残存在山东腹地的规模最大、最具有防御能力的城市。济南当时人口 70 万，国民党驻军有 11 万余人，蒋介石还命令徐州"剿总"总司令杜聿明指挥黄百韬、邱清泉、李弥 3 个兵团集中 27 万兵力，准备"解济南之围"，并"将华野主力歼灭在济南城下"。

8 月 12 日，中央军委确定"攻济打援"的作战方针，要求华东野战军"攻城打援分工协作，以达既攻克济南，又歼灭一部援军之目的"①。中央军委决定，由山东兵团司令员许世友、政治委员谭震林、副司令员王建安负责攻城指挥。华东野战军由粟裕副司令员负责总指挥。

根据中央军委指示，华东野战军决定组成攻城、打援两个兵团。攻城兵团由 6 个半纵队和特种兵纵队大部以及地方部队共 14 万人组成，占参战总兵力的 44%。攻城兵团又分为东、西两个集团，三纵属西集团。

参加攻城的炮兵总共 6 个团另两个营，是华野集中炮兵最多的一次战役，拥有榴弹炮 30 门、野炮 21 门、山炮 70 门。

三纵参战火炮有野炮 3 门、山炮 12 门、重迫击炮 7 门，其中八师炮兵营山炮 6 门、重迫击炮 3 门，九师山炮 3 门，其余均属炮兵团。三纵炮兵的任务是配合步兵从西南方向肃清外围，攻取济南郊外的腊山、商埠，再攻打济南城。

9 月 16 日午夜，济南战役开始，各攻城部队发起猛攻。

济南城外多山且地势险要，敌在制高点上设置多层钢筋水泥结构的工事。三纵肃清外围任务较重，第一天有炮兵团和八师与九师炮兵在多处作战，先后扫除大青山、簸箕山、凤凰山、米山、玉皇山、卧牛山、琵琶山和魏华庄等敌阵地，歼灭大部守敌，其中重要战斗有：

（1）九师山炮连支援步兵攻占凤凰山，发射 30 余发炮弹，命中山顶数发，其余大部分是"靠近弹"，在我炮火威胁下，敌慌忙逃窜，九师占领凤凰山。

（2）八师炮兵营的山炮连和重迫击炮连以及二十三团炮兵连的九二步兵炮和迫击炮，组成直接瞄准射击的火炮群，支援"洛阳营"攻击敌簸箕

---

① 《毛泽东军事文集》第四卷，第 566～567 页。

山的一个营。重迫击炮首先打出的几发燃烧弹，将敌阵地照得通亮，此时，山炮射击敌前沿地堡，迫击炮压制纵深炮火，步炮侦察敌情，区分射击区域，规定射击信号，山炮、迫击炮按计划同时开火，压制敌人火力，此时步兵从两面发动进攻，很快占领簸箕山，歼敌一部，余下之敌逃窜。这次战斗组织严密，步炮协调好。

（3）炮兵团重迫击炮连为支援炮兵，九师山炮连和二十团炮兵连为直接瞄准射击火炮，经30分钟炮火准备，重迫击炮发射140发，命中玉皇庙外目标多发，摧毁庙外及庙前地堡1个，打烂2个；九师山炮连摧毁敌地堡1个，破坏卧牛山和玉皇山的敌前沿工事，压制了敌人火力并杀伤部分敌人，掩护二十团占领卧牛山和玉皇山，并歼敌一部。

济南战役是卢伟如担任炮兵团长后第一次指挥炮兵作战。第一天战斗就取得较好成绩，使他感到欣喜，也使炮兵指战员士气大振。

第二天继续扫清外围残余据点战斗则有好有不好，有的甚至很不好。

簸箕山打得好。八师山炮营及重迫击炮连，掩护二十三团的攻击，两次射击均为"靠近弹"，有效地压制了敌人火力，二十三团很快攻占簸箕山。

攻打腊山很不顺利。腊山是济南城的西屏障，敌防御重点，攻下腊山可以直驱商埠。敌在山麓和山顶部署钢筋水泥或砖石筑构的三道防御工事，由吴化文部1个营防守。负责配合步兵攻打腊山的炮兵团野炮连在向山顶上4个小围子和碉堡射击时，因观察员临阵认错目标，测错距离，致使"试射9发都不见弹"，只好停止射击，查出原因是"炮手搞错山地射击要领，将美式山炮弹丸及弹药装在四一式山炮炮筒上"，造成"发射炮弹都不见弹"。

更加严重的是，昨天表现较好的重迫击炮连，由于连长（即那位担任过东北军连长的教员）在遭到敌人大型火炮攻击和飞机轰炸时，惊慌失措，放弃指挥，致使这个连群龙无首，集合不起来，卢伟如和葛明当即要求野炮连端正作风，总结教训。

16日午夜开始的战役打响后，攻城部队战果累累。远在南京的蒋介石决定将整编第七十四师空运至济南，加强防守。为阻止敌人空运，特纵司令员陈锐霆向西兵团指挥员、第十纵队司令员宋时轮请战并获准，他命令特纵炮三团抽调1个榴弹炮连前进至古城附近，以炮火控制机场；同时命令特纵炮一团榴弹炮六连前往参加控制机场战斗；战役总预备队第十三纵队接到攻占机场任务后，立即派出纵队山炮团参加封锁机场战斗。在我炮兵多路轰击下，机场火光四起，烟雾冲天，跑道破损，敌运输机在空中见状赶忙调头返回南京，蒋介石空运七十四师计划在运送7个连后终止。

正在考虑起义的国民党整编第九十六军军长吴化文，眼见机场被毁，退路被堵截，大势已去，主动联系三纵首长，确定在19日18时亲率九十六军八十四师3个旅共两万余官兵起义。

18日晚，炮兵团接到"敌将起义，暂停射击"通知时，山炮一连已向腊山地堡试射8发，命中5发。野炮连、重迫击炮连及九师山炮连尚未试射，改为戒备状态。

19日晨，按照双方商定，九师接收吴化文部的腊山阵地，八师大步前进到商埠外围幸庄。

吴化文率部战场起义，震动济南守军，王耀武急忙将部队撤至城内和商埠固守，双方争夺商埠的战斗于20日18时开始。

如果说，炮兵团在扫除外围战斗中因缺少山地射击经验而表现得不够理想，他们在攻城和巷战中的表现则相当熟练，有板有眼，得心应手，因为他们有攻克许昌、洛阳、开封的作战经验。

三纵炮兵团随第八、第九师推进，以直接瞄准射击破坏敌地堡和工事，压制敌人火力，支援二十、二十三、二十五团的爆破开路，向西南卡子门、北卡子门、铁路工厂突击，进入商埠后，步兵按照预定任务线路沿一、二、三、四马路攻击前进，朝山东银行大楼和"绥靖区司令部"挺进。

其间，根据西集团炮兵指挥所的命令，三纵炮兵团野炮连掩护第十三纵队攻击外城，在七里山增设观察所，请老乡指明目标，向内城旧政府的敌炮兵阵地射击，在敌炮兵阵地中弹燃起火光后，利用火光修正射击目标，使敌炮无力还击，第十三纵队随即发起进攻，很快攻占外城，挺进内城。

22日上午，三纵占领商埠，炮兵团将野炮阵地设在商埠中学操场，观察所设在山东银行大楼顶上，居高临下，视界宽阔，可观察到弹着点。此时所用的炮弹都以汽车运输，是三纵炮兵团成立后"第一次享受汽车运输炮弹待遇"，炮兵指战员深受鼓舞，干劲更大，炮弹供给量足，连续发射1300发炮弹，以猛烈的炮火支援巷战，受到步兵好评。

22日下午，二十二团进攻济南西门。这是敌人防御重点，使用坦克及主力部队固守，王耀武亲自督战。炮兵团野炮连从商埠的中学操场阵地上以猛烈炮火压制敌省政府内的炮兵阵地。炮兵团的重迫击炮和八师的山炮4门，以及团属迫击炮28门，组成直接瞄准射击火炮群，山炮负责破坏地堡，迫击炮向城墙内及城门里射击，压制敌人炮火和步兵反冲击，破坏敌大部地堡，并在城墙上轰开了缺口。遗憾的是，炮兵观察员没有及时将情况通报给突击部队，以致二十二团改从其他纵队突破的西南门入城。

入城后的战斗持续到24日，三纵炮兵团用山炮、九二步兵炮攻击敌"第二绥靖区司令部"，对大楼四周火力点进行破坏射击，同时用迫击炮和火箭筒发射炸药对敌楼顶和纵深射击，压制敌炮，此时步兵勇敢地冲进大楼，占领"第二绥靖区司令部"，歼敌600余人，打了一个漂亮仗。

在我军数路炮火猛烈轰击和步兵猛烈冲击下，城内守军混乱，于9月25日全部被歼，济南战役结束，共歼敌8.4万余人，争取起义2万余人，俘虏王耀武等一批高级将领，其中三纵接受吴化文部2万余人起义，并歼敌1.5万余人，俘虏敌"第二绥靖区"参谋长罗辛理少将等一批军官。

9月29日，中共中央给华东野战军发来贺电，指出攻克济南大捷"证明人民解放军的攻坚能力已大大提高，胜利影响已动摇了蒋介石反动军队的内部，这是两年多革命战争发展中给予敌人的最严重的打击之一"①。

三　战役总结和悼念王吉文师长

济南战役结束后，三纵奉命转移到济南以南的炒米店地区休整和总

---

① 南京军区《第三野战军战史》编辑室编《中国人民解放军第三野战军战史》，解放军出版社，1996，第263页。

结。我幸运地接受舟山要塞部队档案室赠予的《中国人民解放军第22军山炮团解放战争战史》一书，并找到当年油印的解放战争历次战役总结原稿。从中可看到，卢伟如接任团长后的作战总结比以往总结详细、深入得多，如济南战役总结中涉及：

（1）火炮、观察、通信的协调，领导布置任务，不能只向炮兵传达，必须将炮兵、观察、通信三方集中，一起传达布置，明确具体分工，使他们都了解整个任务和各方分工，才能密切配合，使火炮更好地发挥作用。

（2）在城市作战中，观察所必须要靠近目标，放在目标侧面为好。只顾安全不靠近目标，不易观察好，射击也不会准确，而靠近目标侧面，不易被敌发觉，也避免因烟雾妨碍视线。

（3）工事构筑要由干部统一掌握，单兵散坑与炮掩体同时并作，保证及时用炮和人员及时隐蔽。

10月15~18日，纵队召开营以上干部会议，进行济南战役总结，传达中共中央政治局9月会议和华东野战军前委会议精神。孙继先司令员在讲话中提出，在攻城战斗中，不要墨守成规，只依靠"连环爆破"，要研究和学习兄弟部队在济南战役攻坚战斗中"运用炮火加炸药，在坚固的城墙上打开突破口"的先进经验。会后，纵队炮兵组织了专门演练。

在济南战役中，9月21日上午，八师前进至国民党省党部时，师长王吉文在第一线指挥作战，不幸被敌炮弹击中，壮烈牺牲。

济南战役结束后，10月10日，三纵在白马山隆重举行追悼会，悼念在济南战役中牺牲的王吉文师长和其他烈士，中共中央华东局和华东军区特派曾山前来致哀，华东野战军司令部、政治部发来唁电，各兄弟纵队派出代表向王吉文同志的遗体敬献鲜花致哀，三纵首长执拂，八师师团干部抬棺，与会者垂泪护送灵柩入墓。三纵指战员强忍悲痛，决心化悲愤为力量，为王吉文师长和其他在济南战役中牺牲的烈士们报仇，完成他们未竟之事业。

卢伟如怀着万分悲痛的心情，带领炮兵团指战员参加追悼会。他担任二十三团副团长时，从王吉文师长身上学到优秀指挥员所具有的军事素质和指挥作战的本领，领略到他的崇高精神和优秀品质，亲身受到他的教育启发。卢伟如离开二十三团前，王吉文师长还鼓励他到新岗位要勇挑重担，为革命事业做出更大贡献，指点他到炮兵团的注意事项，此情此景，历历在目，深深地铭刻在卢伟如的脑海中。

在返回住地的路上，他想起了八师第一任师长兼政委王麓水光荣牺牲于1945年12月13日，在不到3年时间，八师的两任师长均壮烈牺牲，这是八师的重大损失，也是八师的光荣。他们的表率作用，特别是身体力行的"指挥靠前"等精神，必将在三纵发扬光大。

新中国成立后，卢伟如多次因公到济南，总是尽量挤出时间，不声张地来到济南英雄山的革命烈士陵园，看望王吉文师长和其他牺牲的战友。据曾在济南当兵的弟弟江天回忆："爸爸两次到济南，名义看我，都是一见面就叫我上车，开到烈士陵园，进去后在王吉文师长陵墓前停留很久，神情肃穆，好像在与王师长对话。"

第十章
在淮海战役中

一 "边打边学"与歼灭黄百韬兵团

济南战役结束后，华东野战军在人员、武器、弹药等方面得到大量补充，又经过一个月休整练兵，全军指战员士气空前高涨，东北、华北捷报频传，山东绝大多数地方已经解放，部队南下作战无后顾之忧。

11月5日，三纵由泰安南下，参加淮海战役。

行军途中，接到特种兵纵队通知，从三纵抽调包括团、营、连、排四级炮兵干部及观察员数十人，参加华东特科学校针对淮海战役的短期培训。

淮海战役是解放战争中歼敌数量最多、政治影响最大、战争样式最复杂的大战役。参战的华东、中原野战军60余万人，国民党军80余万人，战场以徐州为中心，东起江苏海州，西至河南商丘，北及山东临城，南达淮河流域广大地区，从1948年11月6日至1949年1月10日，历时66天，分三个阶段进行。

在战役第一阶段，三纵的任务是"假装主攻，在主动出击和运动中为真主攻制造战机"，要求"吸引敌人越多，越有利于我东线歼敌；迷惑牵制敌人时间越长，越有利于东西两线决战取胜"。

三纵奉命指挥两广纵队和冀鲁豫军区独立旅，于11月5日晚从徐州西北之金乡、成武地区，"伪装主攻，实为佯攻"，既要切断徐州至郑州和南京的铁路线，又要从西南两面进逼徐州，不使敌"徐州剿总"刘峙集团过早发现我军战役企图，牵制敌邱清泉兵团东援。

11 月 10 日，华野东线 8 个纵队在徐州东部从北、东、南三面向刚到碾庄圩地区的黄百韬兵团团部和第四十四、第一百、第二十五、第六十四军进逼，会同西面第十三纵队，趁敌刚到混乱之际展开猛攻，成功地将黄百韬兵团等部包围、压缩在以碾庄圩为中心的纵横 10 余公里的地段内。坐镇南京的蒋介石闻讯敦促"徐州剿总"司令刘峙火速派兵东进，支援黄百韬，同时急派杜聿明赶赴徐州全权指挥。

11 月 12 日，中野四纵、华野三纵和两广纵队及冀鲁豫军区两个旅进至萧县和徐蚌线夹沟地区，歼灭正在蒙城等地向徐州收缩的孙元良兵团后尾一部，毙敌 3000 余人；接着，在徐州以南的三堡歼灭冯治安残部第七十七军军部及第三十七师约 4000 人，占领了三堡、符离集等地。中野九纵等部占领蚌埠以北的固镇、任桥等地。13 日晚，中野三纵在九纵一部配合下，包围徐蚌间重镇——刘峙集团的重要补给基地宿县，于 16 日攻占该城。至此中野主力及华野一部控制了徐蚌间三堡至任桥 100 多公里铁路，切断了徐州之敌唯一的陆上补给线，完成了对徐州的战略包围，有力地保障了华野围歼黄百韬兵团的作战。

根据纵队首长"跟随纵队行动，相机配合作战"的要求，卢伟如提出"边打边学"口号，要求每门火炮和观测、通信、后勤等单位都按"每仗必总结，总结必有收获"安排工作。

由于三纵在第一阶段的任务是"佯作主攻，越像越好"，因而"今天这边阻击，明天那边打援，比攻坚战更苦，伤亡更大"。而炮兵团带着装备跟随纵队东奔西跑，非常辛苦，他们所执行的任务都很紧急，都是直接瞄准和远隔射击。如在 10 日黄昏，为拦阻邱清泉、李延年两兵团由徐州东犯潘塘、宛山，粉碎他们救援黄百韬兵团的企图，三纵奉命再次穿越津浦铁路，经一夜急行军，前进到徐州东南的费南一带，在炮兵团的火力配合下，从侧背打击邱清泉、李延年兵团，使其不敢东进。

17 日，炮兵团突然接到向二堡集结之孙元良兵团射击的任务，以野炮连、山炮三连、重迫击炮连在三堡西杨庄、俞庄构筑简单工事射击。由于观察所搜索敌情及时、正确，指挥员果断，试射第一发便打中敌群，只用 20 多发炮弹，就将敌群打乱，步兵随即发起冲击，炮兵延伸射击，配合步兵重创敌 1 个团。

21 日黄昏，三纵奉命再次穿越津浦铁路，一夜向东急行军到达费蓝地区，参加水口战斗。当晚，炮兵团野炮连、美式山炮连、八师两个山炮连、特纵三八野炮营，都在水口旧黄河堤上构筑阵地，炮多阵地密集，没有统一组织指挥，各自分散向对岸尖山、梁介山一带敌 70 师射击，支援八师二十四团配合中野二纵攻击。此时，敌居高临下，我炮阵地在开阔地带，野炮连前沿独立大树没有被砍掉，被敌发觉，而我炮兵只射击敌阵地，没有压制敌观察所，致使敌炮始终向我炮阵地压制射击，我炮兵虽然顽强射击，电话员勇敢地冒着敌人炮火接线，保证通信联络，但因火力发挥不好，又伤亡几名炮手，只好停止射击。

正在此时，华东八个纵队猛攻黄百韬兵团，战至 22 日，全歼黄百韬兵团，重创援军，总共歼敌 17.8 万余人。至此，淮海战役第一阶段胜利结束。

二 阻击、追赶、拦截与歼灭黄维兵团

在战役第二阶段，华野调集 8 个纵队及冀鲁豫军区两个旅组成东、中、西 3 个阻击集团，于 11 月 21 日在徐州以南的津浦路段构筑防御工事，阻击邱清泉、孙元良两兵团南犯。三纵属中阻击集团，受命在闵贤集一带构筑防御工事。

此时，炮兵团已克服轻敌思想，筑构工事十分认真，卢伟如亲自组织观察员测地，在目标区域和可能出现敌人的地方，都开设诸元、编号，电话员完备电话网线路的架设。炮兵团及师炮兵分队总共构筑 3 道防线。这是纵队炮兵团及各师炮兵分队第一次筑构完整、正规的防御阵地，技术进步很大。

24 日，阻击部队利用地形，依托工事，英勇顽强地阻击南犯之敌，连续打退敌数十次进攻，战至 30 日，邱清泉、孙元良两兵团被阻于官桥以北一线地区，无法南下。

蒋介石眼见"三路会师，打通徐蚌"计划落空，黄维兵团已陷于被围

歼困境，在 11 月 28 日急召杜聿明飞到南京当面商讨后决定杜聿明部撤离徐州，避开华东野战军在徐州以南的阻击，绕道西南，于永城南下，解黄维兵团之围，与之会合南撤。杜聿明返回徐州后，于 11 月 30 日晚密令孙元良、李弥、邱清泉三个兵团共约 30 万余人沿徐州、萧县、永城公路向西南方向撤退。

三纵和其他部队奉命全力追击逃敌。他们穿越津浦铁路，炮兵团和师炮兵分队紧随步兵跟踪追击。其间，炮兵曾在一天内四易阵地，6 次构筑工事，都没有用上。追击部队顾不得吃饭休息，日夜兼程，在追赶 5 天后，终于在 12 月 3 日将杜聿明集团拦截、包围在永城东北方向的李石林地区。

12 月 10 日，"总前委"① 鉴于黄维兵团和杜聿明集团已经被我中野和华野分别包围在不同地区，决心先歼一股，中央军委批准首歼国民党精锐之第十二兵团即黄维兵团，尔后集中全力歼灭杜聿明集团，为此抽调华野三纵和十三纵南下参加中野围歼黄维兵团的战斗。

三纵受命星夜南下，于 13 日进至靳县地区，九师构筑工事，阻击李延年兵团援助，八师参加围歼战斗。

三纵炮兵团野炮连、山炮二连、重迫击炮连在高窑向高格庄、刘菜园村等地的邱清泉兵团第五军射击；山炮一连、三连在祖老楼向刘庄、香山庙等地的敌五军射击。各炮连都以群弹摧毁敌前沿集团工事，并杀死杀伤大量敌人，其中野炮连向刘庄射击 470 发炮弹，大都命中目标。由于炮兵支援得力，步兵顽强作战，敌第五军无法前往援助黄维兵团。

此时，中野和华野总共 9 个纵队组成 3 个集团，经过 10 个昼夜的"剥皮战"，已歼黄维兵团大部，只剩下最后一道防线。为死守待援，黄维摊出最后一张"王牌"，将他认为最得力的十八军主力五十四团（外号"老虎团"）部署在小马庄兵团总部的东南面，进行最后防御。

中野六纵司令员王近山和华野三纵代司令员孙继先商议后决定，将消灭"老虎团"的任务交给两个英雄营——中野六纵"襄阳营"和华野三纵

---

① 中共中央和中央军委于 1948 年 11 月 16 日决定成立"淮海战役总指挥前线委员会"，由刘伯承、邓小平、陈毅、粟裕、谭震林组成，邓小平为书记。

"洛阳营"。于是，在淮海战役的战场上，上演了"双拳砸烂老虎团"的精彩一幕。

中野六纵十七旅旅长李德生，是华野三纵八师师长王吉文长征时的亲密战友，他们两人在一起走过雪山草地，李德生旅长非常怀念在济南战役中英勇牺牲的亲密战友，关心他生前领导的部队，很想为他们做点事，他了解到"洛阳营"急需筑构冲锋出发战壕时，主动派出部队连夜作业，在冻土中挖出了长达 150 米的高质量壕沟。这种饱含战友之情的支援行动，为即将登场的"精彩一幕"，增添了革命友情的夺目光彩。

"老虎团"的阵地位于双堆集东，四周有圩墙，墙上的岗亭有如马蜂窝，墙外有圩沟，沟外伸出 6 组三角形集团堡，相互间有交通沟连接，或明或暗的子母堡很像老虎身上的花纹，整个阵地有如"老虎窝"。

在这样火力密集的阵地前的开阔地上进攻，必须迫近作业，中野和华野在这方面很有经验，他们将作业做得很好，等着炮兵摧毁敌工事。两个纵队集中了百门大炮，划分为 3 个炮兵群，三纵炮兵团野炮二连与特纵榴弹炮连为纵深火炮群；三纵炮兵团野炮连、山炮一连、二连和八师的山炮连，以及二十三团、二十四团的迫击炮连，为直接瞄准射击火炮群；华野特种兵纵队榴野炮部队为支援炮兵群。射击分工为山炮、野炮负责破坏敌地堡群；迫击炮配发射筒打炸药，压制敌隐蔽的火力点和反冲击的敌人。

12 月 14 日晚，围歼黄维兵团的最后总攻开始。

南集团于 16 时向敌双堆集东集团工事群进行炮火准备。百门大炮同时发出了怒吼，一条条火龙飞向敌集团工事群，在激烈的爆炸声中，敌阵地硝烟弥漫，土石飞扬，火光四起。由于准备充分，火炮射击准确，三纵炮兵团山炮一连射击 80 发炮弹，全部命中敌地堡，各种火炮轰击 1 小时后，"老虎团"的大部分工事被毁。

此时，"襄阳营"和"洛阳营"就像两把锋利的尖刀，从两个方向发起进攻，"老虎团"的残余官兵负隅顽抗，双方激战半小时后，在敌核心据点的西北角上空，突然出现 3 颗红色信号弹：这是我突击队占领敌阵地和要求炮火支援的信号。

隆隆炮声再次响起，震耳欲聋，连续的炮火在"老虎团"的工事与兵团总部之间构成一道道火墙，切断他们之间的唯一会聚之路，"老虎团"官兵在此绝望时刻，有的缴枪投降，有的被俘房，也有少数顽抗被歼。

此时，中野六纵十七旅和华野三纵八师二十三团同时迅猛冲锋，扩大战果。在其他方向，中野和华野各纵队发起全面进攻，敌兵团总部的核心工事全部暴露，战至15日黄昏，残余敌人向西南方向逃窜，被中野部队和华野十三纵截击歼灭，黄维被俘。

至此，淮海战役第二阶段胜利结束，共歼敌11.78万余人。

三　"打好第一炮"和歼灭杜聿明集团

从12月3日起，杜聿明集团被围困在永成东北的陈官庄地区，总共20多万人被压缩在东西长20公里、南北宽10公里的狭小地区，援兵无望，空投物资严重不足，天气寒冷，处于饥寒交迫的绝望境地。

12月17日，新华社广播了毛泽东主席亲笔起草的"敦促杜聿明等投降书"。此时平津战役已经发起，为使蒋介石不做出平津国民党军南下的决策，也给杜聿明思考时间，中央军委命令淮海前线对杜聿明集团不做最后歼灭的部署。遵照中央军委命令，华野总部决定前线部队轮流休整，炮兵团随纵队北上，到铁佛寺一带休整。

炮兵团党委在休整期间对部队进行有针对性的教育，强调牢固树立为步兵服务的思想，加强战斗责任心；强调加强与兄弟部队的团结，规定在与兄弟部队行军同路时，不准加鞭催马，防止踢伤压伤兄弟部队的同志。这时，到特纵学习的几十位干部毕业归队，他们急切地想把学到的知识和技术应用到淮海战役第三阶段。

卢伟如召开会议，对第一、第二阶段的战斗进行总结，要求各炮兵营、连，针对第一阶段中出现的选择阵地不当、测地不准确等问题，采取切实措施予以纠正，在"每战必总结，总结必提高"的口号后面增加"提高见行动"。全团上下士气高涨，练兵热情倍增，指战员在冰天雪地中完善射击、侦察、观察的操作方法；电话员有针对性地加强业务训练；后勤人员根据第一、第二阶段曾经发生部队吃不上饭、炮弹运不上去的现象，造成"后方有余、前方不足"的情况，成立专门的战勤组织。在团党委"一切为了前线，一切为了胜利"的号召下，团机关掀起了支前热潮，不分干部战士，一起动手运送粮草、物资和弹药。

1949 年 1 月 2 日，3 纵奉令出发占领进攻位置，准备围歼杜聿明集团的战斗。

此时，包围圈中的杜聿明集团官兵，在连日大雪、天寒地冻之中，靠宰杀仅有的骡马和寥寥的空投粮食维持，雪下的青苗和村边的树皮都被作为食粮。民房大都被拆毁，大批官兵龟缩旷野，棺材墓穴也成了取暖之地。伤兵遍野，官兵缺衣少食，狼狈不堪。我炮兵奉令不分炮种，每日每炮发射 5 发炮弹，配合政治攻势，使敌人斗志更加低落，投诚者日众。

为了决战胜利，全歼蒋军主力于江北，中野和华野参战部队的步兵进行了近迫作业。1 月 3 日，三纵炮兵开始配属各步兵团进行战斗准备。炮兵团重迫击炮连、八师炮兵营组成抵近射击群，八师二十二团和三十四团各指挥一个炮兵连，为直接瞄准火炮群。炮兵团野炮连、山炮一连为二线（纵深）炮兵群，归八师指挥。

野炮连、山炮一连，在步兵协助下，根据任务对所需的阵地进行选择并构筑工事，精密测地，对各个目标进行编号，绘出射击图；电话兵架设了电话网；前进观察所设在前沿阵地，与突击营、连在一起，便于相互通报情况；火炮都进行了试射，求出精密表尺。

这一天，卢伟如带领干部再次检查备战情况，要求指战员按照"打好1949 年第一炮"的要求，再次仔细检查各种准备工作，派出干部战士侦察目标区域内的地形及火力点。指战员为了牢记作战要求和操作要点，不顾天寒地冻，反复检查火炮和其他设施，擦拭炮弹，进行演练。

1 月 6 日，华东野战军以 10 个纵队组成的 3 个突击集团（5 个纵队担任外围拦截任务）对杜聿明集团发起总攻。根据三纵历史沿革大事记的记载："我纵首先对豆凹之敌发起攻击，纵队炮兵团第一门山炮首发炮弹落在敌七十二军二十四师一百团固守的豆凹阵地上，接着榴弹炮、野炮、日式山炮实施齐射，共发射 240 发炮弹，全部命中敌群，并拦阻、杀伤从鲁楼等两个方向来支援的敌人。当日下午 4 时，八师二十二团'人民英雄连'和二十四团'郭继胜连'一鼓作气，攻占豆凹，敌除 200 人逃跑外，其余 600 多人被歼。"①

三纵攻占豆凹后，接着攻击陈楼。步兵进行近迫作业，炮兵向陈楼测地。9 日 15 时，炮兵团以每门炮 30 分钟 20 发炮弹的速度，有效地摧垮了敌人大部分工事，将敌大部杀伤，支援步兵仅用 40 分钟攻占陈楼。

与此同时，兄弟部队发起猛烈进攻，攻占多处村庄和阵地，杜聿明集团东线阵地开始崩溃。当日黄昏，各路突击部队以猛打猛冲的动作展开猛攻，穿插分割，彻夜激战，敌防御体系崩溃，全线混乱瓦解，失去了抵抗的力量。战至 10 日，在纵队炮兵支援下，八、九师并肩西进，迫使敌人溃退并集体缴械投降，俘敌 2 万余。

华东野战军各部队按照预定部署，在猛烈的炮火掩护下，连续对杜聿明集团总部进行攻击，战至 1 月 10 日下午 4 时，全部阶段胜利结束，共歼敌 17.65 万余人，生擒杜聿明，击毙邱清泉。

历时 66 天的淮海战役，总共歼敌 55 万余人，其中三纵歼敌 3 万余人，俘敌 2 万余人，为战役胜利做出重要贡献。

淮海、辽沈、平津三大战役的伟大胜利，解放了长江以北的华东、东北、中原的广大地区，消灭了国民党军队的主要力量，包括蒋介石赖以发动内战的精锐兵团，从根本上动摇了国民党的反动统治，大大加快了解放战争的进程。

炮兵团的战役总结主要内容是：

（1）自济南战役后，纵队炮兵团指战员战斗情绪高昂，射击、测地、架线查线很顽强；面对不同种类火炮，射击任务距离从 100 米到 8000 米不等，而且分散作战居多的情况，由于贯彻"边打边学，总结提高"，射击效果越来越好。第一阶段多是简单瞄准，远隔射击；第二阶段是追击战，阵地转移频繁，却也达到支援步兵作战的要求；在围歼黄维兵团和杜聿明集团战斗中，我军炮兵居主动地位，阵地目标固定，有充分时间进行测地

---

① 见《中国人民解放军舟嵊守备部队历史沿革大事记》，第 183 页。

试射，可以发挥炮兵群的作用，因而射击成绩显著。

（2）前进观察所与步兵突击营、连在一起，根据步兵指挥员意图构筑阵地，射击前将绘图表送给步兵指挥员，为他们使用炮火提供根据。射击后应迅速将弹药消耗命中数及其他情况，向步兵指挥员报告，使他有根据地向炮兵下达第二次射击任务。前线观测除观测弹着点外，应主动搜索战场各方面情况，向步兵指挥员报告，供其参考和下定决心。

（3）"后勤供应组织有力"，"认真挖工事修阵地，从不怕麻烦到不怕疲劳，到一处就先筑构工事，可以减少伤亡"，"时刻研究敌人炮兵战术与规律，向其弱点施予致命打击，不要老一套"。

这是卢伟如担任炮兵团长后的第二个战役总结，可从中看出，通过两次战役锻炼，他已经"进入角色"，掌握指挥炮兵作战的战术技术，这是他专心于革命事业、刻苦钻研技术和磨炼革命意志的结果。

第十一章
渡江战役和浙东进军

一 山炮团列入渡江第一梯队

淮海战役胜利后（1949年1月底），三纵炮兵团奉命开往徐州西北张楼地区，参加华野特种兵纵队主持的集中训练，包括"河川及山地射击"、"对点、面与活动目标的射击"、"夜间射击"和"驮载的分解结合"等科目，为迎接即将到来的渡江战役和江南作战做准备。

1949年2月，炮兵团迎来人民解放军统一整编，华东野战军第三纵队改编为中国人民解放军第二十二军，归第三野战军①第七兵团建制。原三纵第八、第九师改为第六十五、第六十六师，另组建第六十四师。纵队直属炮兵团改为军直属山炮团，第六十五师山炮营和第六十六师山炮连划归山炮团，原炮兵团的野炮连调归特种兵纵队。整编后的山炮团下辖两个山炮营和1个重迫击炮营。

3月6日，集训结束，山炮团归建，获知第三野战军总部决定，第二十一军、第二十四军为渡江作战第一梯队，第二十二军为第二梯队（总预备队），第二十二军山炮团和第六十六师战防炮连配属第二十一军，列入第一梯队，全团上下一片欢腾，在步兵指战员羡慕的目光和欢送声中再次出发。

从合肥贵池到铜陵县长江北岸路途不远，却因阴雨连绵，道路泥泞，人马落水时有发生，最严重的一次事故淹死骡马4匹，全团历经艰难来到

---

① 根据中央军委命令，华东野战军已经于1948年12月改为中国人民解放军第三野战军。

第二十一军指定驻地——砖桥，报到时获悉特纵二团（榴弹炮团）也奉命支援二十一军渡江作战。

第二十一军前身为华东野战军第二纵队，这是一支能征善战的部队，战前准备抓得很紧，军首长召集步、炮干部联席会议 4 次，多次勘察地形，归纳各方意见，制订作战计划，还为二十二军山炮团及六十六师战防炮连调拨麻袋、木料等作战物资。

长江是中国第一长河，世界第三长河，水量世界第三。它从青海途经 11 个省份（含上海市）流入东海，是华南和华中的天然分界线，军事上易守难攻，被称为"长江天堑"。长江流域是中国人口密集、经济繁荣的地区。长江下游的南京、上海和杭州是国民党政府的三大政治经济中心城市。蒋介石的"长江防线"，从宜昌至上海，配备 40 个军 70 余万部队，舰艇 133 艘，飞机 300 余架。

解放军渡江部队为第二、第三野战军的 24 个军，分为东、中、西 3 个集团。"中集团"有 4 个先头军，负责冲击安徽省芜湖西裕溪口至枞阳之间 100 多公里江面。其中二十一军负责冲击武埠至泥洲间 32 公里地段，并在渡江后夺取贵池、青阳、三里店和泾县。

二十一军作战出发地在砖桥以南唐家沟，这里曾是新四军抗日游击区，群众对我军感情好，选调的参战船工思想觉悟高，熟悉水性，操持船只技术好。在为期 1 个月的战备中，二十二军山炮团指战员以船工为教练，在水网地带练习划船和游泳等水上技能，演练搬运火炮上下船、骡马乘船和河川射击等内容，干部抓紧观察地形和水情，侦察敌情，制订、落实作战计划。

二　将大炮搬到江心洲

二十一军负责冲击东起武机埂西至泥洲西端的 32 公里，此处为七兵团冲击正面，江面宽阔，江中有江心洲。国民党部队除在南岸构筑抵抗工事外，还派出部队据守江心洲。二十一军实施大部队强渡，必须首先攻占江心洲，如果将我军火炮架上江心洲，射击效果会更加显著。

卢伟如主动要求承担将火炮架上江心洲的任务，二十一军首长考虑到特纵二团榴弹炮重量大，上下木船不方便，以及二十一军炮兵团随军作战配合更默契等情况，决定将这个任务交给二十二军山炮团负责，具体安排是：二十二军山炮团支援二十一军六十三师攻占凤凰洲、长生洲等江心洲，并将火炮阵地前移到江心洲，支援六十三师强渡长江，射击武机埂至泥洲西端之间宽8公里，纵深4公里地段，内有地堡26个，面积目标7个。

卢伟如分析敌情、地形和水情，以及将火炮架上江心洲、长生洲等江心洲情况后，决定将山炮与重迫击炮混编成2个炮兵群：

（1）由山炮一营和化学迫击炮七连组成第一炮兵群，阵地设在北岸扫帚沟，为六十三师二线炮兵，归二十一军指挥部直接指挥，射击目标为凤凰洲和南岸敌阵地，后随步兵作战。

（2）由山炮二营和重迫击炮八连为第二炮兵群，配属六十三师，在该师攻占长生洲、木排洲和凤凰洲后，将火炮前移到这3个江心洲，支援渡江作战，后随步兵作战。

（3）第六十六师战防炮连配属二十一军负责东西两端警戒的部队，一部分战防炮前进到汆水洲，担任两端江面警戒，射击来犯敌舰，后随步兵作战。

4月20日晚，在中集团发起总攻前半小时（19时30分），二十一军六十三师一八九团乘船出发，在夜幕掩护下悄悄驶达凤凰洲，靠岸时被敌发觉，该团立即发出炮火射击信号，在北岸扫帚沟阵地待命的山炮团一营和化学迫击炮七连迅速以全营齐放炮火支援，一八九团迅速登上凤凰洲，展开战斗，很快占领全岛，全歼守敌。

在北岸的另一边，山炮团二营和重迫击炮八连从20日20时起向长生洲射击，支援六十三师另一部强渡夹江并登长生洲作战，战至22时30分，六十三师部队占领长生洲，歼灭守敌第五十五军二十九师的1个加强营。当夜，山炮团二营与重迫击炮八连随步兵渡过夹江到长生洲构筑工事。六十六师战防炮连也随步兵乘船驶往汆水洲构筑工事。

从当夜起，山炮团集中全部机动力量将二营、重迫击炮八连和六十六师战防炮连的火炮、重迫击炮与战防炮以及炮弹、装备等物资搬运到江心洲。

应该说，攻占江心洲的战斗干净利索，将大炮等重型装备运进凤凰、长生、木排、汆水等江心洲并构筑工事则艰难得多，卢伟如以二十二军《麓水报》[①] 特约记者身份，以激昂的文字描绘了当时的情景：

> 当天晚上，炮兵们把早已对准敌人工事的炮口，飞出去成群的铁弹，轰开一个缺口，接着便随着步兵的洪流，把大炮搬到扬子江的江心洲。没有驮马，全团千百条粗壮的臂膀，套上辕杆，拉着缰绳，连推带拉地架着大炮朝前赶。粘土挣掉了鞋子，芦苇刺破了脚，也不知道痛。南岸敌人的炮弹有时就在他们附近爆炸，打过来的子弹，哀鸣着由头上飞过去，有的子弹飞到下面。通信员小杨，身上一震，一颗子弹打中他的上身，鲜血直淌，他一只手压住伤口，一只手继续推炮，全心全意想念的，只是迅速把炮口指向南岸。
>
> 一道主江，二道夹江，抬三次炮，人力拉拽十一里，连续战斗两夜，炮兵们已经足足三天三夜未休息，眼眶发红了，走起路来脚步有点难着地，却把一切都准备妥当。
>
> 当猛烈的炮火把步兵送过江南时，他们的精神却从所未有的清爽。受过革命英雄主义思想熏陶的战士，都争着要在这中国历史的光辉一页中，留下鲜红的一笔。

三　支援步兵强渡长江

4 月 21 日白天，滔滔江水奔流不息，在江心洲和北岸待命的二十一军

---

① 《麓水报》是二十二军的军报，为纪念在战斗中牺牲的八师师长王麓水而得名，由陈毅司令员题写报名。引文来自 1950 年 1 月 3 日刊登的 "特约记者" 卢伟如撰写的文章《从黄河到东海——山炮团 1949 年的回顾》。

步兵和二十二军炮兵，恨不得太阳早早下山，早点到傍晚早点开战。

18时，隐蔽于北岸和江心洲的各种大炮突然发出阵阵轰鸣声，喷出一串串火苗，将一排排炮弹射向南岸敌军阵地，重点打击我渡船对面和登陆点两侧各300米地段。只见原先平静的南岸阵地上，突然响起阵阵爆炸声，接着硝烟四起、土石飞扬。

山炮团一营和化学迫击炮七连在北岸扫帚沟阵地，二营和重迫击炮六连分别在凤凰洲、长生洲等阵地轰击敌防御工事，此时的长江北岸，千船竞发，万桨击水，木船劈波斩浪地驶向南岸。在最前面的突击船距南岸约500米的时候，北岸和江心洲的火炮改用连续炮火在即将登陆的地段形成一道道弧形火墙，从突击船上跃出的步兵指战员登上南岸，快步向前占领前沿阵地，随后赶来大批渡船上的指战员登岸后扩大阵地。

仅20分钟后，南岸的夜空中突然升起3颗绿色信号弹，这是二十一军部队成功占领南岸滩头阵地后要求炮火支援的信号，特纵榴弹炮营和山炮团二营迅速改为延伸射击，在我步兵猛烈冲击下，敌防线崩溃，后撤逃跑。

在此期间（21日夜），山炮团一营从扫帚沟阵地转移到蟹子沟，与二营同时射击上下江口处，掩护六十三师一部于20时从上江口登陆，然后纵深射击，直至23时步兵巩固了滩头阵地。此后，山炮团一营、二营及六十六师战防炮连紧随步兵渡过主江作战，战防炮连曾射击敌军舰，命中数发。我大部队渡江后，敌人一触即溃，望风逃窜，伟大的渡江战役就此胜利地告一段落。

在《第二十二军炮兵史概述》中，山炮团在渡江战役的表现被重重地描绘为："虽然第二十二军步兵师、团没有当上渡江第一梯队，它的山炮团却是炮兵的佼佼者！我军山炮团从北方向长江进军，克服千难万难，越过层层天然障碍，把大炮拉到了长江岸上。从二十一日下午起，我山炮团配合第二十一军部队，以无比的准确和空前的迅速，突然开火，轰开了南岸敌防线碉堡，摧毁了一个个重要目标，掩护突击船队胜利登岸！"[①]

---

① 《头等兵团：中国人民解放军第二十二军征战纪实》，第359～360页。作者张麟曾任第二十二军《麓水报》记者、总编辑，国防大学第二编研室主任，著名传记作家。

四　进军浙东追穷寇

渡江胜利后第三天（4月23日），国民政府首都南京被解放，它标志着国民党在中国大陆的反动统治一去不复返，兵败如山倒的国民党军队纷纷南逃。

山炮团渡江后归建，随二十二军前进到杭州。

"扩张战果，追歼逃窜的蒋匪，雄赳赳的行列，车辚辚，马啸啸，一路强行军，从安徽的长江南岸赶到浙江杭州。"[①] 卢伟如的这段文字，生动描绘了山炮团渡江后的行军情景，表达了胜利之师的豪迈激情。

4月下旬，安徽、浙江两省的江南地区，春暖花开，禾苗碧绿，油菜花黄，竹林青翠。刚刚跨越长江天堑，经历激烈战斗的山炮团指战员奔驰在春暖花开的江南大地上，心中燃起解放江南、春满人间的豪情。卢伟如心潮澎湃，他从1946年6月从广东北撤山东算起，不到3年就随部队打过长江，重返江南，这里离广东不远，离全国解放不远，解放战争进展如此之快，应该欣喜，放声歌唱。

此时，按照蒋介石意图，国民党东南军政长官陈诚收拾原先盘踞在苏、浙、皖及赣东、闽北的国民党军残部，以东南沿海地区及附近岛屿作为台湾的屏障，由第八十七军等部在浙江阻滞解放军前进，并由国民党浙江省主席周喦退守舟山。

5月16日，二十二军奉命从杭州出发，沿着杭甬公路进军浙东。

卢伟如和炮兵团领导研究后认为，败退中的国民党部队没有多大战斗力，进军浙东的战斗规模不会大，我步兵快速推进，对炮兵的要求为快速反应和打击，应该打破炮兵连只配属至步兵师、团的常规，要求配合六十六师的山炮团一营和六十五师的山炮团二营，派出炮兵连紧随步兵先头营

---

① 见《麓水报》1950年1月3日第752期刊登的文章《从黄河到东海——山炮团1949年的回顾》，作者卢伟如。

前进，以最快的速度支援步兵，打击敌人。

5月19日，二十二军沿杭甬公路前进到达曹娥江西岸的东关镇和曹娥镇地区，在半天内筹集到200多艘船只，准备抢渡。

国民党八十七军下属两个团和地方部队1个团沿曹娥江布防25公里，六十五师侦察发现杜浦至黄山之间是防守空隙。当晚，一九五团三营悄然无声地渡过曹娥江，全团其他部队同样静悄悄地渡过曹娥江，国民党部队直到午夜仍在梦中，没有发觉解放军六十五师一九五团渡过曹娥江，六十五师主力也即将渡过曹娥江。

随六十五师行动的山炮团二营四连，从一九五团三营开始渡江起，一直守候在曹娥镇东的山头工事上，终于在师主力登船出发不久接到射击命令。他们向对岸村落边缘和附近山顶发射23发炮弹，命中18发，接着远3发、近2发，驻守该村及山顶上的敌人听到炮声后，慌忙向东逃窜，我军随即占领该村及山顶阵地。

先期渡江的一九五团继续前进，发现左前方山顶上有敌人，要求炮兵支援，山炮团二营四连在原地发射11发炮弹，均命中目标，敌随即溃逃，我步兵占领山头并继续前进。

六十五师渡江后，六十四师、六十六师也渡过曹娥江，全军向东疾进，扫荡溃散之敌。

5月24日拂晓，我步兵进至慈溪西15公里处，发现公路边的庙宇有敌人，要求炮兵支援，炮兵测出距离为2400米，两门炮射击10发炮弹，均命中目标，正在吃饭的敌人，仓皇逃窜。

对于这样的"小型战斗"，炮兵团领导没有松懈，适时提出"各炮兵连组织要精干，准备要周全，动作要迅速，运动间各班排次序排列要科学，一般由连长带观测班在前面，基准炮第二，发现敌人后，连长观察地形，观测班测量距离，各炮长、排干（排长或副排长）以及不牵拉牲口的炮手接受任务后，排长指挥炮手挖工事，副排长带炮，炮来了，工事挖好了，距离也测好了，把炮进入阵地，装上射击诸元，即可射击。基准炮应该动作最快，精度较好的火炮由副连长负责首先开火，牲口由正指或副指（正、副指导员）找地方隐蔽休息"。

此外还有"阵地应该设在路边，便于进入或转移"；"挖工事要迅速、合适，过去打歼灭战的阵地要求坚固带盖（伪装），现在情况不同，可以简化；距离测量用测远机最快，尽量把射击时间与弹数减少，把试射与效力射结合起来"。

二十二军进军浙东势如破竹，以一天解放一个城镇的速度，先后解放上虞、余姚、慈溪等城镇，5 月 25 日解放宁波，尔后攻占镇海，此时除宁海、象山两县外，浙东大陆已经解放，而且在进军途中，山炮团工兵连架设、抢修桥梁 10 多座，保证部队通过和恢复交通运输的需要。

此时，二十一军在沿着另一条路线解放浙江城镇，其中六十一师在解放蒋介石老家溪口镇后，也挺进到宁波附近地区。

7 月 1 日，已经进驻杭州的第七兵团首长，命令二十二军统一指挥六十五师、六十四师一九一团和二十一军六十一师共 7 个团兵力，担负攻占象山半岛任务。

象山半岛由宁海、象山两县组成，是国民党军队盘踞浙江大陆的最后堡垒，由国民党第八十七军残部及交警部队守卫，战斗力不强。攻占半岛的难度在于它的地形险峻复杂，半岛内高山层叠，危崖绝壁，怪石嶙峋，森林茂密，与大陆连接处狭窄，荆棘丛生，易守难攻，因而集中 7 个团兵力去解放两个县城，可调杀鸡用牛刀，在二十二军军史上既叫作"解放象山斗争战斗"，也被称为"解放宁（海）象（山）战役"。

从 7 月初开始的向象山守敌进攻，正是在炎热夏季，气温 30 摄氏度以上，冒着烈日酷暑，在 90 里行程中，不少指战员中暑倒在路边，被抬到河边洗洗后继续行军，以后的几天，几乎天天如此酷热，有些战士不是牺牲在枪炮下，而是牺牲在酷热中。

考虑到战斗规模不大，且宁波等城市需要守卫等原因，军首长决定只派出山炮团二营随六十五师作战。二营指战员抬着大炮，在酷暑中挥汗如雨，用肩抬着炮筒，车轮、炮弹箱紧随步兵翻山越岭，很好地完成了支援步兵作战任务，被誉为"创造奇迹"。

攻占象山半岛战斗很快取得成果：7 月 5 日，六十一师解放宁海县城，六十五师一九五团解放门溪周村和大朱山；6 日，六十五师一九三团攻下大青山；7 日，六十四师一九一团由象山港北岸横跨象山港外高泥登陆，于 8 日晨解放象山城；9 日，六十一师进占昌国镇，解放石浦，守敌"两浙盐警总队"800 余人向我军缴械投降，解放宁（海）象（山）战役胜利结束，总共歼敌 2000 余人，余敌大多乘船逃往舟山。解放象山半岛的意义就在于它就像一把铁扫帚，宣告浙江大陆上有组织的国民党武装被扫清，并为解放舟山群岛打下基础和取得前进基地。

第十二章
解放舟山战役

一　隔海炮击与攻占大榭岛

舟山群岛是中国最大的群岛，位于上海东南部，浙江省东北部，背靠沪杭甬（宁波），面向太平洋，是中国东部地区的海上门户和要塞，群岛东西长 182 公里，南北宽 169 公里，共有岛屿 1390 多座，陆地面积 1440 平方公里，海域面积 22200 平方公里。主岛定海面积 502 平方公里，是中国的第四大岛，① 其他较大的岛屿是岱山、衢山、长涂、桃花、六横、朱家尖、金塘、大榭等岛。

浙江大陆解放后，退守舟山的国民党军队有七十五军、八十七军和整编第一军，以及后来从台湾调过来的五十二军、十九军，总兵力 12.5 万余人，配备一批舰艇、飞机，按照"台湾屏障"和"反攻大陆"战略基地的要求进行防务建设。

1949 年 5 月 28 日，上海解放的第 2 天，第三野战军根据华东战场形势变化，并考虑到解放舟山群岛中渡海作战困难很大，命令第七兵团暂缓进占舟山，待绝对有把握时再发起渡海作战。

7 月 24 日，第七兵团首长在宁波召开作战会议，根据野战军首长指示，并考虑到我军所投入 4 万余兵力中炮兵数量不多，渡海作战只能靠木船，与国民党舟山守军相比，在兵员数量和装备质量方面处于劣势，我参战部队缺少渡海作战经验，而且渡海作战所需的大量船只暂时难以筹够，

---

① 前三大岛为台湾岛、海南岛、崇明岛。

决定采取"逐岛攻占"的作战方案，先攻占外围岛屿，再攻占舟山本岛。

作战方案确定后，军长孙继先、政委丁秋生（后为王一平）统筹组织渡海作战的各项准备，并组成由副军长张秀龙、政治部主任王六生负责的前线指挥部，大力筹集船只和开展渡海大练兵。这些原先长期生活在北方内陆地区的指战员，头顶烈日，划船游泳，在风吹浪打中刻苦训练，不仅较快适应了舟山地区的海上生活环境和潮湿闷热的天气，还成为游泳好手、划船能手，掌握了渡海作战的基本要求。

二十二军决定首先攻占距大陆海岸最近的大榭岛①，它是舟山群岛第四大岛，面积 76 平方公里，距舟山主岛 7 公里，距浙东海岸线 600～1000 米，全岛都在我军炮火射程内。

大榭岛守军为国民党七十五军十六师四十六团和四十八团，共 1400 余人。他们在岛屿滩头设置许多鹿砦、竹扦、铁丝网等障碍物，筑有大量地堡，地堡间有交通壕连接，还依托山头布建钢筋混凝土工事，并有军舰、飞机支持。

二十二军的作战计划是：

（1）以一九零团及一九六团二营攻占大榭岛，山炮团火力支援。

（2）以二十一军六十一师一九一团夺取外神马岛和穿鼻岛，并策应一九零团作战，保证其右翼安全。

（3）采取突然袭击方式，黄昏炮击，天黑渡海登岛，发挥我军夜战特长。

卢伟如认为，大榭岛离我海岸较近，敌我双方都可以将对方活动看清楚，而且我方海岸更为开阔，炮兵阵地设在水田边缘，很容易被敌人发现，我们的战前准备必须非常隐蔽，决不让敌人觉察，才能达到上级提出的"隐蔽、迅速、突然开火"作战要求。

开战前几天，山炮团指挥员、观察员与炮手身着便装隐蔽观察敌情，确定阵地位置和筑建方案并进行认真细致的准备。直到开战前一天夜晚，炮兵指战员才真正开始行动起来，他们"不穿白衣，不吸烟，不大声说

---

① 大榭岛现在建有宁波大榭开发区，有公路、铁路和跨海大桥与宁波相连。

话，跌倒不叫喊"，在距敌占岛几百米处构筑炮兵工事。另外一部分指战员负责运输，他们冒着阴雨，推着火炮，背着炮弹和装备，翻过两座山头，走过泥泞的道路，将火炮安装在阵地上并加以伪装，按照每炮留两人看守的安排，其他人撤出阵地。天亮后敌人照例派出飞机前来侦察扫射，山炮团没有还击，敌人被蒙在鼓里。

第二天（8月18日）下午4时，炮兵指战员隐蔽地进入阵地。此时的卢伟如正在穿山半岛炮台山上的炮兵指挥所，密切注视着大榭岛情况。夕阳西下，大榭岛与大陆海岸之间的海面上，微风吹拂，微波荡漾，平静如常。岛上敌军没有异常行动。

此时，在穿山半岛东北部沿亭湾区域内，隐蔽着山炮16门、战防炮3门、重迫击炮6门、步兵炮4门，组成了4个火力队。而在穿山半岛的河湾港汊内，则隐蔽着200多艘木船和整装待发的两个步兵团。

下午6时，太阳快要落山，军指挥部发出"战斗按时开始"的命令。卢伟如立即拿起话筒，下达"按时开炮"的命令。炮兵指战员立即撤去伪装，面对大榭岛的海岸边，突然出现了29门火炮和接踵而来的隆隆炮声，它打破黄昏的沉寂，成排的炮弹飞过海峡，落在大榭岛敌阵地上。毫无准备的敌人，顿时慌了手脚，苦心修建的地堡中弹爆炸，前沿工事被炮火摧毁，惊慌失措的敌人乱成一团。

这是一次精心准备的炮火齐发。六连1炮第1发就命中岛上红毛脚地堡群，紧接着的数发摧毁了几个地堡；四连1炮新炮手刘文吉沉着仔细，第1发炮弹就把9号目标的地堡掀开，接连6发全部击中地堡；六连2炮炮手胡松林13发命中9发；四连发射27发命中16发。总共16个目标，中弹66发，13个地堡被摧毁9个。

随着炮声响起，首先起渡的二十一军六十四师一九一团第一梯队一营全部和三营一部，仅用30分钟就突破外神马岛和穿鼻岛的敌防线，全歼守敌40余人，形成保证右翼安全，策应一九零团正面进攻大榭岛的作战势态。

此时，担任正面攻击第一梯队的一九零团及一九六团二营，总共4个步兵营乘坐130艘木船，从隐蔽的河湾和港汊中冲出，在经过炮兵阵地时，船上步兵高呼"打得好"和"向炮兵学习"的口号，并将木船划得飞快，如同一支支利箭射向大榭岛。

35 分钟后，天空亮起 3 颗红色信号弹，这是第一梯队发出"成功登岛，呼叫炮火纵深支援"的信号，卢伟如再次拿起话筒，命令炮兵转为延伸射击。猛烈的炮声再次响起，一排排炮弹落在敌纵深阵地，向后逃跑的敌官兵发现退却路上炮弹连续落地爆炸，烟雾弥漫，进退两难，更加慌乱。此时，我步兵的第二批船队正在快速驶向大榭岛。

登岛部队采取"中心插入，截断敌退路，再反转攻击"的战术，首先抢占东大吞、将军山等阵地。第二梯队登岛后，向左中右三面冲击，逐山逐村地消灭敌人，战至午夜，已完成对大榭岛主峰七顶山的包围，山上敌军指挥所指挥残余部队负隅顽抗。登岛部队利用黑夜分几路上山，在拂晓前全歼残敌，占领七顶山，解放全岛。

19 日晨，敌舟山防卫司令部为了重占大榭岛，派出 5 艘军舰载着七十五军六师十八团前进至龙山以北海面，以舰上火炮向我战地射击，天空出现 5 架飞机对我沿海地区和大榭岛施行低空扫射，敌十八团在长坑村和田房村登岛，我六十四师采取诱敌深入、尔后全歼的战术，耐心等待。黄昏入夜，我军在迫击炮掩护下，向占领滩头阵地的敌军发起强力反击，其间动员刚刚解放过来的国民党军炮兵，调转炮口，轰击援敌，竟然准确命中。在我登岛部队的反击下，敌援军大部被歼，残敌争先恐后爬上军舰，逃之夭夭。

大榭岛之战共歼敌 1448 人，毙敌团长 1 人，俘虏副团长 1 人，同时解放穿鼻岛和外神马岛，据守梅山岛的国民党驻军闻风而逃，一九三团顺势解放该岛。

首次渡海作战的胜利，打破国民党军的"依海据险，战无不胜"的神话，增强了部队渡海作战的信心，为继续攻占其他岛屿取得经验。

山炮团实现了战前隐蔽，突发炮火，摧毁敌阵地，有力支援步兵渡海登岛作战，得到军首长肯定和步兵指战员称赞，全团上下欢欣鼓舞。卢伟如冷静地想到，配合步兵攻占大榭岛，炮兵团取得隔海作战炮击的实战锻炼，却没有得到乘船渡海的作战经历，后面的考验将会更加严峻。

二　"水伴炮兵"与攻占金塘岛

大榭岛解放后，第七兵团决定尽快攻占金塘岛，拔掉国民党军在舟山本岛以西最靠近浙江大陆的最大外围据点。

金塘岛是舟山群岛的第三大岛，面积82.4平方公里，位于舟山本岛定海和浙东大陆之间，距定海6公里，距浙东大陆4公里，攻下金塘岛，就取得解放舟山本岛的前进基地。

国民党方面非常清楚金塘岛在舟山群岛防卫中的重要地位，早在5月中旬，蒋介石两次亲赴金塘岛视察，都要求驻岛官兵"死守金塘岛"。驻守该岛的国民党七十五军一零二师及军直属炮兵营，总共3500余人，他们在靠近宁波的南部配备两个团，在北部山区配备1个团，针对岛内多山地形，修建多条公路，用于调动部队和运输物资，并在北部沥港，配备多艘军舰，增加防守和机动力量。

金塘岛南北长，东西窄，呈长条形状。我炮兵可摧毁岛屿南部及沿海地区的敌阵地，却难以准确命中岛上中北部山地的敌纵深防御阵地，只能以炮兵随伴步兵上岛作战方式解决这些纵深阵地的问题。

攻占金塘岛的作战计划是：

（1）由六十六师并指挥一九零团，继续采用"黄昏炮击，天黑渡海登岛"战术，10月2日傍晚开始战斗，以解放金塘岛的优秀成果为中华人民共和国成立敬献重礼。

（2）参战炮兵有特纵榴弹炮30门（8个连），野炮12门（4个连），山炮团山炮5门，阵地设在大榭岛狗头颈到穿山半岛青峙镇之间19公里处，以3个远射群封锁海面、摧毁金塘岛南岸工事和支援突击部队登陆作战。

（3）山炮团以10门山炮和6门迫击炮组成随伴炮兵群，配属六十六师登岛作战，解决敌在岛屿中北部山地的纵深防御阵地。

随伴炮兵困难很多：一是如何将大炮装在渔船上，在交战状态下渡过

4000 米海面；二是无论如何改装渔船，都不能在作战条件下用船只载运骡马，因而人力拉炮的方式，从上船开始使用，上岛后还要继续使用，必须研究出适合的运输火炮方式。为此，山炮团以连队为单位演练搬运大炮上下船和在平地与山地及其他地形的运输方式，经过反复演练，指战员发明了"抬炮担架"，将抬炮上下船的时间缩短到 1 分钟内完成，而且在陆地和山路、水路行走，较为机动。

1949 年 10 月 1 日，中华人民共和国开国大典在北京天安门广场举行，歌声和欢呼声传遍中国大地。在穿山半岛海岸和大榭岛上，二十二军指战员满怀豪情地做好攻打金塘岛的最后准备，决心把解放金塘岛的胜利捷报送到北京，为中华人民共和国的诞生敬献厚礼。

10 月 1 日，舟山突降大雨，2 日仍不停止，大陆与金塘岛之间海面逆风恶浪使船只无法航行，原定 2 日傍晚开始的攻打金塘岛战斗，只能推延。

为捕捉战机，前线总指挥张秀龙副军长命令攻岛部队原地待命，同时约请当地老渔民观察和分析气象变化。老渔民根据多年经验指出："3 天内没有晴天，但是，明天的雨，可能变小。"

10 月 3 日上午，倾盆大雨仍然如注，下着不停，军领导很着急，他们知道，金塘岛每月只有 6 天平潮可以登岛，如果这样的大雨一直下到后天，只能几周后攻岛。

3 日下午 4 时，真如老渔民所说的那样：风向转为东南，海水涨潮，雨停雾散，金塘岛轮廓淡淡地显现出来。孙继先军长闻讯发出"天助我也"的感慨，前线指挥部果断下达"17 时 30 分开始战斗"的命令。

17 时 30 分，几十门大炮发出震耳欲聋的怒吼，8 公里长的炮阵地，发射炮弹的声音此伏彼起，一颗颗炮弹飞过海面，落在金塘岛南岸，伴随着阵阵爆炸声，敌阵地燃起火光，滩头阵地、碉堡、铁丝网、梅花桩和其他障碍物均遭破坏。这样猛烈的炮火轰击，完全出乎敌人的预料，他们惊慌失措，大乱阵脚。

此时，由 3 个步兵团组成的突击部队，乘坐 300 多条木船出发，然而在它们驶过金塘洋激流以后，天气突变，又下起大雨，船队继续前进。

75 分钟后，船队抵近金塘岛岸滩，岛上敌机关枪猛烈扫射，我数十只突击船同时向多处冲击，方晓团长率领的一九八团在激战中首先在泊塘成功登岛，一九零团紧接着从大、小泥湾海岸登岛，一九六团从东呑、黄岚海岸登岛；第二梯队一九七团尾随一九八团在泊塘登岛。

卢伟如率领的随伴炮兵船队，在风雨交加的波浪中紧跟第一梯队前进。他所乘坐的木船虽经加固，但因载重大，吃水较深，在风浪连续冲击下被冲溃一部，继而开始下沉，在这紧急关头，卢伟如身先士卒跳入海中推船①，指战员纷纷跟进，经过艰苦搏斗，终于将木船推到岸边，从而保住山炮装备未受损失。

大风大雨给二十二军登岛后的作战带来了极大困难，也给敌军造成同样的极大困难：大风大雨使敌人汽车不能行驶，飞机不能起飞，军舰不能出海。金塘岛守敌师长朱式勤向舟山守备司令部报告"部队伤亡惨重，务必速派海陆空军增援"，司令石觉虽然焦急万分，面对不停的大风大雨，只能望洋哀叹。

二十二军前线指挥部认真分析后认定，守岛敌人在大风大雨中孤立无援，抵抗能力大为下降，我军指战员在吃大苦、耐大劳和连续作战方面大大强于国民党军队，而且擅长夜战，一定能够克服大风大雨的特大困难而战胜敌人，张秀龙副军长果断地命令登岛部队抓住战机扩大战果，尽快占领全岛。

随伴炮兵群靠岸登岛后，按照分工，以连队为单位，支援步兵作战。山炮团二营六连跟随一九八团向小石塘开进，该团前进速度很快，六连紧追不离。大风雨夜晚，伸手不见五指，六连指战员在探路人员的引导下，抬着大炮，挑着弹药，奋力前进，不知滑倒多少次，爬起来继续向前。他们走过被山洪淹没的独木桥，翻越五道山岭，经过一夜艰苦行军，终于在4日早晨5时到达指定地点，架好大炮，轰击围屏山守敌，掩护步兵攻击。尔后六连又抬着大炮行军8小时，抵达柳巷，架起大炮，轰击敌阵地，掩护步兵冲击。在步兵攻占敌师指挥所后，六连再跟随步兵向纺花山前进。

山炮团其他连队也是如此。四连和五连随伴一九七团作战，指战员在

---

① 见炮七师党委《对卢伟如同志军衔鉴定》。

黑夜中抬着大炮，在深及大腿的水路中摸索前进，肩膀被压肿，跌倒负伤，仍咬紧牙关继续前进，终于在第二天早晨 6 时到达指定地点，立即架起大炮，向对面山头敌阵地射击，压制其火力，步兵奋勇冲锋，歼灭守敌，占领山头。此后，炮四连和五连又随步兵前进。

4 日上午，炮兵抬着大炮，挑着炮弹，在深水中艰难行进，一位步兵脱口将"随伴炮兵"改称为"水伴炮兵"，这样的"战地玩笑"很快广为传播，因为它确切地描绘了解放金塘岛战斗中炮兵指战员在行军和作战中的艰苦情景。

4 日下午，在我几路突击部队追击下，残余敌人被压缩到金塘岛北端，企图以东佛岭、老鹰山、化成寺为屏障，固守沥港待援。其中老鹰山阵地最为坚固，山前是大水淹没的开阔地带，在敌人机关枪的严密封锁下，步兵难以进击，需要炮兵火力支援。根据地形判断，摧毁敌老鹰山工事，在南面纺花山顶上设置炮兵阵地射击最为有效，这个任务落到炮七连身上。

纺花山海拔 564 米，是金塘岛最高峰，山势险要，山上长满丛林荆棘。据老乡说，晴天空手上去，最少一小时。七连指战员刚刚翻过虮蝲山和围屏山，身体很是疲惫。他们接到任务后，发出豪言壮语："山再陡，也是死的，人再累，也是活的，没有爬不上去的高山。"

18 时，七连借助夜色未全降临、尚能看清道路的状态开始登山。指战员抬着两门沉重的化学迫击炮，挑着炮弹，背着装备向山顶前进，在半小时内翻过几个山坡，累得上气不接下气。他们面对丛林荆棘，悬崖峭壁，再加上天黑看不清路，只能沿着山间小溪摸索前进。有时脚滑，有的指战员连人带炮件滚下去两三米，爬起来，抬起炮再接着往上走。他们快到山顶时，被老鹰山上的敌人发现，机关枪扫射过来，子弹从他们身边飞过，战士们风趣地表示："打吧，等我们到山顶，再请你们吃洋地瓜！"

经过 1 小时 40 分的艰难攀登，七连终于登上山顶。为避免敌人发现，他们在暗夜中不点火，摸索着架设迫击炮，然后瞄准老鹰山上敌阵地开火。首发炮弹落在敌工事上，爆炸的火光在夜色中闪耀，紧接着一阵射击，敌人的哭喊声响起，机关枪变成了哑巴。正在此时，我步兵发起冲锋，很快占领老鹰山，全歼守敌。

突破老鹰山阵地后，步兵直插岛上北端港口沥港镇，这是金塘岛与舟山本岛的主要通道，占领它，就切断了敌军海上退路。此时，敌一零二师主力已被压缩到沥港镇一角，在我强力攻势下，大部分敌人缴械投降，副师长李湘萍少将只身一人逃到大鹏山，被紧追不舍的我军战士俘获。师长朱式勤见状不妙，赶紧率残部百余人乘船逃向定海，攻占金塘岛战斗结束，总共歼敌 2409 人，俘敌少将副师长李湘萍以下一批官兵。

在登岛部队向北推进时，山炮团工兵连在岛的南端进行另一场抢时间争速度的战斗。他们与风雨、泥泞和礁石搏斗，筑建码头、桥梁 16 座，开辟道路 5 公里，挖掘中型掩护体 13 处，制作木梯 707 个。

山炮团的后方同志们"一切为了前方"，在风雨中运送 100 多吨弹药，80 吨大米，95 吨食品和其他物资，为占领金塘岛提供物质保障。

解放金塘岛战斗是二十二军为刚刚诞生的中华人民共和国献上的一份厚礼，山炮团为战斗胜利做出突出贡献，有 24 位指战员荣立一等、二等功和丙等模范，483 位指战员荣立三等功，立功人数达 507 人。一个炮兵团在一次战斗中有这么多人立功受奖，突出地说明战斗的艰巨性和广大指战员的突出表现，正如卢伟如在《麓水报》上发表文章所描绘的那样："金塘岛战斗发起后，英勇的炮兵，抬着大炮和弹药，冒雨乘风，伴随步兵奔向金塘岛上。连日大雨，把金塘岛的平地，淹成一片汪洋。抬着炮的炮兵不是翻山就是涉水。奋战了两天两夜，不光衣服没有一丝缕干的，连装在皮盒里的镜子也进了水。鞋子给水泡破了，沙石刺破了腿，鲜血随着雨水流着，他们认为这与和敌人拼刺刀而流血一样的光荣。"[①]

11 月 15 日，孙继先军长、丁秋生政委、张秀龙副军长等发布嘉奖令，嘉奖金塘岛战斗中英勇顽强、艰苦奋斗、指挥果断、功绩卓著的各参战部队中的水手、突击营连、炮兵、后勤人员，其中包括山炮团团长卢伟如，一九八团团长方晓。[②]

---

① 见《麓水报》1950 年 1 月 3 日第 752 期刊登的文章《从黄河到东海——山炮团 1949 年的回顾》，作者卢伟如。

② 《中国人民解放军舟嵊守备区部队历史沿革大事记——1937 年至 1950 年》，第 212 页。

《麓水报》在战后发表了六十六师副师长石一宸的《渡海作战的几个问题研究》、一九八团团长方晓的《攻击金塘岛的体会》和山炮团团长卢伟如的《攻击金塘岛步炮协同作战的体会》，并指出"这三篇通过实战总结出的经验性文章，对指导军事训练具有重要作用"。[①] 有意思的是，这三位曾经同时担任二十三团领导，后来被提拔到不同岗位，却又同时参加同一战斗，而又同时受到军领导表扬。

金塘岛解放后，六横岛和佛渡岛的敌守军慑于我军威力，于 10 月 7 日弃岛撤走，二十一军六十一师随即进占桃花岛。国民党军舟山本岛的外围防线，又被撕开一个大缺口。

三　渡海大练兵和解放舟山群岛

渡海大练兵开始后，卢伟如认真总结练兵经验，写出《对渡海作战中步、炮协同的几点意见》，发表在 1949 年 8 月 22 日《麓水报》上[②]，受到军领导的肯定和指战员的欢迎，由此一发不可收拾，继续写出《炮兵渡海作战初步体会》《攻击金塘岛步炮协同作战的体会》《我们打兵舰的办法》《炮打坦克之研究》《隔海打地堡之研究》《山炮船上射击的初步研究》《岛屿攻击战中随伴炮兵的几个问题》《舟山残敌炮火配备之变化及我炮兵对策之商榷》等文章，先后发表在《麓水报》上，这既是山炮团全体指战员的刻苦训练成果，也是卢伟如精心归纳、深入研究的结果，在解放舟山战斗中发挥了一定作用，也为他在后来领导炮兵教学、科研工作，打下坚实的思想基础。

他非常认真地履行《麓水报》特约记者的职责，在完成激烈的作战和繁忙的工作任务的同时，写出一批报道文章，例如《翻山越岭紧随步兵作

---

① 《中国人民解放军舟嵊守备区部队历史沿革大事记——1937 年至 1950 年》，第 209 页。

② 关于这篇文章发表的记载见《中国人民解放军舟嵊守备区部队历史沿革大事记——1937 年至 1950 年》，第 202 页。

战——山炮团在金塘岛战斗中》《一定把炮抬上山顶去》《连个数也不会算能打好炮么？——山炮团掀起学算术热潮》①，以及综述文章《从黄河到东海——山炮团 1949 年的回顾》，记述了山炮团的战斗情景和指战员顽强战斗的精神面貌，在他心中，应该受表扬嘉奖的是基层指战员，将他们的战斗事迹报道出来，也是政治工作的一种好形式。

海上大练兵内容十分丰富，如山炮团对付从舟山出扰的国民党舰艇问题，开始时成效不大，形成 "敌舰有 105 或 120 大炮，你打不到它，它打到你" 的被动状况，步炮如何打兵舰？穿山半岛山炮团一营的炮手和观察员在没有钟表可供计时的困难条件下采用 "按脉搏计算时间" 的 "土办法"，找到敌舰在海中航行速度大致为每秒 6 米，在海峡中航行大致每秒 4 米，并计算出射击方法，因而做到 "不论敌舰由何处开来，一营的山炮均可在 4 分钟内射击，他们先后射击 10 多次，击伤敌舰 4 艘"。既有力地打击了敌海军气焰，也消除我炮兵对敌军舰的顾虑。卢伟如的文章《我们打兵舰的办法》总结了他们打军舰的经验，后来被兄弟部队转载。

渡海大练兵的另一个突出例子 "大老粗" 指战员学习高等数学活动，也非常令人感动。由卢伟如提出，得到山炮团党委的支持，团党委决议开展 "全团学习数学" 活动。"为了学习新技术，炮兵指战员自动停止午睡，有的连队把制度规定的吃油省下一部分，用作晚上学习。" 在射击训练中增加了难度较大的内容，如 "射弹散布与命中公算" "概略试射与精密试射" "效力中的各种射击法" "活动目标射击法" "水上射击法" 等，将训练与实战结合起来，采取以干部为主，全体参加的方法，使全团炮兵技术显著提高，涌现出一批 "大老粗" 学好数学的先进典型，如 15 位副连长中，训练前掌握精密试射的只有 1 人，训练后变成不掌握精密试射的只有 1 人；训练前 12 位副连长不会效力射的 6 种方法，训练以后全部都会使用；此外，还培养出一批新炮手，为全团每门火炮都配备三个炮手；班排

① 见《麓水报》1949 年 10 月 13 日第 697 期、1949 年 10 月 21 日第 704 期、1950 年 1 月 8 日第 755 期。

干部和观通人员技术水平也明显提高，① 从而进一步提高了山炮团的战斗力。

二十二军解放金塘岛后的第 6 天（1949 年 10 月 11 日），蒋介石带着蒋经国等高级官员飞到舟山，询问舟山守军司令官石觉，"你们说的'打下舟山，奉送台湾'是什么意思？"石觉回答："那是表示保卫舟山的决心，下面随便说说，台湾哪能奉送？"蒋介石称赞道："'打下舟山，奉送台湾'，好话！好话！这个话说给共产党听。他们飞机没几架，只有几条小舰，宁波那个二十二军，不会从海上飞吧？我看他们没能力攻下舟山。"

蒋介石说出贬低我军的话，并不奇怪，怪就怪在他一边贬低我军，一边扩充舟山守军和加强防卫措施，或许是此时中华人民共和国已经成立，蒋介石或多或少地已经接受了教训。其实他此行的目的，是要将舟山守军从 6 万增到 12 万人，从台湾、金门等地抽调飞机、军舰，增援舟山，还将舟山防卫指挥部的级别提高为"东南长官公署舟山指挥所"。

针对国民党军大增兵的情况，1950 年 4 月 25 日，华东军区、第三野战军召开陆海空三军联合作战会议，决定以第七、第九兵团 6 个军组成南北两个登陆突击集团，在海空军配合下，在 11 月前完成解放舟山群岛任务。

5 月 1 日，第四野战军解放海南岛，歼敌 3 万余人，致使国民党高层，特别是蒋介石本人更加恐惧不安，决定主动撤出舟山退守台湾，而且动作很快，从 5 月 13 日开始以飞机轰炸和炮兵轰击浙江沿海地区和我已解放的舟山岛屿，掩护其 12 万守军从舟山群岛撤退到台湾。

蒋介石这次保密工作做得好，第三野战军获悉消息是在其撤出舟山后。5 月 16 日晚，第二十一、二十二、二十三军在东起登步岛、西至册子山岛长达 30 海里海面上全线出击，17 日占领舟山本岛，18 日占领岱山、普陀、朱家尖，19 日占领长涂等岛，至此舟山群岛全部解放。

长达一年多的舟山战役，是卢伟如参加解放战争的最后一次战役。

---

① 见《麓水报》1950 年 1 月 8 日第 755 期。

第十三章
第三炮校训练部长

一　调任炮校训练部长

舟山群岛全部解放后，二十二军奉命守卫舟山群岛，保卫祖国的东海大门。

1950 年夏天，根据组织安排，卢伟如参加了空军飞行员的体检，他体格很好，历次战斗均未受伤，顺利通过体检，空军决定录取，他也很想飞翔上蓝天，保卫祖国的天空，获悉孙继先军长和军党委不同意放行，他服从组织决定。

到了 9 月，二十二军根据舟山群岛的防卫需要，决定撤销山炮团编制，将炮兵营、团下沉一级，列入步兵团、营编制并成立军炮兵办公室。在此情况下，华东军区炮兵司令部决定将卢伟如调往华东炮四师担任参谋长，到职仅 10 余天，炮四师接到改编为华东军区摩托装甲兵司令部的命令，军区炮司将他调到炮七师先任副参谋长，后任参谋长[1]。半年后，他被调到第三炮兵学校担任训练部部长，总算安定下来。"半年内三次调动工作，都能愉快服从组织决定，从参谋长调任副参谋长，都未讲价钱。"这是组织鉴定上的评语。[2]

1950 年 12 月 15 日，在原国民党南京汤山炮校的北大操场上，中国人

---

[1] 据《39 军炮兵旅旅史》大事记记载，1950 年 10 月，卢伟如调至炮七师任副参谋长，参谋长吴忠泰不久后外调，卢伟如接任参谋长。1951 年 3 月，第三炮校副教育长武鸣亭调任炮七师参谋长，卢伟如调至第三炮校任训练部长。

[2] 据 1954 年 3 月 18 日《炮七师党委对卢伟如的鉴定》。

民解放军第三炮校等单位举行成立典礼。华东军区炮兵司令员陈锐霆主持典礼并代表军区宣读中央军委命令："华东军区特纵学校改为中国人民解放军第三炮兵学校，归军委炮兵建制。"

华东军区司令员陈毅亲临大会，检阅部队，向新建单位授旗并在后来的讲话中强调，中国人民革命已经取得了基本胜利，全国接近全部解放，我们有条件提供新的武器，使人民解放军更加强大，这是人民武装现代化、机械化建设的新时期，必须在思想上、组织上、编制上，在使用武器、作战方法、教育方法上，都有一个新的转变，才能更好地完成这一伟大的建设任务。要学会新知识、新技术，掌握新武器，掌握陆海空军联合作战等军事科学，把军队转变为正规化、近代化的国防军。第三炮校的同志们，在掌握近代化科学技术中，要特别防止不愿接受新事物、没有信心以及过分轻视等不正确态度，立志苦心钻研，终身为炮兵建设事业奋斗，创造出大批专家，懂得高超的技术。①

陈毅司令员的重要讲话，高瞻远瞩地指明华东军区在新形势下的重要任务，为新成立的第三炮校指明了方向和指导原则。卢伟如参加了大会，很受教育鼓舞。1951 年 4 月 2 日到第三炮校报到后，他再次来到北大操场，回忆炮校成立的庄严情景和陈毅司令员的讲话精神，感到特别亲切，重担在肩，他决心努力工作，争取早日达到陈毅司令员指明的目标。

二　开展职责教育

华东特科学校转变为第三炮校后，炮校各项工作发生很多变化，训练工作的变化尤其显著：

（1）由战争年代的短期速成教育，转变为和平时期的较长时间正规化养成教育。

（2）由单一的炮兵观测、射击科目，转变为既学政治、文化，又学炮

---

① 引自第三炮校《大事记》。

兵技术、战术，如兵器弹药、观测器材、射击操作、军事地形、测地勤务、通信、军事工程、防化、汽车驾驶等内容，还有步兵武器、条令、队列，以及卫生防护和体育等总共 18 门科目。

（3）学习的火炮种类增加，在原有的美式 105 榴炮、日式 38 野炮基础上，增加苏式 122 榴弹炮和 76.2 野炮。

（4）由教员住队组织施训，转变为教员按照课程实施教育训练。

按照中央军委颁布的军队院校新编制命令，炮校领导将特科学校时的训练处扩大为训练部，下设教务科、编译科、教育设备科，教员按战术、射击、兵器、政治和文化等专业编为教研组，统归训练部领导。

卢伟如上任前，训练部工作由段仲宇副部长主持，他曾经打入蒋介石的"委员长侍从室"担任"少将高参"，为人民解放事业做出突出贡献。他是"黄埔九期"的炮兵专业毕业生，在蒋介石身边和"国防部"工作期间，都曾分管军事院校，包括南京汤山炮校。他在第三炮校筹建时，被任命为训练部副部长并担任炮校成立大会的阅兵总指挥。

卢伟如非常钦佩这样一位曾经打入敌人心脏，为人民解放事业做出突出的特殊贡献，而且经过正规的炮兵专业训练的共产党员，将他敬如兄长，重大问题都与他商量，注意发挥他的特长作用。2008 年 9 月，笔者在南京军区总医院见到因病住院的段仲宇伯伯，这位当时 92 岁的老人，是副军级离休干部，思维清楚，热情地回忆起他与卢伟如共事时的情景并强调说："卢部长对我帮助很大，他做事很有决心，很有办法。"

卢伟如于 1951 年 4 月 2 日报到后，黄迪菲①调任训练部副部长，他也有一段不平凡的经历。他在皖南事变中被俘并被关入上饶集中营，一直坚持斗争，在与难友一起发动暴动中成功逃出魔掌，找到部队。卢伟如、段

---

① 黄迪菲（1918～2005），广东省花县人，1938 年参加花县抗日游击队，1940 年参加新四军，历任干事、股长、副科长，在皖南事变中被俘后被关入上饶集中营，后成功逃脱并找到部队，曾写出《如此三民主义教育》的文章，揭露国民党在上饶集中营对被关押的新四军战士的迫害。他于 1945 年入党，曾任第三炮校训练部副部长、军委炮兵研究所所长、西安炮校训练部长、江西省军区副参谋长。

仲宇和黄迪菲经历不同，但都经过严酷的革命斗争考验、锻炼，对党忠诚，事业心强，在校党委领导下，努力工作，很快开拓出训练工作新局面。

卢伟如（中）、段仲宇（左）和黄迪菲（右）在研究工作

他们刚上任时，训练部突出的问题是"解放军官"问题。

所谓"解放军官"是指在解放战争中向解放军投诚的国民党军官和被我军俘虏教育后留在人民军队服务的国民党军官。华东"解放军官"中的炮兵军官的大多数被送到特科学校担任教员，后随着改编转为第三炮校教员，由训练部负责领导。

当时，这样的"解放军官"教员数量较大，占教员总数的大多数，校内有同志开玩笑说"训练部是'解放军官'训练部"，也有同志言外有音地说这是"被俘者教育胜利者"。

这些"调皮的闲话"本应很快过去，不料竟在"解放军官"教员中流传开来，他们本来就有思想包袱，听后思想负担加重，影响其发挥积极性，影响炮校的教学质量。

卢伟如认为，这些"解放军官"教员基本上是国民党南京汤山炮校的毕业生和教员，专业水平较好，他们人数多，占据课程多，对炮校的教学质量影响大，必须设法调动他们的积极性。

他还看到，我军培养的教员政治条件好，但也存在专业技术水平跟不上正规化教育要求的问题，需要教育解决。

他经过思考后认为，解决上述两方面问题，应该从明确训练部的职责入手，可以统筹解决，他和两位副部长商议后决定在训练部内开展"以教学为中心"的职责教育活动。

华东军区炮兵司令部明确规定"学校以教育为主的工作方针"，炮校党委强调"学校的中心任务是教学工作"，"一切围绕教学工作为中心"。卢伟如认为，几个提法措辞不尽相同，基本意思一样，都体现"以教学为中心"的指导思想。

他们分别召开训练部全体人员大会、科（系）领导会、教员座谈会开展工作，强调"以教学为中心"是正确处理教学工作和其他工作关系的指导思想，主管教学工作的训练部更应该明确，训练部全体成员，包括全体干部和所有教员，都应该明确自己的职责是全心全意地搞好教学工作，无论是我军自己培养的教员还是"解放军官"教员，都要达到这个要求。

训练部内开展的这一活动，很快在全校教职员工中传播开来，引起讨论，出现了一些不同声音：有的说训练部多数人是"解放军官"，他们旧思想多，历史复杂，应该加强思想改造，而不是以他们为"中心"；还有的说"以教学为中心就是以训练部为中心，训练部是主体，其他单位是两翼或从属"。

这些不正确的议论，在"解放军官"教员中再次引起消极想法，有的人思想通后又反复，卢伟如为此再次召开训练部全体人员大会，并做如下讲话：

> 以教学为中心是我们训练部的职责，也是检验我们工作的最重要标准，我们应该不折不扣地贯彻执行。我们的工作就是在校党委、校首长的领导下全心全意、千方百计地改进教学方法，充实教学设备，认真备课、授课，严密组织计划，尽最大努力提高训练质量。否则就不是或不完全是以教学为中心，也就没有履行好我们的职责。改造思想是革命者终生做不完的大事，要学到老，改造到老，每一个革命者都要这样做，难道我们中间有人不需要改造思想吗？

在谈到教员地位时，他指出，教员是学校完成训练任务的主要力量，还风趣地将教员比喻为饭店的厨师，说明他们岗位任务很重要，炒出好菜不容易。首先要热爱本职工作，要有真本事、硬功夫，要有勤奋上进的精神。其次要注意学习，认真钻研业务，善于总结经验，接受新鲜事物，不断提高自己的烹调技术。不然的话，你就很难炒出好菜，更难做出花样，那你就是一个不称职的厨师，饭店的老板和吃饭的顾客都不满意。他声明，他可不愿意做不满意的老板，相信大家也不愿做不称职的厨师。

卢伟如精彩生动的讲话，使干部、教员，特别是"解放军官"教员，在捧腹大笑中明确了自己的职责和努力方向，不再考虑那些传言，当年在现场的训练部干部，后来担任训练部副部长的耿效仁印象深刻，记忆犹新。

炮校党委和校领导非常关心支持训练部的学习活动，他们认为"以教学为中心"不仅训练部要明确，其他部门和全校教职员工都要明确，决定将"以教学为中心"的指导思想写入炮校的教学指示和炮校第一次党代会决议中。

2008 年 9 月，笔者见到时任黄埔军校同学会江苏分会的会长（前任会长段仲宇）胡念恭，当时担任训练部射击教研室主任，他在"汤山炮校"高级班受训时秘密加入中国共产党，毕业后担任国民党江宁要塞少校台长，为解放战争做出贡献，南京解放后参加解放军，先后在"华东特科学校"和第三炮校担任教员，他认为："卢部长上任后，对'解放军官'情况与问题掌握准确，解决方法很有成效。卢部长讲话后，'解放军官'对他刮目相看，纷纷放下思想包袱。其实，他们中的绝大多数人很想做好教学工作，发挥专长为人民军队服务。这次会后他们的思想包袱放下了，积极性有了，教学质量随之提高，这是卢部长的高明之处。"

三　队伍建设和制订训练计划

卢伟如认为，"解放军官"占教员总数大多数是不正常的，这种情况必须改变，因为炮校培养的学员，不仅需要掌握炮兵专业技能，更要继承我军的优良传统和战斗精神，必须以我军培养的教员为主体并占据数量上的优势，他向上级反映这个问题并提出解决问题的建议。

学校党委和华东军区炮兵司令部接受建议并采取有力措施解决问题，很快从华东炮兵部队和军区炮兵领导机关抽调一批有文化、有实战经验的团、营干部，充实到炮校教员队伍中，先后调入陈秉德、赵克人和陈宏柱等同志，分别担任训练部射击教研室主任、战术教研室主任和兵器教研室主任等关键职务。

此外，经上级批准，卢伟如从参加培训的炮兵干部中挑选出一些经过战争锻炼又有文化基础的营、连干部，充实训练部的干部和教员队伍，还将其中一些教员派遣到沈阳高级炮兵学校进修。

与此同时，他和段、黄等领导通过召开会议等方式，做"解放军官"教员的思想工作，将他们中表现突出的教员，提拔到领导岗位，如将表现较好的起义人员蔡善铭提拔为教务科长，在"解放军官"中产生较大影响。对于不适宜留任的"解放军官"教员，他和段、黄按照干部政策慎重地进行调整。至1952年底，训练部人数增加到100多人，基本上可以独立承担军事、政治和文化等10多门科目的教学任务，而且由我军培养的有实战经验和专业水平的教员占教员总数的一多半，而且留在教员岗位上的"解放军官"都取得明显进步，"训练部是解放军官训练部"和"被俘者教育胜利者"之类的话都烟消云散。

为了更快更好地转入正规化教育，卢伟如"将制订训练计划这件事揽在自己头上，查询文件，调查情况，开会研究，审定内容，忙得不可开交。"结果是，由他主持的第7期学员训练计划，被认为是建校后质量最高的训练计划之一。

当时炮校招收的学员有两类：一类是部队在职干部，包括连、营、团干部。另一类是抗美援朝"参干青年"，其中第7期第三、四大队和第8期第四大队总共1291名学员，学生占70%，工人占30%，培养目标是朝鲜战场上紧缺的炮兵通信、观察、测地等专业人才。为更好地实现上述教育目标，训练部设立编译科，翻译苏联火炮资料和苏军炮兵技术、战术材料，也研究美国和其他西方国家炮兵动态和炮兵武器情况，特别着力研究朝鲜战场上炮兵作战情况，用于教学实践。

第三炮校另一项重要工作是受华东军区炮兵司令部委托，组织军区炮兵干部分批"入朝见学"，要求"在实战中学习提高，吸收志愿军炮兵的作战经验"，其中由汉一夫副校长担任团长的实习团于1952年5月出发，由卢伟如担任团长的实习团于同年9月出发。他在出发前没有想到的是：他到达朝鲜不久后被正式任命为中国人民志愿军炮兵第七师副师长，从而结束了在第三炮校的工作。

卢伟如在第三炮校担任训练部长只有一年时间，他在自传中的总结为"因环境与条件有利，个人勤奋好学，炮兵技术与战术水平有所提高。"这个"有所提高"很快在抗美援朝战场上得到验证。

第十四章
上甘岭战役中的炮七师副师长

一 "赴朝见学"和重返炮七师

伟大的抗美援朝战争，是中国人民取得国内革命战争胜利之后，为保卫国家安全而进行的反侵略战争，是中国人民军队所进行的战争中体现现代化条件作战最充分的一次战争，是新中国确立大国地位的奠基之战和中华民族屹立于世界的关键之战。

卢伟如从 1952 年 9 月起，先后担任志愿军炮兵第七师副师长、代师长，参加了上甘岭战役、1953 年春季反登陆战役准备和夏季进攻战役，直到 7 月 27 日朝鲜停战协定生效日才停止战斗，同年 9 月 17 日率部回国，谱写了他军事生涯中最光辉的篇章。

他赴朝鲜参战始于"入朝见学"。

1952 年 9 月下旬，以卢伟如为团长的"华东炮兵第四届赴朝实习团"在南京登上军用专列火车，经沈阳时在车站换上志愿军冬季服装后继续前进，第二天抵达安东（现丹东），该团由华东军区炮兵的团、营干部和第三炮校的干部、教员总共 40 人组成，将在朝鲜实习 3 个月。

在等待炮七师从前线开来的汽车时，他组织团员参观辽东解放战争烈士陵园并参观市容，见到城市完好，人民生活稳定。与此形成鲜明对比，乘上炮七师汽车"跨过鸭绿江"后，只见到满目疮痍，断壁残垣，遍地瓦砾，全体团员义愤填膺，决心在战场上狠狠打击侵略军。

为躲避美军"绞索战"的飞机轰炸，实习团昼宿夜行，汽车行进不开灯，走走停停，躲过美军飞机的多次轰炸，但还是有一位团员被炸成重伤，就近送进医院治疗，汽车颠簸三个夜晚后，抵达位于朝鲜中部"三八线"附近德山岘炮七师前线指挥所。

颜伏①师长、朱利②政委等炮七师领导同志见到华东炮兵老战友非常高兴，在战事紧张、物质条件有限的情况下，仍然安排简朴的欢迎会和聚餐，使团员们感到十分温暖。

根据作战需要和"参考原来职务"的原则，炮七师领导确定卢伟如为"实习副师长"，并为每位团员安排了相应的职务岗位。

1950 年 7 月 7 日，炮七师在南京市朱庄营房成立，付狂波③任副师长，下辖炮兵第十九、二十团，前身为华东地方部队，多数指战员是从步兵转过来的。同年 9 月，卢伟如调至炮七师先任副参谋长，后任参谋长。同年 11 月，第二十团将炮兵武器移交给后成立的第二十一团后，北调山东朱庄接收苏式 122 榴弹炮 33 门和吉斯 151 牵引车 192 台等装备并投入战前训练。同年 12 月，第三炮校副校长颜伏调任炮七师师长。1951 年 4 月 2 日，卢伟如调至第三炮校工作；4 月 18 日，颜伏师长率领炮七师前线指挥所 120 人和第二十团 2200 余指战员开赴朝鲜。入朝后，炮七师归志愿军建制，由志愿军炮兵司令部指挥，前期配合第九兵团作战，党政工作归志愿军政治部领导，后勤供应归志愿军后勤部领导。

---

① 颜伏（1911～1995），四川省梁平县人，1933 年入党，曾任北平市西南区委委员，1937年入伍，历任新四军军部作战参谋、通信科长、团参谋长、团长，1950 年 12 月 15 日任第三炮校副校长，12 月 29 日调任炮七师师长，1951 年 4 月率部赴朝鲜，先后参加第五次战役、1952 年秋季反击战和上甘岭战役，同年 12 月回国任山东军区炮兵司令员，后任济南军区炮兵司令员。1961 年晋升少将军衔，曾获一级红旗勋章，是第四届全国人大代表。

② 朱利（1912～1999），原名骆裴然，1936 年入党并加入红军，历任晋察冀三分区宣传科长、团政治处主任、军分区政治部副主任、独立七师团政委、晋察冀分区政治部主任、皖南军区宣城分区副政委兼政治部主任、炮七师政委，1955 年被授予大校军衔，1968 年转业任第六研究院九所党委书记，四所政委、党委书记，三机部六二八所党委书记，顾问，曾获八一奖章、二级独立自由勋章、朝鲜二级独立自由勋章和二级国旗勋章。1982年离休。

③ 付狂波，出生时间不详，四川华阳人，1929 年入党，1934 年 7 月参加抗日先遣队，11 月转为红十军，1937 年编入新四军，曾任新四军第六师十六旅四十六团参谋长、团长，后任华东特科学校教育长、副校长，1947 年 1 月任特种兵纵队榴弹炮团副团长，1950 年 12月任炮七师副师长，1952 年因病回国，后入第三炮校高级班学习，1954 年因猝发脑出血逝世。

1951 年 4 月初，颜伏（右一）、朱利（右二）赴朝
鲜，与付狂波（左一）和卢伟如（左二）合影留念

同年 6 月，第九兵团根据志愿军党委指示，命令先期入朝的华东炮兵
第十一团划归炮七师建制。这个团的前身是 1947 年成立的华东野战军特种
兵纵队榴弹炮团，付狂波任副团长，该团在解放战争中屡立战功，入朝后
再立新功，其列入炮七师建制后，既增强炮七师的作战能力，也充实炮七
师的作战指挥和管理经验，用颜伏师长的话说："这样一来，炮七师就不
再是'新炮兵'了。"

炮七师在朝鲜战场上越战越强，队伍逐渐扩大，卢伟如到达时，建制
内在朝鲜参战的部队有炮十一团、二十团、二十一团、四十一团和高炮
二十营，并奉命指挥炮三十团、火箭炮二零九团、战防炮四零一团，配合
第三兵团第十二军、十五军和第二十兵团第六十八军作战。

卢伟如闻讯后非常振奋，深感炮七师进步快、变化大，联想到炮七师
驻地是敌我争夺的"铁三角"地区，很可能有大仗打，因而更加努力地熟
悉情况，做好作战准备。

二　投入上甘岭战役

在参战机会上，战争之神似乎特别关照卢伟如，在他抵达不久，"联
合国军"突然发动名为"金化攻势"的大型军事行动，后来称"摊牌作

战"，志愿军将其称为"上甘岭战役"，卢伟如荣幸地参加战役的全过程。

1952 年 10 月 14 日 3 时起，"联合国军"集中 300 多门大炮、120 辆坦克，在 40 余架飞机的配合下，向志愿军十五军位于五圣山南的上甘岭"597.9 高地"和"537.7 高地北山"两个阵地，实施空前猛烈的持续火力突击。4 时 30 分，美军第七师第三十一团和韩军第二师三十二团及十七团的 1 个营，总共 7 个营兵力，分 6 路向 597.9 高地和 537.7 高地北山发起首轮猛烈进攻。

负责"联合国军"在朝鲜地面作战行动的美军第八集团军司令范佛里特中将，将"金化攻势"发起时间选定在 10 月 14 日凌晨，是因为第七届联合国大会将在这一天开幕，他在汉城（今首尔）向新闻界讲话时声称："金化攻势是一年来'联合国军'在朝鲜战场发动的最猛烈进攻。"

上甘岭是一个只有十几户人家的小村庄，位于 597.9 高地和 537.7 高地北山之间，是五圣山南部的天然屏障。海拔 1061.7 米的五圣山是朝鲜中部的最高峰，西临平康平原，东扼金化经金城到东海岸的公路，南俯金化、铁原地区，战略地位十分重要，由志愿军十五军牢牢控制。

美军"著名山地作战专家"范佛里特中将这次发动大型军事行动，确实抓住了时机，钻了空子。因为在"铁三角"的两军对峙防线上，有一处敌军楔入我防线的"眼中钉，肉中刺"，即韩军一个加强营驻守的注字洞南山阵地，他们的 12 毫米大口径步枪可射击到五圣山主峰，必须清除。四十五师奉命为攻取注字洞南山之敌做准备，在"联合国军"发动大型军事行动的前三天，将配合该师作战的炮七师二十团调往注字洞南山方向，以致在敌突然发动大规模攻击时，四十五师只有一三五团九连及八连 1 个排坚守 597.9 高地，一三五团一连坚守 537.7 高地北山，这两个连及 1 个排在敌人空前猛烈的连续炮火轰击和飞机轰炸下，抗击数量是自己 10 倍以上的敌步兵轮番进攻，且只有 15 门小炮支援，打得非常艰苦。

空前激烈的炮声和飞机轰炸声有如无声命令，将颜伏师长、朱利政委、程文杰副政委、卢伟如实习副师长和王大田参谋长召集到指挥所，了解到"两高地"步兵"只有 15 门小炮支援"的被动状态后，立即指令炮二十团以最快速度调整阵地，支援"两高地"步兵作战。

距离最近的二十团三营接到命令时，3 个连队都因距离较远、山路不便而不能很快投入战斗，只有位于宗铁洞的八连距离合适，只需要将炮口转过来，就可以射击 537.7 高地北山之敌。八连立即在构筑好的坑道阵地上重凿火口，砍掉阻碍射向的树木，挪动炮身，重新固定并赋予射向、定坐标、求诸元，在全连一半人员外出执行任务的情况下，提前两个小时完成炮口调转，最快的一炮在 11 时向 537.7 高地北山之敌开炮，前 3 发试射弹打到敌前沿阵地，毙伤敌 60 余人，12 时，二炮、三炮、四炮开始射击，全连 4 门火炮向敌人展开猛烈的排炮射击，支援一三五团一连作战。

调整射击方向后的火炮

炮七师指挥所很快发现，配属四十四师右邻二十九师的二十团二营四连也只要将火炮转换射口，即可支援 597.9 高地，经十五军首长批准，命令二十团二营以火力机动支援四十五师 597.9 高地作战。四连接到命令后，迅速排除障碍物，也从 11 时起开始射击，支援一三五团九连作战。

与此同时，根据师领导指示，炮二十团领导深入三营指挥所协调指挥二、三营作战，二营营长周宜标率观察所人员，前进至五圣山海拔 1000 米标高处，直接联系四十五师一三五团观察指挥所，指挥火炮支援该团在"两高地"的战斗。

坚守在"两高地"上的两个连队，从凌晨 3 时开始战斗，在精疲力竭、伤亡严重的情况下，从 11 时起开始得到炮兵支援，精神为之一振，坚持激战到下午 1 时，在伤亡很大、弹药将尽、部分表面阵地被敌占领的情况下，顽强地保住主要阵地，击退敌 7 个营的 30 余次冲击。

19 时 05 分，四十五师组织 4 个连兵力，分四路向立足未稳的敌两营步兵展开反击，在炮七师二十团二营四连和三营八连的支援下，激战三小时，夺回全部阵地。①

这一天，在"两高地"3.7 平方公里土地上，落下的炮弹达 30 万余发，炸弹 500 余枚，据计算，平均每秒落弹 6 发，每平方米土地承受 76 枚炮弹轰击，密度之大，实属罕见，卢伟如将其形容为"美军将炮弹当子弹打"。"两高地"上烟雾腾腾，一人多深的交通沟被炸得无影无踪，坚硬的岩石变成碎块或粉末。

这一天的战斗结果是：我军伤亡 500 余人，歼敌 1900 余人，范佛里特中将"超乎常规地的优势军力进攻"势头，在开始不久后即被志愿军数量不多的步兵和有限的炮兵所挫败。

三　协助颜师长指挥和对敌炮战

在"两高地"战斗激烈进行时，志愿军多路炮兵紧急增援。炮七师二十团第九、七、五连于当夜占领阵地，第四连转入四十五师防区，四十五师山炮营第一、三连，炮九团第三营，炮二十团第五、六、八、九连，炮二十八团第一、二连，三十团第二、五连，共 13 个连 43 门火炮和高射炮兵第三十营 3 个连于 16 日参加战斗。此后投入战斗的还有步兵二十九师山炮连、步兵第六十军炮兵团第四、七连，总计炮兵 17 个连，因战斗损失，至 20 日实际火炮数为 46 门；还有火箭炮兵 5 个连；高射炮兵第六

---

①　见《战争之神显神威——忆上甘岭战役炮兵作战》，作者为十五军四十五师政委聂济峰和十五军炮兵室副主任靳钟。

零一团第二、四连（高射炮兵总共 5 个连）。

经过一天战斗，敌争夺我五圣山的企图表露无遗，兵团首长决定：将机动在注字洞方向的炮兵于当日 21 时调回上甘岭地区；以顽强抗击，反复争夺，消耗敌兵力，力求在基本阵地上挫败敌人进攻；四十五师指挥所前移至德山岘；以步兵 2 个营加入 597.9 高地战斗，由一三五团团长张信元负责指挥；以步兵 4 个营加入 537.7 高地北山战斗，由一三三团团长孙家贵负责指挥；一三四团团长刘占华在师指挥所待命，随时准备投入战斗；师炮兵群由四十五师副师长唐万成及军炮兵室副主任靳钟统一指挥。

"两高地"面积 3.7 平方公里，为三面受敌之突出阵地。四十五师占领的 537.7 高地北山位于上甘岭东面，与敌占的 537.7 高地相连，四十五师占领的另一处阵地 597.9 高地位于上甘岭西南，与敌占之鸡雄山北之无名高地相连。敌据 537.7 高地和鸡雄山一带地区为进攻"两高地"之依托，他们的步兵沿山脉冲击，借其前沿兵器直接支援极为有利；背后多沟壑，便利敌集结和配置迫击炮阵地；这一带纵深山势较小，公路纵横，便于机动兵力、物资输送和纵深炮兵支援。

上甘岭以北（偏东）4 公里为五圣山，它和西方山、斗流峰都是平康地区的天然屏障，是中部地区的战役要点，山峰高耸可俯瞰敌纵深，有利于我炮兵观察所发挥作用。

五圣山向北 6 公里是德山岘，两地间山脉连绵，仅有一条宗铁洞至永太里的临时军用公路，物资输送困难，我炮兵发射阵地多沿公路两侧配置，部分采用高射界射击。

炮七师前线指挥所设在德山岘，好像预见到上甘岭战役将要在此爆发，地理位置极佳。战役第二天迎来四十五师指挥所，相互联系更加方便。

第二天清晨 5 时，"联合国军"卷土重来。30 架飞机进行"地毯式"的低空轰炸，300 多门大炮进行轰击 1 小时的火力准备，接踵而至的美军和韩军 4 个营部队，在烟幕弹的掩护下，向"两高地"轮番进攻。我守卫部队在炮兵的有力支援下，顽强阻击，与敌反复争夺，一天内阵地几次易手。为避免与敌人拼消耗，十五军指挥部决定我步兵从 16 日起，白天退守坑道，夜晚出击夺回阵地，开始双方"拉锯式"的相持阶段，我炮兵的任务是支援"两高地"步兵的坑道与地面作战。

战役开始后，颜伏师长和朱利政委向卢伟如指出，炮七师"摊子"大，任务重，师领导班子人手少，特别是付狂波副师长不久前突发重病回国治疗，短期内回不来，"你虽然是实习副师长，也是炮七师唯一在前线的副师长，又是老部队，面对这场大战、恶战，更要多工作，多承担"，卢伟如当即允诺并照此办理。

此后，卢伟如更加积极地协助颜师长指挥作战，经常冒着敌人炮火深入部队，哪里有情况、有需要，就往哪里跑。据老同志回忆说："他是一个实干的领导干部，那段时间经常和我们这些干部在一起，不仅深入到团、营，还深入到连队炮兵阵地和观察所，影响作战的问题，他决不放过，尽量现场解决。"此外，他作为实习团团长，负有了解战场情况的任务，注意听取第一线指战员意见，为完成炮校的调研任务打好基础。

卢伟如很快发现，上甘岭战役的突出特点是战斗进行得异常激烈残酷，不仅步兵如此，炮兵也是这样。第一天（14 日）调转炮口支援 537.7高地北山步兵作战的二十团二营八连阵地，据统计，到 16 日止，已经遭受敌机投下的 10 多枚重磅炸弹和 2000 多发炮弹袭击，火炮损坏和人员伤亡都很严重，只能转入预备阵地，在每炮只剩 4～5 人、火炮部件损伤的情况下，用肩扛硬顶的方式进行射击，在 7 个昼夜中经历大、小战斗 172 次，发射炮弹 1500 余发，配合步兵击退敌营以上进攻 8 次，连以上进攻 23 次，歼敌 2000 余人，击毁敌坦克一辆、汽车 2 辆、仓库一座，战后八连被志愿军政治部记集体一等功。①

上甘岭战役的另一个特点是美军自恃火炮数量多、射程远、性能先进，保障充足快捷，还有飞机支援的空中优势，气焰十分嚣张，设置阵地以营为单位，不设掩体工事，不做伪装，弹药露天堆放，仓库与阵地距离很近，为我炮兵打击敌炮提供了机会。

根据如上情况，炮七师领导决定加强对敌的打击，将任务落实到有关连队，如二十团九连将火炮推进到距敌前沿 3000 米的水泰里阵地，正面观

---

① 《中国人民解放军陆军第 39 集团军炮兵旅旅史》，第 87 页。

察到敌人 90 余门大口径火炮露天集中放置，在 17 日以连续 3 个齐放，打得敌人的火炮、弹药和油库起火燃烧。敌人反应很快，调来 4 架飞机轰炸九连阵地，很快组织立石、松洞等阵地的 50 门大炮疯狂反击，九连两门火炮的发射口被炸塌，火炮被石块、沙土埋起来。此时，他们发现敌人从后面开来 20 多辆牵引车，准备撤退阵地。指战员迅速扒开沙石，再次射击，击毁敌榴弹炮 11 门、汽车 25 辆，歼敌 100 余人。九连连续四个昼夜战斗，先后对梨园、立石、松洞等敌炮阵地进行多次压制性射击，迫使敌炮兵从暴露的前沿阵地后撤并转入遮蔽阵地，从而减轻对我纵深炮兵的威胁。战后九连荣立集体一等功，被志愿军政治部授予"二级英雄连队"光荣称号（这是我军炮兵唯一的二级英雄连队）。

这种将阵地前移打击敌炮的方法，被炮七师指战员风趣地称为"大炮上刺刀"，尽管危险大，各部队都争着上。如炮七师二十团一营三连配属四十四师作战，阵地设在上甘岭的西部，在配合步兵攻占"391 高地"（邱少云烈士就是在那次战斗中牺牲的）中发挥较好的作用。后来在"391 高地"上设置前进观察所，发现远方山坳里每天都有百余辆卡车进进出出，白天黑夜都开大灯，前方指挥部判断是敌大型弹药库。三连主动请战并获得批准，将火炮向前推进 5 公里，由于计划周到，在靠近敌人步兵的前沿位置修建炮兵工事和伪装工事，每门火炮备足 100 颗炮弹，一鼓作气干掉美军两个弹药库和几十辆汽车，还躲过敌炮和飞机轰炸，创造了对敌炮战的成功范例。

四　支援步兵保卫坑道和地面战斗

十五军做出"白天退守坑道，夜晚出击夺回阵地"的决定，是因为此前"两高地"内已经挖掘了大量地下坑道工事，这些坑道按照志愿军总部要求的高标准筑建，"顶厚都在 30 米以上，不仅飞机大炮炸不垮，就是原子弹也无可奈何"[①]。秦基伟军长做决定时底气十足，卢伟如撰写的战役总

[①] 秦基伟：《秦基伟回忆录》（第 2 版），解放军出版社，2007，第 314 页。

结中提到，"'两高地'上共有 23 条坑道（50～100 米 4 条，10～30 米 19 条），减去不能利用而主动放弃之前沿小坑道 6 条和被敌飞机炸毁小坑道 1 条，其余 16 条始终由我步兵掌握"。

步兵守住坑道与炮兵的有力支援分不开。"两高地"的所有坑道，战前都经炮兵精确测定坐标并进行试射，直接瞄准火炮和迫击炮按照分工负责各个坑道，炮兵分队和坑道里的步兵直接用无线电话联络，设在周边山头上的炮兵观察所，密切注视着敌人动向，使我炮兵能够主动破坏坑道口外的敌人筑建的地堡、工事而无法破坏我坑道；在步兵走出坑道袭击敌人和对敌进行反冲击时，我炮兵提供炮火支援；在我步兵反冲击不成功时我炮兵以炮火掩护步兵退守坑道，这些措施对我步兵坚守坑道取得胜利起到重要作用。

自 15 日至 20 日，敌步兵在强大的炮、空火力掩护下，以成营成连的集团队形，作轮番不断的进攻（15 日至 17 日敌使用 4 个团另 1 个营兵力），并占领"两高地"，我夜间再以积极的反冲击与敌人进行反复争夺，阵地形成昼失夜得的局面。

敌在优势的火力支援和烟雾掩护下，以多路、密集的纵深队形，分前后梯队进行连续攻击，每日冲击次数，少则数次，多则 40 余次，持续时间 6～9 小时，进攻的战斗编组分为突击队、预备队、工程队和运输队，敌占阵地后两小时，工程队即可完成筑构发射点和地堡，设置简单障碍。敌各兵种分工明确，协同密切，支援及时。当我步兵反冲击夺回阵地后，只需 5～7 分钟，敌火炮即向我夺回阵地进行报复性急袭。战斗中敌迫击炮大部用于压制我前沿步兵，105 榴弹炮和部分迫击炮压制我发射点和支援其步兵反击，155 榴弹炮压制我指挥所及纵深炮兵发射阵地，203 榴弹炮压制我炮兵及封锁运输道路，其中敌 81 迫击炮和 42 迫击炮混合编群，统一指挥，射击及时、猛烈，对我步兵反冲击危害最大。

面对敌有装备优势的火炮、飞机和机动兵力的猛烈进攻，我炮兵"以火力急袭敌在进攻出发地和冲击出发地区的步兵，在火力组织程式上不是墨守成规而是以能更好地运用假转移方式；在炮火准备时将全师大部分炮火集中轰击一点，使敌震憾；在决定性反冲击时，先向 597.9 高地之敌急袭，尔后再向 537.7 北无名高地射击，体现我炮兵火力机动的正确性"。具体做法是：

当敌由进攻出发地向冲击出发地区运动时，我即以集中射击压制之。如 15 日敌 1 个营由甘凤里向我 597.9 高地运动，经我炮兵第二十团第七、八连以集中射击将敌击退。同日敌 1 个营又由上述地区运动，另 1 个营由下所里向 537.7 北无名高地运动，经炮兵第二十八团、三十团共 4 个连，在其他炮兵配合下对上述之敌先后行集中射击，杀伤敌过半将敌击退。

当敌进至冲击出发地区时，我即以集中射击和炮兵连的急袭射击歼灭之。如 14 日敌约 1 个营在 597.9 高地之西南四部，经我炮兵第二十团第五连行急袭射击，将敌击退，19 日敌 1 个连又在上述地区待机，该连亦以急袭射击，歼敌大部。

当敌由冲击出发地区发起冲击或已冲至我阵地附近时（50～100 公尺甚至更近些），本不应当使用纵深炮兵，但因敌有烟幕掩护，距我很近始能发现，故迫不得已下炮兵以拦阻射击，支援步兵作战。这对我坑道内的步兵威胁不大，却给敌以重大杀伤。

当敌占我某一阵地时，我即集中炮火行火力急袭，以求大量杀伤敌人，以不动拦阻射击，制止敌二梯队进入战斗，配合步兵立即进行反冲击，将敌击退。如步兵暂无力进行反冲击时，则我炮兵给敌以相当杀伤后，继续以监视射击，阻敌修工事。

当敌占我阵地仅数小时，只挖有露天工事和设置简单的障碍物，我行反冲击前，先行 5 分钟的火力急袭，随后步兵发起冲击，一举将阵地恢复。如 14 日晚我步兵 4 个连，以火炮 26 门向 597.9 高地行 5 分钟火力急袭后，步兵发起冲击将该地恢复。此阶段我炮火保障程式，通常是采用此种程式。

当敌攻占我阵地时间较长，筑有若干发射点、堑壕时，我行反冲击前，炮兵对敌进行两次火力急袭。第一次火力急袭后，行火力假转移，诱敌迎战，然后先对敌预备队急袭，再向该高地行第二次火力急袭，予敌大量杀伤后，我步兵出击恢复阵地。

当敌人进攻时，我炮兵轰击集结、冲击、增援之敌。当我步兵退守坑道，敌人占领表面阵地时，我炮兵则以间隔的火力，不时袭击占领表面阵地之敌，摧毁其筑建工事，阻止敌人破坏我坑道的行动。当我步兵实施反击时，我炮兵以火力压制占领表面阵地之敌，以予配合。在我炮兵的有力支援和步兵的勇敢作战下，敌人一次次高密度、高强度的进攻，均以失败告终。①

在这一阶段（10 月 14 ~ 20 日），敌投入 7 个团 17 个步兵营 9000 余人，我投入 3 个团 21 个连 5000 余人，经过反复争夺，我军歼敌 7000 余人，我伤亡 3200 余人。

10 月 20 日，炮七师成立教导大队，卢伟如奉命兼管教导大队并根据战役的作战需要轮训干部和执行任务。

五　继续作战和准备反击

鉴于地面反复争夺战中我步兵反冲击取胜易，但巩固阵地难且伤亡较大的特点，从 20 日起，四十五师奉命停止地面阵地的反击争夺，改为坚守坑道作战，以争取时间，准备进行决定性反击，即战役第二阶段（10 月 21 ~ 29 日）。

炮兵支援坚守坑道的步兵，在第一阶段打得勇敢、顽强、机智，积累了一些战斗经验，在第二阶段打得更好。敌人采用飞机低空投弹和扫射，各种火器抵近射击破坏我坑道口，投掷石块堵塞我坑道口，或在我坑道口外筑建地堡，架设铁丝网围困坑道人员，用手榴弹、炸药包、火焰喷射器甚至毒气破坏我坑道。

在这种情况下，坑道被敌人炮击和飞机轰炸得越来越短，容积越来越

---

① 引自卢伟如撰写的文章《上甘岭地区防御战役——1953 年 10 月 14 日至 11 月 25 日》，引用时有少量文字修改。

小。在那狭小的空间里，硝烟、血腥、屎尿、汗臭等各种气味混合，空气浑浊不堪，生存条件极端困难。因此，每隔几天，炮兵就要支援步兵反击，占领表面阵地，使我坑道部队得以轮换，运出伤员，补充物资，打扫卫生。在炮兵的有力支援下，我坑道部队克服了极端困难的条件，坚持一次又一次地粉碎了敌人的攻击破坏，并不时实施小规模出击。如23日晚我坚守597.9高地1号坑道的步兵，依托坑道一度攻克1号阵地，全歼守敌。我坚守597.9高地4号、0号坑道之步兵于23～29日连夜在炮火支援下以小分队袭击3、9、10号阵地之敌。

炮七师二十团第二、第三营，由于长期配属支援四十五师，人员熟悉，关系融洽，四十五师上下感到使用顺手，常常优先呼叫使用，从而有力地配合了四十五师的坑道作战，屡受称赞表扬。这两个营也得到了很好的锻炼和考验，除八连、九连外，四连也荣立一等功，涌现特等功臣炮手张瑞臣、特等功臣电话员金耳世等英雄。这两个营也付出相当大的代价，共伤亡百余人，严重损毁火炮10门（次），其中五连和七连因在对敌炮战中火炮毁损过大，被迫撤出战斗。

我炮兵在这一阶段战术运用更加灵活机动：

> 当我坑道步兵出坑道袭击敌人时，纵深炮火先以单炮破坏敌封锁我坑道口地堡、发射点等，尔后行7至10分钟的火力急袭，保障步兵出坑道，袭击敌人。当坑道内的步兵恢复阵地之翌日，敌进攻或调整部署时，我炮兵以集中射击袭击运动或集结之敌。如24日9时敌1个营沿597.9高地主峰向我控制的西北山腿进攻时，我炮兵第二十团第四、七连行炮火袭击，将敌击溃。敌另1营从下甘岭向我488高地进攻，遭我炮火袭击，敌人溃窜。23日8时，敌1个营乘汽车由金化进至300高地凹部，我炮兵第十一团第二营乘敌汽车集结时，以集中射击杀伤敌过半。26日敌1个连于537.7以北无名高地集结，企图进攻我大坑道，遭我炮兵第二师部分炮火袭击，敌被杀伤大部。当敌占领两高地时，我纵深炮兵不时以单炮行扰乱射击，阻敌修工事，间接的配合了步兵坚守坑道。

23、24 日两次统一组织对注罗峙、立石、杨谷、松洞之敌炮的压制，毁伤敌 105 公厘口径火炮 29 门，迫敌抵近之火炮向后转移，便利了我 30 日实施决定性反冲击。

与此同时，志愿军总部继续增派力量。10 月 21 日，炮七师十一团团长石璧①奉命率该团二营参加战斗，一营随后赶到。十一团接受任务后很快派出前进观察组进入坑道，以积极的火力圆满完成任务，屡受到步兵首长称赞。战后十一团被志愿军炮兵政治部授予"炮兵功臣团"称号，其中二营六连在保卫坑道战斗中，配合步兵歼敌近千名，荣记集体二等功。还应该提到的是，炮十一团高射炮连在 19 天空战中，共击落、击伤敌机 12 架，毙敌飞行员 11 人，完成保卫前指和附近炮阵地的重要任务，战后荣立集体一等功。

10 月 26 日，志愿军司令部和朝鲜人民军前线指挥部联名通令嘉奖四十五师和所有参战部队，全体步炮指战员受到极大鼓舞，士气更加旺盛，斗志更加坚强。

六　担任炮兵群群长和战役胜利

战役进入第三阶段（10 月 30 日至 11 月 25 日），陆续加强的炮兵有第二十八团第三连、第二十九团第一营、第三十团第七、第八连等 8 个连。因火炮损坏停止战斗的有步兵四十五师山炮第三连，炮兵第十一团第三、第六连，第六十军炮兵团第四、第五连；因调整部署撤出战斗的有步兵四十五师山炮第一连、步兵第二十九师山炮连。这一阶段经常参加战斗的有 21 个连，平均每天参战火炮 73 门，另有高射炮兵 8 个连。

11 月 2 日，根据兵团首长指示，在德山岘成立五圣山作战指挥所

---

① 石璧，生于 1920 年，安徽舒城县人，1940 年参军，历任指导员、旅部参谋、科长、炮十一团副团长及团长、炮十二师副师长等职，离休前作军委炮兵副参谋长。他率领炮十一团参加上甘岭战役，荣获集体三等功，被志愿军总部授予"功臣团"称号，他本人获朝鲜三级国旗勋章和二级独立自由勋章各 1 枚。

（也叫第十五军前进指挥所），由十二军副军长李德生统一指挥反击作战，该指挥所归十五军军长秦基伟直接指挥。在五圣山作战指挥所下，组建战役炮兵司令部，由炮七师师长颜伏担任司令员，统一指挥上甘岭前线的炮兵作战。这次调整仍然是更新步兵，保留炮兵，为最后胜利创造条件，也是炮七师第一次由师首长直接指挥两个团配属十五军进行支援作战。

这一天，颜伏师长以战役炮兵司令员身份，在炮七前线指挥所召集参战各炮兵团团长开会，研究巩固597.9高地阵地和夺回537.7北山高地的作战方案，决定将山炮、野炮、榴弹炮编为两个军炮兵群，一个团炮兵群，第二零九火箭炮团由战役炮兵司令部直接指挥，作为机动炮兵群，另设高射炮兵群。

第一炮兵群由实习副师长卢伟如担任群长，不久前调入的炮七师参谋长贺进恒①担任副群长，指挥十一团第一、第二营和二十团第二、第三营，这两个团只剩下火炮27门，故将营、团指挥机构合并，直接指挥到连。此时我军陆续增调炮兵，使山炮、野炮、榴弹炮、火箭炮（即"喀秋莎"）总数增至138门，并完成了弹药囤积，奠定了大反击的基础。

十五军首长决定在10月30日实施决定性的大反击，首先拿下597.9高地。卢伟如指挥二十团第一、第二营于28、29日对该高地实施火力准备，摧毁敌大部工事，30日夜战斗开始后，又进行两次火力急袭，发射炮弹2500多发。此时，原配合十二军作战的十一团一营奉命由昌道里前往五圣山，于当晚占领阵地投入战斗，也向该高地射击。步兵7个连与坚守坑道的3个连配合，重新夺回全部阵地，全歼守敌。从31日拂晓起，敌以5个营的兵力，在飞机、大炮、坦克的支持下，对597.9高地

---

① 贺进恒（1919~2005），山东蓬莱人，1938年参军，同年入党，历任县大队政委、独立营副政委、炮兵营政治教导员、炮兵团政治处副主任、副参谋长、参谋长、二十五军炮兵团副团长及团长、军炮兵室主任等职，1952年10月参加抗美援朝战争，担任炮七师参谋长，1953年7月回国后，曾任高级炮兵学校训练部战术系主任、军委炮兵司令部军训处处长、军事科学研究部副部长、郑州炮兵学校校长、第二炮兵某基地副司令员兼参谋长、司令员。1985年7月离休后任全国人大代表，是中国共产党第十二届中央委员，曾获三级独立自由勋章、二级解放勋章、独立功勋荣誉章。

进行轮番冲击。在炮十一、二十团的支援下，我轮换后的步兵部队斗志昂扬，勇敢机智地击退敌人多次进攻，炮二十团第一、第二营还分别对通洞、松洞、甘风里的敌炮阵地进行压制射击，战至 11 月 5 日，我军巩固了 597.9 高地阵地。

11 月 1 日，经兵团批准，以十二军三十一师九十一团换下了苦战 19 天的四十五师一三五团和一三四团。九十一团接受阵地并做好准备后，于 11 月 11 日开始进行夺回 537.7 北山高地的战斗，由第一炮兵群和火箭炮团进行火力支援。十一、二十团进行两次火力急袭后，火箭炮团再次进行轰击，总共发射炮弹 5200 余发，摧毁敌大部分工事。16 时 40 分，第一炮兵群集中所有火炮，在 89 门迫击炮的配合下，支援十二军三十一师九十二团 2 个营发起冲锋，恰逢大雾掩护，仅用 15 分钟就攻占 537.7 北山高地的全部阵地，全歼守敌 1 个营。

敌眼见 537.7 北山主峰为我军占领，失败在即，于 12 日拂晓，集中火炮 300 余门，飞机 20 余架，支援韩军第二师 200 余人进行反击，除南山麓 7、8 号阵地（约 300 平方米）为敌攻占，其余阵地仍在我军手中。尔后，炮十一团第一、第二营和二十团第二、第三营支援步兵打退敌人营以上兵力的数十次进攻，并轰击敌炮阵地，协助步兵巩固 537.7 北山阵地。

战至 15 日，敌因兵力耗损过大，无力继续进攻，开始采取每天以飞机 30 余架次对我阵地及纵深指挥所、炮兵发射阵地进行报复性轰炸，并以数万发炮弹轰击我步兵第四十四师防御正面。到了 25 日，韩军第二师因损失惨重，被迫后撤整补，防务移交给第九师，并停止对 537.7 北山高地的进攻，上甘岭战役结束。

历时 43 天的上甘岭战役，"联合国军"共投入 6 万余兵力、18 个炮兵营、105 毫米以上的火炮 300 余门、坦克 170 余辆，飞机出动 3000 余架次。我方参战部队 4 万余人，8 个炮兵营共 138 门火炮，高射炮 47 门。敌人共发射炮弹 190 余万发、投掷炸弹 5000 余枚，实为空前。我炮兵共消耗炮弹 40 余万发，亦属空前。我军共打退敌营以上兵力的进攻 25 次，营以下兵力的进攻 650 余次，并进行了数十次反击，最终粉碎了敌人的进攻，守住了阵地。总共歼敌 2.5 万余人，我军伤亡 1.15 万人。①

毛泽东主席在论述朝鲜战争局势及特点时指出："在十月中，敌人曾以两个半师兵力向金化以北上甘岭的 3 平方公里的我军两个阵地举行连续攻击，直打到十一月底，敌人伤亡两万多人，每天发弹两万多发，有时多至 30 万发，每天并出动坦克、飞机助战，但两个阵地最后仍在我手，敌人未能夺取寸土。由于阵地战斗这样激烈，敌我的炮火均尽量集中。我歼敌一个连，平均每天需集中 30 多门炮，消耗炮弹近 1 万发。过去 3 个月中，我已消耗炮弹 240 余万发。今年秋季作战，我取得如此胜利，除由于官兵勇敢、工事坚固、指挥得当、供应不缺外，炮火的猛烈和射击的准确实为制胜要素。"②

毛泽东主席如此称赞上甘岭战役的步兵和炮兵，其中步兵为十五军和十二军两支英雄部队，参战的炮兵部队没有那么出名，以师为单位参加战斗的只有一个单位——炮七师，它的两个团 37 门炮约占参战炮兵 8 个团番号共 138 门火炮的 26.8%；炮七师总共发射炮弹 5 万余发，约占山、野、榴炮弹发射总数的 40%；协同步兵毙伤敌 10694 人，约占歼敌总数的 42.7%，击毁、击伤敌炮 59 门、坦克 15 辆、汽车 42 辆、地堡 67 座、仓库 25 座，击毁、击伤敌机 41 架。全师涌现出了集体功臣单位 19 个，功臣 400 余人，可谓战果辉煌，功勋卓著。③

这是卢伟如在抗美援朝战争中参加的第一次战役，也是他第一次在师级岗位上指挥作战，他在颜伏师长和朱利政委的领导下，为战役胜利作出贡献。

颜伏师长交给他撰写战役炮兵作战总结的任务，他写下了"在火力组织程式上不是墨守成规而是更好地运用假转移方式，在炮火准备时将全师大部分火炮集中轰击一点，使敌震撼"等经验总结，也指出了不足之处，成为研究上甘岭战役的重要战史资料。

_____

① 军事科学院军事历史研究部编著《中国人民志愿军抗美援朝战史》，军事科学出版社，1999，第 176～177 页。

② 《中国人民志愿军抗美援朝战史》，第 180 页。

③ 《中国人民解放军陆军第 39 集团军炮兵旅旅史》，第 94～95 页。

第十五章
反登陆战役和金城战役

一　春季反登陆战役——备而未战的胜利

上甘岭战役胜利以后，炮七师奉命撤到后方休整。

1953年1月初，根据颜师长和朱利政委的建议，卢伟如被正式任命为炮七师副师长。由于他实习期未满，上级要求他返回南京第三炮校交接工作。根据校领导要求，他在全校师生大会上报告了上甘岭战役情况，这是他为第三炮校所做的最后一件工作。

几天后，他向家人告别，匆匆返回朝鲜前线。此时，颜伏师长已奉调回国担任山东军区炮兵司令员，上级没有任命新师长，指定卢伟如为代师长，朱利政委支持他和贺进恒参谋长一起领导军事工作。

战役结束后，十一团和二十团各剩下6门火炮，全师牺牲79人，受伤136人，后撤休整期间，火炮修理补充，增加1700多名新兵。此时的炮七师，编制内除有十一团、二十团、四十一团及高炮二十营，还有新入朝的二十一团，共有火炮117门，上级授权指挥火箭炮二零七团、反坦克炮四零五团和炮四十七团第一营。

1953年1月16日，毛泽东主席指出：敌人可能从朝鲜北部实行登陆进攻，这是更加狂妄的一次冒险，我军必须有充分准备。"如果我们打败了敌人的登陆进攻，美国侵略朝鲜最后失败的命运就确定了"，否则，不但朝鲜战局要恶化，我们伟大祖国的建设事业也将受到威胁。因此，必须彻底粉碎敌人的企图。[①]

---

① 《中国人民志愿军抗美援朝战史》，第185～186页。

据此，志愿军总部做出大规模的反登陆战备部署，这一战役从 1952 年 12 月 18 日起至 1953 年 5 月上旬止。

按照志愿军司令部的部署，炮七师的任务是：一方面在玉洞里、平康、五圣山一线配合步兵准备粉碎敌人的正面进攻；另一方面在元山港地区准备反登陆作战。为此成立了两个指挥所：由卢伟如和副政委程文杰组成东海岸指挥所，参谋长贺进恒和政治部主任狄枫组成正面指挥所。

在反登陆备战中，卢伟如先后组织第二十、第二十一、第二零七、第四十七团第一营的干部和参谋、后勤负责人 80 多人，到东海岸元山、咸兴一带详细侦察港口、海岸、道路、地形等情况，制订反登陆作战的方案，组织全师干部集训，对反登陆作战、敌登陆后的防御作战中的组织指挥、射击方法和火炮机动等问题，进行了充分的研究与准备。在此基础上，全师进行了多次反登陆、反空降的战斗演习。各团、营制订了相应的预定方案，进行有针对性的战斗准备。

贺进恒参谋长除搞好正面战场的备战工作以外，还积极支持卢伟如工作，他们配合默契，使炮七师军事工作进行得有条不紊，两条战线都完成了艰巨的筑构坑道与阵地的任务，强化了新兵教育训练。后勤部门大量抢运物资，供战时使用。

在此期间，炮七师召开了抗美援朝首届功臣大会，完成了干部鉴定和军衔鉴定工作，按照总政治部要求建立了干部档案，组织干部撰写"历史思想自传"，部分指战员进行文化补习。

在反登陆作战准备中，中央军委加强了与朝鲜接壤的东北地区军事部署，增调几个军入朝。至 1953 年 3 月底，志愿军在朝鲜东西海岸和正面 1130 公里的弧形防线上，构筑了 8090 条坑道（总长度 720 公里），以及 605 个永备水泥工事及大量火器掩体与交通壕。我军兵力雄厚，实力增强，阵地更为坚固，后方供应和交通运输远胜于入朝作战以来任何一个时期。我军在朝鲜战争进入相持阶段以后所进行的这次最大规模调整部署，其时间之长、规模之大，不亚于一次大战役的准备，是一次备而未战的胜利，体现了毛主席、党中央和中央军委战略思想的伟大胜利。

具体的结果是：敌人一直注视我军的行动。由于我军做好了立足于大打的充分准备，他们不得不放弃登陆进攻的企图，答应我方提出的谈判要求，于 4 月 26 日重新进行中断半年之久的停战谈判。

二　金城战役中的炮兵群群长

为了配合谈判斗争，继续消耗敌人有生力量，进一步改善我军阵地态势，志愿军总部决定进行 1953 年夏季进攻战役，采取"稳扎稳打，集小胜、多胜为大胜"的方针，分三个阶段进行。

第一阶段进攻从 5 月 13 日开始，进攻敌连以下防守的 29 个点，共歼敌 4100 余名，炮七师第四十一、第十一、第二十一团的部队分别参加了这次战役，均胜利完成任务。

第二阶段进攻于 5 月 27 日开始，第四十一团支援第六十七军多次进攻，先后对敌栗洞南山等 4 个点，老秃山敌土耳其旅的 1 个连，坪村南山英联邦一师的 1 个连发起进攻，共协助步兵歼敌 3100 余人，后又在 6 月 12 日晚，配合第六十七军 3 个团向座首洞南"十字架山"的韩军第八师二十一团主阵地发起攻击，占领阵地，打退了敌人反扑 55 次，扩大占领了龙虎洞、松室里北山等约 10 平方公里阵地，毙伤敌 6100 人，俘敌 464 人，再创歼敌 1 个团的范例。

在此以前的 6 月 10 日，炮二十团第一、第三营配合第六十军 3 个团进攻据守北汉以东 833.7 高地和 902.8 高地的韩军第五师第二十七团，全歼该团，首创志愿军在阵地攻坚中歼敌 1 个团的先例。

第三阶段进攻也叫金城战役，从 6 月 24 日开始，以狠狠打击李承晚集团的军队为目标。志愿军二十兵团以 4 个军组成东、中、西 3 个攻击集团，第九兵团二十四军在西集团右翼进攻。

炮七师二十团第一、第三营配属东集团，四十一团配属中集团，二十团二营六连配属西集团，十一团第一、第二营和二十一团第一营配属二十四军。

在金城战役中，贺进恒参谋长已经接到回国调令，却坚决要求亲自率领部队打击敌人。他"率领 4 个炮兵营参加东线突击集团作战，给美军和南朝鲜军以重创"，战后带着满意心情回国。[①]

金城战役的重要战斗之一是二十四军在西集团右翼组织进攻，计划攻占注字洞南山、杏亭西山、424.2 高地，并歼灭韩军首都师第二十六团等主力部队。

上甘岭战役前夕，十五军四十五师和炮七师二十团受命"拔掉楔入我防线之敌"，就是指注字洞南山，由于上甘岭战役的突然爆发，四十五师和炮七师二十团紧急调整部署，投入上甘岭战役，这颗"楔入我防线的钉子"得以留存，卢伟如由此对"注字洞南山"印象特别深刻，当他得知被指定为这次战斗的炮兵群群长时，深感责任重大，坚定决心，一定要配合步兵啃下这块"硬骨头"。

负责这次战斗的二十四军七十四师原属二十五军（前身为华野七纵），1952 年 7 月划归第二十四军建制，9 月随二十四军赴朝参战。

我军总参谋部作战部长张震此时担任二十四军代军长兼政委，他在电话中对七十四师师长肖选进[②]指出："为了狠狠打击阻挠谈判的李承晚集团，现在交给你师一个光荣艰巨的任务，由你师配合二十兵团，担任右翼主攻。"

二十四军军长皮定均（已调任第十兵团副司令员，尚未赴任）在电话中对肖选进师长说："你师是一支屡建战功的老部队，能攻善守，很有战斗力，要发扬连续作战的精神，坚决打好这一仗。虽然时间紧迫，但要充分做好战前准备工作。"

注字洞南山工事非常坚固。它依托制高点筑构以坑道、半坑道、子母堡群为骨干的半永久性的环型防御阵地体系，各支撑点均以堑壕、交通壕相连，火力相互支援。堑壕内外明碉暗堡成群，障碍物林立，阵地前沿架

---

① 贺进恒参谋长这一段战斗情况，引自他 2005 年逝世后的悼词。

② 肖选进，生于 1920 年，安徽省金寨县人。1931 年加入工农红军，1938 年入党。土地革命时期，担任班长，参加南方游击战。抗日战争时期，先后任新四军排长、副连长、连长、副营长、营长。解放战争时期，先后任华东野战军第七纵队团长、第三野战军七十四师参谋长。新中国成立后任副师长、师长，军参谋长、副军长、军长、北京军区副司令员等职，参加过抗美援朝战争。

设铁丝网5～6道，铁丝网有蛇腹形、屋脊形、半屋脊形3种混合而成，网上接有响铃，网的外侧及各道铁丝网间设有地雷、照明弹、凝固汽油弹等，障碍、照明、杀伤三结合。随着战斗形势日趋激烈，敌阵地经常加修，尤其以基本阵地最强，被美军称为"模范阵地"，曾多次组织美军和韩军军官参观。韩军首都师被李承晚吹嘘为"韩国支柱"，该师由美国精心培植，编制、装备、战术、技术都"美军化"，负责据守这个阵地的是该师二十六团和机甲团，后者为预备队。

敌人配备了各种火炮114门，其中120迫击炮6门，81迫击炮12门，配备在注字洞南山、424.2高地及桥田里附近区域，其他98门各式榴弹炮，分散配备在南面的9个炮兵阵地中。

七十四师指挥所设在德山岘，炮兵群指挥所也在德山岘，卢伟如觉得好像回到了上甘岭战役，情况却今非昔比。我军参战炮兵有火箭炮二零五团1个营、二零一团1个营、炮七师第十一团第二营、第二十一团第一营、第二十九团第一营、第四十七团第一连、坦克第二师第一营、步兵三十八军炮兵团第一营、四十七师炮兵团第一营、七十二师炮兵团第一营、七十师炮兵团第一连，共集中了11个团番号的223门火炮，几乎是敌人火炮数量的两倍，还调集34门高炮保证对空安全，形成了火力优势。

师炮兵群副群长是二十四军炮兵主任万海峰[①]和七十四师副师长盖仲民。卢伟如和两位副群长认真勘察地形，深入了解敌情，认真研究了作战部署，报七十四师指挥所批准后，将炮兵群划分为4个分群：

第一分群右位于927高地，由44门火炮组成，支援第二一五团攻击方向作战。

第二分群左位于德山岘，由45门火炮组成，支援第二二零团攻击方向作战。

---

① 万海峰，生于1920年，河南省光山县人，1933年参加工农红军，1937年入党。土地革命时期参加保卫鄂豫皖苏区的斗争和游击战争。抗日战争时期先后任新四军参谋、营长、副团长。解放战争时期任华东野战军六纵作战科长、三野二十四军团长、师参谋长、副师长。抗美援朝时任志愿军二十四军炮兵室主任、师长。1959年起任二十四军师长、副军长、军长、北京军区副司令员、副政委、成都军区政委。

第三分群高炮群由28门高炮组成，保证对空安全。

第四分群为师炮兵群直接掌握火箭炮1个营（M－13火箭炮12门）和加榴炮1个连（3门152加榴炮），执行机动任务。

任务下达后，各分群的炮兵侦察根据战斗队形与射击任务区分进行，在第七十二师（原防御部队）部队炮兵观察所掌握情况的基础上，师炮兵群又派出参谋和观察员进行现地侦察，对攻击目标和压制目标逐一标定。

负责主攻任务的步兵是七十四师以及配属该师的七十二师二一五团和二一六团三营。7月13日晚，漆黑的天空看不到一颗星星，天气阴沉，大雾茫茫，能见度差。七十四师的两个攻击团按计划静悄悄地前进到出发地，从白天隐蔽到晚上，敌人没有发觉。

21时，师指挥部下达了如期开战的指令，卢伟如立即命令开炮，先急袭8分钟，监视射击4分钟，再急袭6分钟，以强大的炮火对敌基本阵地各支撑点进行猛烈轰击，破坏敌工事。21时18分，炮火向敌纵深和两侧延伸，进行压制射击。此时，第一梯队9个突击连突然从出发地跃起，向敌阳地村北山无名高地至杏亭西山共约4公里的正面防御阵地发起全线冲击。第二梯队7个连在第一梯队后40～100米跟进，第三梯队准备随时投入战斗。半小时后，第一梯队各连队陆续突破敌前沿阵地，与敌展开激烈争夺，战至14日1时，注字洞南山、杏亭西山、424.2高地除9、15及33号阵地（七十二师编号）的东南侧之敌尚未肃清外，其他阵地均被我军占领。从14日3时起，韩军首都师二十六团残余力量在坦克配合下先后分3路进行反冲击，均被我猛烈炮火和步兵打退，残敌于6时被肃清。至此，阳地村北山无名高地、注字洞南山、杏亭西山、424.2高地全部被我军占领，韩军首都师二十六团第一、第三营，第二营3个连及团搜索连全部被歼，刚到阳地村北山无名高地换防的韩军第九师二十八团三营除少数逃脱外，大部被歼。

与此同时，志愿军左翼第二十兵团已全面突破敌金城以南防线，并乘胜向纵深发展。在我军强大攻势下，敌首都师残部仓皇南窜至齐宫洞一带纠集。在敌整个防御体系被我军打乱之际，为配合友军作战，不给敌人喘息机会，根据张震代军长指示，七十二师执行第三步作战任务，向敌纵深攻击。

卢伟如率领师炮兵群大部跟随七十二师向注字洞、桥田里、上所里地区转移，支援步兵攻击537.7高地及以北与阳地村以南诸无名高地之敌。炮兵群抵达新阵地后，向进攻之敌进行集中射击和拦截射击，杀伤敌有生力量，打乱其战斗队形，步兵攻占阵地后，又支援步兵扼守阵地，打退敌人反扑。

为协同第二十兵团向华川方向作有限度进攻，第七十四师依托既得阵地，在炮火的有力支援下，继续向敌纵深进击，扩大战果，其间突破敌第二阵地和第二防御带后，直取鸡雄山、千佛山及597.9高地以南诸无名高地，在千佛山以东地区与第二十兵团会师。

三　战斗到停战协定生效之日

"这次战斗，从7月13日发起至27日停战协定生效止，历时14天。"① 阵地前推5公里，扩展阵地约17平方公里，给韩军首都师第二十六团及第九师、美三师一部以歼灭性的打击，有力保证我志愿军东线攻击部队第二十兵团右翼的安全，总共歼敌3510人，俘敌273人，击毁坦克15辆、汽车40辆、火炮41门，缴获一批军用物资，为整个夏季进攻战役取得胜利做出重要贡献。

肖选进师长在战斗总结中指出："这里需要特别提到的是我们参战的炮兵，根据敌阵地设防的坚固程度，准确有力地进行破坏射击，于第一次火力急袭后，及时实施炮火延伸。步兵发起冲锋后，炮火则按原区分之任务转为对敌纵深压制射击与固定拦阻射击。当步兵第二梯队向敌纵深攻击时，炮火逐次向前推进，始终保持一定数量的炮火最大限度地支援步兵战

---

① 见肖选进回忆录《无限忠诚》第10章"参加抗美援朝夏季反击战役——忆突破注字洞南山与纵深出击战斗"，引自中国延安精神研究会"中华魂网"。

斗，大量杀伤敌人，有力地保障了步兵的攻击及控制既得阵地。"①

万海峰副群长原任七十一师副师长，调任二十四军炮兵室主任不久参加抗美援朝战争，开始指挥炮兵作战，这次战斗以后他深有体会地说："过去我指挥步兵时，只知道该使用炮兵时拉过来就用，现在我亲自担任炮兵主任，才真正发现炮兵系统是一个专业复杂、分工精细、充满科学知识的新天地。从管理到作战，从行军侦察到各专业兵种的培训，都有一套完整的有别于步兵的程序、制度和要求。"②

1953年夏季进攻战役发起初期，炮七师在部队中开展军事民主，发现并纠正了因长期处于阵地防御而产生的不按操作规则射击，不严格遵守射击纪律的现象，提出"严格的射击纪律、正确的射击操作、正确的射击准备、熟练的射击指挥"的要求，使全师在技术上有所改正提高。在战役第一阶段之前，上级已确定炮七师轮换回国，部队指战员中想早日回国的想法比较普遍，师党委进行了形势任务教育，使部队保持了饱满的战斗热情，在战役的三个阶段越打越好。

这是卢伟如在抗美援朝战争中的最后一战，此战的辉煌胜利也为他的作战生涯画上了一个完美的句号。

志愿军的1953年夏季进攻战役，历时两个半月，至7月27日停战协定生效结束，总计击退敌反扑1000余次，共歼敌7.8万余人，我军伤亡33253人，击毁与缴获敌坦克45辆、汽车270辆、飞机1架、各种炮423门、枪支7400余支，收复土地178平方公里，敌付出了如此巨大的代价，仅占去我巨室里北山的一个阵地。

炮七师4个团及高炮营，共参战902次，发射炮弹117884发、高射炮弹15664发，击毁敌各种火炮46门、坦克21辆、汽车55辆，击落飞机8架、击伤50多架，损失火炮12门，牺牲79名指战员。

夏季进攻战役始终与谈判桌上的斗争紧密结合，战场上的胜利迫使敌人

---

① 见肖选进回忆录《无限忠诚》第10章。

② 万海峰：《正义的铁拳威力无穷——回忆24军在抗美援朝战争中的炮兵作战》，引自中国延安精神研究会"中华魂网"。

在谈判桌上不得不向我方做出"实施停战协定"的保证。6月29日，"联合国军"总司令克拉克表示"保证停战条款将被遵守"。7月13～16日，美方代表哈利逊又对有关停战协定实施的所有问题再次明确地保证，其中包括：韩国"将不以任何方式阻挠协定草案的实施"，如果韩军破坏停战协定，"联合国军"仍将保持停战状态，不给韩军以装备和供应上的支持。

1953年9月朝鲜停战后，卢伟如在军事分界线

鉴于美方已向我做出保证，为了世界和平，朝中方面同意了美方尽快签字的要求，双方最后一次校正了军事分界线后，于7月27日签署了停战协定，至此，伟大的抗美援朝战争胜利结束。

四　胜利回国

8月15日，炮七师完成了防务、设备移交。28日，炮七师在驻地召开了全师追悼大会，隆重悼念入朝作战以来光荣牺牲的全体烈士。在两年多的战斗中，炮七师共有73名军官和686名战士牺牲，其中部分烈士的骨灰已经送回国内安葬，大多数烈士就地安葬在朝鲜，永远长眠在朝鲜的土地上。

9月4日，全师部队从驻地松洞里出发，到元川港新高山龙池院里火车站集结待命。从17日晚起，在兄弟部队和朝鲜人民的热情欢送下，炮七师指挥所和第十一、二十、二十一团共8853人，陆续登上12列火车，经鸭绿江返回祖国。9月23日以后，炮七师赴朝作战部队先后抵达山东省周村营地，恢复中国人民解放军炮兵第七师建制。

11 月 2～9 日，炮七师召开抗美援朝第二届功臣大会。27 日，卢伟如率各团军事干部去南京参加 1954 年训练大纲的集中训练，有机会回家与妻儿团聚。

1954 年 1 月，卢伟如被正式任命为炮兵第七师代师长，这个任命迟到一年，因为他从 1953 年 1 月起，在没有师长只有他一位副师长的情况下，已经在抗美援朝前线上，代行师长职务和责任整整一年。

第十六章
在苏联炮兵指挥学院学习

一　准备赴苏留学

从 1953 年起，军委炮兵开始选派优秀干部到苏联炮兵指挥学院进行系统、正规的炮兵专业学习。他们赴苏之前，先在国内学习俄语 1 年，在苏联学习 5 年，累计 6 年，留学回国后，将从事炮兵武器装备的研究工作。

1954 年 5 月，父亲接到派遣他赴苏留学的通知，惊喜有加。在他看来，苏联是十月革命的故乡，是世界上第一个社会主义国家，在第二次世界大战中，苏联红军战胜德国法西斯，消灭日本关东军，解放了中国的东北地区，加速了中国抗日战争和世界反法西斯战争的胜利。在抗美援朝战争中，志愿军炮兵使用的苏联火炮性能先进，在战斗中发挥了强大的威力。苏军是世界上最强大的现代化军队之一，是保卫社会主义阵营的强大力量。派遣干部赴苏留学的决定，是军委炮兵培养现代化军事人才的重大举措。能够成为留苏学员，他深为荣幸，深感不能辜负炮兵首长的信任和期望，毫不犹豫地同意了组织的安排，开始进行赴苏留学的准备。

1954 年 1 月，炮七师驻防南京汤山，父亲得以与妻儿团聚。母亲喜出望外，心想炮七师换防到南京，他刚刚被任命为代师长，工作将会稳定一段时间，全家团聚的生活将会稳定一段时间。但是，仅仅过了 4 个月，情况又发生变化。在这以前，父亲赴朝参战历时 16 个月，母亲一边工作一边照料家中 4 个年幼的孩子，深感艰辛。这一次赴苏联留学，"比抗日战争的时间短，比解放战争的时间长，比他赴朝参战的时间要长得多"，在未来 6 年，她仍然要一个人带孩子，困难重重。尽管如此，她深知丈夫作为革命军人的职责，一如既往地支持他的决定。

她考虑到丈夫此去时间较长，老家的亲友在新中国成立后一直希望他们能回广东老家看看，此事不宜再拖延，因而提出：利用准备出国的时间，回一趟广东惠阳老家，父亲同意了。不久后，他们带着一个女儿，回到广东省惠阳县新圩镇约场乡湾塘村的老家，住了两个晚上，看望父母亲，探望在战争年代中帮助过他的乡亲，然后转到本县淡水镇住了一晚，看望叶景舟的父母亲，以及出生后一直由他们扶养的长子和其他亲人。这是他们在 1946 年北撤山东后首次返乡探亲，不打扰当地政府，来去匆匆，忙得连与老家亲人合影留念都没有做，真是遗憾。这是笔者第一次看到父母亲，时间是这么短暂，很多年后我才理解短暂的原因。

其实，卢伟如除完成还乡之愿以外，还想利用这一机会，约请老家亲人到南京，协助妻子照顾孩子。他当面动员岳父母带着长子到南京长住，这样既能协助照看小孩，长子在南京继续上学，他在外面也较为安心。岳父母却提出：长子在老家一直讲客家话，到南京后一边学普通话，一边学功课，可能跟不上，他已经小学五年级，不如考上初中后再转学到南京，届时我们与他一起去南京，可以看门并照顾外孙和外孙女。这种说法很有道理，也是力所能及的较好安排，卢伟如同意了。

他在 1963 年给已经参军的长子的信中回忆家史时说："1954 年我回家乡一次，我们村有 7 户人家，我原来认识的人差不多都死光了，都是 30 或 40 多岁就死了，为什么呢？贫困。只要有病就危险，没钱医。我如果不参加革命，一定和他们一样。对我们说来，不要忘本。对你们说来，不要忘记咱贫穷的家谱。"

回南京不久，他到哈尔滨俄语专科学校接受俄语速成教育。

按照规定，学习一年，通不过俄语考试，就不能赴苏留学。卢伟如已 35 岁，要在一年的"速成教育"中基本学会原先一个字母也不认得的俄语，难度很大，尤其是开始的语音学习阶级，"广东人学俄语，舌头跟不上去，发音比其他人困难"，这是当时同学的回忆。他经过刻苦的反复练习，突破了这一关，再突破单词、阅读、会话、语法等课目的关口，以优秀的成绩通过了俄语毕业考试。

父亲到哈尔滨以后，母亲在 1954 年 8 月底，产下了第 6 个孩子。在此之前，叶景舟曾向医生提出，孩子多，怕照顾不好，要求打胎，医生回答说，按照规定，必须丈夫同来当面表示同意，才能做这种手术。此时父亲远在哈尔滨，那时的交通条件，回南京一次很费时间，她只好将孩子生下来，在产后做了结扎手术。为纪念丈夫将赴苏联列宁格勒留学，他们给这个男孩起名"彼克"。

二 冬宫附近的炮院

8 月下旬，父亲来到北京，和其他 14 位留苏学员一起，参加出国前的集中培训，然后登上开往莫斯科的国际列车，经过七天七夜的行驶，抵达莫斯科。他们参观红场和克里姆林宫后，再乘坐 7 个小时火车，才抵达列宁格勒。

列宁格勒是苏联的第二大城市和重要港口，是世界历史文化名城，亦以十月革命的爆发地而闻名于世。它位于苏联西北部，波罗的海芬兰湾东岸，涅瓦河入海处。发源于拉多加湖的涅瓦河，全长只有 74 公里，以水量计算却是欧洲第三大河①，充沛的流水分散成几十条支流，在入海处形成一大片沼泽地。1703 年，沙皇彼得一世下令在这片沼泽地上建造圣彼得要塞，投入巨大的人力物力进行建设，命名为圣彼得堡。1712 年，圣彼得堡成为俄国首都，1914 年更名为彼得格勒。十月革命胜利以后，苏维埃政府于 1918 年 3 月将首都迁往莫斯科，1924 年将彼得格勒更名为列宁格勒②。

列宁格勒共有 86 条河流和运河、42 座岛屿以及众多的桥梁。这是一座水上城市，它以众多宏大精美的建筑和桥梁而闻名于世，被称为"北方威尼斯"。其实，威尼斯是意大利的地方城市，将一个大国历史古都比喻如一个中等国家的地方城市，并不恰当，而且"北方威尼斯"皇家建筑的

---

① 前两大河为伏尔加河和多瑙河。
② 1991 年，又恢复了圣彼得堡的名称。

宏大气势是"南方威尼斯"所不能比拟的。

　　苏联炮兵指挥学院位于列宁格勒彼得宫城区北部，南面紧临涅瓦河北岸。这一大段涅瓦河主流河道，只有一座大桥，每当大型船只和军舰通过时，大桥中间宽大的桥面徐徐升起，颇为壮观。在卢伟如和其他中国学员看来，这座大桥体现了现代工业的伟大力量，也是苏联国家强盛的标志。

卢伟如在列宁广场参观留影

　　学院的东部与芬兰火车站和列宁广场相连。1917 年十月革命爆发前夕，列宁结束流放生涯，从芬兰乘火车回国，在这个车站受到成千上万革命战士和群众的热烈欢迎，列宁在车站广场发表了著名的演讲。为了纪念这一具有历史意义的重大活动，十月革命胜利以后，这个地方被改建成公园式广场，命名为列宁广场，列宁的塑像屹立广场中央，成为缅怀列宁伟大功勋的革命教育场所和旅游胜地。

　　学院西面不远处，"阿芙乐尔号"巡洋舰固定停泊在涅瓦河北岸，面对南岸的冬宫，作为"十月革命博物馆"的一部分，供人参观瞻仰。南岸的冬宫、彼得大帝夏宫，以及皇宫广场等宫殿建筑群，在十月革命胜利以后，改为艾尔米塔博物院，因其规模之大和藏品之丰富，可与巴黎的卢浮宫、伦敦的大英博物馆、纽约的大都会博物馆、北京的故宫博物院媲美，合称为世界五大博物馆。

列宁格勒是世界上少有的具有"白夜"特色的城市，每年5月到8月的3个多月时间中，夜晚无黑夜，如同白天，故称为"白夜"。此时漫步在静静的涅瓦河畔，遥望蔚蓝色天空的北极光，有如置身于梦幻之中。最为精彩的是每年6月21日或22日，即中国二十四节气中的夏至，是列宁格勒"不落的太阳日"，"梦幻中的梦幻"，景色特别迷人，居民们自发地将之定为"白夜活动日"，男女老少整夜在大街、广场、公园、河边举办联欢活动。在这一天的傍晚，卢伟如和其他中国学员都兴致勃勃地出门观赏天空的奇妙景色，观看市民丰富多彩的"白夜活动"，但在午夜12时之前，必须按照规定返回学院。

在那个崇敬苏联和十月革命的年代，中国共产党人和中国军人卢伟如，在这样的环境中学习生活，真有心潮澎湃、心旷神怡之感，既振作了革命精神，也了解到苏联和其他国家许多历史文化知识，开阔了国际视野。

三　炮院的历史传统

苏联炮兵指挥学院的历史可追溯到1820年俄国沙皇在彼得堡创办的米哈伊尔炮兵学校军官班，1855年在这个军官班基础上扩建成米哈伊尔炮兵学院。将炮兵学院设在冬宫附近，显示了沙皇对它非同一般的重视和信任，后来的变化则完全出乎沙皇意料：1917年十月革命时，炮兵学院的大部分师生，站到革命人民一边，参加向冬宫进攻和推翻沙皇的革命军事行动。

十月革命胜利后，炮兵学院很快恢复了教学活动，不久易名为"苏联工农红军炮兵学院"，后来更名为"苏联炮兵指挥学院"，成为苏军培养炮兵指挥员的最高学府。

卢伟如曾在南京担任第三炮兵学校训练部部长，对于炮兵学院建于沙皇皇宫附近，在十月革命以后仍然保留在这样的"黄金地带"，院区面积远远小于南京炮校，觉得"很有意思"，它体现苏军炮兵重视继承十月革命的革命传统，重视沙皇俄国的历史传统。与此相关的是，沙皇时期的建筑，无论是教室、办公室、礼堂、食堂和宿舍，都得到精心维护。这些不算高大的建筑，庄严肃穆，具有俄国传统精神，对于苏军炮兵学员的熏陶，相当有效。

由于院区面积较小，只有外军学员在院内住宿，苏军学员住在院外，操作火炮、火箭和野营训练都在其他地方。

学院建筑物的外墙厚达 1 米，窗户为双层玻璃，保温很好，适应列宁格勒位于北纬 60 度的寒带气候，这里全年平均气温只有 4.2 摄氏度，冬季漫长，对于从小生长在广东亚热带地区的卢伟如，是一个新奇的体验。

他入学时，院长是洛诺夫炮兵主帅。按照苏联军队的军衔制，苏军炮兵只设一位"主帅"，级别是"国家级的元帅"，另有几位"炮兵元帅"，属"兵种元帅"。苏军炮兵各级军官的晋升，都要经过炮兵指挥学院这个"台阶"，其毕业生遍布苏军炮兵的各级指挥岗位，成为苏军炮兵的骨干力量，其中不少人成为苏联军队的高级指挥员。

在第二次世界大战期间，炮兵指挥学院迁至苏联中部的撒马尔罕，在此期间培养和轮训了成千上万名指挥员和技术人员，创立了自行火炮设计理论，进一步发展了炮兵和步兵武器设计理论，研制出一些新式火炮和枪械，编写武器的使用说明和战略战术指挥手册，为战争的胜利做出了卓越的贡献。

第二次世界大战胜利以后，学院认真总结了苏军作战经验，以此为基础培训炮兵干部。从 1952 年开始，学院更加重视军事科学发展的最新成果，特别是控制论、自动化控制、计算技术和无线电技术方面的最新成果，注意研究它们对军事科学、基础科学和政治发展方面的影响，应用于教学之中，使毕业学员能够适应世界军事技术发展的新情况和作战方式的新变化。

四　学习内容丰富

作为世界上第一个社会主义国家和社会主义阵营的"老大哥"，苏联为其他社会主义国家提供了包括炮兵武器装备在内的军事援助，并为这些国家的军队培训炮兵指挥员。从20世纪50年代初起，苏联炮兵指挥学院开始正规、系统地培训社会主义阵营各国军队的炮兵干部。

卢伟如入学时，苏联炮兵指挥学院共有三个系，一系是地炮系，二系是高炮系，三系是国际系，也叫外军系。两年后增设导弹系，定为三系，外军系随之改为四系。

学院当时共有外国学员200余人，分别来自波兰、民主德国、匈牙利、捷克斯洛伐克、保加利亚、罗马尼亚、阿尔巴尼亚、朝鲜、越南等社会主义国家，其中有中国学员30人，分3批入学，卢伟如所在的第三批是军委炮兵派遣到这个学院的最后一批学员。①

外军系设有"高炮"和"地炮"两个专业。第三批中国学员，分配在"地炮"9名，"高炮"6名，卢伟如在"地炮"专业。外军系按照专业分班上课，每班9～12人。卢伟如等中国学员和民主德国、罗马尼亚、捷克斯洛伐克的学员被编为一个班，他被指定为班长。按照炮院规定，每个学习班的所有学员，不分国别，集中居住，中校以下军官6人1间，上校以上师级军官2人1间。

苏联炮兵指挥学院的学习内容非常丰富，按照苏军教育大纲的要求有：马列主义和武装斗争的新方式，军事物理、化学、工程技术，火炮、火箭和有关仪器设备的构造原理、性能、使用、保养与维修，炮兵和火箭部队的战略战术运用，等等。其中"高炮"专业学习和研究歼灭与拦截空中目标的战术、技术，涉及武器为自动化57毫米、100毫米口径高射炮和

---

① 1960年中国学员全部回国以后，这个学院更名为苏联炮兵工程学院，仍然接受中国军方派遣的留学生，但不是军委炮兵派遣。

卢伟如（第二排左一）在上课

防空导弹，以及有关器材装备。"地炮"专业学习和研究打击与歼灭各种地面目标的战术、技术，包括打击与歼灭坦克和机场停留的飞机等重要目标，涉及武器为 85 毫米、122 毫米、152 毫米口径的火炮和火箭，以及有关器材装备。第三批学员增加了一些学习内容，如某种火箭（地炮专业）和某种防空导弹（高炮专业），是前两批中国学员没有接触的先进武器。值得一提的是，武器装备课程，从最基础的设计原理、构造，到运输、使用、

卢伟如参加冬季军训

维修和保管，还有现场操作，这样全面深入的介绍，符合他们系统化和正规化的教学要求，对中国学员回国后从事科研工作很有助益。

　　每周学习 6 天，每天 8 节课，晚上自习两小时，实际上中国学员每天都自习 3～4 小时。学院采取课堂教学和野营训练交替进行的教学方法，强调提高学员的"战斗素质、野战素养、训练技巧、独立指挥能力"。

　　此外，还有政治（以苏共党史为主）和体育，要求学员达到全面发

展。体育课内容有夏季的游泳以及冬季的滑雪和溜冰训练。学院规定：游泳要计分；滑雪、溜冰不计分，但学员都必须参加训练。对卢伟如来说，游泳不在话下，他感兴趣的是滑雪和溜冰，尽管不计分数，他还是积极参加训练，在学院设在郊外的冬训场地上，经过努力，学会了滑雪和溜冰。

五　不发教材的授课方法

入学后的第一年为预备阶段，以学习俄语、军事物理、高等数学等基础专业为主，从第二年起开始正规的专业学习。

苏联炮兵指挥学院的教育方法非常有特色：教员用俄语授课，不给学员配发教材和书本，连提纲也不发，学员只能靠用心听讲和记好笔记，才能跟得上教学的步伐，观摩、操作和野战实习也是如此。

这种教育方法的好处是：教员所讲内容，都是精心备课后的精华，有利于学员掌握要领。问题是：苏军学员没有语言障碍，记笔记并不困难，而对外军学员说来，那就苦不堪言了。中国学员出国前学习俄语一年，在没有书面教材可以预习准备的情况下，不可能完全听懂苏军教员的俄语讲授，当然记不好笔记。一开始留学就碰到这样的巨大困难，卢伟如和其他中国学员，只能"硬着头皮顶下去"，他们把课堂当战场，拿出拼搏精神，在上课时尽量记录，下课后尽快相互核对和整理笔记，其紧张刻苦的程度，正如他当时给家人的信中所说："每天夜晚一点钟才开始睡觉，有时更晚。"

教员讲课的内容，就是考试的内容。如果笔记不完整，理解就不可能完整，考试就要吃苦头。这些中国炮兵干部以巨大的毅力、惊人的刻苦钻研精神，以"自力更生和集体互助相结合"的方式，在几个月后跨过俄语关，从"听不太懂"到"能够听懂"，再到"完全听懂"，走上了正常的艰苦学习阶段。

六　考试都是口试

与不发教材的教学方法相适应的是，除体育外，所有考试方式都为口试，其中多数为专业口试，难度很大，主要过程是：

（1）教官事先从这门课程的全部内容中拟出 100 道考题，按照内容和难度分解为每 4 道题 1 组考卷，装入 1 个信封并编上号码。考生进入考场后先抽取号码，取出考题，在不准携带笔记本的条件下，单独准备半小时。

（2）考生应试时，由 1 位主考官和数位考官负责提问、听取回答和打分，考试时间半小时，考生必须按时回答完毕所有提问，涉及计算公式或口头难以表达清楚的内容，考生可以使用考场上的黑板。在多数情况下，半小时后，考官还会再提出 1 到 3 个补充问题，考生仍要当场回答。

（3）考官主要根据考生在前半小时正式口试的回答打分，补充提问的回答为参考因素，考试完毕后，主考官宣布考分。

这样困难的口试，平均每年 10 次以上，要想通过考试并取得良好的成绩，必须将教员讲课的内容，无一遗漏地真正搞懂并记牢，并在应试时熟练使用俄语表达清楚。

留学 5 年，卢伟如勤奋有加，克服了重重困难，总共记录了 60 多本笔记，通过了 56 次考试，以优秀的成绩通过了"国家考试委员会"主持的毕业考试，获得了毕业证书和胸章。苏联炮兵指挥学院的毕业证书正式庄重，上书："此证书授予卢伟如上校，他于 1955 年进入炮兵指挥学院学习，并于 1960 年完成炮兵指挥和参谋专业的全部课程，国家考试委员会决定授予他炮兵军官职务和高等军事教育学位。"胸章证书上书："此证书授予于 1960 年 6 月 30 日完成苏联炮兵指挥学院全部课程的卢伟如，证书号为 041258，根据苏维埃 1950 年 10 月 15 日和 1954 年 4 月 8 日颁布的命令，授权予完成苏联最高委员会主席团规定的全部教学课程的卢伟如，有权佩戴此胸章。"两个证书的颁发者同为国家考试委员会主席、学院院长萨特萨纳夫炮兵上将、国家考试委员会秘书长克拉波琴科炮兵上将等。

这样的学习和考试，并不是所有的外国学员都能够跟得上的，中国学员退学比例较低，3批总共30名中国学员，学成毕业26人。按照国别统计学员的学习成绩，中国学员名列第一，因而多次受到学院领导和教员的肯定与好评，也受到其他国家学员的称赞。在完成毕业考试并见到这样的成绩以后，卢伟如和其他中国学员终于说出了"没有辜负军委炮兵重托"这样的话语，简单的一句话包含了6年的艰辛，也包含了苦尽甘来的欣慰和满足。

七 严于律己的普通学员

30名中国学员全部是解放军的炮兵干部，有2名大校、4名上校，其他都是中尉以上军官。苏联军队等级森严，不同的级别，待遇相差甚多，讲究也多，例如将军吃小灶、校官吃中灶、尉官吃大灶。卢伟如虽然很不习惯，但也只能按规定办。在其他方面，他坚持我军的光荣传统，始终注意保持"普通学员"的身份，与大家打成一片。他严于律己，"不抽烟，不喝酒，不跳舞"，与他同时留苏的同志，对此印象深刻。

我军按照职级发给在苏留学人员津贴，师级发1000卢布。他"收入"较高，与中国学员外出参观用餐时，常常主动"买单"。"中灶"的伙食加工虽然较细，但中国人特别是广东人并不习惯俄罗斯菜肴的口味。留学一段时间后的节假日，他都在宿舍做点广东菜，算是"特殊爱好"，常请其他中国学员"共享"。他爱好摄影，将留学期间的学习生活，包括野战实习和参观访问的景点拍下来，自己动手冲洗照片，留存资料，还不时给家人寄几张，以减轻他们的思念。

他在学习中碰到自己解决不了的问题，就向其他学员请教，被请教的往往是年轻同志。他们对卢伟如的虚心、认真、扎实的学习态度印象深刻，非常敬重他。

他"关心同志，好乐于助人"。有意思的是：他看到一名学员是"大龄单身"，便通过书信要求母亲在南京物色合适的对象，在暑假回国探亲时邀请这名学员到南京相会，促成人家的婚姻大事，充当了一次月下老人。

苏军的院校有队列训练，许多活动要求列队前往。卢伟如身材高大，是所在国际分队的排头兵，他总是严格要求，控制步伐，保持中国军人良好的仪表，作为师级干部，连续5年，持之以恒，实属不易。

学习之余，他爱好体育运动，尤其爱打篮球。篮球场上，常有他挥汗如雨的身影，他的篮球技术相当不错，是中国学员篮球队的主力队员。在外军系按照国别组成的篮球赛中，中国队多次获得第一，他作为主力队员，发挥了一定作用。

他认为，通过体育运动，既可保持健康体魄，也可放松身心，学习起来精力充沛，还可增加"国际友谊"。

八　党支部工作

在列宁格勒的苏联炮兵指挥学院内，有一个中国共产党的党支部，成员是中国留学生党员，党支部的任务是领导全体党员处理内外关系中的问题，保证他们专心致志地学习。这个党支部接受军委炮兵和中国驻苏联大使馆的双重领导，负责这批留苏中国军人党员的领导管理，是"中国炮兵留学生之家"。支部没有固定的办公场地，只能在课余时间进行活动，支部书记和支委由阅历较深的干部学员担任，卢伟如先后担任支部副书记和书记。他投入了不少时间和精力，经常与书记和其他支委一起开会，研究情况，解决问题，为保障全体党员在国外的良好学习环境，促进他们更加专心地学习，做了大量工作。他在日常学习中的表现是刻苦钻研，在平时生活中的表现是做一名普通学员，在支部副书记和书记工作中的表现则是经过考验的老党员和成熟的领导干部。

与他同时留学的杨宗范回忆说：苏联军方的培养目标是炮兵指挥干部，军委炮兵的培养目标是炮兵科研干部。父亲在党支部内首先提出，应该牢记军委炮兵的培养目标，思考两个问题："我们国家需要什么样的炮兵？需什么样的炮兵武器装备？"两个"需要"将中国学员的学习和回国后的工作紧密结合起来，起到提高学习效果的作用。

党支部的工作与中苏关系紧密相关。从1953年斯大林逝世到1958年，是中苏关系的"蜜月期"。在此期间，尽管中苏两军未能实现"防空协定"、"长波电台"和"联合舰队"等军事合作，因为斯大林逝世不久，赫鲁晓夫刚刚上台，非常需要中国的支持，因此，由于苏联方面的原因而产生的"高层交往问题"，尚未影响到两军间的正常交流活动。从1955年9月到达苏联至1959年7月毕业回国前，这批中国军人学员在苏联留学的环境和气氛，总的说来是好的，但也出现一些政策性强的敏感问题，处理难度较大。

例如，经过一段时间以后，中国学员逐渐发现，"苏联老大哥并不那么完美"，军队管理过于注重形式，比较突出的事例是：他们要求学员野营训练的宿舍墙上贴壁纸，但经费不够，就要外军学员支付购买壁纸的费用。这样的做法让中国军人觉得不可思议、啼笑皆非。卢伟如和党支部的处理办法是：花钱了事，不提意见。

中国学员通过与苏军学员交谈发现，同一年级的苏军学员与外国学员的学习内容有差别，苏军学员学习中涉及的武器装备更加先进，外军学员接触不到这些先进武器装备，显然内外有别。党支部的意见是：苏军学员主动告诉我们的，要认真听并记下来，不要向苏方提出增加学习内容的要求，那样做是没有用的。

中国学员明显地感觉到，其他国家的学员对于中国军人的抗美援朝战争评价很高，十分钦佩中国军人"不怕强敌的志气，勇敢的作战精神和高超的作战艺术"，很有"抗美援朝战争提高了中国军人的地位"的亲身感受。与此同时，中国学员也感受到学院的一些苏军干部和教员，有时流露出大国沙文主义的情绪，极个别人甚至盛气凌人，发表不尊重其他国家的言论，这引起中国学员和其他外军学员的反感，党支部的回答是：一般情况，不予置理，但若做得过分，则要坚持原则，予以反驳。

有一次，一位苏军教员做报告，说到苏联军队优点，特别强调"别的国家的军队不可能这样"，并向听讲的外军学员再三询问："是否如此？"
此时，只听到听众席上发出"Я НЕ ЗНАЮ"（中文为"我不知道"）的声
音，引起了所有人的注意，回头一看，是卢伟如在座位上用俄语回答这个
问题。这位苏军教员听到以后，脸上显出不高兴的神情，但也不好批评这
样的回答。这是一位中国上校的回答，军衔比他高，按照军人交往的国际
惯例，他不能不礼貌和不尊重，更何况中国是一个曾经在抗美援朝战争中
战胜过美国的大国，在社会主义阵营中拥有较高的威信，这使他感到无
奈。这个"我不知道"的回答表现出维护国家尊严的态度，有力而巧妙，
在座的各国学员对此都印象深刻。50 年以后，当时在场的中国学员谈到此
事，都称赞有加。与卢伟如同时留学的同志，对他担任支部工作时处理问
题的评价是："处变不惊，心中有数，很不容易"。

其实，对于苏联军队的优缺点，卢伟如非常注意观察，"心中有数"，
不太议论。他的毕业论文，题目为《某炮兵仪器标高误差的修正》①，内容
为评估苏军一种炮兵仪器测量标高的标准，文中回顾了志愿军炮兵在战场
上使用这种测量仪器的情况，用实战的事例和数据，说明这种仪器测量标
准上的误差，经过深入细致的科学分析，提出了修正和改进测量标准的建
议。这是一篇有理有据的科学论文，不仅通过了鉴定和考试，还得到学院
教员的好评，获得学院颁发的优秀论文奖和奖品。

从另一方面说，他写出这样的毕业论文，说明他对苏军先进武器装备
和军事技术的尊重，但不盲从，以事实为准。

他到苏联不久，赫鲁晓夫在苏联共产党第二十次全国代表大会的最后
一天（1956 年 2 月 25 日），做了题为《关于个人崇拜及其后果》的"秘
密报告"。6 月 4 日，美国国务院向外界公开了他们秘密搞到的这份"秘密
报告"，美国和西方媒体使用各种语言，频繁广泛地向世界传播，"整个世
界为之震惊"。这样的"秘密报告"和苏共中央的有关行动，必然使中国
留苏学员的思想产生疑惑。卢伟如协助支部书记，向党员传达了我驻苏联

---

①　与他一起留学的同志们由于年岁已高，已经记不清是哪一种炮兵仪器，只好用"某炮兵
仪器"表述。

大使馆和军委炮兵的有关指示，引导大家排除干扰，安心学习。

中国学员身在国外，非常关心国内情况，那段时间国内政治运动较多，留苏人员也受影响，在反右派斗争和"大跃进"运动期间，党支部多次提醒党员，与家人、战友和朋友通信，每年暑期回国探亲，对所了解的国内情况，要有分析，多看《人民日报》，"说话不要太随便"，其用意在于防止同志犯错误。

九　学成回国

1959 年中苏关系开始出现了公开的裂痕，1960 年初双方展开了"大论战"，中苏关系发生的重大变化，必然地影响到苏方对于中国学员的工作和态度：管理更为严格，限制措施增加。从 1959 年 9 月起，前两批中国学员已经毕业回国，学院内只有进入五年级的第三批 12 名中国学员[①]，党员数量大为减少，支部工作的难度大大增加，用与他同期学员的话说，"这一年他很不容易"。

军委炮兵根据两国和两军关系已经变化的情况，指示留学生支部：（1）完成学习任务，按时毕业；（2）设法将所学的武器装备资料，特别是先进火箭和导弹的情况，带回国内。

按照学院规定：外军学员记录先进火箭和导弹的笔记本，为机密材料，必须存放在学院的保密室中。外军学员每次使用，都要凭"出入证"到保密室换取自己的笔记本，并在当天下班前送回，不准本人持笔记本过夜。

父亲具有地下工作经验，采取"分段包干"的办法，要求每位党员利用使用笔记本的机会，按照分工将有关内容私下翻译成中文并加以伪装，妥善保管，准备带回北京。

果然不出所料，在他们毕业回国前夕，学院方面提出：中国学员的笔

---

① 有三名学员由于各种原因先期回国。

记本涉及重要军事机密，为了保守机密安全，中国学员不能自行将笔记本带回国内，而要由苏联方面按照保密要求送到北京，再交给本人。卢伟如认为，这是苏方的借口，显然是检查笔记本，有扣留或部分扣留的可能，由于中国学员有所防备，苏方的行动无济于事。

此事的结果如下：他们回到北京后，收到了苏联驻北京大使馆转来的笔记本，阅后发现，地炮学员记录先进导弹的内容被剪掉；高炮学员记录防空导弹的笔记本被整本扣留。由于有措施在先，有关火箭、导弹和其他先进武器装备的资料，已经被译成中文带回北京。在北京休整期间，父亲亲自将12位学员的材料综合整理，交给炮司，圆满地完成了这一重要任务。

从1955年到1960年，中苏关系从"同志加兄弟"转变为处于"决裂边缘"。他和其他留苏干部经历了"留学前期不讲苏联坏话""留学后期不讲苏联好话"两个不同的"外事工作要求"，这是那个年代的政治产物。真正情况如何？他说过："辛辛苦苦地学习5年，学到了炮兵现代化武器装备的基本科学知识。真正的好东西（指尖端武器），人家不会让你看。发展中国炮兵武器装备，只能靠自力更生。"他这样表达留苏成果，与当时中苏关系的政治气氛有关，也符合实事求是的原则。

其实，在苏联炮兵指挥学院这样的"炮兵最高学府"，进行了长达5年的正规学习，使他系统地掌握了现代化炮兵武器装备的科学知识，成为这方面的专家，还开拓了国际视野。后来的工作实践说明，外国的尖端武器装备拿不到，说明书之类的资料还是可以搞到的，掌握了扎实的基本知识，研究分析这些材料，可以搞清技术关键，有利于仿制攻关。

在苏联炮兵指挥学院毕业的26名同志，回国后都走上炮兵武器装备研制和军事学术研究的关键岗位，勤勤恳恳地工作几十年，为人民炮兵现代化事业的发展壮大，做出了许多外人不知的重要贡献，卢伟如是他们中的优秀成员。

第十七章
领导炮兵科研攻关

一　第一研究所所长

1960 年 7 月，卢伟如从苏联炮兵指挥学院毕业回国后，被任命为军委炮兵军事科学研究部副部长，从此开始战斗在炮兵科研战线。

20 世纪 50 年代后期，在他留学苏联期间，国内情况发生了很大变化。1960 年 7 月 16 日，苏联政府突然撤走在华专家，中断援助，逼索债务，使正处于困难时期的中国经济雪上加霜，由于受援的军工项目较多，给中国的国防建设造成了很大困难。与此同时，以美国为首的西方国家对中国的全面战略封锁有增无减；西部边疆很不安宁；盘踞台湾的蒋介石集团叫嚣"反攻大陆"。在这严峻形势下，中共中央及时提出自力更生、奋发图强，独立自主地建设社会主义的方针，中央军委做出加强战备和推动军队科研事业发展，加快发展现代化技术装备的战略决策。

为了加快我军炮兵技术装备的现代化进程，加强炮兵技术装备的研究工作，经中央军委和国务院批准，1960 年 12 月 1 日，中国人民解放军炮兵科学技术研究院在沈阳正式成立，同时成立了 3 个研究所，卢伟如被任命为第一研究所所长①，军衔升为大校。

这一年卢伟如 41 岁，进入"不惑"之年，身体健康，精力充沛，正是年富力强的时期，他经过 5 年苏联炮兵指挥学院的学习以后，渴望以所

---

① 卢伟如接到周恩来总理签署的国务院任命书的时间是 12 月 14 日，据老同志回忆，他从 8 月起就在沈阳参加筹建工作。

学之长报答国家，报效军队，为我军炮兵装备研究事业做出贡献。

炮兵科学技术研究院及有关研究所由沈阳高级炮兵学校、军械科学研究所、军委炮兵军事科学研究部的几个处室的人员统编而成。

中国人民解放军军械科学研究所于1956年4月在北京成立，属军委总军械部领导，1958年4月迁往哈尔滨，与军事工程学院（即"哈军工"）炮兵工程系合并，1960年5月转入军委炮兵建制，7月南迁沈阳，当时有204人，其中火炮、弹道、弹药、材料等8个研究室和所属机关的123人列入一所编制，再加上沈阳高级炮校的干部和教员、军委炮兵军事科学研究部有关处室的人员，一所成立时共有356人。①

第一研究所的任务是负责炮兵主装备的科研工作，不仅要承担重点武器装备的研制及相关的预研和理论研究，还要为炮兵机关实施全面的科研项目管理提供技术支持和服务。它的任务要比一般的研究单位复杂得多，担子重得多。院党委和首长一直把一所作为建设科研工作的重点。

炮兵党委给研究院规定了"三边"方针，即"边组建、边工作、边研究"。"边工作"是在组建中不放松对科研项目的管理，"边研究"是尽快开展力所能及的科研工作，而不是按部就班地等建设好了再干。

建所之初，卢伟如和其他所领导首先进行"四定工作"，即"定编制、定机构、定人员、定任务"，建立了火炮、火箭、弹道、弹体引信、火炸药和材料研究室；设置了研究所的职能部门；建立了筹建试验工厂和测试靶场的工作班子。机构框架确定以后，他们立即带领全体同志开始进行创建科研基地的艰苦工作。

原沈阳高级炮校大院是院部和第一、第三研究所的所在地，位于沈阳市东郊。这里原是东北奉系军阀张作霖部队的东大营，占地面积较大，有发展空间。这里营房陈旧简陋，沈阳炮校接手后新建了一些房舍，多为教室等教学用房，必须进行大幅度的修缮和改造，接通自来水和动力电，安装科研和试验设备与仪器仪表，才能适应科学实验和研究工作的要求，成

① 见所史编辑委员会编印《第二〇三研究所所史——1956年至1986年》，1991，第9~10页。

为真正的科研基地。如果按照常规组织院外单位实施修缮、改造，时间较长，费用较高。

根据"三边"方针的要求，所领导确立了"放手发动群众，自力更生，艰苦奋斗，尽快建成现代化科研基地"的指导思想，提出了发扬我军自力更生、艰苦奋斗的光荣传统，尽快建成现代化科研基地的口号，强调"科研人员要充分发挥知识分子的聪明才智，打好建所第一仗，实现开门红"。

全所同志的工作积极性非常高，打破常规地边设计边施工，齐心协力地"建设建功立业的科研基地"，经过一段时间的奋战，较快地建成新南楼、推力实验台、171工地、风洞和后山靶道等科研房舍和设施。

购置设备、仪器、仪表的工作同时进行。科研需要的许多重要实验设备仪器，需要跑遍大江南北才能买到，购置的设备运到所里，在机关同志们的协助下，科研人员自己动手搬运、安装、调试。有些设备仪器国内不能生产，进口很困难，就发动科技人员出主意、想办法，购置相似的仪器进行改造。

建所初期，卢家搬到沈阳，母亲叶景舟调任辽宁省科学用品公司人事科科长（后任省机电公司人事科科长），研究所先后通过她所在单位，购置了一些紧缺的设备和精密仪器。

这一时期，科研人员和干部战士都自觉加班加点，许多同志每天工作学习长达10小时以上，由于正处在国家经济困难时期，生活物资的供应不足造成了许多同志营养不足，有一些同志身体出现浮肿。他和其他所领导心急如焚，几次开会研究，尽力解决疾病较重同志的住院治疗问题，还采取"生产自救"措施，参加院办农场的生产劳动，组织全所人员利用所内空闲土地种植蔬菜，在一定程度上弥补了食品供给不足的问题，保障建所工作的顺利进行。

在全所同志的共同努力下，至1963年底，第一研究所新建、改建实验室面积9000余平方米，建成了20余个实验室，拥有仪器设备831种2309套（件），可以满足各种火炮内弹道试验，又接收了一个有200余人、179台设备且工种较为齐全的试制工厂，从而进入了充实发展的新阶段，形成了独立研发团以下炮兵武器装备的技术能力，在团以上火炮、火箭、导弹的弹体、火药、材料等技术研究方面，也有相当能力。张作霖部队留下的东大营，变成我军研制炮兵武器装备的先进科研基地。

在国家经济困难、物资极端缺乏的条件下，用短短的 3 年时间，高质量地做完这些事情，虽然不敢轻言"奇迹"，也确实是常规情况下所难以想象的成果，一所同志们在国家困难时期，付出了巨大努力，唱响了"艰苦奋斗，奋发图强"的战歌。卢伟如作为这支队伍的带头人和主要指挥员，倾注了大量的心血，付出了艰辛的努力。

二　组建科研队伍

建所以后，在炮兵党委的支持下，院部陆续为各研究所调进了许多科研人员和干部职工，一所也积极引进人才，至 1962 年底，全所人数猛增至 1130 人，是建所初的 3 倍多，其中科研人员和干部 935 人，工人和战士 195 人。①

卢伟如认为：人员使用，要立足当前，着眼长远，既要满足现实科研工作的需要，也要考虑到科研工作的长远发展需求。为使我军炮兵永远立于不败之地，新型武器装备要一代接一代地更新，科研团队需要有一代接一代的梯队。在科研人员的安排使用上，既要充分发挥现有科研骨干的主力作用，也要发挥青年科研人员的突击作用，特别注意为青年科研人员的快速成长提供条件。

一所的领导班子是团结战斗的集体，党委成员的共同愿望是将科研工作尽快搞上去，争取早出成果，出好成果。王仁德政委支持卢伟如所长这一想法，他们相互支持，配合默契，注意调查研究，在确保科研工作正常进行的同时，在培养青年人才方面也下了很大功夫，具体做法是：打破论资排辈的习惯，将那些在科研工作中表现出色的青年科研人员，大胆提拔

---

① 见《第二〇三研究所所史——1956 年至 1986 年》，第 418 页。

到关键的技术岗位上，让他们在科研实践中发挥所学之长和聪明才智，增长才干。

这些年轻的科研人员从调到一所时，就立下了为炮兵武器装备研制事业奋斗终生的决心，并体现在行动上。他们没有想到的是：到一所工作时间不长，就要负责攻克关键技术的任务，深刻地体会到组织上的信任和期待。他们以强烈的使命感投入工作，发挥了具有专业知识和年轻人思维敏锐的特点，冲锋陷阵，刻苦钻研，较快地成长为具有独当一面的设计和实验能力的生力军，陆续成为科研项目的负责人，也为自己后来的提高发展，打下了坚实的基础。

这些当年的年轻科研人员，现在多是70多岁的退休高研人员，提起当年在一所工作的情景，深情地说："首长（部队的老同志这么称呼他）事业心强，重视科技，重视人才，非常突出。""在用人方面，他看得准，大胆用。""卢所长（兵器工业总公司的老同志这么称呼他）在突出政治的背景下，坚持重用科研人员，厚待知识分子，很不容易。"

他们多次提到"住房问题"。一所当时大多数住房是张作霖时代留下的旧平房，楼房很少，所党委研究后决定抽出一栋条件较好的楼房，专门用于改善技术骨干的居住条件，为他们专门配置了书桌和书架，装上照明效果较好的灯具。用父亲的话说是"为技术骨干提供一个能够在家看书的基本条件"。

在今天看来，这样的事情微不足道，但在20世纪60年代初经济困难时期，这样的举措难能可贵，它表达了党组织和上级领导对知识分子的关心爱护，不少科研骨干至今印象深刻。几位老同志回忆当年情景时深情地说：

> 住在这栋房舍的既有带家属的中年科技骨干，也有单身的年轻科技骨干，后者属集体宿舍，两人住1间房，每人都有桌子、书架，室内灯光较亮，可以看书写字。在20世纪60年代初，这样的居住条件是相当优越的，被俗称为"尖子楼"。当时部队"突出政治"之风盛行，对单位和领导干部评价标准，首先是"政治好"，卢伟如等所领

导这样"照顾业务尖子"，有一定的政治风险，也确实有人将之批判为"不突出政治"，他们却始终不渝。当时一所风气较好，科研人员非常勤奋，拼命工作，在这种情况下，科研成果自然就多起来了。

尽管当时与事后，都有人对"尖子楼"持不同看法，卢伟如却始终坚定地认为："那样做是对的，实事求是地说，作为所领导，该做的还远远没有做到。"

卢家7口住3间房，较为拥挤，他的家人都在食堂用餐，大孩子负责在食堂打饭菜回家。有时去得较晚，排队到窗口前，没有好一点的饭菜，炊事员多次见到这种情况，于心不忍，便主动炒两个菜让他们带回家。父亲发现后，立即非常严肃地规定："今后无论如何也不准接受炊事员叔叔的小炒，那样做就是让你们的爸爸搞特殊化。"

一位老科研人员回忆说："我于1963年结婚以后，爱人与叶景舟每天同乘火车到沈阳城里上班，彼此谈得来，叶景舟还专门邀请我们两口到他们家，她亲自下厨做菜，卢所长打开一瓶茅台酒，庆贺我们新婚。我们的孩子出生后，他们又请了一次。叶景舟还常到我家看望、聊天，在东大营期间，我们两家往来较多。他们对我们非常信任，在'文革'期间，叶景舟曾经从北京返回沈阳原单位工作并下干校劳动锻炼，在那个特殊时期，他们夫妇间的书信往来，都通过我家转送。1983年，我和同事因公到广州，他在广州军区副政委岗位上工作繁忙，仍然抽时间请我们吃饭，询问当年一所同志们的现状，十分亲切。我一直认为他是我的好上级、好朋友，亦师亦友。"

"当我刚来第一研究所的时候，给我最深印象的是一所确实是一个温暖的、充满朝气的革命大家庭。部队的优良作风和光荣传统得到了很好的继承和发扬；政治空气浓，上至所长，下至每一个科技人员，都有一颗强烈的革命事业心；艰苦朴素、雷厉风行的作风处处可见。当时所长卢伟如等各级领导都是从部队里选拔出来的、懂技术的优秀干部，领导力量很强，思想政治工作队伍也很强，的确是一个革命的大熔炉……反坦克导弹研制工作，就是在这个大熔炉里起步的。我们这些刚毕业的大学生一来就受到重视，我来后不久就承担了 J－201 反坦克导弹的继航发动机的研制工作。"① 这是 1962 年调入一所的军队院校毕业生陈月峥同志 30 年后的回忆，客观真实，真挚感人。

王昌仁同志 1948 年毕业于国民党的军工学院，1949 年参加革命，在一所担任过火箭研究室副主任和"J－201"项目的总设计师。他回忆，建所初期，在当时的政治氛围中，一所不可避免地存在着"大干快上搞科研"的"大跃进"风气，科研作风和组织工作都有一些问题。卢所长说："绝不能乱哄哄地搞科研，那是违背科研工作规律的，搞不出成果，必须改变。"由此他狠抓科研作风建设。一所之所以较快地取得重大科研成果，主要原因是具有革命化、战斗化的军队作风及严谨扎实的科研作风，规章制度健全，全所上下协调一致。

1961 年秋，中共中央批准下发的"中发（61）505 号文件"，内容是聂荣臻元帅《关于当前自然科学研究机构工作中若干政策问题的请示报告》和国家科学技术委员会党组、中国科学院党组《关于自然科学研究机构当前工作的十四条意见（草案）》。这个简称为《科研工作十四条》的重要文件，对于当时科研机构面临的主要政策问题做出了精辟的阐述和明确的规定，提供了行之有效的解决办法，是搞好科研工作的纲领性文件，适用于军队科研单位。

按照院党委的通知要求，第一研究所组织全所人员学习文件，要求学深学透，领会精神实质，联系本所实际，对照检查工作中的问题，找出解决办法。通过学习，进一步明确了研究所的根本任务是"出成果，出人才"；树立了"以科研为中心"的指导思想；落实了"五定"，即"定方向、定任务、定人员、定设备、定制度"；明确了各类科技人员的发展方向；树立了"敢于革新创造、敢于攀登高峰"和"严格的要求、严肃的态度、严密的方法"的科研作风。随后建立了科研人员的业务考核制度和考绩档案，制定和完善了科研工作基本程序和有关规章制度，推动了研究所

---

① 见《第二〇三研究所所史——1956 年至 1986 年》书中（第 429 页）陈月峥撰写的文章《难忘的历程》。

各项工作的发展。

根据规定，研究所建立了"科学技术委员会"，研究室成立"科技小组"，营造开展学术、技术研究的良好气氛，有利于各级领导吸收科研人员的意见和建议。

这个文件还涉及科技工作的保密问题，聂荣臻元帅指出："科技机密，必须确保。"但近期"保密项目越来越多，用人圈子越来越窄。不少重大课题只能由一两个青年人去攻关，很久都过不了关。另外，本来可以协作交流的事情也不能协作交流，形成相互封锁、耳目闭塞的现象"。为此，文件提出了解决方法。这样的内容解决了困惑卢伟如和其他领导的保密与协作关系问题，特别重要。

为保障科研人员，特别是技术骨干，每周有5/6的时间从事科研工作，所领导要求各级组织严格按照文件精神办事，尽量减少他们的兼职，少开会、开短会，不随意抽调科研人员做与科研无关的工作。教育机关干部树立为科研服务的思想，提倡他们主动将科研物资送到研究室，为外出人员的家中送粮、送煤。这些具体的措施，不仅方便了科研人员的工作和生活，也密切了党群、干群关系，增强了团结，有力地推动了研究所的各项工作的进程，形成了以科研为中心的全面协调发展的新局面。

据1961年终的统计，建所的第一年就启动了科研任务68项、设计试制任务27项、论证任务9项、计算任务5项，参加试验项目7项，编写材料5份，取得了颇为丰硕的首批成果。①

从1961年至1965年累计科研项目81项，内容有研制新型火炮、野战火箭，现有火炮改进，采用新材料、新工艺改进弹道与弹体等内容，涉及火炮、高炮、火箭的许多工作方面，取得了大小不等的成绩，如用于金门前线的加农炮和加榴炮宣传弹，是一所设计定型后装备部队的。

原军委炮兵科研处长张苗余在华东特种兵纵队担任营长时，曾配合二十二军山炮团作战，与父亲一起参加了解放舟山战役，对于卢团长"指挥作战的勇敢果断，讲话简明扼要"印象深刻。炮研院成立后，他在院组织

---

① 这些数据由总装备部某研究所提供。

计划部担任武器处处长，与卢伟如工作对口，往来较多。他回忆说："这次重新在一起工作，我发现他在会上讲话，仍然是简明扼要，一二三四，点到要害，严谨周密，那是他长期从事地下工作和军事指挥工作的锻炼积累。他在一所期间，我与他几乎每周见面，谈话内容多是沟通情况，特别是争取院部财力和物力上的支持，虽为所长却经常亲自跑项目，争取机关支持，这样的领导并不多。他工作作风深入务实，做事一抓到底，为一所争取到不少任务和项目，最突出的成绩在反坦克武器方面。"

三　研制反坦克导弹

在领导科研工作中，卢伟如总是思考炮兵武器装备的薄弱环节，寻求在这方面搞出"新东西"的突破口，他将精力较多地放在研制新型反坦克武器方面。

卢伟如所长深入试验场地

在炮兵的武器装备中，反坦克武器是我军的薄弱环节。在上甘岭战役中，他曾亲眼看见美军的几十辆坦克在我军阵地前沿一字排开，我军的炮火射得着，却打不透美军坦克的防护钢板，美军对此有恃无恐，使用坦克非常放肆。整个战役总共歼敌2.5万余人，击毁击伤敌火炮59门，飞机41架，而距离我军阵地较近的敌坦克，击毁击伤只有14辆。此情此景，他一直牢记在心。

从苏联回国后，他发现时至 1960 年，部队装备的仍是 75 毫米无后坐力炮和 1956 年式 40 毫米火箭筒（简称"老 40"），属"二战"后期水平，没有反坦克导弹。

从 20 世纪 50 年代起，坦克和反坦克武器的相互对抗，推动了矛盾双方的竞相发展，出现了装甲与反装甲技术水平迅速交错提高和有关武器装备更新换代的新高潮，成为世界范围内陆军武器装备发展的新趋势，将在未来战场上产生重大影响。在世界范围内的反坦克武器中，反坦克导弹的出现和不断改进，具有划时代意义。世界上最早研制成功并装备部队的反坦克导弹是法国的 SS－10，1956 年装备部队。1960 年，西德研制的"柯布拉"型反坦克导弹投入使用，苏联研制的 3M－6 反坦克导弹也几乎同时装备部队。

1958 年 10 月，中央军委常规兵器专业组将反坦克导弹列入常规兵器发展规划。军械科学研究所随即着手开始研制，该所仪器室负责人曹翟等几个年轻同志，以初生牛犊不怕虎的气势，开始了这方面的探索工作，在资料收集和方案论证方面，进展较大。

1960 年 12 月，曹翟等同志随同军械科学研究所转到第一研究所火箭研究室导弹控制系统组。1961 年初，国民经济进入"调整、巩固、充实、提高"阶段，"大跃进"上马的项目纷纷下马，调整之风也传到军队的科研部门，在当时的政治气氛下，有一所同志将 1958 年军械科学研究所研制反坦克导弹的探索工作说成"大跃进上马项目"，认为应该下马；还有同志认为，导弹不是一所的主要任务，导弹控制系统专业应该取消。

卢伟如不这么认为。他几次找曹翟等同志谈话，详细了解这个只有 15 人的导弹控制系统组的情况，特别是科研情况，他听后觉得如获至宝，决定在此基础上建立研究所的反坦克导弹研制队伍。

当时我国的武器装备科研工作处于初创阶段，这个阶段的特征之一是研制项目大多带有"仿制"或"模仿"的痕迹。按照国防科委部署，此类项目主要由兵器工业部的工厂设计所承担。炮研院成立后确定将主要力量集中在新的、综合性高的项目方面，争取有所突破，反坦克导弹研制应属于这方面的项目。

但是，反坦克导弹是全新的"尖端武器"，第一研究所成立不久，实力尚不雄厚，就要进行这样尖端的任务，自然争议颇多。有的认为应先易后难，先搞反坦克火箭筒；有的认为"按照立足于近战夜战的思想"也应先搞火箭筒；更多的同志认为技术难度太大，我们力量不足。研究院和一所党委力排众议，立志要啃下这块"硬骨头"，这个意见得到了军委炮兵和国防科委领导的支持。在这其中，卢伟如作为第一研究所所长，他的态度和决心也是关键因素之一。

他的决心立足于一所的具体情况。反坦克导弹的技术含量虽然很高，但火箭室导弹控制系统组已经在工作原理、控制方法、基本结构和关键技术的消化分析方面，具有较好的基础，只要补充力量，继续努力，就可以立项。而且反坦克导弹的研制，涉及火箭和炮弹的飞行制导技术，也可以为野战火箭的研制打基础，这条路一定要走。

他既有高瞻远瞩的眼光，也有脚踏实地的工作精神，在叶超副院长支持下，他一步一个脚印地向着既定目标前进。

他首先选派一些大学毕业生充实导弹控制系统组，安排这个组的同志到"哈军工"和武昌炮兵工程学院参加导弹控制系统的专业工作，让他们在实践中熟悉导弹业务。

经过多方努力，他争取到去西安炮校考察苏联先进导弹的宝贵机会，亲自带领这个小组的同志在西安炮校考察实物，查阅资料，分析研究，用了两周时间，大大加深了对导弹的了解。

院领导非常关心反坦克导弹的研制工作，于1961年冬决定成立专门的调查组，负责探索研制反坦克导弹的工作思路和可行性方案。这个调查组的具体工作由一所负责，在卢伟如直接领导下，调查组解决了"搞什么样反坦克导弹"和"如何争取主管部门批准立项"这两个关键问题。

当时，反坦克导弹是谁也没有见过的新型武器，必然带来不同意见，如采用有线控制还是无线控制，有的同志凭想象认为：作为尖端武器的反坦克导弹，怎么可能像风筝一样带着电线飞行？其实，当时世界上的反坦克导弹，采取的都是有线控制的方法，这是"简化弹上设备、提高飞行可靠性与射击准确性、降低成本的重大措施，也是大量装备部队的基本条件"。苏联研制反坦克导弹前期，设想采用无线控制，有关成果受到奖励，最终不能适应战场上的复杂情况，还是改回有线控制，才获得成功。这些同志听到这些解释，就是不相信，坚持"尖端武器不能放风筝"。这个例子在今天听起来相当可笑，但在当时科技信息比较闭塞的条件下，类似意见不少，一些领导科研工作的同志也这么认为并颇为坚持，统一思想很困难。

根据如上情况，卢伟如要求火箭室的研究人员，在调查研究基础上进行深入分析，写出有科学分量又切实可行的论证材料。在火箭研究室的努力下，很快形成了题为《关于反坦克导弹设计中的一些问题》的文章，论证了有线与无线、射程、威力、导弹旋转与不转等8个大家关心而又有争议的问题，对外国的各种反坦克导弹的主要情况做出介绍、分析和比较研究。由于有理有据，统一了认识，得到院领导的支持，形成了以第一研究所为主，开始进行反坦克导弹研制方案设计的决定。

1962年1月，他带领曹翟等同志到太原参加审查无控火箭的方案，抓住时机向国防科委科研局唐炎局长、三机部五局余凯局长（当时兼任炮研院副院长）当面汇报了第一研究所为反坦克导弹研制所做的前期准备和下一步计划设想，得到他们的支持，还同意安排一所科研人员到北京查阅苏联导弹资料，并要求一所工作到一定程度后再次汇报。

1962年夏天，时在列宁格勒苏联炮兵工程学院学习的曹刚川等同志从苏联回国，带回苏制3M-6反坦克导弹的教材和使用说明，对于一所研究人员说来，犹如雪中送炭。后来又有人送来了西德的"柯布拉"型反坦克导弹的勤务指南（使用说明书），上面记载了"柯布拉"的结构和性能参数，这种导弹发射后也采用有线控制，它与苏式导弹的车载形式不同，是我们所希望的便携式导弹。

经过认真分析后，卢伟如和其他所领导确定：研制便携式导弹，采用发射后有线操纵的方法，以此为总体结构的设计思路被上报给院领导审批。

这个意见很快得到了院领导支持，决定研制反坦克导弹的项目在1962

年内上马，命名为"J-201反坦克导弹"。这是研究院成立后的第一个院级项目。项目上马后，一所很快成立了全面协调技术工作的"总体组"，曹翟担任组长。

1963年1月，国防科委副主任张爱萍到炮研院检查工作，指示院领导要好好地抓一下反坦克导弹项目。在这以后，院领导将"J-201"反坦克导弹研制提升为"院重点项目"，在人力、物力、财力方面予以重点保证，还提出要通过这个项目的工作，带动实验室建设和人才培养，促进研究院的独立研究与设计能力的提高。

同年3月，参加项目的研究人员增加到42人，成立了总体结构、发动机、控制、弹道气动、材料和战斗部引信6个专业组。同年6月，参加项目研究的人员增加到105人。

在院、所领导的大力支持下，这个项目的研究工作很快铺开，进入了关键技术攻关阶段，在火药、陀螺、放线、火药包复、耐冲刷喷管、扰流片、起飞弹道计算、风洞试验等多个方面展开攻关。

导弹是多专业多学科的综合性技术，对工艺水平和理论水平的要求很高，靠当时院内的物质条件和几个初出茅庐的大学毕业生，承担这样的项目，既无实物借鉴，又无资料参考，国内没有现成的可供利用的技术储备，从无到有，摸着石头过河，一切从头做起，困难可想而知。

"J-201"反坦克导弹的研制人员，是勇攀高峰的新事业开拓者，勤学上进，苦心钻研，具有苦干实干、顽强拼搏的革命精神，研制工作每向前跨进一步，每取得一项进展，都要付出艰辛的努力。图纸设计出来后，他们采取"一竿子插到底"的办法，由研究人员带着图纸到试验工厂车间"跟加工、跟装配"，与工人师傅一起解决工艺技术问题，试验工厂不能加工的部件，还要亲自跑到院外的专业工厂加工。成品出来后的科学试验，尤其是野外靶场试验，条件较差，十分艰苦。靶场离单位驻地30余公里，不管春夏秋冬，科研人员往来都乘敞篷大卡车。他们有时一做试验就是两三天，夜宿简易帐篷，沈阳郊区冬天寒风刺骨，夏天虽然并不炎热，但蚊子个头大，咬人很痛。这样的苦累，他们都心甘情愿，并以苦为荣。

卢伟如将这场攻关战斗，视作非战争年代的重大战役。他作风扎实不尚浮华，经常亲自深入第一线和科研人员一起"摸爬滚打"，每次大的试验和野外实验，他都亲临现场。他对工作勇于负责，严于律己，宽以待人，素有长者风范，并有领导工作经验，赢得了下级干部和科研人员的真诚信赖。他常说："我们的任务就是战胜困难，保证我们的国家不被别人压倒。""只要我们发奋图强，别人能办到的事情，我们也能够做到。""一定要将敢于攀登高峰的雄心壮志和实事求是的科学态度结合起来"，这样的行动和讲话，既鼓舞了科研人员的士气，也使他们始终保持着实事求是的科学态度。

经过 20 个月的艰苦努力，研制出元件、部件初样和总体原理样机，取得了关键性进展。1963 年 10 月 17 日，他带领主要科技人员，从沈阳来到北京，向国防科委副主任张爱萍汇报反坦克导弹研制情况，展示武器系统性能的样机，放映无控飞行的电影资料片，得到张爱萍副主任的肯定支持。

第二天（18 日），国防科委科研局唐炎局长在北京召开了"J–201"反坦克导弹技术方案审查会，北京工业学院、北京航空学院、解放军第五和第十研究院、军械部、232 厂，以及第三、四、五机部的专家参加了这次会议，原则上通过了技术方案，并提出了改进意见。同年 11 月，国防科委正式将"J–201"反坦克导弹列为国家科研项目，下达了研制任务，并陆续落实了协作单位。

"J–201"反坦克导弹被列为国家科研项目以后，为加强项目的技术领导，经院批准，一所成立了项目"总（工程）师组"，调王昌仁同志担任总设计师，曹翟任副总设计师并负责控制部分，赵家铮任副总设计师分管工艺部分，以后又增加朱列旦任副总设计师。

又经过一年的艰苦奋斗，在各协作单位的紧密配合下，各专业组的攻关会战都取得了进一步的成果。1964 年 11 月，一所拿出了地面试验符合要求的斜喷管起飞发动机等武器系统关键零部件，试制出我国第一代反坦克导弹的第一套武器系统的性能样机。

1964 年 12 月 18 日，在沈阳德胜营子靶场，在零下十几摄氏度的低温条件下，"J–201"反坦克导弹实现了有控飞行试验，导弹有控飞行 600 米。这一发导弹的成功飞行，凝聚了所有参与项目的科技工作者的心血，包含着协作单位和有关工厂的共同努力，象征着中国反坦克导弹的正式起步，为我国发展反坦克导弹事业带来了希望、信心、勇气和干劲。

一所仅用 4 年时间，就取得了这样突出的科研成果，在炮兵武器装备研制史上，是不多见的。这当然是科研人员刻苦努力和各方面大力支援的结果，而卢伟如所长作为第一线指挥员在领导指挥方面的贡献，也是成功的关键因素之一。①

"J－201" 反坦克导弹

四　研制反坦克火箭筒

一所成立后，千方百计地搞到苏联、西欧、美国的反坦克武器材料，了解到一些基本原理和发展概况。当时，国外主要轻型反坦克武器有苏联的ПГ－7反坦克火箭筒，美国 M－72 型火箭筒等。1962 年夏天，曹刚川等同志回国，既带回反坦克导弹材料，也带回苏军装备的ПГ－7反坦克火箭筒、弹的资料。

---

①　1965 年 5 月炮兵科学技术研究院移交五机部以后，"J－201" 反坦克导弹研制项目随之移交，在科研人员的继续努力下，这个项目于 1972 年定型，1978 年获得了全国科学大会奖，为中国自行研制成功的第一代反坦克导弹。

经过两年的调研和消化资料，1963 年初，一所火箭研究室的年轻科研人员郑明达提出了研制我国自己的轻型反坦克火箭的建议，得到了研究室领导、田牧副所长和卢伟如所长的支持，他们决定大胆起用年轻科技人员，组成项目论证组，进一步消化国内外资料，选择较为完善的方案。

这些青年科研人员集中论证分析了是发展纯火箭还是无坐力炮（火箭筒）火箭增程弹；是发展同口径弹还是超口径弹（即战斗部直径大于发射筒口径，露在外边，以提高威力）等关键技术问题；提出了借鉴苏 ПГ－7 反坦克火箭弹，研制我军新一代反坦克火箭筒的建议。

卢伟如和其他所领导采取了上下结合的方式，在听取多方面意见以后，做出了同意这个方案的决定，并很快完成项目论证上报工作，得到院首长批准。由此，一所在火箭研究室内成立了"J－203"反坦克火箭弹项目组，负责研制"40 毫米无后坐力炮发射的超口径火箭增程反坦克破甲弹"，简称"新 40 火箭筒"。

在当时的条件下，将这样一种反坦克火箭筒从设想变为可操作的计划和图纸，涉及许多技术和操作上的难题，必须进行深入的科学探索和论证，难度很大。

反坦克火箭筒的前期准备工作晚于反坦克导弹，项目的启动却走在前面，卢伟如和其他所领导非常重视，将它列为所重点项目，在财力、物力、人力上重点支持，并经常深入第一线，听取意见，了解情况，支持和协助他们解决各种困难。

1963 年，叶剑英元帅在一次内部报告中尖锐地指出："今后我们在防御中，如不能粉碎敌人大量坦克的密集突击，防御就很难制胜；在进攻中，如不能粉碎敌人大量坦克的反冲击和反突击，就很难取得胜利。"他还进一步指出："近战的中心问题是防坦克问题。"①

叶剑英元帅这个讲话被传达下去以后，研究人员干劲倍增，齐心协力地发挥集体的智慧，克服了一个又一个困难。经过一段时间的艰辛研究，

---

①　孔从洲：《孔从洲回忆录》，解放军出版社，1989，第 526 页。

终于摸索到主要的技术途径，于 1964 年初研制出性能样机，经实弹射击试验，证明设计方案完全可行。

1964 年 8 月，在北京南口靶场，这个项目向军委副主席贺龙和总参谋长罗瑞卿等首长汇报射击表演。贺龙元帅看后高兴地说："这样一个小东西，能打坏坦克，还能打 300 米，应该喊万岁。"罗瑞卿总长指示："工业部门要大力支持，尽快搞出来装备部队。"消息传来，第一研究所全所上下为之振奋，这是该所成立以后取得的第一项重大科研成果。

中央军委领导的讲话和指示，给予该项目的研究人员很大的鼓舞和鞭策，他们进一步加快了研制步伐，到 1964 年底，又完成了样品炮、样品弹的设计、试制，并取得了较好的试验结果。①

"第一研究所在研制'新 40 火箭筒'的过程中，锻炼培养出的一批科研人才，其中大部分同志转到五机部的研究所，继续从事轻型反坦克武器研制工作，是我国组建较早，而且保留至今，仍然继续发挥作用的专业人员。第一代老技术骨干基本没有散失，专业齐全，技术水平较高，具有丰富的研制经验，经历过多个产品研制的锻炼，完成国家定型项目多项，获得国家重大技术改进二等奖和部级科学技术进步一等奖各一次。"②

当年在一所提出进行反坦克火箭筒研制建议并一直从事研制工作的郑明达同志，退休前在兵器工业集团公司兵器系统总体部担任副总工程师，他回忆说："在研制这些武器的过程中，当年第一研究所的年轻科研骨干们，始终牢记卢伟如等老首长的教导，感激他们的信任、支持、鼓励，以他们为榜样，不计个人得失，献身国防事业，在研究工作中克服了一个又一个困难，一直在为我国兵器工业的研制事业而努力奋斗。"

---

① 1965 年 5 月炮兵科学研究院移交五机部时，"J - 203"反坦克火箭筒研制项目同时移交，在科研人员的继续努力下，这个项目于 1972 年定型，投入生产，装备部队，1978 年获得首届全国科学大会奖。

② 蒲兆友：《为国防建设做出较大贡献的轻型反坦克武器研究队伍》，《第二○三研究所所史——1956 年至 1986 年》，第 450～453 页。

2009 年 12 月，笔者与当年一所科研人员曹翟（左一）、王振涛（左二）、顾余铨（左三）合影，他们一直工作在炮兵武器研制岗位上，并做出重要贡献

五　研究院副院长

1964 年 5 月 23 日，卢伟如被任命为炮兵科学技术研究院副院长，院长由军委炮兵副司令员孔从洲①兼任，他是一个革命经历丰富的老同志，具有指挥炮兵作战的经验，担任过高级炮校校长和炮兵工程学院院长，他通过观察，对这位比他年轻 13 岁的副手非常满意，放手让他在工作中发挥作用。

按照当时副院长分工，贾克副院长带一个工作班子，常驻北京，专管炮兵的科研业务，开始叫"联络处"，后改称"炮兵科研办公室"，他负责这个办公室的领导管理。卢伟如常驻沈阳，负责院内科研工作，继续领导一所的科研工作。他觉得身上担子重了，仍然保持着战争年代那种勇往直

---

① 孔从洲（1906~1991），原名孔从周，陕西西安人，1924 年参加国民革命军，参加过北伐战争，曾任少将旅长、师长、中将副军长，1946 年率部起义，任西北民主联军三十八军军长，同年入党，后任豫西军区副司令员、二野特种兵副司令员、西南军区炮兵司令员兼第二炮校校长、高级炮校校长、军委炮兵副司令员兼炮兵科学技术研究院院长，1955 年被授予中将军衔，曾任第六届全国人大常委会委员。

前的奋斗精神，深入各研究所了解情况，努力完成孔院长托付的工作。

此时的炮兵研究院，"在前任院长贾陶、副院长叶超等同志的领导下，经过3年的快速发展，全院人员增加到3100多人，其中科技人员1500多人；已有火炮、指挥仪和雷达、光学仪器、射击4个研究所；建成了包括风洞等大型试验设备在内的40多个实验室和4个生产试制工厂；完成了12种新型武器装备的战术技术论证；开展了反坦克火箭筒、反坦克导弹、机电模拟指挥仪、高炮火控计算机、炮队镜等项目的研究和试制。"

"作为炮兵领导科研工作的部门，炮兵研究院在国防科委和炮兵党委的领导下，联络国防工业部门的近200个工厂，中国科学院和地方所属的不少科研单位、高等院校，在组织军内外有关单位开展科研工作方面，也做了大量工作，由院外单位承担的科研项目多达100多项。""研究院已具有相当的规模和研究工作水平与能力，在组织领导炮兵科研工作方面取得较好的效果，积累了不少经验。"① 炮研院还承担国家炮兵武器专业组、国防光学专业组和炮兵武器定型委员会、常规武器情报网等专业组织的办公室的工作任务。

根据如上情况，孔院长强调突出重点，集中兵力，调整工作布局，以一所为基础，组建"超级火炮研究所"和"野战火箭研究所"，并指定卢伟如负责这一工作。第一研究所的超级火炮研究工作进展较好，受到总参谋部的重视，卢伟如熟悉情况，在当时一所领导的支持下，较快地完成了组建超级火炮研究所的工作。

组建野战火箭研究所的工作，实际上是将第一研究所分编为火炮与火箭两个研究所，选定新所址需要时间，孔院长在征得军委炮兵主要首长同意后，决定采取"先搭架子"的方法，将原一所的领导和所机关的人员增加，按照火炮和火箭两个专业分别进行管理，创造分编条件。

他在副院长岗位上工作刚刚半年，1964年11月，中央决定国防科研设计部门与国防工业部门合并，这是"部院合并"的开始，炮研院很快接到将要合并到第五机械工业部的通知。1965年4月，总参谋部和总政治部发出

---

① 《孔从洲回忆录》，第507~509页。

《关于炮兵研究院与国防工业的科研部门合并问题》的联合通知，决定正式撤销炮兵科学技术研究院编制，军委炮兵保留 1 个研究所，将研究院及其他研究所移交第五机械工业部领导。根据这个通知，炮兵研究院的主要研究机构移交给五机部机械研究院，全院 4600 多人的绝大部分，随之集体转业。

1960 年到 1965 年，是我国各项建设扎扎实实发展的 5 年。炮兵科学技术研究院创建以后，经过 5 年的艰苦奋斗，已经成为国内规模最大、技术先进的炮兵武器装备的综合科学研究基地，锻炼培养出一支政治思想觉悟较高，工作作风过硬，科技水平较高的科研队伍，在重要的新型武器装备研制方面，取得了关键性的进展。卢伟如先后担任第一研究所所长和副院长，竭尽全部力量和心血，做出了重要贡献。

对于这次"部院合并"，时任第七研究院院长的刘华清同志后来在回忆录中表示："坦率讲，对于当时的'部院合并'，我认为是一次决策错误。""我当时不同意合并非由于感情因素的影响，而是反复思考后，觉得弊大于利。"①

炮研院的许多科研人员认为，如果机构再稳定几年，将会很有后劲，早出成果，我军炮兵武器装备将会更早得到较大改善。这次决策使军委炮兵基本上失去直接研制武器装备的机会，分散了已组织好的科研队伍，削弱了赶超世界先进水平的冲击力，延缓了不少重点项目的科研进度。

父亲作为这支队伍的创建者之一，面对如此情景，内心遗憾和感慨肯定很多，他是一个非常重视组织纪律的领导干部，仍然一如既往地服从组织决定，在完成交接工作后，走上新的工作岗位。

六　第一代国产东风弹道导弹的研发

东风导弹系列是中国人民解放军火箭军（原第二炮兵）的主要武器装备。在 1966 年第二炮兵成立初期，东风导弹只有两个型号：东风 2A

---

① 刘华清：《刘华清回忆录》，解放军出版社，2007，第 301～304 页。

号（DF-2A）与东风 3 号（DF-3）。在第二炮兵成立之前，其导弹部队与院校等均隶属于军委炮兵组建，东风导弹研发时的主管部队也是当时的军委炮兵。

作为"两弹一星"的主要项目，导弹与原子弹的立项是在毛主席亲自批准，周恩来总理亲自主持下进行的。东风 1 号导弹是由苏联专家为主完成的第一代导弹，苏联专家撤走后 1960 年开始自主研发东风 2 号导弹，该项目地方科研单位的负责人为钱学森和宋健，当时炮兵负责该项目的有孔从洲（时任炮兵副司令兼炮兵科学技术研究院院长）、卢伟如（时任炮兵科学技术研究院第一研究所所长，副院长）和栗从实（时任第一研究所火箭导弹研究室主任等职）。①

副司令孔从洲（右一），炮兵研究院一所所长卢伟如（中）

由于项目的机密性，卢伟如作为一名老一辈的革命军人严守党的纪律，对如此重大的国家项目一直守口如瓶，直到去世也没有向家人透露过一个字。卢伟如的二儿子当年在二炮当兵，直接参加过东风 2A 号导弹发射，也一直不知该导弹有父亲的参与和功劳，直到父亲去世 30 多年后的 2017 年才从《栗从实

---

① 栗从实，1921 年生，1937 年参加革命，1962～1966 年任炮兵科学技术研究院第一研究所火箭导弹室主任、副所长，炮兵科技部副部长，炮兵科研部四处处长等职。2020 年 10 月 7 日离世，享年 99 岁。

自我回顾》^①的材料中得知这段经历，终于使这段尘封了 50 多年的历史事迹浮出水面。由于历史原因和项目本身的机密性，很多细节已无从考察了，根据《栗从实自我回顾》的有关内容和回忆，这段难忘的经历如下：

> 我们的项目代号为绝密，这个项目是毛主席、周总理亲自抓的，钱学森任总设计师，宋健任总所所长，炮兵孔副司令为部队主管，卢伟如同志具体主抓这项工作，在全国开展军地大协作，经常亲临一线指导，攻坚克难，指挥得力。东风 2 号两次试射、第一颗原子弹爆炸他都不顾危险一直和我在试验现场。当时周总理每季度听取汇报一次，主席每半年要书面材料一次。1962 年 10 月东风 - 2 试射失败，1964 年 6 月 29 日终于发射成功。1964 年 10 月东风 - 2 配合我国第一颗原子弹爆炸成功，一举粉碎了西方"中国有弹无枪，5 年内不会有运载工具"的预言。1965 年 11 月 13 日，射程增强型号东风 - 2A 试射成功，之后进行了多次的飞行试验，并开始了实战武器批量生产。

> 作为"两弹一星"项目的延续，国家又开始了超级反弹道导弹项目的研发，项目仍由国家"两弹一星"领导小组领导。我们和钱学森、宋健等地方科研单位经常开会研究，我们互相也非常熟了。该项目国家非常重视，平时可用红线电话，直达中央首长。周总理经常听取汇报，每次汇报钱学森、宋健和我们都要到场。超级反弹道导弹项目设在炮兵科研部四处，我任处长，正师职务，在卢伟如副部长的直接领导下开展工作。我们全处三十余人，全部是精锐的专业技术人才，大家干劲十足，齐心协力，为改进我军技术装备而大干苦干，胜利完成了党和国家交给我们的光荣使命。

> 1966 年第二炮兵成立，东风 - 2A 导弹开始装备部队，随后东风导弹系列的科研项目一起移交第二炮兵了。其后由于历史发展等原因，又将进行中的地对空导弹和反弹道导弹等研发项目移交给了空军和其他相关单位。

---

① 《栗从实自我回顾》1995 年撰写（未出版），后由栗从实女儿辅助整理。

2017 年卢伟如的二儿子看望 96 岁的粟从实（右一）

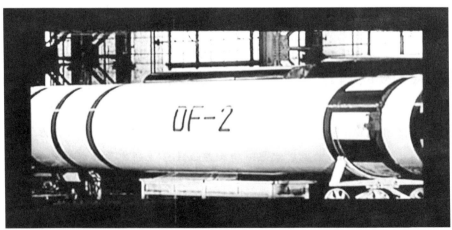

东风 2 号弹道导弹

东风 2 号弹道导弹是我国独立自行研制的第一款弹道导弹。其增强型号东风 2A 号导弹全长 20.9 米，弹径 1.65 米，起飞重量 29.8 吨，采用一级液体燃料火箭发动机，最大射程 1500 公里（东风 2 号为 1300 公里），可携带 1500 公斤高爆弹头或 1 枚 1290 公斤的威力为 2 万吨 TNT 当量的核弹头。

第十八章
在军委炮兵的十七年

一 为科研部早日工作

为了执行总参谋部和总政治部《关于炮兵研究院与国防工业的科研部门合并问题》的联合通知,军委炮兵决定:

(1)重新组建炮兵科学研究部,由尹琪担任部长,卢伟如任副部长。

(2)保留设在北京的第二研究所,继续使用这个名称,调整其任务和人员,承担炮兵新型武器装备的发展研究和论证任务。

(3)科研部办公地点设在北京市朝阳区北苑大院内,所需用房从二所原有房舍中调济解决。

(4)新成立的科研部是炮兵领导科研工作的职能部门,机构设置精干,编制仅百余人,职能是制定炮兵武器发展方向、体制序列和方针政策,提出装备的发展要求,为中央军委和总部当参谋,并作为使用单位的代表,按照作战要求,组织炮兵武器装备的试验鉴定,考察新型武器性能。

军委炮兵还要求新成立的科研部尽快完成组建并开始工作,以适应机构调整后的新情况,保证炮兵科研工作的正常进行。

为了贯彻执行军委炮兵的指示要求,根据孔从洲副司令员指示,卢伟如于1965年5月率领精干的工作组来到北京,领导复建科研部的工作,重点解决办公条件和人员及家属居住问题。他以指挥作战的雷厉风行作风,因地制宜,全面周到地安排办公用房和住房,落实后勤管理,解决家属工作与子女上学问题,使新组建的科研部尽快开始工作。

他经过调查和认真考察后，首先调整第二研究所营房的使用，将二所的机关办公楼改为科研部办公楼，使新成立的科研部的组织计划、武器、仪器、超级炮、机动工具、技术革新、情报编辑出版等7个处，以及政治委员办公室和行政管理科都有基本办公条件。在做出这个决定以前，他与二所领导协商并得到支持。二所领导表示：二所办公楼腾出以后，将一栋科研楼改为所办公楼，这样涉及搬动较小，不影响调整职能后的第二研究所工作。在当时的条件下，这样的调整方案，既可行又方便，应该说是比较完美的。

科研部编制较紧，为精简机构，保证更多人员投入业务工作，经尹琪部长同意，他决定科研部不设立专门的后勤保障单位，只设立一个精干的管理科，将后勤保障工作委托二所办理。他的这个思路得到二所领导同意后，厘清了两个行政管理单位的职责和工作次序，使科研部的后勤保障工作有了着落，而新设立的管理科，包括收发室、保密室和文印室在内人数不足10人，颇为精干。

在干部住房安排方面，他坚持发扬风格，谢绝了第二研究所提出腾出部分干部住房的方案，坚持科研部干部暂时"委屈"，不改变二所干部的现有住房。他决定将不再使用的两处办公房改建为科研部干部住房。这两处房屋原来是炮校学员的集体宿舍，多为大间，少数是小间，即便内部改建，用作干部宿舍，条件不好，但在改建以后，可以解决科研部干部到北京后急需的基本住宿问题，因陋就简，不失为较好的解决办法。

安排随军家属工作和解决子女上学是大难题。这两个问题的解决，胡忠同志发挥了重要作用。他是一位老同志，熟悉北京市地方单位、学校和幼儿园情况，联系广。由于某种原因，他当时没有工作，卢伟如请他协助工作，他作为工作组"不在编的成员"，不辞劳苦，多方联系争取，在短短两个月内解决了绝大多数干部家属进京工作安置和子女上学问题。这位老同志的风格令人敬佩，后来被任命为第二研究所管理处副处长。这两件事情的处理，体现了卢伟如善于用人之长和待人为善之道。

在工作组全体同志的共同努力下，办公条件、干部住房、家属工作和子女上学等问题，都很快得到解决，科研部复建工作取得了关键性进展。

两个月后，科研部的同志们从沈阳搬到北京，工作有基本条件，家有住房，家属工作有安排，子女上学有着落，很快全力投入工作，他们对卢副部长和工作组同志卓有成效的工作感到钦佩和感激。

改建的宿舍有三种规格——两间半、两间、一间，全部使用公共厨房和公用厕所，虽然因陋就简，由于工作组完成了各家房子分配，给各家按人头将床、桌、凳等用具配备齐全，干部家庭住进以后可以立即铺床睡觉、开火做饭，给干部家庭减少了许多搬迁后的繁杂事务。

卢家住进了改建的一套两间半宿舍，面积约50平方米。夫妻俩和五个孩子，其中两男两女是中学生，还有一个小学生，挤在这样的房子里，困难可想而知。

从沈阳搬来的同志们看到卢副部长一家的住房情况：尽管住房狭窄简陋，大家挤在一起，仍然觉得愉快温暖。那个年代风气好，军队干部不讲究生活条件，因而整个安家过程，没有听到一句"牢骚怪话"，也没有出现任何不愉快的事情，科研部的同志们到达北京后很快投入工作。

二　在"四清"运动中

科研部刚刚组建完毕，父亲受命于1965年7月带队赴黑龙江省齐齐哈尔市，参加和平机器厂的"四清"运动。

选择远在黑龙江省齐齐哈尔市的国营和平机器厂作为"四清"工作基地，主要考虑到它是生产炮兵武器装备的大型军工厂，炮兵干部在这里参加"四清"，既可以得到锻炼，也可以了解炮兵武器装备的生产情况。

中共中央决定于1963年至1966年5月开展的社会主义教育运动，内容为"清政治、清经济、清组织、清思想"，简称"四清"运动。1965年1月，中共中央制定了《农村社会主义教育运动中目前提出的一些问题》，即"二十三条"，指导"四清"工作。

按照中央规定，军队干部不担任"四清"工作团（队）的主要领导职务，卢伟如被指定为工作团副团长。在"四清"中严于律己，严格要求军队干部，尽力了解社会民情，在"文革"初期工厂开始出现混乱之时，挺身而出，捍卫国家和人民利益。

1. 严格要求军队干部

到工厂后，卢伟如立即按照组织要求，在军队（本单位）干部中建立了党支部，亲自担任支部书记。作为支部书记，他始终强调军队干部参加地方"四清"工作的目的，是到实践第一线了解社会，向工人群众学习，以实际行动宣传人民军队的模范作用。他按照总政治部的要求，要求军队干部遵守有关规定，并明确了以下事项：

军队干部虽然不担任各工作队正职，但要积极协助地方队员做好工作，努力加强和地方队员的团结。凡出现团结问题的，无论具体情况如何，军队干部都要检讨责任。

军队干部参加"四清"期间要坚持发扬人民军队的光荣传统，不允许自由散漫，每周星期一都要像在部队时那样出早操。每次早操时，他都像连长一样，在操后给大家讲话，内容是总结一周情况，提出下周要求。不管齐齐哈尔冬天的天气多么寒冷，他在队前讲话都着装整齐，帽耳从不放下。在他的带领下，军队干部在出操时都这样做，在地方队员中影响很大，被赞为"军队干部就是不一样"。队员中一些新参军的大学毕业生也由此受到启发、教育和锻炼。

他明确规定军队队员不准在招待所食堂就餐，一律到职工大食堂就餐，还具体规定不许买"甲"菜，只买普通菜，不许和工人抢购细粮和各种花样主食。这样严格的规定，似乎"不近人情"，军队同志确实清苦些，却使工人群众对人民子弟兵的认识得以加深，拉近了他们对部队的感情。他本人一直在大食堂就餐，并照此办理，以身作则。

2. 调查研究与总结政治工作经验

他十分重视研究在工人群众中如何进行思想工作，按照国防工业政治部《关于组织参加国防工业"四清"运动的解放军干部总结政治工作经验》的通知精神，派出科研部参谋阮继贤到203车间挂职任副指导员，与车间党支部共同组织群众活动，探索适合车间条件和工人特点的政治思想工作方法。之所以选择203车间，是因为它是一个人员达数百人的大车间，而且工种多，具有典型性。他除多次听取汇报外，还多次到车间参加座谈会，取得第一手情况，与大家一起总结工作经验。

此外，他还派出姬广武同志对基层工人的政治思想状况进行调查研究。姬广武的工作和阮继贤同志既有配合也有区别，前者以政治思想工作和组织实施为主，后者以了解情况、研究工人群众思想状况以及发展变化规律为主。调查研究的方法有三个方面：一是跟班作业，和工人师傅谈心交流，了解思想动向和问题线索；二是对各种有代表性的人物，如老师傅、老党员、生产骨干、积极分子、思想较为后进的青年工人，以及犯了各种错误的人，甚至"写反革命文章"被判刑在车间管制劳动的人分别进行个别访谈；三是组织业余毛主席著作学习小组，以学习"老三篇"为纲，联系社会、工厂和自己的思想实际，谈体会、谈看法，畅所欲言。

卢伟如指导调查研究，非常深入，经常听取汇报并做出指示。经过几个月的调查，写成了一份约 4 万字的调查材料。他多次参加研究，亲自动手修改材料，还把材料送给齐齐哈尔市委书记，书记回复的评价是：内容丰富，事例生动，分析深刻，发人深省。遗憾的是，工作队离开时，姬广武同志把这份材料交给了车间指导员，在"文革"中被当成黑材料烧掉了。

3. "文革"之初的挺身而出

1966 年夏天，"文化大革命"席卷全国大地，"大批判"之风随之传到齐齐哈尔和平机器厂，正在"四清"的工厂也开展了批判"反动学术权威"活动。

为了解有关情况，卢伟如派军队干部听取"文革"初期的思想批判活动。"文化大革命"初期，工厂没有实行"四大"，但在全国批判"三家村"浪潮的影响下，工厂基层还是开展了对"错误思想"的批判活动，他视为了解工厂政治思想工作的机会，派姬广武以蹲点的方式到知识分子较多的技术科参加活动，了解情况。他明确指示：一是要向有关活动主持人说明，错误思想可以批判，但不要戴帽子；二是作为军队工作队员只了解情况，不表态。

进入 7 月，造反之风扩展到工厂，一些人对一年来的"四清"运动提出质疑，开始找四清工作团领导"造反"。这时，工作团团长已经离开，工作担子落到了他这位副团长肩上。中央明确规定军队干部不担任四清工作团的团长，他作为副团长一直是自觉地协助团长工作，很少单独"出头"，大会讲话不多。但在此关系到工厂安定的特殊时刻，他顾全大局，勇敢地站出来，担当责任，承担压力，表现出大将的气度与风范，显示出无私无畏的品格。

当部分群众到工作团驻地敲锣打鼓，要团长出来回答问题时，因团长不在，他毫不犹豫地站出来，面对现实，承担压力，在向群众讲话中，耐心地说明有关情况和道理，劝说大家散去。

工厂的"文革"运动愈演愈烈，意外情况不断出现。有一次在礼堂开大会，批判"反动路线"的内容包括工作团"问题"，有的厂领导当众宣布"起义"，把矛头指向新来的党委书记魏一心同志，他原任牡丹江市委书记，在担任工厂党委书记前以工作团副团长的名义参加工厂的领导工作。卢伟如认为这样涉及新来的党委书记，必然影响到工厂的秩序和生产，因而主动地站出来说，有关问题都是工作团集体决定的，责任不能由魏一心同志个人承担。

后来在大操场又召开群众大会，要求工作团领导到会回答问题。按照规定，军队人员可以不参加，军队其他同志都劝说他不要参加，他却坚持参加。这样的大会可能搞批斗，军队的几个同志，一是对他的安全不放心，二是对事态的发展不理解，对他坚持参加大会感到颇为担心和非常难受。在工作团工作的齐齐哈尔市某区的武装部长说："你们（指军队同志们）不能去，我是区委常委，不能不去。卢副团长去，有我在，你们放心吧！"卢伟如参加群众大会以后，知道军队同志们对他参加大会忧心忡忡，他诚恳地对这些同志说："不要这样，我们没有做对不起群众的事，怕什么！"

到了8月，"四清"运动已经无法进行，工作团的地方队员都相继撤走，只有军队队员没有走，团领导只留下他和时任齐齐哈尔市委常委、统战部长的雷鸣坚持工作，尽量保持工厂秩序，坚持生产。

又过了一段时间，他根据上级的通知精神，决定将大部分军队队员撤回部队，由他带少数几个人坚持工作。军队同志们撤离的时候，车站挤满了送行的工人群众，表达了依依惜别之情，场面十分感人。沈阳军区医学科学研究所李所长在撤出时，紧紧地握住他的手，久久不放开，眼里满含泪花。

就这样又坚持到9月初，雷鸣对卢伟如说："你们也撤出去吧！他们有事总是要找市委的，我是市委常委，想躲也躲不开，有事情市委会要找我的。"听到他这样说，留下的几位军队同志都对雷鸣同志增加了几分敬佩。同时卢伟如也感到继续留在工厂难以起作用，才于9月4日带着留下的军队几位同志撤出工厂。

三　参加接待"红卫兵"

1966年9月上旬，卢伟如从齐齐哈尔回到北京，发现家中空无一人，妻子在哪里也不知道，只好打电话叫初中的女儿回家。女儿告诉他：不久前，炮兵副司令员宋承志带队到五机部的一个工厂进行宣传，妈妈正好在这个工厂临时工作，她在小组讨论会上说应该支持军宣队，工厂不能乱。会后，造反派就说她是军宣队事先安插的人，派人到北苑大院，要抓她回工厂接受批斗，大门的哨兵赶紧通报家中，她到邻居家躲藏，没有被抓到，以后他们又来了几次，还是要抓她。那个工厂搞批斗打人很厉害，如果她去肯定要倒霉，但又不能总是这么躲藏，只好带着小弟弟回广东老家躲避一段时间，临走时交代说，如果爸爸来电话，不要说妈妈的情况，以免影响他的工作。听到女儿的介绍，他突然感到：熊熊燃烧的"文革"烈火，已经燃烧到自己家中。

叶景舟在广东住了不长时间，得知丈夫回到北京，担心再这样下去，搞得家中很不安宁，更怕连累丈夫，决定返回她组织关系所在的沈阳科学仪器公司继续工作，后来又到沈阳郊区农村的公司干校劳动锻炼，由此他们夫妻两地分居了一段时间。

卢伟如的笔记本很少被保留下来，但这一段时期的笔记本却得以留存。"从科研院转编到科研部，还未开始工作就去搞'四清'，整整一年多，（科研）部内的情况不了解，部内的文化大革命情况不了解。"这段话很能说明他刚刚回到北京的情况和心情。

此后的几个月，他在科研部边工作边参加运动。从11月初到12月中旬，他参加了接待外地进京红卫兵的组织和政治工作，在炮兵科研部负责的接待站中，外地来京的"革命小将"按照班、排、连、营、团、师进行组织，排长以上的干部由军队同志担任，要求这些同志与红卫兵实行"五同"（同吃、同住、同学习等），并按照上级要求组织他们参加毛主席接见的大型活动，接见完后再动员他们返回原地。

他在笔记本中写道："11月3日上午10时08分，11月10日上午10时，11月11日下午2时38分，三次见到了毛主席！真是沾了外地红卫兵的光。"[①] "能参加伟大的组织工作，和红卫兵坐在一起接受毛主席接见，这是一生中最大的幸福！""具体工作都是下面同志们做的，我只算是和大家一起来了，和群众坐在一起了，没有做什么工作，只算是一个工作人员。工作没做多少，没做好，估计可能有人贴大字报。好吧，让群众的革命烈火烧掉几十年来存在的骄气和官气，永远保持一个革命的普通工作人员的本色。"这些语言，在今天看来，实在不像出自一位副军级干部的笔下，却也是那个特殊年代的真实产物，应该说，他当时的处境还算不错，属于"军队革命领导干部"之列。

四　军管和筹建兵器研究院

1967年初的神州大地，"文革"浪潮越来越高，社会秩序越来越乱，许多单位生产停顿，国防科研单位也不能幸免，许多单位的科研工作处于停顿或半停顿状态，并向着更坏的方向发展。时任军委副主席兼国防科委主任的聂荣臻元帅心急如焚，感到再这样乱下去，整个国防科研事业可能

---

① 这是毛泽东主席在"文化大革命"中第6、7、8次接见外地来京的革命师生。

停滞不前，甚至倒退。1967 年 3 月 11 日，他向中共中央、中央军委报送了《关于军事接管和调整改组国防科研机构的请求报告》。3 月 20 日，毛主席和周总理批示同意这个报告。国防科委随即成立了军事接管小组，先后由罗舜初、刘华清担任组长，派往各研究院所的军管会，是对口的军兵种干部。

第五机械工业部（即兵器工业部）机械研究院是该部规模最大、最为重要的研究院，也是国防科委军事接管小组确定实行军事接管和进行调整改组的重要单位之一。

经军委炮兵研究决定，受国防科委的委派，以卢伟如为主任的军管会，于 1967 年 3 月 29 日进驻五机部机械研究院。军管会副主任是炮兵政治部文化部部长张平和炮兵科研部六处处长李润生。军管会进入机械研究院后，又向院属在外地的 19 个研究所派出了军管小组，由院军管会统一领导。

"文革"期间实行军管很多，对国防科研机构实行的军事接管，具有一定的特殊性，这是中共中央和中央军委稳定国防科研战线的有力措施，也是理顺国防科研系统管理体制的重要举措，其目的是为国防科研事业发展创造必要的条件。

卢伟如十分明确这次军管的特殊重大意义，它不同于"文化大革命"中对其他单位的军管，而是由国防科委负责军事接管地方的重要军事科研单位，在进行调整改组以后，再归由国防科委领导，以适应国防科研事业的发展需要。在当时的条件下，如果不实行军管，就不能达到这些单位的安定团结，也不可能达到调整改组、筹建新院的目标，无法实现中共中央、国务院和中央军委的重要部署。他在军管会主任的岗位上，尽心竭力地工作，在"天下大乱"的背景下，尽量争取最好的结果。

1. 实现"大联合"

在领导机械院的军事管制工作中，他始终不渝地坚决贯彻中央指示，根据机械院的具体情况，首先将工作的重心放在促进群众组织大联合方面，采取"不否定任何一个群众组织"的做法，强调"在共同大目标的前提下促进大团结和大联合"，经过一段时间艰苦细致的工作，机械院实现了全院"大联合"。京外的研究所虽然受到当地运动状态的影响，情况各不相同，也在军管会的统一领导下，经过各军管小组的努力工作，同样实现了"大联合"。当时包括北京在内的全国许多单位，派性斗争仍然相当激烈，甚至连军委炮兵机关的运动，因为派性影响而经历夺权、反夺权的反复变化，机械院军管会能够做到这样，很不容易。

全院"大联合"实现以后，派性问题及其在院内影响得到了一定程度的遏制，形不成主导力量，用现在的话说，机械院形成了一定范围内的"小气候"，为开展调整改组创造了一定的工作气氛。

机械院和下属 19 个所都实现了"大联合"，引起国防科委领导的高度肯定和重视。1968 年 3 月，卢伟如应邀在"国防科委第二届学习毛主席著作积极分子代表大会"上做报告，介绍全院实现"大联合"的情况和经验，得到大多数人的赞许，在当时条件下必然会有些人不赞成。参加这次会议的部分代表团住在机械院内，有些代表团成员认为机械院"一潭死水"，想方设法"发动群众再起来造反"，但始终没有能够得到多数群众响应，没有引起大的派性斗争，说明机械院的"大联合"基础比较牢固，院内的广大群众希望集中精力搞建设。

2. 组建常规兵器研究院

1967 年 9 月 20 日，聂荣臻元帅又向中共中央、国务院、中央军委报送《关于国防科研体制调整改组方案的报告》，提出将国防科委军事接管的科研单位调整改组的方案。10 月 25 日，毛主席批示："此件压了很久，今天看过，很好，照办。"12 月 9 日，中共中央批发聂荣臻的请示报告，国防科委随即组成"体制编制工作领导小组"，负责组织落实，总共调整改组 18 个研究院，其中五机部机械院调整改组为常规兵器研究院，即第 11 研究院。[①] 这次调整改组的主要精神是：

（1）全面规范，统筹安排，合理调整改组。

（2）按照积极解决试制加工力量，缩短研制周期的要求筹组新院。

---

① 《刘华清回忆录》，第 322～326 页。实际调整改组成 19 个研究院，下属 298 个研究所，院属大小工厂（车间）90 个。

（3）有步骤地进行接管和调整，条件成熟一个就接管和组建一个，争取明年（1968年）上半年基本上组建起来。

在中共中央批准这个报告以前，国防科研战线的同志们，对于1965年的"部院合并"和随后的"厂所结合"，思想上多有保留。1967年12月，国防科委传达了毛主席批示和聂荣臻元帅的报告，大家听到毛主席亲自批准聂荣臻同志的方案，要将国防科研力量重新集中起来，形成拳头，努力赶超世界先进水平，觉得深得人心，欢欣鼓舞，士气大涨。

从1960年起，卢伟如已经在炮兵科研战线上工作了7年，对于"部院合并"和"厂所结合"在思想上有所保留，了解同志们的看法和心情。他觉得处理这方面问题，不要过于纠缠过去的是非曲直，而要坚决贯彻中央决定，强调科研力量重新集中的重大意义，做好工作。

国防科委规划组建的18个研究院分为两类，一类是老院，改变隶属关系，只进行局部调整；另一类是新院，组建工作更为繁重。

按原设想，第11研究院要在机械院的基础上调整改组，属第一类，他领导军管会经过认真细致的分析研究以后，提出了不同意见，他们认为：按照国防科委批准的编制方案，机械院是第11研究院的重要基础，但不是全部，第11院包括机械院和五机部有关工厂的设计所，还包括四机部和中国科学院新技术局的下属科研单位，超出老院调整的范围，第11研究院应该属于"第二类"。

军管会认为，以"组建新院"的姿态把各方力量组织起来，而不是把它们合并到机械院，有利于充分调动各方面的积极性。

军管会还认为，机械院虽然实现了"革命大联合"，但仍处于"文革"运动中，多数领导干部无法工作，增加了调整改组的工作难度。按照国防科委的规定，筹建新院的单位不搞"四大"，不成立群众组织，只进行"正面教育"，可以少受"文革"运动的影响，这样的环境更有利于调整改组。

国防科委领导接受了机械院军管会的意见，同意按照组建新院的方案开展工作，要求尽快成立第11院筹建办公室，新任命的院长叶超（任命前担任沈阳军区炮兵司令员）尽快到岗。

实践证明这个决策的正确有效，它既体现了国防科委领导实事求是的作风，也体现了卢伟如领导的军管会对上级决定不是机械地服从，而是根据实际情况提出意见，包括与上级机关的不同意见。他这样做完全是出于公心和对工作认真负责的精神，在那个特殊年代的政治背景下，能够做到这一点，是不容易的。

国防科委批准组建新院的方案以后，机械院的运动还要有一个过程，为加快筹建新院的速度，军管会采取将筹建工作和运动分开的做法。这样一来，叶超院长和筹建班子不参加运动，得以集中精力领导新院的筹建工作，机械院的运动由军管会领导，卢伟如主任既要领导运动，也要协助叶超院长领导调整改组和筹建工作，负担很重。由于"两套"班子的共同努力，配合默契，机械院的调整和筹建新院的工作进行得比较顺利，在不到一年的时间内，重新组建了弹道、高炮、雷达、指挥仪、计算机等研究所，开展了高炮系统项目的研制工作，成绩斐然。

"组建新院"的做法曾经引起机械院的不少同志，特别是领导干部的误解。他们担心，新院另起炉灶，就不用"老院"的人了。其实，新院仅仅任命了院长叶超一位干部，其他领导干部多从"老院"解决。机械院"解放"的干部，陆续参加了筹建新院的工作班子，发挥出越来越大的作用。实践证明，这些同志的担心是多余的。

3. "以装备配套建院"

在国防科委组织讨论如何调整国防科研机构的过程中，主要有两种不同意见：

一种是"按专业集中建院"，即按照科技专业集中力量，组建新的研究院，如光学研究院、火药研究院等。持这种意见的人不少，其中不乏著名科学家。他们看到了我国科技力量总体薄弱，不集中很难办大事，这是正确的。但是，他们不很了解武器系统整体战斗力是如何构成的，从尽快形成部队战斗力方面考虑不够，也不很了解备战的急需要求，在当时条件下，并不是所有的军工科研机构都完全适合采用"按专业集中"的组建方式。

另一种意见是"以装备配套建院"，即一种主战武器（如火炮、导弹）

必须按照作战需要，连同其各种配套设备统一规划、一体研制，才能早出成果，并保证研制成功的主战武器在战场上真正发挥作用。规划中的常规兵器研究院属于这一种情况，要点是必须具备"一体研制的能力"。持后一种意见的多数是军队干部，他们具有战争年代的经历，领导过国防科研工作，以卢伟如为首的军管会是提出和坚持这一意见的主要代表之一。而最初设想新院的组建方案，只负责研制各种武器主体和弹药，不包括作战配套的相应装备。军管会不同意这个方案，明确提出应该改为"以装备配套"的建院方案。

两种方案争论非常激烈，最后"官司"打到了聂荣臻元帅那里。聂帅在京西宾馆听取了双方的意见以后，当即明确表态："基础研究院按专业集中，型号研究院以装备配套。"

聂帅的指示使大家豁然开朗。作为国防科研战线的最高指挥员，他站得高、看得远，短短一句话，抓住了问题的关键，一锤定音，解决了两种类型的研究院的建院方针问题。

尽管早在 1967 年 12 月 23 日，国务院和中央军委就做出了《关于国防工业部门所属研究院移交国防科委领导的决定》，已经确定新成立的研究院名称、职责和规模等重要事项，其中，五机部机械研究院调整改组以后将称为"中国人民解放军常规兵器研究院"，番号"第 11 研究院"，简称"11 院"①，但是，组建方式这样的重大方针问题，却经历了两种不同意见的争论，在聂荣臻元帅拍板确定以后，组建工作才顺畅得多。这是一次重大的战略决策，如果型号研究院的工作范围，局限于武器主体和弹药，不包括作战配套的其他装备，那就不可能尽快解决常规武器装备的迫切需求，难以形成真正强大的战斗力。

常规兵器研究院共有研究所 28 个、试验靶场 1 个，是全部 18 个研究院中规模最大的研究院之一，其规模和人数上都超过"炮研院"。对于这样的成果，原炮兵研究院的同志们，尤其感到欣慰。

----

① 　见《第二〇三研究所所史——1956 年至 1986 年》，第 15 页。

4. 召回科研人才

1965 年 7 月炮兵科学技术研究院移交五机部以后，由于种种原因，一些科研干部和专业人员被安排到不对口的工作岗位上，如第一研究所转编为火箭与火药专业研究所时，将地炮、高炮、坦克炮、弹体、材料等专业人员，分散安排到其他机构和工厂，其中有些专业人员，包括科研骨干，到达新的工作岗位后，发现专业不能发挥作用，需要改行。

卢伟如觉得国家很不容易培养出的这些专门人才，应该让他们继续发挥作用，常规兵器研究院非常需要这样的人才，即使在筹建工作中，也非常需要这些科研骨干发挥作用，应该努力设法将他们调到新院工作。

根据国防科委调整改组和全局安排，工厂设计所也在调整范围内，经与五机部军管会协商，召回"炮研院"科研人员的工作得到他们的大力支持。1967 年 12 月 4 日，五机部军事管制委员会以（67）军管字第 24 号文件发出了《关于抽回原炮兵科学技术研究院合并到五机部后被分配到非科研单位的人员到兵器研究院工作的通知》，使许多同志"专业归队"，重新以他们的专长进行工作，其中原第一研究所弹体研究室的同志们归队以后，在筹建新的弹体研究所工作中发挥了很好的作用。

经国防科委批准，1968 年 1 月 23 日，中国人民解放军第 11 研究院和五机部机械院军事管制委员会发出《关于原机械研究院下属研究所转领导关系问题的通知》，决定五机部机械院所属各研究所自 1968 年 1 月 1 日起归属常规兵器研究院领导，[①] 标志着中国人民解放军常规兵器研究院正式成立并开始工作。

新院成立以后，为了召回更多的"炮研院"科研人员，于 1968 年 2 月 15 日，以第 11 院军事管制委员会名义，发出了《关于调原炮兵科学技术研究院第一研究所炮弹研究室人员归队问题的通知》，进一步推动分散的研究人员调回，其中弹体专业人员傅强等 24 位同志"业务归队"，充实了弹体研究所的科研队伍，发挥了很好的作用。

1968 年 10 月，卢伟如奉命撤出军管会，回到炮兵科研部。

---

① 见《第二〇三研究所所史——1956 年至 1986 年》，第 15、16 页。

五　接受组织审查

1968 年 10 月，卢伟如完成五机部机械研究院"军管"和组建常规兵器研究院工作以后，回到炮兵科研部。

此时的炮兵机关的运动已经"打倒"和审查了一些领导干部。11 月的一天，科研部宣布：卢伟如"接受审查，重点是在广东的那一段历史"。第二天，他按照审查小组的要求，找出两张东江纵队时的相片交给审查组，回到家中，开始了脱离工作、接受审查的生活。

在"文革"那个特殊年代，在揪"叛徒""特务"之风影响下，东江纵队被说成是"国民党部队"，那时的中共广东党组织内"叛徒、特务很多"，东江纵队司令员曾生（时任广东省副省长兼广州市长）和东江纵队政委尹林平（时任中共广东省委书记处书记，曾用名林平）先后被秘密逮捕，东纵政治部主任杨康华以及叶锋等卢伟如的领导和战友，先后被隔离审查或关押，原东江纵队和广东的党组织有 1000 余名干部受到冲击。原广州军区司令员黄永胜调到军委办事组以后，成立了"东江纵队专案组"，在全军范围内审查曾经在东江纵队工作过的干部，① 这是卢伟如被审查的原因。

对于因东江纵队的"历史问题"接受审查，卢伟如既有思想准备，又没有思想准备。

有思想准备是：曾生、林平等东纵领导同志已经被捕，东纵许多干部受到揪斗、冲击和审查，他想到可能会轮到自己头上。

没有思想准备是：他没有被敌人逮捕的经历，没有海外联系，家庭出身好，历史清楚，作风正派，作战和工作表现好，在单位运动中，从不偏向支持哪一派，坚持按照中央精神做事和表态，应该不会有"接受审查"的事情发生。

至于"东江纵队是国民党部队"之类的言论，他压根就不相信，因为

---

① 《曾生回忆录》，第 721～738 页。

他了解情况，东纵与延安一直联系密切，东江纵队包括它的前身广东人民抗日总队，广东省内中共组织，一直按照中共中央指示去工作和战斗，国民党千方百计要消灭之，怎么会是"国民党部队"呢？他心中坚信：在毛主席、党中央的领导下，是非曲直最后总能搞清楚。想到这里，他抱着相信组织、相信群众的态度，接受组织审查。

他的"待遇"是脱离工作岗位，行动上没有受到大的限制，平时在家，没有被"看管"，可以上街，可以去公园，比起那些被"打倒"和被"隔离审查"的干部，处境好得多。但是，他毕竟在接受审查，心情不好。炮兵的不少同志，包括他的老上级、炮兵副司令员孔从洲等领导同志，以及在军队和地方工作的战友和部下，其中不少人出于对他的了解、信任和关心，都曾到家中看望他，使他感受到真挚的战友之情。

同去"四清"和"军管"的姬广武，见到他接受审查，老两口在家生活十分单调，不时让妻子带着只有 4 岁的双胞胎女儿去看望他们夫妇，他喜欢孩子，在与双胞胎小女孩玩耍中，看到了儿童的天真活泼浪漫，确实解闷，精神愉快一些，较好地打发了时间。

卢伟如受审查时与姬广武的双胞胎女儿的合照

与此同时，审查组的同志积极展开调查。他们远赴广东省广州市，深入惠阳、东莞、宝安等地区，在他当年工作和战斗过的农村和城镇，向当地党组织和政府部门以及他的战友和知情的老乡出示照片，进行了大量认真细致的调查核实工作，听他们讲述"高佬卢"和"罗衡"在地下工作和游击战争中的种种表现。经过几个月的努力，他们对东江纵队历史了解颇为深入，对他在广东的革命活动情况了解得越来越多，原来的疑点一个个被澄清和排除，还原了一个机智勇敢的地下工作者和文武双全、勇敢机智的游击队指挥员形象。

半年后（1969 年 5 月），对他的审查结束，结论是：他在广东工作和其他阶段的历史清楚，没有任何政治问题，决定恢复他的革命干部待遇，恢复工作。

这一结论宣布以后，炮兵科研部的同志们纷纷前来看望，表示祝贺，卢家恢复了欢乐。参加外调的刘正邦和赵章惠等同志，都是年轻的革命军人和共产党员，他们敬慕革命前辈的斗争历史，通过调查了解到他当年的英勇斗争情况，心中很为钦佩，在对卢伟如的调查结论宣布以后，他们情不自禁地发出了"越调查越敬佩卢副部长"的感慨，后来都成为卢伟如和家人的好朋友。

有意思的是，在审查中，专案小组的同志找到了卢伟如当年的许多战友和部下，他们中不少人也受到审查，后来都向组织提出卢伟如是他们那一段历史的证明人，要求组织上找他核实。于是，找他调查情况，核对事实的事情大为增加，他为不少战友和部下提供了实事求是的确切证明，促进了他们的"解放"，也促进了他后来与这些干部的交往。他们中不少人，由于各自忙于工作等原因，新中国成立后与卢伟如来往不多，不少人分开后就没有见过面，甚至没有通过信，现在"解放"了，倒真有时间来到北京卢家探访，或相约聚会，加深了战友情谊。

六　炮兵后勤部副部长

1969 年 5 月审查结束，卢伟如"恢复工作"，那时的"文革"进入"斗、批、改"阶段，军委炮兵酝酿着将炮兵科研部改为科研处，他的工作岗位安排？一年半后才有结果。

1970 年 12 月，卢伟如被任命为军委炮兵后勤部副部长，分管装备工作。他接到任命后，他很快到后勤部上班，把家搬到炮兵大院。在他看来，装备工作是自己熟悉的业务，可以发挥专长，为国家贡献力量。

"文革"期间，军队管理体制有所调整，总参谋部的装备工作转到总后勤部，炮兵装备工作也由司令部负责转为后勤部负责。此外，军委炮兵早就不直接领导炮兵部队，也不直接负责他们的装备，它只直接领导少数炮兵院校，由炮兵后勤部负责这些院校的装备。全军的炮兵武器装备由总后勤部领导管理，军委炮兵后勤部的职责是提出计划建议，经炮兵首长同意后，报总后勤部决定并由总后勤部装备部负责执行和管理。

在这样的情况下，他主管的炮兵后勤部装备处只有 10 余人，他们需要深入部队基层调查研究，提出全军炮兵武器装备的计划建议，有人说，调查研究和提出建议是"软皮球"，但在他眼中，根本就没有"软皮球"工作。

当时，中苏关系恶化，1969 年 9 月，苏联部长会议主席柯西金参加越南胡志明主席葬礼后路过北京，与周恩来总理在机场会晤之后，局势得到一定的缓解。10 月，中苏两国外交部副部长的边境谈判正式进行，未取得任何进展。苏联在中苏边境持续增兵，"陈兵百万"，中国开展了"深挖洞，广积粮"的战备运动，军队有两个"三防"："防原子、防化学、防生物武器"和"防空、防坦克、防化学"。

当时，我军炮兵装备的火炮数量不少，按照两个"三防"的实战要求，火炮运输、射程和火力方面问题相当突出，炮兵师、团运输虽然是"机械化"，但是，所装备的苏式大炮"傻大黑粗"，车辆牵引力不大，存在着"拉不快"，甚至是"拉不动"的问题。团以下的迫击炮仍然"骡马化"，"拉不快"问题更加严重。部队的普遍要求是"火炮重量要轻"，实际上要求"轻型化、小型化、威力大"，还要求"射程远、射得准"。

卢伟如认为这些问题必须解决，但在国家经济状况不好的情况下，只能逐步解决，先解决紧迫问题。他经常深入部队，从东北到华东，从西南到西北，从预备炮兵师、旅到军、师、团、营的所属炮兵，了解情况，听取意见，调查研究，寻找经济上可行又能发挥最大效能的解决方案。例如，当时炮兵装备的苏式加农炮，轮式车辆牵引困难，经过调查研究后，改为我国自己生产的某种加农炮，自重从8吨减到5吨，轮式车辆拉得动。团属炮兵的迫击炮，由原有的120毫米改为新型号的100毫米，口径小些，射程和火力与原有的"120"大致相当，自重却轻得多，同样解决了运输问题。防空部队的高射炮，在自重、射程、火力方面都得到部分解决，炮兵作战所需的观察、通信等问题有所改进。

他从1970年12月起在后勤部工作的5年，正是"文革"最乱的时期，许多军工厂生产瘫痪，军工生产大受影响。1971年发生林彪出逃的"九一三"事件后，在周恩来总理和主持军委工作的叶剑英元帅的努力下，各方面工作有了转机，接着的"批林批孔"运动又将局势搞乱。在这种条件下，炮兵后勤部装备处坚持深入部队了解情况，提出切实可行的建议，使我军炮兵武器装备在不少方面有所改进，这一成果来之不易。

应该说，他之所以能够提出一些切实可行的建议，与他具有指挥炮兵作战经验，曾经领导炮兵武器装备研制工作，有很大关系。1972年10月下旬，总参谋部在北京军事博物馆举办"全军反坦克武器汇报展览会"，由空军、炮兵、装甲兵、工程兵分别负责各自武器的展览与演练，北京、沈阳、兰州、新疆军区参加。军委炮兵由司令部科研处和后勤部装备处联合组织展览炮兵武器部分。中央军委副主席叶剑英元帅参观炮兵展览，炮兵首长专门安排卢伟如向叶帅介绍反坦克火箭筒情况，因为他熟悉炮兵科研和装备两方面情况，能讲清楚。

七　炮兵副参谋长

1975年12月，卢伟如被任命为炮兵副参谋长，分管范围为装备和科研。当时炮兵科研工作的任务是制定炮兵武器发展方向、体制序列和发展要求，为中央军委和总部当好参谋，并按照作战使用要求，组织炮兵武器装备的定型工作。

1965 年炮兵科学技术研究院移交地方后，他离开了炮兵科研第一线的领导工作岗位，此后虽然担任炮兵科研部副部长，除了军管和组建 11 院那一段，他事实上没有再领导炮兵科研工作。从另一方面说，由于主管装备工作 5 年，他有时间从装备工作的角度，进一步思考科研工作，形成了一些新想法和新思路。

1976 年 10 月粉碎"四人帮"的胜利，标志着"文革"的结束，全国全军欢欣鼓舞。以 1979 年全国科学大会为起点，科研战线迎来了"科学的春天"，国防科研战线也出现了崭新的局面，提出了许多新问题，要求各级领导做出回答。

随着形势的发展，特别是十一届三中全会以后，党中央在政治思想路线方面的拨乱反正，逐步实现了党的工作重点转移，推动了经济建设改革的潮流，军队工作也要做出相应调整。

作为一个军队高级干部，在这样伟大的转折关头，卢伟如表现了与党中央保持一致的高度政治自觉性，而且突出地表现出认识新情况、解决新问题的敏锐性。他不止一次地说过：中央首长讲，要研究社会主义经济建设的"A、B、C"，要从最根本的问题上去重新认识马克思主义的普遍真理，以及我国社会主义经济建设的历史经验和现状，要敢于跳出固定的圈子去想问题。我们也应当重新认识炮兵科研工作的"A、B、C"。许多过去习惯了的政策与做法，从来没有怀疑过它的正确性，但是，如果能真正自觉地跳出圈子去看一看，就可能发现许多盲目性。不解放思想，不以实践作为检验真理的唯一标准，实事求是地认识和解决所面临的新情况和新问题，就不能真正拨乱反正，就跟不上时代的潮流和党中央的步伐，就要误大事。

他识大局、顾大体，具有很强的全局观念。他反复强调，要把炮兵装备的发展置于国家的全局之中去认识、去处理问题，炮兵装备发展只是全军装备建设的一个局部，而军队装备建设又要服从国家经济建设的全局利益，即使在炮兵装备建设这个局部范围内，我们所管的也仅仅是一个部分而不是全部，我们作计划、上项目、发表意见都不能离开这个事实。我们要弄清炮兵的职责和权限，着眼全局，服从统一安排，不能各行其是，不能打乱仗，在这个基础上积极主动地给中央军委和总参谋部当好参谋。

他非常重视炮兵技术装备发展战略的研究工作，亲自主持调整并加强了论证研究机构，成立了专门负责装备发展规划和方针政策问题的研究室，提出了许多深刻的具有全局意义的问题，推动这方面研究工作的发展，对于近期以至20世纪末的作战目标和作战特点、新技术发展预测及其对炮兵技术装备发展和作战活动的影响、我军炮兵现有技术装备的状况和存在的主要问题以及提高其整体作战能力的技术途径、炮兵技术装备发展的整体规划、发展新型装备的技术政策等方面，都给予了很大的关注，并全面安排了长远的探索研究工作。

他非常注重深入实际、调查研究，在领导炮兵机关繁忙的业务工作中，利用一切可能的机会，千方百计挤出时间深入工厂科研单位，试验场站，了解科研产品的研制、试验情况。为做出正确的决断，取得可靠的根据，在担任副参谋长工作期间，承担炮兵科研任务的上百个工厂、科研单位不止一次地留下他的足迹。为了把好新型炮兵武器的定型工作的质量关，使部队拿到合格的装备，他曾多次在数九寒天冒着零下20多摄氏度的严寒和在三伏盛夏顶着36摄氏度以上的酷暑高温，亲临祖国的北方和南疆的试验现场，参加指导新型炮兵武器装备的定型试验，了解掌握第一手试验资料，倾听部队指战员和工程技术人员的意见。他的这种对工作严肃认真、高度负责的精神和扎扎实实做工作的作风，给炮兵机关的同志们留下了深刻的印象。

他非常重视应用现代科学技术改进科研手段和科研管理，他号召科研人员和科研管理机关认真学习和应用系统科学，尽快采用系统分析的科学方法来代替以经验为主的直观观察问题的方法。他常说，只讲我们的武器装备比人家落后了，应当改进，这是很不够的。应该从作战效果的角度讲清楚，是哪些方面落后了？落后多少？采取哪些措施能够最有效地提高整个武器系统的作战能力？能提高多少？这才算把问题搞清楚了。

他不仅这么说，也这么做。例如，他非常重视计算机的应用和软件开发，向炮兵党委提出加强这方面建设的建议，以求尽快改变我军炮兵指挥系统的落后状态，促进科学研究和科研管理水平的提高。

炮兵党委支持他的建议，按照国家改革开放的大政方针，决定设法引进外国先进的指挥系统予以借鉴，以促进炮兵指挥工作。1979 年 2 月至 5 月，他受命两次率领代表团赴英、法、西德、意大利、瑞典、瑞士等国家考察炮兵技术装备，包括指挥系统，得到我驻外使馆的大力支持，时在巴黎工作的张苗余也大力相助。

他在率团出国访问期间，深知国家外汇资金不多，在保证工作需要的前提下，处处精打细算，节约开支，住价格便宜的旅馆，吃普通饭菜，还设法到华人小饭馆吃廉价饭菜，抓紧工作，周末少出门参观，坚持在旅馆做准备谈判和参观军用设置的工作。只有一个例外：在伦敦的一个周末，他带领全体团员到马克思墓地瞻仰致敬。一起出国考察的同志对他勤奋工作，严于律己，廉洁自律的品格留下了深刻记忆。

这两次考察的结果是：从英国方面引进了两套"菲斯"地炮射击指挥系统。这是一个计算机指挥地炮作战的系统，在当时条件下，我军炮兵指挥仍然是手工状态，如果我们自己从计算机搞起，最少需要 5 年，参考引

1979 年 5 月 29 日，卢伟如（左三）陪同副总参谋长
张爱萍（左二）、总长助理刘华清（左五）等在炮兵研究
所视察科研工作

进设备，试制速度加快许多。

设备引进以后，他又奉命组织培训消化工作。南京夏日，骄阳似火，气候炎热，从组织领导到教学实施，他都亲临现场。在他有力的领导指挥下，培训和消化设备的工作顺利完成，炮兵射击的先进指挥系统开始建立，为后来利用各种先进技术发展地炮射击指挥系统起到促进作用。炮兵的老同志说，在炮兵引进外国设备工作中，这是开始最早也是成效最好的一次。

八　兼任司令部党委副书记

1977 年 8 月，在中共第十一届全国代表大会上，党中央正式宣布"文化大革命"结束。从 1978 年起，卢伟如担任司令部党委副书记，主要工作是拨乱反正，清查与"四人帮"有关的人和事，具体负责司令部和原科研部的清查工作。他在清查工作中，严格按照中共中央和中央军委的政策办事，坚持原则，分清大是大非，在涉及犯错误同志的处理上，既重证据和事实，也考虑到犯错误同志当时所处的条件和情况，在政策允许范围内尽量予以宽大处理，注意以教育干部为主和最大限度地团结同志。在落实政策工作中，他力求实事求是，尽责尽力地为一些同志搞清楚历史和"文革"中的问题，例如曾在南京炮校工作过的胡念恭同志是中共党员，因曾经参加过国民党军队并在其中从事共产党的地下工作，在"文革"中被认为"历史和社会关系复杂"受到冲击，原单位讨论他的政策落实问题时，因派性干扰，拖了较长时间，问题反映到炮兵落实政策小组。卢伟如是这个七人小组的成员，他看完材料以后，以曾经担任南京炮校训练部长的经历，说明新中国成立后在训练部工作的胡念恭同志表现很好，包括和他一起到抗美援朝前线实习，表现也是很好的，"文革"中提到的他的"问题"不存在，应该纠正。司令部党委接受了他的意见，很快为胡念恭同志落实了政策。

九　炮兵副司令员

1980 年 12 月，卢伟如被任命为军委炮兵副司令员，分管范围仍然是装备和科研，在更高的角度领导这两方面工作。

1980 年他在副参谋长岗位上，开始指导炮兵科研业务机关和研究单位大胆而审慎地探索前进，组织了几十位长期从事炮兵技术装备科研工作的老同志，用整整一年的时间，系统总结了炮兵 20 多年科研工作的实践经验。在他担任副司令员工作以后，这项工作终于完成，它从战略目标、指导方针、技术政策以及具体型号研制情况等方面重新系统地认识过去，实事求是地评价成败和得失，总结基本的历史经验和教训。这项工作对于弄清炮兵科研工作的"A、B、C"，肃清"左"的影响，统一发展炮兵技术装备和加强科研管理工作的指导思想，推动新的发展提供了可靠的立足点。

1981 年 2 月 27 日，组织上安排他到中共中央党校学习，专业为马克思列宁主义。这是我党在拨乱反正和进行全面改革工作中，对党政军高、中级干部的一次培训。

按照党校的要求，中央机关与各省市自治区、军队和地方的高、中级干部混合编组，以利于交流情况和经验，互相取长补短；学员自己打扫房间，在食堂排队购买饭菜用餐，学习期间外出需要请假，少打电话，家在北京的学员周六统一乘党校的班车回家。他时年 62 岁，同样自觉地遵守这些规定，每天 5、6 点钟起床，打扫房间卫生并锻炼身体，很有重温战争年代的生活之感。

在为期 5 个月的学习中，他认真阅读中央文件和读书，听了不少很有水平的报告，参加了讨论，在回顾历史、拨乱反正方面收获较大，他的笔记本中有这么一段话：

60 年代、70 年代世界科学技术飞跃发展，而我们却演出了一出

大悲剧，遭受了一场大灾难，这使我们大大地落后了，究竟要多少年才能赶上去，要看我们对创伤的医治怎样，我们的方针政策是否对头，而当前主要是进一步实现安定团结，清理搞乱了的思想。这仅仅是前提，却是十分重要的前提，只有在这个前提之下，才能进行"四化"建设。有了这个前提，前途是光明的。第一步从国力上达到我们的对手的水平，然后达到按人口平均的先进国家水平。我们将会比预料的要快，因为中国人有志气、聪明和勤劳。

他在写这段话时，冷静地想到自己已经 62 岁，由于十年"文革"的原因，推迟了老干部的退休年龄，因而还在工作岗位上，作为老同志应该想到继续革命，继续工作，更重要的是要带好班，将工作中的经验教训留下来，使以后的工作少走弯路，发展得更快、更好。他在炮兵副司令员岗位上，既想到国家发展的大方向、大目标，更注意在自己负责的工作中进行深入的总结。

1982 年 3 月，他出席"火炮现代化讨论会"，并做了题为"谈谈火炮装备现代化与立足现有装备打仗"的发言。这个发言可以说是他从事炮兵武器装备研究领导工作 22 年的总结，也包括他在抗日战争、解放战争和抗美援朝战争中作战经验的体会。

他首先指出了炮兵武器装备现代化的发展目标："武器装备现代化是国防现代化的重要组成部分，就是要采用最先进的科学技术，研究和生产最优良的武器装备。要适合我军的战略战术要求，按战略战术配套。主要的战斗武器要威力大、精度高、机动性好、抗干扰性能强；野战部队要有快速机动的能力，逐步实现机械化；要提高火力、突击力和机动力；要实现系列化、通用化、标准化；要集中力量首先发展反坦克和野战防空的火炮和导弹，积极发展大口径火炮。火炮要牵引和自行相结合。反坦克武器火炮和导弹相结合。防空也要逐步做到火炮与导弹相结合。低空和超低空还是以高炮为主，中空争取早日做到以导弹为主。还要强调提高快速反应能力，侦察、预警、情报、传递、通信指挥和武器控制系统要实现自动化——这是我陆军野战部队武器装备现代化的要求和发展方向。我们要随着我国国民经济的发展，从我国国情和国力的实际出发，经过较长时间的努力逐步地实现上述目标。"

他接着提出了"立足于现有装备打仗，不仅是部队要贯彻的精神，也是科研、生产战线要贯彻的精神"。他具体地指出了我军火炮射程上与世界技术先进国家的差距，存在着"我军火炮打不到敌人的地方，敌人的火炮却能够打得到我们。有什么武器打什么仗，射程上的差距可以在选择阵地和火力运用中予以弥补。从这个角度出发，还不能说我们的火炮打不到敌人。不过也要承认，射程的差距会增加挨打的机率。这是我们搞火炮现代化需要认真考虑的一个问题；也是立足于现有火炮打仗要严肃对待的问题。这是我们今天的问题，这就要求我们改造现在装备，提高射程"。

"一定要明确立足于现有装备打仗，树立以劣势装备战胜敌人的信心和决心。立足现有装备打仗，是经常准备着的今天的任务；现代化是我们今天就要着手的明天的任务。解决明天的任务是艰巨的，要相当长时间的不懈努力；而解决今天的任务却应该有紧迫感。明天的问题，是发展新装备；今天的问题是改造现役装备。现代化要从现有化做起，现有化是现代化的基础和起点。发展装备要正确处理今天和明天的关系。"

"'立足'不是站着不动，而是要在一定的期限内把现有装备进行卓有成效的改造。我们现有装备的改进潜力是很大的。改进的技术条件是具备的。改进现有装备是装备发展的内涵措施，是符合国民经济建设方针的。"

他的讲话内容充实、务实，最后提出"在中央方针指导下，从我们的'炮情'出发，恰如其分地把握实际的可能性，加强后继任务的科学研究，这是摆在我们大家面前的光荣使命"。①

1982年9月，在全军编制调整中，中央军委决定军委炮兵改编为总参谋部炮兵部，从兵种降为正军级的部门。到了10月，中央军委任命卢伟如为广州军区副政委，他从此离开了战斗和工作了34年的炮兵。

炮兵的老同志说："抗美援朝战争胜利后，卢伟如按照组织上的安排，赴苏联学习现代化炮兵知识，把实现炮兵武器装备的现代化作为自己毕生

---

① 中国兵工学会《兵工学报武器分册》"增刊"。

奋斗的目标，回国后在炮兵科研和装备战线上工作了 22 年，把革命的雄心壮志和实事求是的科学态度与扎扎实实的工作作风结合起来，表现了清醒的政治头脑和不断开拓的拼搏精神，为人民炮兵事业做出了重大贡献。他是一位有雄心、有远见、敢于开创新局面，深受群众爱戴的优秀指挥员。"

"在人类社会即将进入 21 世纪之际，我们设想一下，作为炮兵科学技术事业工作者，我们将以什么样的炮兵技术装备迎接 21 世纪？这是很有意思的，是我们的职业感或事业观。当今世界，人类文明与文化正处在一个崭新的发展阶段，新理论、新思想、新生活正以空前的速度发展变化。包括炮兵技术装备。'十五'以后将会怎么样？世界先进工业国会怎么样？我们将会怎么样？这是很复杂的问题，有科学技术因素，也有战略战术因素；有经济基础因素，也有上层建筑因素。及时把问题提出来，召集有关的行家交换意见，是必要的，很有意义的。这个集会可以说是炮兵科学技术智力交流会，这也是一种智力开发。"这是他到了广州军区副政委岗位上，在 1984 年 11 月 2 日的日记中写下的一段话，此时他已经不在炮兵工作岗位，仍然惦念着他为之奋斗 20 多年的炮兵武器装备，可以告慰他的是：经过一代又一代研制者的顽强努力，我军炮兵武器装备已经取得了巨大的进步，国庆 60 周年阅兵装备中，有反坦克导弹、履带自行榴弹炮、轮式自行突击炮、履带自行高炮等多个炮兵方队，展示了已经跨入世界先进水平的我军炮兵武器装备。

第十九章
在广州军区副政委岗位上

一 返回广东

1982 年 11 月 2 日，《南方日报》头版头条发表了以《搞好新老合作和交替，开创部队建设新局面》为题的文章，报道了 11 月 1 日下午，中共中央政治局委员王震，在广州接见了驻广州地区部队师以上干部，勉励部队深入学习贯彻十二大精神，进一步清除"左"倾思想影响，搞好领导班子的新老合作和交替，开创部队建设新局面等重要讲话内容。报道的副标题是"总政治部副主任朱云谦，广州部队司令员尤太忠，政治委员王猛等参加了接见。中共广东省委第一书记任仲夷也参加了接见"。这次会议是王震代表中央军委专程到广州宣布军区领导班子新老更替的重要活动，也是广州军区新领导班子成员的首次见报，"广州军区副政治委员卢伟如"出现在参加接见的名单中。当天的《羊城晚报》也在第 1 版发表了同样消息。

卢伟如于 1982 年 10 月 22 日被任命为广州军区副政委、军区党委常委、军区纪检筹备组组长。这次调动是他没有想到的，已经 63 岁，怎么还要调动工作岗位呢？

军委副主席兼秘书长杨尚昆与他谈话指出：这次调动是从全军范围考虑的。广州军区需要一位广东人担任领导，对搞好"文革"以后的广东的军民关系有利，总政干部查找了全军广东籍的领导干部，发现在相应级别干部中，他的条件最合适，希望他尽快到广州军区工作。此外，还交代了调查研究事宜。

他到达广州军区后，被安排先在招待所住下。这是一栋带院子的两层楼房，20世纪50年代建成，"文革"前贺龙元帅在广州住过几次，后来没有做过大的整修，较为陈旧，院内的几棵不知名的亚热带大树却非常高大，枝叶繁茂，几乎将这座小楼包了起来，以致不到跟前就看不到房子，很为幽静。

广东是他的家乡，在快要退休的年龄，调到广州军区工作，生活上的感觉是既亲切而又不完全习惯。他27岁时随东江纵队北撤山东后，在北方（对广东人说来，广东以北地区都是北方）战斗、工作、生活了36年，这位祖上为南下客家人的后代，在生活习惯上已经大部分"北方化"。

"由北京到广州，由兵种到大军区，由业务工作到政治工作，经常接触的人员由科研人员变为部队干部，转换跨度很大，需要尽快从履行转变到完成转变，包括住招待所等，不管你愿意不愿意，成为你的生活的主要内容，要学习应变。"这是他当时写下的话语。

二　战斗不止

他到达广州军区后，受到尤太忠司令员、王猛政委的热情欢迎，军区党委确定他分管干部和纪检工作。①

广州军区负责把守国家的南大门，领导指挥湖南、广东（当时包括海南岛）和广西3省份的武装力量。20世纪80年代初期，1979年对越自卫反击战虽然告一段落，没有大规模军事行动，中越边境的军事冲突仍在进行，广西前沿的军事指挥由广州军区领导。广东是改革开放前沿阵地，当时国家的4个特区有3个在广东（深圳、珠海、汕头），还有情况特殊的海南岛，特区虽然开办不久，体制改革迈出大步，建设事业蒸蒸日上。

他分管干部工作，有选拔"第三梯队"，安置管理离休干部等事宜；

---

① 这个分工，见于卢伟如当时的工作笔记本，在1984年6月12日的整党对照检查文稿中。

纪检工作有筹组各级纪检机构，建立健全规章制度和处理违纪事件，领导
落实政策办公室、"两案"遗留问题办公室、处理"文革"遗留问题办公
室，以及编写军战史、党史资料征集、百科全书的有关条文等工作。

　　在当时的历史条件下，军队工作有"不变质""打得赢"的新课题。
他继续保持战争年代那一股奋斗精神，在繁重的工作中，既注重深入部队
基层调查研究，也注意了解部队所在地区改革开放后出现的新情况，总结
基层部队的新成绩、新经验，在军区内推广成功经验。

　　他在笔记本上写下了这样的话语：唐代诗人李商隐写下著名的
《登乐游原》五言绝句："向晚意不适，驱车登古原。夕阳无限好，只
是近黄昏"。他觉得面对改革开放后的大好形势，应该为"夕阳无限
好，何不战黄昏"。更改了 3 个字，体现他生命不息战斗不止的老干部
胸怀。

　　20 世纪 80 年代初期，中共中央在拨乱反正方面采取了一系列举措，
改革开放大政方针已经开始实施。他工作在改革开放前沿地区，努力紧跟
形势发展，以"做一个八十年代的合格党员"的标准严格要求自己。他勤
奋学习，从留下的几本学习笔记本中可以看出是真下功夫、真动脑筋，内
容来源有党中央和军委文件、报纸杂志以及大量书籍，他从中吸收新知
识、新营养。

　　1984 年 10 月，他在思考工作问题时写道："杜甫诗句：'水深鱼极乐，
林茂鸟知归'。此诗借用于识才、用才。让人才若鱼之'极乐'，鸟之'知
还'。此类议论甚多，成效亦颇丰，这是和生产发展同步相辅的。根本问
题是生产力水平，科技文化水平。在小农经济的基础上建设不了社会主义
社会制度。满脑子日出而作，日落而归的人，不懂得什么叫作人才、科
学。农村的真正解放生产力的浪潮激起了人才'极乐'、'知归'的浪花，
这种觉醒大概花了 30 年光阴。不要光说人家，当局外人评头品足，该想想
自己，是糊涂人，还是明白人，觉醒了没有。中国人有阿 Q 精神，事后诸
葛亮精神。闭关锁国给洋人轰开了，吃了一百多年的苦头。赶走了洋人和
洋奴，又关起大门叫了几十年世界第一，唯我独革，招来了极大的苦
难。唉！"

他深入思考自己主管的工作，深刻地领会中共中央文件精神，对于1983年10月党的十二届二中全会通过的整党决定，他认为："整党主要解决革命化问题，也有很大成分的思想现代化问题。现代化是物质问题、基础问题。从社会发展来说，与生死存亡有关。过去一百多年的屈辱就是没有跟上现代化，用大刀长矛对抗洋枪洋炮，用算盘对抗计算机，人家不单纯要你屈辱，还要分而治之以至消灭之。我们当然要搞集体化和公有制。把这个掌握住，但是，经营管理可以借鉴资本主义。"他由此认为在选拔人才工作中，必须注重"由经验型转向科学型"。

从1984年5月起，广州军区按照中共中央和中央军委的要求，开展整党活动，他协助尤太忠司令员、王猛政委抓指导工作，和风细雨，深入细致，军区各级干部和党员通过参加整党活动，普遍提高了思想认识，精神更加振作，面貌一新。在这次整党活动中，军区常委身体力行，每位常委都在会上进行了认真的对照检查，过后再搞一次"回头看"，内容是：成绩当中看不足，要巩固成绩，发展成绩，弥补不足。他当时写下了这段话："新班子问题不多，都六十沾边和六十好几的人了，都受党教育几十年，都想为党多做点工作，做好一点，多做点好事，对十年动乱的遗留问题处理得好一点。整党是大家的心愿。通过整党把党建设得更坚强，更好地听党的话，贯彻执行中央的决议、指示，也把自己整得更好一点。整党是顺乎党心，也顺乎民心、军心的事情。"

他在纪律检查工作中，通过对犯错误同志的处理，也对自己提出告诫："可要谦虚谨慎啊！打江山的'功臣'，不能只听过五关斩六将的意见，也要听听败走麦城的教训，以山河为重！"

他的工作受到军区主要领导和其他常委的肯定，被认为是："坚决拥护和贯彻执行党的十一届三中全会以来的路线、方针和政策，坚持四项基本原则，在思想上政治上同党中央保持高度一致，认真贯彻执行党中央和中央军委关于建设现代化革命军队的一系列指示，积极参加党委的集体领导，努力履行职责。"①

---

① 引自卢伟如逝世后广州军区撰写的悼词。

三　东纵之情

东江纵队的同志们非常欢迎他到广州军区工作。曾生、林平、王作尧、杨康华等前东江纵队领导同志与他见面不少，邬强等老战友经常来看望他，他还找到陈永等抢救文化人时的战友，会见学生时代一起入党的游扬等同志，重温战斗历史，叙谈别后情况，非常愉快，并在力所能及的范围内，解决军区内原东纵干部的落实政策、离休待遇和干休所建设等问题。

1983 年 11 月 23 日，《人民日报》发表了曾生撰写的长篇文章《坚持华南战场抗战的一面旗号——回忆纵队的战斗历程》，用了整个第 5 版。11 月 30 日，《南方日报》刊登了叶剑英、徐向前和聂荣臻元帅及王震同志的题词或贺词和廖承志写的东纵斗争史序言。

12 月 2 日上午 9 时，东江纵队成立 40 周年纪念大会在惠州隆重举行，由惠阳地委和专署主持，到会代表 1378 人，绝大多数是东纵老战士，广东省长梁灵光等领导同志出席了大会，卢伟如出席了大会，他受尤太忠司令员的委托，代表广州军区在大会上讲话。

他当天在日记中写下这样一段话："一个纵队有这样多中央领导同志写纪念文字，有特殊性，也有共性。林彪、江青反党集团说东纵是'土匪部队''特务部队'，东纵的许多干部以至战士挨整，作为个人该平反的都平反了，部队不便那样，用纪念形式宣传纵队的革命斗争历史，做法较好，这实际上是一种平反，恢复名誉的形式。中央领导题词、写贺信见报了，还发表纵队领导的纪念文章，再加上纪念大会和其他活动，一个纵队受到这样的肯定和纪念，是少有的。纵队做了一些有意义的事，有一些事情当时在国际有所传闻报导，东纵中有上千名从海外和港澳归来参加抗日战争的华侨，是这个纵队的特殊性之一。"

当天下午，根据惠阳县委领导的建议，他和廖安祥、陈永、叶汉生等战友一起到水东街寻找当年"秘密大营救"的旧迹。经历 30 多年的风雨后的东湖旅店，很显苍老，基本结构却没有变，他和战友们回到当年战斗过的地方，感到熟悉、亲切，激动不已，从外到内仔细地观看，笑谈国民党师长张光琼等人的愚蠢可笑，"败在共产党的几个年轻小伙子手下"。走出东湖旅店，他们在水东街查找"源吉行"等旧址，新中国成立后的水东街街区，大部分房屋依然存在，多改为国营商店或住房，"旧貌换新颜"，以至于他们无法确认。

第二天起，他与原东纵政委林平、刘田夫省长等同行，到惠阳淡水、惠东平山、深圳坪山、宝安葵涌、王母、大鹏、沙鱼涌、土洋等过去战斗过的地方参观，"真是走马观花式的看旧地，或者叫重游旧地"。12月9日，从深圳转到东莞大岭山区大王岭、牛牯岭参观，午饭后回广州，结束这次"出差或叫旅行"。

他记下了重回东莞大岭山区的印象与想法："对于过去作为东纵据点所付出了巨大的代价，大岭山区的人们没有被遗忘，有人记念，热情叫好，热烈欢迎参观者。40多年了，当年参加斗争的人大都不在人世，后来听到这段历史的人和亲自参加斗争相比，有所不同。至于年龄50岁以下的，他们作为历史课对待，是否真正理解呢？很难说。大岭山的人，有饭吃了，有衣服穿了，部分人住上了新屋。屋顶上有几处电视天线。和40年前比，好得多了。作为历史和发展生产力，究竟如何评价？"这是他回到革命根据地的感想。

1984年12月，卢伟如（左二）回到惠阳参观，左三为何清，左五为胡美战秘书

四　因公牺牲

卢伟如调到广州军区工作时，叶景舟已离休，大部分时间在广州照料他的生活，在北京和外地工作的子女们不时利用出差或休假机会到广州看望他们。为帮助子女减轻生活负担，他们将上小学的孙子和外孙女接到广州上学，两个孩子得到他们的悉心照料，也为他们的家庭生活带来乐趣。在广州的第二年，军区按标准为他修建住房，干部保健也很健全。他生活非常规律，很注意身体健康。

1985 年元旦过后，卢伟如开始感到身体疲倦，常有胸闷，医生检查后诊断为感冒，认为无大碍。那段时间，广州军区下属广西中越边境地区仍有军事冲突，军区作战值班室每天有一位军区领导值班，主持会议，听取前沿情况汇报，并做出相应决定。

16 日晚，卢伟如接到尤太忠司令员电话说："明天有一个作战会议，我身体不适，请你代为主持。"① 第二天（1 月 17 日）清晨，卢伟如像往常一样早起，散步、做操，早餐后自己走向会议室，司机小杨知道首长前几天身体情况不很好，马上开车赶过去，将他送到作战室楼前。他下车后与同志们一边交谈，一边登上位于四楼的作战室。7 时 15 分，他召开会议，听取情况汇报。刚刚过去一刻钟，坐在桌前听汇报的卢伟如突然头向后仰，失去知觉，昏了过去。坐在旁边的副参谋长赶紧将一颗救心丸塞进他嘴里，其他人赶忙将他抬到会议桌上，会议室变成了抢救室，门诊部大夫闻讯很快赶到进行紧急抢救，军区医院的心脏病专家随后赶到，但是，这一切都没有把他抢救过来，他紧闭的双眼再也没有睁开。

1985 年 1 月 17 日 7 时 30 分，卢伟如突然逝世于工作岗位上。医生的结论是，因心跳、呼吸骤停，抢救无效逝世。

---

① 卢伟如逝世后，尤太忠司令员非常悲痛，他专门接见卢伟如子女，深切地说："孩子们，我没有很好地照顾好你们的爸爸。"

这位身经百战、经历丰富的军事指挥员和政工干部，从 18 岁起，在东江地区领导学生运动、地方工作、地下工作，指挥抗日游击战斗，北撤后参加华东野战军，从步兵指挥员到炮兵指挥员，参加了挺进中原、济南、淮海、渡江、进军浙东、解放舟山战役，为建立新中国贡献了力量；又奔赴朝鲜参加上甘岭等战役，指挥炮兵打击侵略者；抗美援朝战争胜利结束后，他经过赴苏留学深造以后，长期在炮兵科学研究战线上从事领导工作并做出重大贡献；在快要离休的年龄，他服从调动，来到广州军区副政治委员岗位上努力工作，终其一生总共为党和军队奋斗 48 年，在各种不同岗位上都有出色表现、成果和贡献，并在工作岗位上战斗到生命的最后一息，真是鞠躬尽瘁，死而后已。

"新竹高于旧竹枝，全凭老干为扶持。明年再有新生者，十丈龙孙绕凤池。"这是清代郑板桥所做的七律诗。卢伟如逝世以后，从他的电话本内发现了他亲笔抄录这首诗的纸条，表达了他对后代和革命事业的希望，对未来中国的希望。

总政治部余秋里主任批示"按因公牺牲办理"，总政治部于 1985 年 1 月 27 日发给家属的《革命军人因公牺牲证明书》上书"在革命斗争中壮烈牺牲"。

卢伟如逝世后，子女们在清理遗物时，发现他的存款只有 3000 余元，除了纪念品和日常衣物，没有值钱的东西。

由于他的突然逝世，妻子叶景舟悲痛欲绝，在第二年患了癌症，在与病魔战斗了 4 年多后，于 1991 年 3 月 12 日离开人间，追他而去。

卢伟如没有给子女们留下多少物质遗产，却留下了极为宝贵的精神财富——绚丽多彩的革命人生和坚忍不拔的革命精神。

特此记录传世。

2016 年 1 月 17 日星期日

参考书目

山炮团编委会编印《中国人民解放军第22军山炮团解放战争战史》，1950。

中国人民解放军第二十二军炮兵司令部编印《中国人民解放军第22军炮兵军战史》，1954。

国防大学《战史简编》编写组编《中国人民解放军战史简编》，解放军出版社，1983。

中共广东省委党史研究委员会、中共广东省委党史资料征集委员会办公室编《东江纵队资料——纪念东江纵队成立40周年专辑》，1983年内部出版。

广东省档案馆编《东江纵队史料》，广东人民出版社，1984。

粟裕、陈士榘等：《陈粟大军战中原》，河南人民出版社，1984。

《东江纵队史》编写组编《东江纵队史》，广东人民出版社，1985。

廖安祥：《香港工作六十年》，香港：广角镜出版社，1985。

黄秋耘、夏衍、廖沫沙等：《秘密大营救》，解放军出版社，1986。

胡光正、马善营编《中国人民志愿军序列》，解放军出版社，1987年内部发行。

孔从洲：《孔从洲回忆录》，解放军出版社，1989。

舟嵊守备区军史办公室编印《舟嵊要塞区军史资料画册》，1989。

所史编辑委员会编印《第二〇三研究所所史——1956年至1986年》，1991。

曾生：《曾生回忆录》，解放军出版社，1992。

中共惠阳县委会、惠阳县人民政府编《大亚湾风云》，广东人民出版社，1992。

卢权主编《广东革命史辞典》，广东人民出版社，1993。

中共惠阳县委党史办公室，东纵、边纵惠阳县老战士联谊会编《东纵战斗在惠阳》，广东人民出版社，1993。

惠阳市崇雅中学广东地区校友会编印《淡水史话》，1995。

南京军区《第三野战军战史》编辑室编《中国人民解放军第三野战军战史》，解放军出版社，1996。

中共广东省委党史研究室、广州地区老游击战士联谊会主编《东江纵队北撤斗争纪实》，1996。

吴修全：《中国人民解放军舟嵊守备区部队历史沿革大事记——1937年至1950年》，舟山警备区政治部，1997。

中共东莞市委党史研究会、中共大岭山镇委员会编《大岭山丰碑》，广东人民出版社，1997。

王曼、杨永：《铁骨凌霜——尹林平传》，花城出版社，1998。

何小林、郭际编《胜利大营救》，解放军出版社，1999。

军事科学院军事历史研究部编著《中国人民志愿军抗美援朝战史》，军事科学出版社，1999。

张海鹏主编《中国近代史》，群众出版社，1999。

《中国共产党东江地方史》编纂委员会：《中国共产党东江地方史》，广东人民出版社，2001。

王辅一：《华东军区第三野战军简史》，中共党史出版社，2002。

陈孝兴、刘文、褚秉耕主编《雷霆千里——中国人民志愿军炮兵第七师抗美援朝战争回忆文集》，黑龙江人民出版社，2003。

《东江纵队志》编委会编《东江纵队志》，解放军出版社，2003。

叶峰：《八十回眸》，2003。

《中国人民解放军陆军第39集团军炮兵旅旅史》，2003。

方晓：《我在山东野战军司令部和华东野战军第三纵队第八、第九师的工作和战斗的经历回顾》，2004。

广东省惠东县地方志办公室编《惠东人物》，中国档案出版社，2004。

中共惠阳区委党史研究室、中共惠东县委党史研究室、深圳市龙岗区史志办公室编《中国共产党惠阳地方史》，中国社会出版社，2004。

李佑军:《神秘脱险——秘密营救香港沦陷后困港爱国民主人士和文化人士纪实》,解放军出版社,2005。

彭长明、曾墨林主编《惠州红色遗产档案》,中国社会出版社,2006。

中共广东省东莞市委党史研究室编《东莞抗日实录》,中共党史出版社,2006。

陈锐霆:《走过百年》,中共党史出版社,2007。

林勇、殷力编著《浴血上甘岭——上甘岭防御战役战事报告》,军事科学出版社,2007。

刘华清:《刘华清回忆录》,解放军出版社,2007。

秦基伟:《秦基伟回忆录》第2版,解放军出版社,2007。

王吉伦:《两广纵队情系珠江》,军事科学出版社,2007。

张麟:《头等兵团:中国人民解放军第二十二军征战纪实》,解放军文艺出版社,2008。

中共惠州市惠阳区委党史研究室、中共惠东县委党史研究室、中共惠州市大亚湾区委组织部编《永远的丰碑——惠阳惠东大亚湾抗战实录》,社会科学文献出版社,2008。

附录一
卢伟如年谱*

1919 年（出生）

10 月 25 日，出生于广东省惠阳县龙岗区约场乡湾塘村（现惠州市惠阳区新圩镇约场村湾塘村民组）的普通农家，属客家后裔，其家门上对联为"范阳世泽，两晋家声"。

1927 年（8 岁）

9 月，在约场乡田心小学读书。

1932 年（13 岁）

9 月，田心小学因经济问题时办时停，转至南坑乡贻德小学。

1934 年（15 岁）

7 月，南坑乡贻德小学毕业后，因家庭经济困难休学，在家务农。

1935 年（16 岁）

9 月，经小学教师介绍，赴秋长区惠阳县私立象山乡村师范学校学习，并接受中国共产党教育和阅读进步书籍。

1936 年（17 岁）

2 月，因"象师"在国民党地方当局压力下停办，转至平山镇南郊的惠阳县立简易乡村师范学校继续求学，在抗日救亡学生运动中被同学们推选为学生会主席，后被学校开除学籍，经申辩并在进步教员刘伦的交涉下，校方收回成命。

---

* 作者为原惠阳党史办主任陈楚明，原文写于 2007 年 11 月，卢晓衡于 2010 年 11 月 10 日和 2014 年 5 月修订，2017 年 9 月卢晓衡女儿再次修订。

1937 年（18 岁）

2 月中旬，经李志坚和彭泰农介绍，加入中国共产党，担任平山县师党支部的宣传委员，这是大革命失败后惠阳县内第一批重建党支部。

1938 年（19 岁）

3 月，在学校党支部领导的学生运动中被选为学生代表并积极参加运动，校方再次宣布开除他的学籍，后经斗争取得胜利，虽然没有达到由李志坚担任新校长的最佳要求，却也达到促使国民党惠阳县当局同意撤换校长和撤销开除他学籍的基本要求。

6 月，"县师"毕业后，被选派到广东省委举办的训练班学习，地点为广州郊区，时间两个月。结业后，被任命为平山镇抗敌后援会党支部书记。

10 月 12 日，日军在大亚湾登陆，轰炸平山镇并很快占领广东，在与上级联系中断的情况下，领导党员组织抢救群众并安排好后援会人员工作后，返回约场隐蔽。

11 月上旬，与曾生领导的"惠宝工委"取得联系，被任命为"香港惠阳青年会回乡救亡工作团"（简称"惠青工作团"）的中心支部书记。

12 月，被任命为中共平山中心区委书记，平山中心区委下辖平山、多祝、增光、稔山和白花支部。

1939 年（20 岁）

8 月，调任中共惠阳县委宣传部部长；12 月，改任惠阳中心县委青年部长。

1940 年（21 岁）

3 月，惠阳县委改为惠（阳）东（莞）宝（安）三县中心县委，担任组织部长；7 月，恢复惠阳县委，担任组织部长兼武装部长。

8 月，奉命负责为曾生、王作尧部队从海陆丰回师宝安提供沿途安全保障工作。

1941 年（22 岁）

12 月，参加将在香港进步文化人士转送内地的接应护送工作，负责领导茶园至惠州段工作，打入惠州建立秘密交通站并领导交通站工作。为便于开展地下工作，按照惠阳县委的要求，与已有恋爱基础的中共淡水区委妇女委员叶景舟结婚。

1942 年（23 岁）

10 月，转任广东人民抗日游击总队第三大队政治委员，率部开展敌后游击战和扩大根据地工作。

1943 年（24 岁）

11 月，率所部与兄弟单位并肩作战，参加粉碎日军对东莞大岭山抗日根据地的"万人大扫荡"等战斗。

12 月 2 日，广东人民抗日游击总队改编为广东人民抗日游击队东江纵队，第三大队因人员装备大增，在改编中分出东莞、铁东两个大队。

1944 年（25 岁）

5 月，率部参加歼灭日军加藤大队一个中队的战斗。

10 月，调任东江纵队政治部民运科长。

11 月，参加纵队整风训练班。

12 月，受纵队领导秘密派遣，赴博罗以第五支队名义开辟新区。

1945 年（26 岁）

2 月，正式担任东江纵队第五支队政治委员。

5 月，调任东江纵队第二支队支队长（驻地惠阳）。

9 月，任东江纵队江南指挥部指挥员兼第六团团长，在国民党数万部队大"围剿"中，机智应对，避开其锋芒，保存了部队的有生力量，保住北撤基地沙鱼涌海滩的实际控制权。

1946 年（27 岁）

5 月，被任命为北平军调处执行部派到广东的第八执行小组所属江南支组的部队代表，军衔"上校"。

6 月，被任命为北撤指挥部指挥员，负责协调领导东江纵队北撤的军事工作。

7 月，随东江纵队北撤山东，任第二舰负责人。北撤至山东烟台后，担任东纵北撤部队第二队队长。

12 月，入华东军政大学学习，为期半年。

1947 年（28 岁）

8 月，调任华东野战军第三纵队第八师第二十三团副团长，参加挺进中原的出击鲁西南、挺进豫皖苏边区、许昌、洛阳、宛东、宛西、开封及睢杞等战役。

1948 年（29 岁）

8 月，调任三纵直属炮兵团团长，参加解放济南战役和淮海战役。

1949 年（30 岁）

1 月，率炮兵团参加华野特种兵纵队在徐州的集训。

2 月，人民解放军统一整编，华野三纵改编为中国人民解放军第二十二军，归第三野战军第七兵团建制，纵队直属炮兵团改编为军山炮团。

4 月，根据第三野战军命令，二十二军为渡江作战第二梯队，二十二军山炮团配二十一军为渡江作战的第一梯队，在步兵配合下，将大炮架设到江心洲，从而更加有效地支援二十一军的渡江作战。

5 月，参加进军浙东战役和备战解放舟山。

8 月，率山炮团配合步兵解放大榭岛。

10 月，在攻占金塘岛战斗中率山炮团随伴步兵登岛作战。

1950 年（31 岁）

5 月，国民党驻舟山群岛 12 万兵力主动撤至台湾，我军胜利解放舟山群岛全境。

9 月，调任华东炮四师参谋长后，又调任炮七师参谋长。

1951 年（32 岁）

4 月，调任华东第三炮校训练部部长。

1952 年（33 岁）

10 月，任华东炮兵第四届赴朝实习团团长，赴朝鲜后任志愿军炮七师"实习副师长"，参加上甘岭战役，曾任炮兵群群长，战后撰写上甘岭炮兵作战总结《上甘岭地区防御战役——1952 年 10 月 14 日至 11 月 25 日》。

1953 年（34 岁）

1 月，正式调任中国人民志愿军炮七师副师长（是该师当时唯一的副师长，实际上的代师长），率部参加 1953 年春季反登陆战役准备战役和夏季进攻战役（即"金城战役"），在配合二十四军七十四师的突破注字洞南山与纵深突击战斗中，担任炮兵群群长，一直战斗到 7 月 27 日停战协定生效。

9 月，抗美援朝胜利结束后，率炮七师回国。

1954 年（35 岁）

1 月，正式被任命为中国人民解放军炮七师代师长。

5 月，入哈尔滨俄语党校学习俄语，为期一年。

1955 年（36 岁）

7 月，赴列宁格勒（现圣彼得堡）苏联炮兵指挥学院外军系地炮专业学习。

1960 年（41 岁）

7 月，从苏联炮兵指挥学院毕业并获该院优秀论文奖。回国后担任军委炮兵科研部副部长，参与筹备创建炮兵科学技术研究院。

10 月，任中国人民解放军炮兵科学技术研究院第一研究所所长，领导创建研究基地和炮兵武器装备研制工作。参与负责国产东风弹道导弹研发工作。

1964 年（45 岁）

5 月，任炮兵科学技术研究院副院长。

8 月，"J－203"反坦克火箭筒（全称 40 毫米无后坐力炮发射的超口径火箭增值反坦克破甲弹，简称"新 40 火箭筒"）实验成功。

10 月，国产"东风 2 号"弹道导弹爆炸实验成功。

12 月 18 日，"J－201"反坦克导弹第一次有控飞行实验成功。

1965 年（46 岁）

5 月，炮兵科学技术研究院移交地方，改任军委炮兵科研部副部长。

7 月，赴齐齐哈尔和平机械厂参加"四清"运动。

11 月 13 日，增强型"东风 2A 号"试射成功。

1966 年（47 岁）

9 月，从齐齐哈尔和平机械厂撤回北京在炮兵科研部参加运动。

1967 年（48 岁）

8 月，被任命为第五机械工业部机械研究院军管会主任，筹组中国人民解放军常规兵器研究院。

12 月，因东江纵队历史"问题"，接受组织审查。

1968 年（49 岁）

5 月，审查结束，结论为"历史清楚"。

1970 年（51 岁）

12 月，任军委炮兵后勤部副部长。

1975 年（56 岁）

12 月，任军委炮兵司令部副参谋长。

1978 年（59 岁）

1 月，兼任炮兵司令部党委副书记。

1979 年（60 岁）

2 月和 5 月，先后两次率团到英、法、西德、意大利、瑞典、瑞士等国家考察有关炮兵技术装备，成功引进英军"菲斯"地炮射击指挥系统。

1980 年（61 岁）

12 月，任军委炮兵副司令员。

1981 年（62 岁）

3 月，在中央党校学习三个月，专业为马列主义。

1982 年（63 岁）

10 月，调任广州军区副政委、军区党委常委、军区纪检筹备组组长。

1985 年（66 岁）

1 月 17 日，在工作岗位上逝世。

附录二
卢伟如文选

秘密接应　惠州斗顽[*]

　　1941 年 12 月香港被日军占领以后，从香港抢救文化人的行动，是我党一次具有重大意义的事情。这一行动的全过程我当时不清楚，但从惠阳往粤北转送多批文化人的工作是我负责的。这件事虽然已经过去了 40 多年，今天回想起这段经历，仍然感到很有意义。

　　香港沦陷不久，我们县委接到东江特委的紧急指示，说有一大批著名文化人和民主人士从港九脱险到宝安，要经过惠州到老隆、韶关，然后进入大后方。要求惠阳县委立即做好接应的准备，确保他们在惠州的安全，并平安地转送到下一站。

　　接到特委紧急指示后，我们县委专门召开了紧急会议，进行了周密的研究和部署。县委书记是谢鹤筹，宣传部长是王鲁民，我担任惠阳县委组织部长、武装部长和青年部长。会议决定由我和陈永同志（惠阳县梁化区

---

　　* 这篇文章由卢伟如任广州军区副政委时口述，由军区政治部刘百粤同志整理，卢伟如本人审核。卢伟如于 1985 年 1 月 17 日逝世以后，再经叶景舟核对后，于 1 月 28 日发表在广州军区政治部主办的《战士报》上，同时发布他逝世的报道。这是他一生中唯一留下的回忆录。此文后来被《秘密大营救》一书（解放军出版社，1986）转载；后以《护送茅盾出惠州》为题，刊登在《星火燎原》1985 年第 3 期（总第 26 期）；又以《惠州东湖酒楼秘密联络站》为题，发表在《大亚湾风云》一书（广东人民出版社，1992）中；还以《在惠州秘密接应文化人》为题，登载于《胜利大营救》一书（解放军出版社，1999）中。此次收入本书，参照《卢伟如谈 42 年春抢救文化人》文章（萧炳森、房观铺、陈军号访问，陈军号根据录音整理），并对照其他资料，做了少量修订。

区委书记）装扮成由香港来惠州做买卖的商人，在惠州城内建立一个秘密联络站，进行接应工作。

为了接待文化人，我们做了许多准备工作，首先要有地方住，在惠州建立联络站就要解决这个问题。第二要搞到钱，解决这些人的吃、住、行等问题。这些问题都比较棘手。

当时困难很大，惠州、淡水都被日本鬼子占领了，对付他们好办些，他们是外国人，不熟悉情况；汉奸也好办，打死他们就是了；难办的是对付国民党，他们人多又是地头蛇，有政权组织，有保甲长。

惠州是东江的政治、经济的中心，水陆交通方便，是沿海通往内地必经之地。那时，惠州城的境况是很险恶的。日本鬼子占领了惠阳、宝安的广大地区，几次到惠州城烧杀抢掠，制造白色恐怖。消极抗日、积极反共的国民党顽固派，大批部队就驻在惠州的北面，日本侵略军撤离惠州城后，他们就乘机而入，到处设立政权，扶持地主武装。

日军占领香港以后，他们通过侦察，了解到大批进步文化人和民主人士要经东江回内地，就急急忙忙调集特务，加强东江一带的侦察活动。在惠州、河源、老隆等地的酒店和旅店里布置了许多特务和便衣，还搞了一个"港九难侨登记处"，限令从港九回来的人，都要亲自前往登记。同时，他们增派水陆关卡，严加盘查。这对我们的接应工作构成了很大的威胁。

我们党在惠州的力量是很薄弱的。自 1940 年顽固派围攻东江游击队后，党的组织就已经全部撤出惠州城，城里只潜伏了个别党员，党的力量主要分布在惠州城外围的几个乡。

经过一番准备后，我成了香港"昌业公司经理"，和陈永一起，西装革履，一副大老板的派头，大摇大摆地走进了惠州城。

联络站设在哪里好呢？我经过一番观察和了解，发现东湖旅店三楼住了一个国民党一八七师师长，此人叫张光琼，很反动，因为爱搞女人，又怕让人知道，专门布置人在旅店站岗，除了他的亲信，外人一律不让进，特务和暗探等都不敢去打扰。我想，这倒是一个可以利用的条件，我们的联络站设在那里，反而会比较安全。于是，我们就把东湖旅店的二楼全部包下来，用于接应工作。

那时，我才 22 岁，没有结婚，单身一人住高级饭店，容易引起怀疑。为此，组织上将我在区委工作的未婚妻叶景舟同志调来，让我们"突击结婚"，以利掩护工作。

联络站安下以后，我又在城里租了一间关了门的商店和几间民房，准备作为文化人的落脚点。为掩人耳目，我公开放出风声，说这是为我从香港逃难来的亲友和伙计准备的。

我这个老板可不是假的，是真要做得像。组织上在我出发前就给了我一笔钱，我通过游击队，从香港贩来了几十担货，有火水（煤油）、棉纱、轮胎、布匹等，屯放在城内的"东和行"，老板李士杰、梁思中、叶子良都是农工党，是我们的统战关系，我就利用这个商行做买卖，一来掩护身份，二来其收入可以为文化人吃、住、行筹备一笔经费。

由于我们从香港运来的都是当时的热门货，对城里的商人和国民党军政官员都产生了很大的吸引力，他们趋之若鹜，纷纷找上门来购货，我就借和他们"谈生意"的机会，探听惠州城内外哪里驻有国民党军队，哪里设有关卡，以及特务们的动向等，很快就摸清了敌情。同时，通过和这些人周旋与交往，我们更站稳了脚跟。惠州城内外，国民党军队和中统特务组织，设立了许多水口和陆口检查站，盘查得很严密。为了让文化人和民主人士能够顺利通过，我们花了一大笔钱，宴请国民党军队的师长和特务组织的部长们，趁他们酒酣耳热之时，我提出有一些香港来的同事和亲友，要到后方去避难，请他们"高抬贵手，多行方便"。尽管得到了他们的允诺，我还不放心，又到负责沿途检查的国民党团部，找到团长、副团长，送给他们留声机等一批厚礼，还分别给这个团的一些营、连长和关卡上的哨兵，送了进口斜纹布等，请他们"多多关照"。就这样，买通了全线的检查站，使后来文化人过关卡时，只要说是昌业公司卢老板的亲友，便能够得到通融放行。

就在我们紧锣密鼓地进行接应的准备工作时，八路军驻香港办事处主任和广东省委领导廖承志、连贯与乔冠华三位同志，秘密来到惠州。我向他们详细汇报了惠州城内国民党顽固派军队的部署和我们的准备工作与应对措施。廖承志等同志听后，对联络站接应、护送文化人和民主人士的安全措施做了进一步的部署。鉴于城内的危险处境，廖承志还规定了两条纪律：一是不准文化人上街与公开活动；二是把文化人的笔和本子等收起来统一保管，以免暴露他们知识分子的身份。连贯同志指示说，要提醒住在东湖旅店的文化人，说话、举动都要格外小心，警惕楼上国民党师长的怀疑。还交代我们为了预防万一，茅盾等重要的文化人，因为在社会上影响大，很多报刊都刊登过他们的文章、报道与照片。因此，到惠州后，要安排他们到"东和行"去住，不要住在"东湖旅店"。

在此期间，在惠阳游击区组织领导抢救文化人工作的南委副书记张文彬，派身边工作人员司徒丙鹤赴韶关粤北省委，途经惠州。廖承志和连贯得知后，要我通知他到惠州西湖苏小小墓前秘密会面，司徒丙鹤依约前往。廖承志和连贯就如何准备接应文化人和民主人士的工作，做了详细指示，并委托他向粤北省委转达。

此外，廖承志、连贯在惠州还要我安排约见了从香港脱险归来的胡一声等同志，和他们研究了在老隆、兴梅一线护送文化人的工作。

为了掩护和配合联络站的工作，廖承志和连贯同志在临离开惠州时，指示刚刚到达这里的廖安祥，在惠州开办一个"源吉行"商社，让我兼任这个行的老板。这个"源吉行"，完全由我们自己人掌握，更便利我们开展工作。

1942年农历大年三十的深夜，第一批文化人打扮成从香港逃难来的有钱人，在交通员带领下悄悄地来到了惠州，其中有茅盾、张友渔、胡风、廖沫沙等20多人。我把他们分别安排在东湖旅店和东和行住，指派地下党员李茂白等负责做警戒工作，并布置县民教馆一个姓廖的女地下党员，专门接近那些国民党要人的太太，通过她探听国民党反动当局的动向。

由于文化人都是外乡人，讲话的口音与当地不一样，很引人注意。有一次，国民党军警到"东和行"要进行检查，我连忙跑去打圆场，说他们都是我公司的商人和伙计，因香港被日本鬼子占领了，准备回家乡避难。费了半天的口舌，也无济于事。在这牵人心弦的紧张时刻，只见一个人摇摇晃晃地走过来，边走边嚷："这么多人围着干什么，搞什么鬼！"我心想：好，来救星了！此人的哥哥叫王延吉，是国民党驻军的一个营长，他自己平时常到东和行打牌，和我们混得很熟。我连忙把他拉到一边，塞了一把票子给他，请他给说说情。果然，他一出面挡驾，军警们就让步了，避免了一场麻烦。这事发生后，我们决定要尽快将这批文化人护送出惠州。

从惠州到老隆，主要是水路。农历正月初三，我们护送茅盾这一批文化人上船。上船的码头是在惠州的中山公园望江亭后面，当茅盾经过中山公园，看到园内矗立着廖仲恺先生纪念碑和黄埔军校东征阵亡烈士纪念碑时，不禁心血来潮，诗兴大发，竟站在纪念碑前慷慨激昂地朗涌起诗来！我在一旁可着了急。他这样十足的书生气，哪还像个做生意的"商人"呢？如果引起来人围观，很容易暴露身份。我赶紧上前小声劝阻，不料茅盾却发起脾气来。后经大家说服，他这才平了气。

文化人乘坐的船，是我们包租的。这条船从船长到水手全部是自己人或进步群众，由地下党交通员带队，应付盘查。为了确保茅盾的安全，我特意通过打入惠阳县税务局的地下党员黄鑫同志（后牺牲）的关系，安排他乘国民党员的走私船走。这种走私船，无论是国民党的军队还是特务，都是不敢检查的。可是，当茅盾上了这条船，看到舱里一片乌烟瘴气时，说什么也不肯与这些国民党腐败官员同船。最后，他还是和大家一起乘包船走了。

茅盾这批文化人走后，我们在惠州又连续接送了许多批进步文化人到大后方去，每一批多则几十人，少则几个，一共好几百。记得最后的几批中有著名的文化战士邹韬奋同志。我把他单独安排在陈永同志家里住，地点在惠州城小东街的一栋平房里。

当时，日本兵的飞机经常来轰炸，而城里的国民党特务也经常突袭搜查（我和叶景舟的住处就被搜查过），为防不测，我爱人叶景舟和另一个地下党员涂夫同志，每天一大早领着韬奋到野外隐蔽，午餐在外边吃干粮，到天黑了才回到住处。叶景舟的身份是"香港老板的太太"；涂夫的身份是皮革商人，穿着一身西服。他们陪着化名为"香港商人李尚清"的韬奋，到野外"游览"，即使碰到国民党特务，也不容易引起怀疑。

他们有时泛舟惠州西湖，假作游人；有时谒拜山中古寺，装成香客；

有时干脆到密林丛中，席地而坐，每当四周无人时，韬奋就给景舟和涂夫讲评世界大事，分析社会动向，还手拿国民党的报纸连批判带讽刺，把国民党顽固派的虚伪、腐败的本质，揭得入木三分。当时韬奋的身体很虚弱，经常咳嗽，但他却精神奕奕，谈笑风生，总是那样爽朗、乐观，使陪同他的两位年轻人也深受感染。

就这样早出晚归，韬奋在惠州待了约 10 天。后来我们找了一个机会，派人将他护送到老隆，交给了连贯同志。

5 月份，粤北省委遭破坏，不久有交通员被捕叛变。这个人认识我，于是组织上通知我和陈永赶快撤离惠州。

我和陈永是 8 月间离开惠州的。这时，惠州秘密联络站已胜利地完成了接应、护送文化人的重大使命。

翻山涉水紧随步兵作战

——山炮团在金塘岛战斗中

金塘岛战斗中的山炮团同志们，抬着重炮，紧随步兵，冒风雨翻越崇山峻岭，艰苦完成了支援步兵作战的任务。当他们登陆时，步兵已经越过蚬蜊山打进敌人的心脏，炮兵的任务是："迅速跟上步兵，逐步掩护步兵发展。"

几门千斤重的山炮，一个基数的炮弹，还有工具、零件，全部压在炮兵的肩膀上。下半夜，月亮上去了，伸手不见掌，狂风骤雨，装具被服全湿了，在泥泞的海滩上一步步向前移动，走了2里路，一座长约3公尺的小石桥被水冲塌了，临时搭上块宽约1市尺的木板，人站在水里扛着，让桥上的人一步步地把炮件运过去，五连到达逍遥一带时，遍地都是2尺深的水，抬着炮一点钟也走不了半里路，每个同志的肩膀都不能忍受了，有的跌倒在山路上，有的在水里跌得一道道的伤痕，但仍然咬着牙爬着前进。

过了柏塘，天大明了，前面是一座陡峭的小山，大家集中力量一件件地交替着抬上去，然后又集中力量一件件地往下扛。刚下山，还没喘过气来，前面传来"马上架炮，轰击对面高地"的命令，大家又在"早一分钟开火，减少步兵一分困难"的口号下互相督促与鼓励着，紧张执行着任务。

4日下午2点钟，雨下得更大了，六连从小石塘到柳巷，路程14里，大部道路给水淹没了，大家从深到大腿的大水中淌过去，前面步兵战斗的枪声，鼓舞着大家，一致高喊着"跟上去"。弹药手张开黄患病，一句不哼的挑着4发炮弹，一鼓劲往前赶，胡松林个子小，抬着小架，一连滑倒3次，观测员小宋要换他，他说："滑倒了爬起来，有水跌着不痛，不要紧。"小宋跑到三炮去帮忙,滑倒了,浑身湿淋淋的,炮手要换他,他坚决表示:"已经湿透了,再跌还是一样。"观测员、电话员,一个人背2个至3个人的器材还帮炮班抬炮,电话员邢福哉一股劲跑到柳巷,把身上的东西放下,再回来帮助抬炮,来回6趟。连长张明模,副连长郭国珍也帮着抬。全体干战同心协力,在这样艰苦情况下,完成了翻山作战的任务。

（作者:卢伟如、黎风,刊于二十二军《麓水报》第 697 期,1949 年10 月 13 日）

一定把炮抬上山顶去

10月4日中午，我突击健儿，占领了围屏山、纺花山一线阵地，进攻的箭头指向金塘岛敌人最后的巢穴——沥港。

围屏山的前面是一里多路的开阔地，四处的山洪往下倾泻，陆地变成了汪洋。在水的那边，敌人在老鹰山上集中轻重机关枪的火力，企图阻挡我步兵勇士们前进。

紧跟着步兵前进的化学迫击炮连，翻过了八蜊山和围屏山，一天一夜没停过脚，没吃饭，衣服都湿透了。为了掩护步兵安全地通过这块开阔地，他们要把炮架在纺花山上，制压老鹰山敌人的机关枪。

纺花山，地图的标高是564公尺，是金塘岛最高的山。长满了丛林荆棘，一层层的悬崖峭壁，没有路。老乡说：晴天空手上去，最少也得一小时。把两门各重500斤的炮，和每颗重25斤的60发炮弹运到山上去，是要支付巨大的气力的。

"为步兵服务"是炮兵一致的思想。两个月的战前准备，现在是起作用的时候了。"克服任何困难，坚决完成一切任务"是七连每个同志决心书上的第一条。一班长周旨成说："这正是为人民立功的时候，看谁的决心实现的好，计划完成的漂亮。"炮手段全说："山再陡是死的，人是活的，没有爬不上去的高山。"用不着指导员动员，大家就一致的呼出了口号："一定把炮抬上山顶去！"

炮班的同志争着抬最重的炮盘，弹药班的同志说："炮最要紧，先把炮抬上去，再下来挑炮弹。"矮个子在前面，高个子在后面，4个人抬4个人扶。"加油呀！别叫敌人跑掉了。""咱们多用劲，步兵少流血。"一班王广明脚长疮，雨水冲野棘刺血染红了脚，正打着摆子，挑着50多斤的零件和工具，累的有气出没气进，同志们劝他休息，他坚决地说："这不是休息的时候"。连长指导员也帮抬帮推。一排长张士书一个人扛炮架，感动的七连还没有打过仗的新同志，像发现奇迹似的说："怪不得解放军场场打胜仗啊！"

山是越上越陡的，翻了一个坡又一个坡，半个钟头还望不见顶。白茫茫的雨雾掩盖了一切，倾盆大雨从头上淋到脚跟，山上的沙石顺着新鲜的水沟往下流。沉重的炮件压破了垫肩，压肿了肩膀，山风吹打着滴滴淌水的衣裳，痛与冷使同志们的脸发白又发紫，上气接不上下气，但是一颗颗歼灭敌人的炽热的心，抵住了任何的痛苦。

顺着水流的山渠，一步一步地继续往上上。王水廷踩在石头上，腿一滑，连人带炮身滚下来两公尺，爬起来又把扁担放到肩上。一座过人头高的悬崖，挡住了去路。一班何其祥走在前头，脚一蹬，上不去，倒在刺蓬里，双手淌着血。一班副林明英要替换他，"你正打摆子，歇歇吧！"他一边说一边解捆炮的绳子，把一百多斤的炮身往肩上一压，说了一句："抬着不好上"，就扛着上去了。小个子王晓光肩膀压痛了，把扁担搁到背上爬着抬。

北边的山上敌人的机关枪"咯咯咯"乱叫，子弹"吱吱吱"的由头上飞过去。"打吧！老子到了山顶叫你吃洋地瓜。"敌人越打得紧，大家的心劲越大。

"到了，同志们，再努力一把劲！"走在前头的同志欢呼起来。1点40分时，两门化学迫击炮的炮口对准了老鹰山上的敌人，衷心的喜悦弥漫了纺花山顶。

20分钟以后。"咣咣……"炮弹在敌人的工事上开了花，爆烟与雨雾混在一块，敌人的机关枪不叫了。

（刊于第二十二军《麓水报》第704期，1949年10月21日）

隔海打地堡之研究

隔海射击，是解放舟山群岛战役中，炮兵作战自始至终的特点。距离远，目标小，气候多变，海水眩耀，给射击增加困难；然而，战术的要求是要确确实实的打中地堡，这是炮兵的头等任务。因此，超越海面的远距离地对地堡的射击，成为炮兵当前的中心问题。

要打中目标，必须认清目标。舟山岛屿多山，敌人依据山嘴，构筑工事，编成第一线阵地。这是对我登陆妨害最大的，也就是炮兵首先要破坏的工事。山的起伏不平，前后不齐，树丛岩石交错，对敌人工事的搜索应该精密细致。而敌人的工事不断增修，搜索又应该反复进行。金塘岛战后的实地检查，发现几个战前没有看见的地堡，有的正面看不见，侧面才能看见；有的在丛树中，只能用不间断的搜索，看敌人的进出才能判明。

搜索到了目标，不等于认清了目标。地堡的形状大部分是相同的，特别是远隔观察，只能分出大小和颜色。要认清它，除上级指挥机关统一编制号码以外，应该按级带领干部以至瞄准手观测员实地指点，并绘写景图，以达到每一射击单位每门火炮的人员对本身担任射击目标的形状、位置、号码、诸元四者结合的认识。认清以后，还应提防天气的变化，临时看不见，必须作好标定设备，并熟记背诵，不断地察看对照。

射击方法，是直接关系着命中率的。同一条件，射击方法运用得当，命中率增大；反之，命中率缩小，甚至不能命中。在当前我们的弹药和利用黄昏射击诸条件下，采用各炮分工同时开火，试射与效力射结合，分火与集火结合的方法，是比较容易收到命中效果的。各炮分工的好处是掌握弹着明确，容易操纵射弹散布规律，可以修正到最微小的偏差。集火则可以补分火之不足，试射与效力射结合则确实使平均弹着点通过目标后，在差异不大的条件下轰击，增大命中百分数。在我团的研究会中，曾经讨论集火与分火命中数的大小问题。在学理上说，单炮射击比全连集火射击的命中百分数小一半。但是，这个命中百分数是包括整个半数必中界范围以内的弹着，半数必中界的面积比我们所要打的地堡的面积要大几十倍。当前的弹药和时间只允许我们用基准炮对原点试射，基准炮以外的火炮的平均弹着点，不一定通过目标，那么，对地堡来说只能求得靠近弹，命中是很困难的。实际的命中数不会比单炮射击大。

从学理上计算：4000 公尺以上的距离，射击高 1 公尺直径 2 公尺的地堡，命中百分数是极小的（山炮是百分之一），半米位的误差，弹着点就发生 2 公尺的偏差。因此要求炮手与观测员应以精修细作的精神进行操作，丝毫的粗心大意，就要耽误任务的完成。从山炮三连射击区域弹着点的检查中，发现目标左右的弹着比前后多，这是反乎平常规律的，主要的原因是试射不准确，平均弹着点未确实通过目标；九四式山炮左右架腿受力不均，这就是粗枝大叶的恶果。

射击的顺序，一般的应该是先前后后，逆风排列，因为前面的工事对我船只靠近与登陆危害最大，且较难打。同时据金塘岛俘虏反映：当我密集炮火在他的后面爆炸时，他想向后跑不敢，不能不躲在最前面的工事里挨打。战后的检查亦发现最前沿工事敌人打的枪多，后面打的枪少，甚至没有子弹壳。

弹药的采用，试射与效力射，要使用同种、同级、同厂的炮弹。据试验：一四式的标准弹和九八改造式标准弹的射距离相差 100 公尺，燃烧弹与榴弹相差 500 公尺。

（刊于第二十二军《麓水报》第 711 期，1949 年 10 月 28 日）

攻击金塘岛步炮协同作战的体会

一、怎样制压敌人的炮火，根据战后检查及俘虏反映：柏塘东山上敌两门山炮，当我军发起攻击金塘岛之夜，对三山、老鼠山、齿莽山、海面等目标，发射了 38 发炮弹，我突击船靠岸时，敌炮手才逃窜。敌炮阵地，我战前是发觉了的，我们炮火占数十倍的优势，亦专门讨论与分配了火炮负责制压。为什么没有把它压住呢？主要是炮兵的轻敌思想在作怪，认为我们炮火强，吓也把它吓倒了！因而没有认真地研究制压的办法。那么怎样才能把敌人的炮火压制住呢？

1. 炮兵应该充分地认识：步兵在航渡过程中，英雄无用武之地，唯一能支援步兵的是我们的炮火。对步兵危害最大的是敌人的炮火，哪怕是敌人的一门炮、一发炮弹，都会给步兵增加困难。炮兵应该一本"为步兵服务"的精神，战前细心地搜索敌人炮兵的情况，做充分的准备，分配专门炮火（数量根据敌炮多少而决定）担任制压，认真地研究制压的办法。

2. 组织专门观测所，战中监视敌炮动态。这观测所直接受担任制压单位指挥，同时与上级指挥所架通电话，以便及时制压，而又能直接向上反映情况，与友邻交换情况。

3. 各群或各队及时交换情况，不让敌钻空子。金塘岛战斗的经验是：黄昏时敌炮向我们三山屯船附近射击，我炮一制压，敌炮向老鼠山转移射击，我以为压住了，以后敌炮又向三山射击、我又制压，敌炮再向海面转移射击，我又以为压住了，其实一直没有压住。如果各个阵地能交换情况，及早发觉没有压住，继续进行制压，是可以停止敌人发射的。

二、登陆时的步炮协同登陆是渡海作战的关键。但是，由于射弹的散布，船离敌岸 400 公尺，我炮火就不能射击前沿，不能紧密地以炮火支援步兵在这一严重的关头搏斗。加上夜间海面目测距离极难准确，步兵过早发出靠近敌岸的讯号，炮兵过早延伸，造成火力间隙，敌火乘机复活，更增加登陆的困难。据俘虏反映：当我炮火开始射击时，敌军官强迫士兵进入阵地，当官的躲到后面去避炮弹；当我炮火向纵深延伸时，当官的回来命令敌兵死守。显然，敌人正利用这一空隙。

我们必须缩小这一空子，使敌人钻不进去。就是说，使登陆的步炮协同更加密切：

1. 严密计算步兵靠近敌岸 400 公尺到登陆所要的时间，炮兵根据射弹散布及最高船桅之遮蔽角，不一定是 3 至 5 个排炮，应作最紧密的而又有把握的射击。

2. 缩短第一次延伸的距离，以 100 公尺为度，只要试射精确，炮手细心操作，是不会误伤我军的。

3. 对前沿猛烈轰击到有把握的最后限度以后，第一次延伸时，火力不应削弱，继续猛烈轰击。

4. 对几个工事密集的突击部之间的死角及敌往来交通必经之路，要指定专门火炮不间断地射击。

5. 组成侧防炮火，发扬斜射的威力。据苏联炮兵战斗条令上说：斜射的效力比正面射大 3 倍。直射炮左右偏差小于距离偏差 10 倍以上，只要射面与目标正面大致平行，我船靠岸 100 公尺，炮火继续打前沿，是不致发生危险的。

6. 发挥步兵火力船之小炮重机枪威力。

7. 步兵海面目测，力求准确，不要相差远。

三、纵深发展中的步炮协同。山炮掩护步兵渡海之后，还要跟随步兵前进，支援步兵向敌人的纵深发展。为了使山炮跟得上打得快，我认为：

1. 一部分火炮直接配属给步兵团，紧跟着团的后面前进。但因火炮的笨重，特别是用人抬炮，炮兵应以一切努力做到不掉队。同时，炮兵应派出联络干部及观测员，和步兵团指挥所一块前进，以便及时接受任务，早做测距等射击准备，以免延迟开火时间。

2. 另一部分炮火，由师掌握，配置于几个团的箭头后面，有计划地选择适当阵地，以便作远距离的全面的支援，或作为机动。

3. 炮兵射击的准备，应先做首要的，如测地先测原点及主要目标，其它的边打边测。

4. 要预先规定讯号，提防步兵占领阵地，下雾观测不清，误伤我步兵。因电话的架设，常常是不及时的。

（刊于第二十二军《麓水报》第 711 期，1949 年 10 月 28 日）

我们打兵舰的办法

我团进军浙东后，配合兄弟部队，守卫海防，肃清龟缩海上残敌，曾先后对敌兵舰射击10余次，击伤敌舰4艘。消除了部队对兵舰的顾虑，提高了打兵舰的信心，打击了敌舰的凶焰。

一、开始的时候，大家以为兵舰游动不定，航速很快，没法瞄准，舰上有105或120大炮，你打不到它，它打得到你。实战中的体会是敌舰每次来扰，航速最快是6公尺/秒，慢的是4公尺/秒或3公尺/秒。每次来之前30分钟，即可看到它或听见马达声，可以从容准备，目标很大，只要射击准备充分，命中百分数不会很小。敌舰上大炮，打得很不准，曾向我镇海要塞射击200余发，无一命中；大榭、梅山两岛解放后，前后向我炮阵地射击300余发，我无一损伤。其炮弹约有三分之一空炸，炸空均在50公尺以上，稍有掩蔽，即无损害，敌舰最怕炮，一听见我炮声，掉头就窜，命中后在周围打转，以后老在1万公尺以外绕过，不敢靠近。

第一次在镇海要塞射击，炮手瞄准后，干部检查，然后再发"预备……放"口令，射距离2800公尺，炮弹打出去，敌舰已跑到5000公尺以外去了，打了26发，无一命中，因此我们觉得打兵舰的射击指挥，不能搬用打固定目标那一套，经过研究，我们采取这样的办法：

1. 事先根据敌舰可能来的方向，做好预定射击方案，敌舰进入我射击区域，多少距离开始射击，敌舰继续前来或逃窜如何射击，都要胸有成竹，并将方案使炮手都了解，以发挥炮手的机动性。

2. 发现敌舰后，各炮及观测所用镜子监视其行动，到达我预定射击区域后，指挥员当机果断，速下决心，发令开始射击，犹豫不决，往往错过时机。

3. 各炮接到开始射击命令后，将观测所告之诸元装上，瞄准、报好、即拉火，不要再下"预备……放"口令，干部亦不要检查，以免耽误时间，但要加强瞄准手教育，提高其责任心，不要马虎从事。

4. 各炮自行修正偏差，连续发射，直至连长下令暂停为止。

5. 不要单纯强调打的快，主要的是要求准确，特别是在射击中，干部不应乱催，否则，形成无组织无把握的乱打，浪费炮弹，可在准确的基础上求快，反对老太婆作风。

二、测量距离是射击兵舰的困难之一，虽然利用礁石、灯塔等海中物体作为原点，预先测好，但兵舰不一定从什么地方来，多次的摸索中，我们感觉以下两种办法使用较方便：

1. 阵地附近有山，在山上设观测所，算出山与海面比高，观原（点）距离（如海中无突出物体，可于陆地任找一点为计算基础点）然后用山上每一俯角相应之距离（减去观炮距离）列成一表。敌舰进入我射击区域后，测出俯角，看表即知距离多少，若按敌舰航速惯例，将前置量算出，附于表后。运用熟练，只要4秒钟，就可以把距离及前置量求出。我们曾用此法击中敌舰两次，精度良好。但山高在炮目距离三十分之一倍以下，则有误差。观测所最好在炮阵地正后方。如在侧后方，则须将射向分为正前、左前、右前三个方向。加减观炮距离或间隔。我们称此法为俯角法。

2. 交会法。操作使用等与打固定目标同，用计算、图解、偏差盘都可以。要注意的是先约定交会点。有计算机即可减少计算之麻烦，既精且快。此法适用于沿海平原地带。以上两法均可用于观测弹着，求取偏差量。

三、此外还有几个小问题，我们实战中的体会是这样：

1. 过去没打过兵舰，炮手好奇心强。初次射击，打一炮，跑到工事外边看一看，特别是观察所报告命中以后。应该教育纠正，以免耽误射击。

2. 命中弹只看见爆烟无水花，非命中弹则冒起很高之水柱及浪花。炸声剧烈清脆者为命中弹，炸声沉浊者为非命中弹。

3. 测量航速无表，可用脉搏代替，据一连经验，精度差不多，但必须作多次试验，平时与战时不同，不能以平时为准。

4. 海水对弹道无影响，天气晴朗打得远一些，下雨或大雾则近一些。

5. 风速对射弹影响很大，没有测风的器材，可以在高地用一小撮棉花，或一条鸡毛，放空中飘荡，能求出大概数，比估计好一些。

（刊于第二十二军《麓水报》第 719 期，1949 年 11 月 6 日）

炮打坦克之研究

美式中型（15 吨）坦克，高约 2 公尺半，长约 4 公尺。良好地形最高速度每小时 50 里（每秒 7 公尺），一般速度每小时 40 里（每秒 5 公尺半）。战斗中通常速度每小时 20 里（每秒 2.8 公尺）。地形困难的战斗中每小时只能走 2 里（每秒 30 公分）至 14 里（每秒 2 公尺）。夜间则每小时只能走 2 里至 4 里（每秒半公尺）。舟山各岛为坦克运动困难地形，除公路外，只有沿海硬滩，较平坦的旱地，或晒干了的稻田等地可以运动。其速度均在战斗通常速度以下。

打坦克的办法很多。以炮兵来说，凡直射炮都能破坏坦克，火箭筒 500 公尺以下，战防炮 2000 公尺以下，命中率与效力都很大。步兵炮虽初速较小，1000 公尺以下，亦能收到良好效果。山炮以上，则 5000 公尺以下均能射击。

一　阵地选择及占领后的措施

1. 为求水平射击及射向与坦克行驶方向平行，公路两旁射界开阔的平地是良好的阵地。阵地过高则不易命中。射向偏了则不好修正。

2. 阵地前最好有 1 公尺半以上宽，使坦克不能超越的深沟或淤泥地，坦克上之火器均为直射，加厚对敌方面之胸墙即无须顾虑。但应注意坦克后面敌人的炮火，并注意对空掩蔽。

3. 占领阵地后，应即根据情况任务（包括敌友及我地形），拟定射击计划，并迅速完成一切射击准备，时间匆促，力求简单，先准备首要的，后准备次要的，时间充裕应精细，但亦须有计划有步骤。

二　距离的决定

1. 时间充裕，可于敌坦克可能来的地区找一个或几个明显的地物，用观测器材预先测定。

2. 时间匆促，可用目测估计，实弹修正，或以坦克为标尺用镜子概略测量（坦克高 2 公尺半，如镜子分划为 5 米位则距离为 500 公尺，如分划为 2 米半位则为 1000 公尺）。

3. 若坦克从正前方驶来，战防炮在 1000 公尺以下，可以零距离连续发射，不用测量距离，亦不必修正距离，因为战防炮初速为 800 公尺，1000 公尺弹道高仅 2 公尺半，只要方向正确，弹道处处可以碰上坦克，其他火炮在初速以下的射距离亦同。

三　前置量的计算和使用

1. 计算公式：（坦克速度×炮弹飞行时间）÷射距离公里数＝前置量（米位）

2. 若坦克与射向成 45 度驶来，前置量应酌量减少（约三分之一），射距离亦酌量减少（约为前置量相应的公尺数）。如射距离 1000 公尺，坦克与射向直交的前置量为 12 米位，坦克与射向成 45 度驶来，则前置量应为 8 米位，射距离应为 990 公尺。反之坦克与射向成 45 度驶去，则前置量不变（仍为 8 米位），射距离为 1010 公尺。

3. 不管什么炮，炮弹飞行时间 2 秒，可以瞄准坦克的前端，不装前置量，炮弹飞行时间每增加 2 秒，向前瞄准一个坦克的距离，因为坦克长 4 公尺，每 2 秒困难地形最多只能前进一个坦克的位置。此法简单便当，适合匆促开火的战斗，只要把自己火炮每增加 2 秒的射距离查出，即可变成射距离几公尺向前瞄几个坦克的位置。

四　瞄准及射击法

1. 炮打坦克通常以单炮直接瞄准射击，几个坦克同时驶来，则一门炮打一个。

2. 向我方驶来的，从近至远打；后退的，从远至近打；向左驶的，从左至右打；向右驶的，从右至左打。总之是拦头打。特别是坦克配合步兵向我反击的时候。

3. 一般的应瞄准坦克中央基脚，但从正前方驶来的，应瞄准头部的中下方，向正前方逃窜的，应瞄准尾部的中上方。横行的，应瞄准前半部之基脚。

4. 连长下命开始射击后，装上炮弹，瞄准报好即拉火。战防炮则瞄准后即击发（因战防炮瞄准与击发由一个炮手操作），切勿再等"预备……放"的口令。

5. 预期敌坦克必经之地，可预先试射。对错综行进的坦克群，可构成不加检验的适当交叉行全连群射。

五　步炮协同

1. 不管敌坦克阻拦我前进或反击，它是不能离开步兵的。在炮火使用上，应组织直射炮与曲射炮混合火力队，直射炮打坦克，曲射炮打坦克后面的步兵。

2. 炮打坦克是用破坏或阻拦射击，以达停留其前进之目的。敌坦克进至有效射击区域即应开火，以收先发制人之效，不要等它来到跟前才被动应付。

3. 不管时间如何短促，步兵的作战方案及对炮兵的要求，应通告炮兵，炮兵亦将射击计划报告步兵；如在白天，炮兵应有专人观测我步兵的动静，如在夜间，则必须规定步炮协同讯号。

4. 敌坦克阻拦我前进，炮兵集中火力驱逐或破坏之后，应继续以炮火追击，以掩护步兵迅速勇猛向前。敌坦克进行反击，炮兵应组成数道炮火拦阻线，击退或延迟其前进，步兵从侧翼迂回，打坦克后面的步兵。

（刊于第二十二军《麓水报》第 733 期，1949 年 12 月 1 日）

从黄河到东海

——山炮团 1949 年的回顾

在一年来的进军战斗中，我军山炮团协同步兵完成了任务，取得了光辉成就，克服困难，创造了不少奇迹。1949 年春天，他们从黄河南岸，开始迈步南征，为"打过长江去，解放全中国"而踏上新的遥远的途程。在漆黑阴雨的夜晚，驭手们执着缰绳，炮手们扶着炮件，在窄狭的水田、田埂与河堤上行进。他们向江岸进军的第一天，整整一个夜间，只前进 12里，使每个人都焦虑着："什么候可以到达目的地呢!?"但是，回忆起出发前上级的讲话："长江两岸河多路小，行军困难……"上级领导真有预见啊！重温着自己的誓师计划："不向任何困难低头……"沉重的心轻松了。擦去身上的污泥，烤干湿透的军衣，继续前进。

五连一班的一匹马掉到河里去了，炮手黄安夏、潘明九立即跳下去抢救，他们冻得脸色青白，爬上来拉开步子又往南跨。四连一炮炮管掉进两人深的水里，炮长王臣坤脱光衣服，一个青蛙入水式插到水底，鸬鹚捕鱼似的把炮管捞上来，人民战士以实际行动来实现自己的口号："救马救炮，勇敢往水里跳。"

自然的困难越来越多，无情的风雨透过棉衣侵袭到战士们的身躯，但是，动摇不了"把大炮拉到长江边去"的钢铁意志。驭马实在走不动了，把炮件从马背上卸下来，人抬着走，到了宿营地，五连住的村庄里没有稻草，到 3 里路外去找来一点，喂饱了马，驭手们躺在湿油布上睡觉。非凡的困难，终于在非凡的意志面前被征服了，人民的大炮，雄踞在长江北岸，虎视着南岸的蒋匪帮。

4 月 21 日，期待了多时的毛主席和朱总司令的渡江命令下达了。炮兵阵地上，心花怒放，受过革命英雄主义思想熏陶的战士，都争着要在这中国历史最光辉的一页中，留下鲜红的一笔。

当天晚上，他们早已对准了敌人工事的炮口，飞出去成群的铁弹，轰开一个缺口，接着便随着步兵的洪流，把大炮搬到扬子江的中心洲。没有让驮马过来，全团千百条粗壮的臂膀，套上辕杆，拉着缰绳，连推带引地架着大炮朝前赶。粘土挣掉了袁来宇的布鞋，芦苇刺破了脚，也不知道痛。南岸打过来的子弹，哀鸣着由头上飞过去，炮弹有时就在人们的附近爆炸。通讯员小杨，身上一震，一颗子弹打中他的上身，鲜血直淌，他一只手压住伤口，一只手还是继续推炮。谁有心思去顾虑这些哩，全心全意想念的，只是：迅速把炮口指向南岸。虽然从到达江边后，已经把战斗的一切都准备得一妥百当，但是，一道主江，二道夹江，抬三次炮，人力挽曳11里路，连续战斗两夜，炮兵们足足三天三夜未休息，眼眶发红了，走起路来脚步有点难着地，当猛烈的炮火把步兵送过江南时，他们的精神却从所未有的清爽。

扩张战果，追歼逃窜的蒋匪，雄赳赳的行列，车辚辚马啸啸，16天的强行军，从安徽赶到杭州，又快马加鞭地越过钱塘江，沿着杭甬路，直指东海边。宁、沪、杭、甬人民的劳军运动，鼓舞着人民炮兵，他们要以歼灭海上残匪，来回答人民的爱戴。冒着7月的太阳，配合步兵把龟缩在象山港的蒋匪军，成群地虏俘过来之后，便投入紧张的渡海作战大练兵。他们是多么的珍重这一年来第一次安定下来的学习啊！甚至连午睡时也坐在瞄准座上，半夜里还在查米位对数表。

8月18日，打响了歼灭海上残余蒋匪的第一炮，协同步兵全歼大树岛守敌。10月3日，金塘岛战斗发起后，英勇的炮兵，抬着大炮和弹药，又冒雨乘风，伴随步兵奔向金塘岛上。

连日大雨，把金塘岛的平地，淹成一片汪洋。抬着炮的炮兵不是翻山就是涉水。奋战了两天两夜，不光衣服没有一丝缕干的，连装在皮盒里的镜子也进了水。鞋子给水泡破了，沙石刺破了腿，鲜血随着雨水流着，他们认为这与和敌人拼刺刀而流血一样光荣。

1949年是战争形势飞跃发展的一年。从平原到山地，从陆战到海战，从抵近射击到远距离超越射击，作战的环境与客观条件，给人民炮兵提出了一系列的技术上和战术上的新问题。毫无疑问的是，从蒋匪军中缴过来的美式装备，给炮兵解决这些困难，提供了充分的物质条件。但是，困难是巨大而众多的。从山东到浙东的长途行军，从渡江到渡海的连续作战，学习的时间太少了，直接掌握大炮的是给旧社会剥夺了文化学习权利的工农子弟，甚至有的连阿拉伯数字还不认识。没有一定的文化水平，是不能掌握现代化的武器的。

然而，人民炮兵不但是战场上的英雄，艰苦中的豪杰，同时又是苦学苦练的模范。他们有正确的军事民主的学习路线，渡江作战中，他们创造3500 米距离破坏小地堡的射击范例，三天三夜的工夫，把蒋匪处心积虑，苦心经营达半年之久的长江防线摧垮。

渡过会稽山麓的曹娥江以后的追击战中，他们边打边走，一天走 60里，打 3 次胜仗。

他们守卫在海防前线的初始，第一次射击蒋匪来扰的兵舰，虽然竟生疏到 5 分钟打不出一发炮弹去，但"打一仗进一步"，炮兵们对实战经验十分宝贵，而迅速地接受过来。当蒋匪海贼再次出现在他们的射击海面的时候，就把它打得焦头烂额。在大榭岛战斗中，他们以神速的手法，20 分钟内彻底地打烂了敌人的地堡，创造了步兵登陆无一伤亡的安全掩护的纪录。

1949 年，是人民炮兵艰苦奋战的一年。由于党的正确领导，他们就能够排除万难。共产党员乔廷远，腰间负了重伤，昏倒过去了，强心剂把他救醒过来之后的第一句话，是追索他背包里的党证，催促同志们赶快前进，不要因为照料他而迟延歼灭敌人的时间。烈士杨志刚，马倒到大河里，他明知自己不会浮水，为了抢救人民的炮和马，他勇敢地跳下河里去，给在水中挣扎的马压到水底下，光荣殉国。

1949 年，是人民炮兵飞跃进步的一年。为了学习新的技术，他们曾在夏季中自动地停止了午睡，也有的连队把制度规定的吃油节食省下一部分，用作晚上学习。分不清白纸黑字的徐昌鸿，仅仅一周的时间就钻通了整数四则。

该部炮兵是从来不在胜利和进步中骄傲自满的。他们正在一如既往地紧张进行着一切战斗准备，一如既往地在埋头苦学苦练，为进一步提高歼敌本领而奋斗，并以此来迎接 1950 年的新的渡海作战任务。

（原刊于第二十二军《麓水报》第 752 期，1950 年 1 月 3 日）

连个数也不会算能打好炮么?

——山炮团掀起学算术热潮

为了提高技术，打下准确射击的根基，山炮团掀起学算术的热潮。学习是分一、二、三、四组进行的。一组原来连阿拉伯数字也不会，从 18 日至 28 日，就都学会了加减法。全团的算术水平普遍地提高了一步。

不愿学的同志，开始时也有的，六连七班副刘昌林常说："学啥？要打赶快！"他是最急躁的一个。发津贴费时，排长叫他算算他班该领多少钱，他瞪着眼没法算，只好去叫别人算。排长接着和他谈："咱光说解放定海保证打好炮，连个数也不会算，能做到吗？……"这一下他打通了思想，下了决心，3 天工夫，从洋码学到加减法。

绝大多数同志，是从头到尾埋头苦学的。六连七班马玉海，出公差回来，主动地找教员补课。王文向生病亦坚持学。八连陈光洲、陈炳根墨水用光了，用木炭粉做墨水。以往上课时，总有个别同志争着要看门，这次是谁也不愿意被留下的，怕学习掉了队跟不上。以往大家感觉到日子长得有点难过，这 10 天倒觉得日子过得太短了。七连炊事员老顾，边烧火边学，竟把一锅干饭烧成稀饭。

"大老粗"杨向飞说："只要专心去钻，没有学不会的东西。"1 天前他是连加法也不熟练的，10 天后就学会了三位乘法。七连长徐昌洪，原来洋码也不会写，现在已学会了乘法。谁说"大老粗不能学呢！"

干部带头学，使学习越来越上劲。六连长张明模，过去学习是不耐心的，这次一坐 3 个钟头，不弄通不罢手。战士们说："你看咱连长那股劲，咱还不能干吗！"二连副连长李学玉学会了乘法和除法。一排长安国喜也从除法学到小数。

学习是经过了党委仔细地研究和布置的，团委和营委的决定：支部书记亲自掌握学习。二支部书记王兆坤，自己又学又帮助同志，忙得不可开交。六支部书记梁一生，一天到晚各组跑来跑去，又是上课又是个别互助，还要开会和个别谈话。战士们说："不好好学，对不起党。"

他们现在正进行段落测验，巩固已得的进步，准备用到实际射击学习中去，用到打定海的战斗中去。

（刊于第二十二军《麓水报》第 755 期，1950 年 1 月 8 日）

舟山残敌炮火配备之变化及我炮兵对策之商榷

金塘解放后，舟山残敌，慌忙地加修本岛及外围小岛的工事。经多次的搜索及察看敌炮试射，初期（去年11月份以前），敌人的炮火仍以前沿为主。之后，发现从本岛打出来的榴炮对金塘与本岛间海峡中的半洋礁行精密试射，继续又发现其对靠近彼岸之野鸭礁、双螺礁试射，还有从我岸向彼岸之试射。最近匪军的步炮联合实弹演习，只看见炮弹在其前沿爆炸，听不清楚口音。还发现敌从本岛对册子山纵深山地试射。

从上述情况中，可以判断敌人炮火配备逐渐在变化，其特点是：

1. 残匪为了最后挣扎，已加强其守备的炮火力量，重视炮火配置之研究。

2. 匪军接受金塘等次被歼的教训，其炮火布置，已从前沿的单线式转变为有纵深的多线式的配备。

3. 其火力配系，前沿（第一线）以战防炮为主，并有一部山野榴炮，担任阻拦我船出口及在海上运动，扰乱我炮兵射击。其重炮之主要部分都配备于纵深成第二线或第三线，担任对我船在中流或靠近敌前沿时的拦阻射击，或我登陆后，配合其步兵进行反击。其纵深阵地都在我岸炮火最大射程之外，不受我岸炮火之威胁，均为遮蔽阵地。

4. 侧防炮火，斜射与侧射之配备，组织交叉炮火，并可从我岸至彼岸行摆射。企图以炮火节节拦阻我船只由我岸向彼岸前进。根据敌炮情况的变化，我炮兵任务是更复杂而艰巨了。在炮火的使用与组织布置上，应该是更科学而细致：

（1）担任对敌前沿破坏与制压的炮兵群，应对敌人工事及炮兵情况进行不间断的搜索，尽力做到在我岸炮火有效射程内地区，停止敌人炮兵的发言权，特别是射程较远的炮兵，应围绕这一任务，周密地进行一系列的战术技术物质以及思想等准备。这是与突破有密切关系的战术任务，亦是我歼灭舟山残敌战役中炮兵的重要任务。

（2）加强随伴炮火力量，发挥随伴炮火威力，全部或大部山炮应迅速随伴步兵渡海。以一部直接配属于步兵团或营，及时登陆彼岸，以制压我岸炮火射程以外的敌人纵深炮火。执行这一任务的炮兵，一般的不能参加掩护登陆的战斗任务。战前准备应以夜间射击，制压敌炮。上下船搬运迅速为主，培养英勇顽强的斗志与机动灵活的战术和技术。这一任务单位，最好能及早决定，并和配属的步兵作联合演习与反复研究。

（3）发扬八二迫击炮、六〇炮、步兵炮、战防炮、发射筒等轻便火炮威力，直接配属于步兵营或连。反对"有了大炮不要小炮"的想法。这是炮火配系中不可缺少的组成部分，不管重炮怎样强大。由于这些轻炮人力搬运轻便灵活，在两栖作战中，其战术价值只能提高而不应降低。就是山炮以上的火炮随伴登陆后，亦不能减轻其作用。

（4）敌人多次演习均有舰艇参加，我发起攻击后，敌舰艇必然出来助威，故对敌舰艇射击的炮兵群或分队，不应削弱，特别是夜间，更为重要。

随伴炮兵的任务，将包含制压敌纵深炮火，射击战车，射击兵舰，掩护我步兵向前发展与打击敌人的反击，破坏敌人纵深工事等。应根据火炮数量性能，由步兵团或师，战前统一组织计划，应预定协同作战方案，或组织联合指挥所。随伴山野榴炮兵，应组织前沿观测所，随同步兵突击连或营先行渡海，以便及早了解情况和接受任务，同时应周到地准备船只，筹划弹药供应等。

（刊于第二十二军《麓水报》第 771 期，1950 年 2 月 12 日）

山炮船上射击的初步研究

山炮船上射击，是对付敌人炮火纵深配备的积极对策之一。可以补助制压我岸炮火射程以外的敌人二线炮火，亦可用作海上对敌舰艇警戒及自卫。

两次实弹射击情况：

第一次：木船全长 14 公尺，中央宽 3 公尺半，桅杆处宽 2.75 公尺，桅杆到船头长 4 公尺，载重 15000 斤，四一式山炮 1 门，架设于船头，柱锄顶住桅杆，柱锄把与桅杆当中贴木板 2 块（厚 8 公分，长 60 公分，宽 40 公分）下垫麻包（装土）1 个，两轮下各垫麻包 2 个，船靠浅滩（能浮起），共发射 5 发：第一发表尺 2000 公尺，减去发射药三分之一；第二发，原表尺，未减发射药；第三发表尺 3000 公尺；第四、五发，表尺 4000 公尺，均无固定目标。发射时船身震动极微，垫底之麻袋木板等物，完全无损，船虽较破旧，亦无影响。

第二次：木船全长 16 公尺，中央宽 4 公尺，桅杆处宽 3 公尺，桅杆至船前长 4 公尺半，载重 4 万斤。四一式山炮 1 门，架设于船头，设备概同第一次，仅柱锄把与桅杆当中未贴木板，船停于海中，未抛锚，微风。先于海中浮木为方向，表尺 2000 公尺发射 2 发，表尺 1000 公尺发射 1 发，练习方向之掌握及最低表尺，继对 4000 公尺之固定目标发射 9 发。6 发落达于纵横各 200 公尺的区域内，3 发散布面约纵横 500 公尺，发射时站立船尾，感觉不到船身的震动。

两次试验证明：山炮船上射击完全可能，且能发射多数炮弹，设备简单。所需器材：

船只：载重 15000 斤以上，船桅至船头长 4 公尺以上，普通的木船均可。因山炮坐力主要的是向后，向下力量不大，船桅抗力很大，海水具有弹性抗力。

器材：木板 6 块（尺寸如上述，可伸缩）——贴柱锄把 3 块，垫柱锄 1 块，垫两轮各 1 块。麻袋 8 个——柱锄上下各 1 个，垫及压两轮共 6 个。

不仅四一式与美式炮可以射击，九四炮也能射击，只是两个架腿所靠船板或船的地方多垫上几个麻袋或木板就可以；虽未实验，据我们实船实炮研究，是没有问题的。

几点初步研究的意见：

从实验中，我们感觉射击的准确性与指挥联络是急需研究的两大问题。茫茫大海，难以决定放列的具体位置，船身前后左右摇摆，瞄准困难，水准气泡不能居中。射击诸元的决定，普通的测量方法都难于使用，交会测量无法设基线，测量机不能固定，图上量取则没有放列与原点的具体关系位置。我们初步研究的几点意见是：

1. 射击诸元的决定

（1）战前用图上作业，决定原点及目标位置，编成号码，用实弹测量法决定放列位置与图上，然后量取各号目标之诸元。

（2）如地形许可，预先决定放列于海中小岛或礁石附近用地圆量取诸元。

（3）于船的两头架设器材，以船长为基线，用打活动目标的游动交会法或正切法测量。我们做过一次实验，器材脚架放矮一点气泡能概略居中，平时多练习，动作迅速，两测平的动作协同一致，尚可使用。但是基线太短，精度不良。

2. 基准动作

（1）方向的掌握，不由二、四炮手做主，主要的是依靠舵，故必须使用炮兵本部训练的水手掌舵，否则，必须及早对舵手进行掌握发射方向的教育，战时由四炮手或专门干部协助舵手掌握方向。我们第二次演习，因未注意这一点，第一发发射后，船头方向受风潮影响左转，5 分钟仍转不过来，第七发瞄准后，舵没掌紧，偏右约 100 米位。为了准确与迅速，可在桅杆及火炮护上端，设置两个棉花球，以三点成一线之原理转舵。转移射打方向机，必须注意船头的方向转动界，以免射弹在船头碰炸。

（2）距离的掌握，二炮手瞄准报好后，不能以干部叫"预备……放"口令，一炮手当船头向上昂起时迅速拉火。第3次演习时，射距离高4000公尺，船头昂起与下落发射距离相差约500公尺，绝对不能高打一发低打一发，否则有危害友军之虞。

船舱加船的载重量的四分之一的压底物，可减少船的摆动。

3. 指挥联络

（1）为了正确及时地处理情况，必须加强干部，或提前一级指挥。船上射击指挥员必须熟悉整个作战计划，切实领会与灵活执行上级的意图以及本身的任务，特别是步炮协同的计划各种讯号，必须熟记。因为船上射击联络困难，要大大地发挥指挥员的机动灵活。不能借口畏缩，亦不能机械呆板。

（2）通讯联络工具，如能配备无线电话最好，或者用扩音器挂于船桅上，以扩大射击口令音浪，统一指挥，惟海中情况变化较多，应有双套准备，如号音或符音，除射击开始，停放或对第几号目标射击，应有规定，另外仍应规定表达简单诸元的符号，比如一长音1000，短音为100等。

4. 部队训练及使用问题

船上射击，是一个新的复杂问题，各种训练最好是实船实炮实兵训练。反复进行。我们第2次演习时间仅1小时，即有1个干部及1个瞄准手晕船，失去战斗力。积极的办法是常在船上练习，或打秋千、原地打转等。消极的预防，如携带防止晕船药品等亦属必须。

加强船上射击部队的政治教育，提高阶级觉悟，发扬革命英雄主义，结合实际演习，提高技术，解决炮手的顾虑，坚定战斗信心，另外能每人配备一个救生圈，如船幅宽大不影响射击，在船桅周围设置沙包，亦可以补助消除炮手的顾虑，减少意外情况中的伤亡。

使用的原则是根据战术的需要出发。注意几点：

（1）射击位置最好不在我步兵的正后方，而设于侧方或侧后方，以免船桅杆遮蔽，影响射击或发生对船桅碰炸。对友军的安全界，必须根据当时风浪的大小，最少是船头昂起和低落对射程距离影响的差数。

（2）步兵破坏附防卫工事时，可离敌岸 2000 公尺左右射击，步兵登陆后可逐渐靠近彼岸浅滩射击。浅滩射击因船身摆动较小，准确性较好。

（3）随伴渡海的山炮（没海上射击任务的），最好能提早上船，把炮都架起来，既可自卫，又可随时射击。但是必须说明以迅速登陆彼岸为主，不得借故畏缩延迟登陆。

（刊于第二十二军《麓水报》增刊第 5 期，1950 年 4 月 5 日）

岛屿攻击战中随伴炮兵的几个问题

岛屿攻击战中，随伴炮兵的战斗任务是：先隔海射击而后随伴渡海，或部分先渡海，部分参加隔海射击后渡海。要做海中的船上射击，又要行陆地射击。战斗的特点是：从战斗开始到结束，都是边走边打。而骡马不能随伴渡海，全部武器弹药都用人力搬运，因此战斗的组织是复杂的，射击指挥是多样的。

1. 战前的射击技术教育：主要的是隔海打地堡与直接支援步兵登陆，船上射击及登陆后的运动与射击，主要的课目包括：

（1）精密试射；

（2）效力射的各种发射法；

（3）放射观测与前进观测法；

（4）抬炮搬弹，通过海滩，上下船搬运；

（5）船上射击，瞄准与测量距离；

（6）活动目标（兵舰与战车）射击法；

（7）步炮协同。

教育的方法是先白天领会要领，操作确实，晚上演习，求得熟练迅速。理论与实际结合，用通俗的说法，打比方、图解等说明学理，结合操作、摆沙盘研究（条件许可最好做实弹演习）。据我们的经验：射击教育，内膛枪在一百公尺的距离作小型射击场学习收效最大，全团干战都反映这种教育方法最好，许多在课堂操场讲不明白的道理，一演习就明白了。如"尖叉""表尺"有的干部弄不通不相信，一打靶就通了。应该掌握以干部为主，干战并进，干部学指挥，战士学操作，把干部与战士的学习结合起来。抬炮可利用早操时间，以练劲为主，然后做其他的演习。

2. 船只的配备：以载重 2 万斤，能容 50 人及 1 门炮的船为最好。因为这样的船能跟得上步兵，风潮不顺时可以摇橹，吃水不深，上下船较方便。适合以下的配备：人数，抬炮 24 人，挑弹 8 人，观测组 3 人，电话组 3 人，步枪组 3 人，加上连排干部共约 50 人，约 8000 斤。火炮连架子 1200 斤。弹药 150 发 3000 斤。

这样的配备的好处是：万一失去联络，各炮仍能发挥战斗力。过小则不适用，大则必须加倍，否则，仍以装 1 门炮为宜，绝不装 1 门半炮，或炮与弹分家。

海上射击部队，必须及早把船只、水手与火炮固定起来，以便联合演习，互相协同，这些水手必须是炮兵本部训练的。

3. 抬炮组织：注意政治质量，技术水平，体力强弱，个子高低的均匀，因为火炮是各部机件有机的结合，哪怕是一个螺丝掉了队，就使该炮失去战斗力，炮班人员不够，应于其他班选择坚强人员补充，以抬炮为主，挑弹为次。这个组织，平时固定好进行演习，战时不要变动。

我们五连一炮（四一式）的组织是这样的，附表：

单位：人

	组别	人数	人员配备			体　力		
			干部	战　士		右肩	左肩	双肩
				党员	群众			
炮　　管	1	4	1	2	1			4
滑　　板	2	4	1	2	1	2	1	1
摇　　架	3	4	1	2	1	1		3
大　　架	4	4	1	1	2	1	1	2
车轮小架	5	4	1	1	2		1	3
护　　板	6	2		1	1	2		
合　　计		22	5	9	8	6	3	13
附　　注	干部是班长（副），都是党员，有从其他班抽来的任各组组长。 这是最强的一门炮。							

4. 战斗组织：

渡海前分：

（1）隔海射击分队：根据上级分配的任务，在我岸射击支援步兵登陆后，随伴渡海。

（2）船上射击分队：尾步兵第一梯队，在海中支援步兵登陆巩固滩头阵地后，随伴登陆。

（3）先头渡海分队：配属一梯队步兵团，随伴渡海登陆后直接支援步兵。

各分队之分量根据上级指示及具体地形而决定，一般的随伴炮兵应以大部迅速渡过彼岸为主。

全群登陆后，根据战斗的需要分成二线，先头渡海分队为第一线，仍配属步兵团，直接支援步兵向纵深发展，船上射击分队与隔海射击分队合组为第二线，由军或师指挥，超越射击支援步兵。

5. 登陆以后的战斗，基本上是陆地运动战、攻击战，我们有过去的经验。但是，这是最后歼灭敌人的战斗阶段，敌人的垂死挣扎，地形的复杂与不熟悉，任务的迫切性与流动性，不能以为"登上陆就是胜利"，必须有艰苦战斗的准备，做周密的战斗布置，不能麻痹轻敌，组织指挥上，应注意下述各点：

（1）无论一线、二线均应派出前进观测所。一、二线应交替射击，互相支援，避免大家在同时运动中，造成火力间隙。

（2）直射炮与曲射炮协同，特别是第一线火力。山地射击直射炮死界大，可以曲射炮辅助之，如封山顶，反斜面及地平面工事，曲射炮的效力较大，而直射炮的效力则很小。

（3）人挑弹药，只能挑一个基数跟随火炮前进，可行交替运输，即每到一地设置阵地时，弹药班放下原有的炮弹，回到后面再运一个基数来。如果战场补助俘虏挑炮弹，最好配备于营团炮弹药所，负责向前运输，留出一定骨干及干部掌握。

（4）适应任务的迫切性与阵地流动性的要求，射击准备亦力求迅速简明，如距离可用测速机测或量地圈，要先搞主要的，后搞次要的，边打边测，不要主次不分，一揽子搞。

（5）要有打战车的准备，阵地不宜设在公路上，而在公路两侧。多带麻袋，对敌战车可能来的方向设置胸墙，根据当时情况，把打战车列入射击方案中，做好准备。火炮的分工，直射炮打战车，曲射炮打战车后面的步兵。

（6）发展到海边，或沿海边发展，要有射击兵舰的准备，或指定一部炮火担任对兵舰射击。或占领有利阵地封锁敌可能逃跑或增援的港口。

（7）射击村落，应发扬我抵近射击之长处，以较少的弹药完成任务。

（8）夜间射击，应十分谨慎，特别是我步兵采用尖刀战术，勇猛插入敌人的心脏以后，应细心判明敌我，尤其是联络中断的时候。

（9）舟山群岛多山，对炮兵射击妨碍甚大，阵地设于山上，则上下费时，跟不上步兵，设在山下则常常打不出去。故山地随伴应采取逐山跃进，从这一山打那一山，再前进到那一山向前打。紧跟在步兵屁股后面，从山麓打山顶是困难的，对标高 300 公尺的山顶，在平地 500 公尺以内则极难发射。超越顶上有友军的山顶射击，最低表尺应加 5 公尺及安全系数。

（10）步炮协同上，不要以为白天，靠得近，马虎大意，应规定讯号，拟订协同计划，炮兵应主动联络步兵，电话要保持经常通畅。

（刊于第二十二军《麓水报》增刊第 6 期，1950 年 5 月 5 日）

上甘岭地区防御战役

（1952 年 10 月 14 日至 11 月 25 日）

第一部分　概述

1952 年 9 月 18 日，我完成了粉碎敌可能发动"秋季攻势"的一切准备后，在志愿军司令部统一号令下向敌发动秋季有限目的的进攻，改善了我军的防御态势。敌为了报复，于同年 10 月 14 日向我上甘岭地区第十五军防御的 597.9 高地至 537.7 高地以北无名高地 2.5 公里正面发动进攻。这时，第十五军停止了执行进攻注字洞南山的计划，而抗击敌之进攻。在历时 43 天极端残酷激烈的战斗中，敌集中了大量的炮兵、飞机向我阵地不断地轰击。敌进攻的第 1 日，我阵地即落各种炮弹达 30 万发，战役中敌共发射各种炮弹约 190 万发；敌机投弹约 1 万枚，我野战工事被轰垮、坑道被打短，在极端困难的条件下我防守军队被迫退守坑道继续进行抵抗。战役初期，我仅有火炮、迫击炮 38 门。为了制止敌进攻，取得战役的胜利，从友邻及纵深机动调来大量炮兵，在我决定性反击时，平均每日参战火炮73 门，终于依托坑道和强大的炮火，先后向 597.9 高地及 537.7 高地以北无名高地表面阵地之敌发起了强大的反冲击，歼灭守敌，恢复了原防御态势。

战役的主要特点是：

1. 由战斗发展为战役。敌我都投入了战役预备队和集团军的技术兵器，但战斗始终是在我前沿 3.7 平方公里的狭小地区进行。其表现形式是对两个连支撑点的反复争夺。

2. 我军利用以坑道为骨干的支撑点式的防御阵地进行防御。在野战工事被敌占领后，我则据守坑道坚守防御，故坑道斗争形成一个阶段。

3. 敌经过长期的准备，依托其防御阵地集中了优势的兵力和兵器实施进攻。火炮密度每公里达 160 门，是朝鲜战争敌历次进攻中最稠的密度，而我机动的炮兵及原来防御的炮兵每公里达 60 门，也是我军历来防御最稠的密度。

第二部分　情况

一　敌情

1. 敌参战的兵力为美步兵第七师（配属空降兵第一八七团、阿比西尼亚营、哥伦比亚营）、伪步兵第二师（配属步兵第三十七团）、伪步兵第九师约 6 万余人，并有炮兵 18 个营，坦克 176 辆，美战术空军第五集团军 1 个大队（飞机 75 架）的支援。

美步兵第七师在上佳山、松亭、上丝里、水榆里地域进行防御；伪步兵第二师在鸡雄山西北 2 公里无名高地、外也洞、榛岘里、谷里地区进行防御。支援美七师进攻的炮兵位于下得里、金化、长兴里、锄叶里等地域，支援伪二师进攻的炮兵位于龙扬里、光三里、芳道里、上枫洞等地域。

2. 敌向我发起所谓"强大的金化攻势"，其企图在于首先攻占我 597.9 高地及 537.7 以北无名高地，再夺五圣山地区，改善金化地区防御态势，破坏我进攻企图，察明我坑道情况，尔后为进攻平康、金城以北地区创造有利条件。

3. 敌人为发起此次进攻，曾进行了 3 个月的充分准备，最高级军官都亲至前沿策划，并以小分队进行试探性的进攻。为保证其物资供应，在烟幕掩护下频繁运输、屯集物资、增修公路，加固桥梁，并修筑直通前沿的坦克路和临近前沿的交通壕、发射点等等；为了兵员充足，又补充新兵 15000 余人。

二 我情

第十五军加强榴弹炮兵第二十团、第十一团第三营、第六十军炮兵团第三营、火箭炮兵第二零九团、独立坦克第一团 3 个连，在栗木洞、佳岘里、紫霞洞、蔓山（不含）地域防御，阻敌从上佳山、王在峰、平康方向和从上甘岭、五圣山方向的突破。其主要兵力兵器集中在栗木洞、灵台、真菜洞、蔓山（不含）地域。军战斗队形为 1 个梯队。

步兵第四十四师配属第二十九师之八十七团、榴弹炮兵第二十团第一营、第十一团第三营、军属野炮第九团 2 个营，担任栗木洞、芝村、下松馆里、蔓山（不含）地域防御，以主要兵力兵器集中在栗木洞、唐院里、云磨山、蔓山（不含）地域，阻止敌人从上佳山、王在峰向平康方向突破；第二十九师（欠第八十六、八十七团）加强榴弹炮兵第二十团第二营、第六十军炮兵团野炮 1 个营，担任芝村（不含）、灵台、真菜洞（不含）、下松馆里地域防御，以 3 个营作纵深梯次配置，阻止敌从斗浦洞向于川里突破；步兵第八十六团为军预备队，位于庄子山、梅桧里、马背岩地域。

步兵第四十五师加强榴弹炮兵第二十团第三营、军属炮兵第九团第三营，在灵台、佳岘里以西无名高地、真菜洞、塔巨里地域进行防御，以主要兵力兵器集中于灵台、上所里、岩回莫峰、上水汗地域，阻止敌从上甘岭、五圣山方向突破。师战斗队形为 2 个梯队。

步兵第四十五师第一三五团得到师警卫连、山炮营的加强，在灵台、448 高地、高突岘、光州洞、城岘里地域进行防御，将主要兵力兵器集中在 597.9 高地、448 高地、菊亭地域，阻止敌从上甘岭、菊亭岘方向突破。该团第一营在 537.7 以北无名高地、448 高地、菊亭东南无名高地组织防御；第二营在灵台、454.4 高地及其东南无名高地、781 高地地域组织防御；第三营（欠七连）在 597.9 高地、上甘岭、菊亭岘地域组织防御。

三 地形

五圣山、西方山、斗流峰为平康地区的天然屏障，中线地区战役要点，山峰高耸可俯敌纵深，大小山脉绵延，地势险要，依靠它进可攻、退可守，对我设观察所也极为有利。上甘岭位五圣山南（偏东）4 公里处，以东无名高地即 537.7 高地北无名高地，与敌占之 537.7 高地相连；西南为 597.9 高地，与敌鸡雄山北之无名高地连接。面积共 3.7 平方公里。

敌据 537.7 高地和鸡雄山一带地区，作为进攻我两高地之依托，沿山脉冲击，借其前沿兵器之直接支援极为有利。背后多沟壑，便利敌集结和配置迫击炮阵地。其纵深山势较小，公路纵横，便于机动兵力和物资输送；并由于敌进攻之两高地，为我三面受敌之突出阵地，便利使用其纵深大量炮兵支援其进攻。

我五圣山以北，山脉连绵，山高沟深，交通不便，仅有一条宗铁洞至水太里急造军路，物资输送困难。炮兵发射阵地多沿公路两侧配置，并部分采用高射界射击。

第三部分　战役实施经过

第十五军步兵第四十五师，准备于 10 月 18 日进攻注字洞南山，在我进攻前，敌突然于 10 月 14 日向我上甘岭地区发动进攻。我遂放弃了进攻注字洞南山之计划，迎击敌人进攻，上甘岭战役就此开始。

第一阶段（10 月 14～20 日）

（一）战役开始

战役开始时参战的炮兵仅有四十五师山炮营第一、三连，炮兵第九团第三营，炮兵第二十团第五、六、八、九连，炮兵第二十八团第一、二连，炮兵第三十团第二、五连（战役开始第 3 日第二连火炮受损改换第四连），共 13 个连火炮 43 门，高射炮兵第五营。至 20 日陆续投入战斗的有步兵第二十九师山炮连，炮兵第二十团第四、七连，第六十军炮兵团第四、七连，火箭炮兵第二零九团，高射炮兵第六零一团第二、四连，此时共有炮兵 17 个连，因战斗损失至 20 日实有火炮 46 门、火箭炮 6 个连，高射炮 5 个连。

（二）炮兵群

为了指挥方便，以四十五师副师长、军炮兵主任办公室副主任在该师炮兵主任办公室的基础上，组成四十五师炮兵指挥所。师编成 2 个炮兵群、1 个高射炮兵群。

1 炮兵群；炮兵第二十八团第一、二连，炮兵第三十团第四、五连，六十军炮兵团第四、七连，炮兵第三十团副团长为群长。

2 炮兵群：炮兵第二十团第二、三营，群长为该团副团长。火箭炮兵第二零九团为师的机动炮群。

高射炮兵群：高射炮兵第六零一团第二、四连及高射炮兵第三十五营，以高射炮兵第六零一团团长为群长。步兵第一三五团（一三四团）炮兵群：炮兵第九团第三营及师属山炮营，群长为炮兵第九团第三营营长。

（三）战斗队形的配置师炮兵指挥所及炮兵群各群指挥所均位于德山岘。发射阵地：

炮兵第二十八团第一、二连位于上店附近，炮兵第三十团第四、五连，第六十军炮兵团第四、七连均位于德山岘地域。

炮兵第二十团第四连位于沙器店，第五连位于城岩里，第六连位于黄龙洞，第七连位于德山岘南 1 公里，第八连位于德山岘西北 1.5 公里，第九连位于水太里。

炮兵第二零九团位于黄龙洞附近地域待机。

高射炮兵除庄子山有第三十五营 1 个连外，余均位德山岘、宗铁洞一带。

炮兵第九团第七连位于下店，第八连位于龙水洞，第九连位于菊亭南山和 647 高地各一个排。师属山炮营第三连位于 927 高地，一连位于 647 高地，第二十九师山炮连位于五圣山。

观察所配置：

战役开始前，为了进攻注字洞南山，除炮兵第三十团第二营观察所位于 927 高地外，其余各炮兵营的观察所皆位于 647 高地（炮兵第二十团第三营有连观察所在五圣山）。战役开始经调整后，炮兵第二十团第二、三营，合组成一个营观察所于五圣山，并在 647 高地设侧方观察所，炮兵第二零九团团观察所、第六十军炮兵团之营观察所均位于五圣山，余仍在原地配置。各直接瞄准的火炮，为放列观察。

（四）敌进攻的经过和特点

10 月 12、13 两日敌人对我上甘岭地区进行预先火力准备，14 日 3 时开始火力准备，5 时即以 7 个步兵营，在火炮 300 余门、坦克 20 余辆、飞机 100 余架次支援下，对我 597.9 高地、537.7 高地以北无名高地发起进攻。同日敌为了配合上甘岭地区之战斗，以美伪军共 4 个营，向我步兵四十四师、二十九师防御的 391 高地、上佳山西北山、芝村南山、119 高地发起进攻，但均被击退。

因我炮兵当时正准备进攻注字洞南山之敌，由于火炮的射向和距离限制，仅有 15 门山炮、野炮、榴弹炮支援步兵防御，至 14 时，经转移炮兵发射阵地或改造火炮工事火口始能支援其战斗。步兵营二梯队因受敌炮火严密的封锁运动道路，不能投入战斗。守备两高地的步兵，虽经多次的反冲击，但因伤亡过大和地面工事全被摧毁，至 13 时 30 分敌攻占我 537.7 高地以北无名高地及 597.9 高地的 1 个步兵排的阵地，敌即以 2 个步兵营进行守备。18 时 50 分，我以步兵 4 个连，在炮火支援下进行反冲击，至 24 时全部恢复阵地。

经过一天的战斗，从敌人进攻的兵力和发射炮弹的密度，敌夺取我五圣山之企图已更明显。据此，兵团首长即决定：

1. 将机动在注字洞方向的炮兵于当日 21 时前调回上甘岭地区；

2. 决心以顽强抗击，反复争夺，消耗其兵力，力求在基本阵地上挫败敌人的进攻；

3. 步兵第四十五师指挥所前移德山岘。以步兵 2 个营加入 597.9 高地之防御，以步兵 4 个营加入 537.7 高地以北无名高地之防御。

自 15~20 日，敌步兵连日在强大的炮、空火力竟日不断地轰击和掩护下，以成营成连的集团队形，作轮番不断的进攻（15~17 日敌先后使用 4 个团另 1 个营兵力），并占领两高地，我夜间再以积极地反冲击与敌人进行反复争夺，阵地形成昼失夜得。

第一阶段敌进攻之经过，表现了如下特点：

1. 在优势的火力支援烟幕掩护下，多路的、密集的大纵深队形，分为前后梯队，进行连续攻击，兵力由小到大，每日冲击次数，少则数次，多则 40 余次，战斗持续时间为 6 ~ 9 小时，其冲击规律，初时为上午、中午、黄昏猛攻各 1 次，后改为先小后大，消耗我生动力量和兵器，至黄昏行最大一次冲击。

2. 进攻中敌人的战斗编组多分为突击队、预备队、工程队、运输队。敌占领阵地 2 小时工程队即可构筑发射点和地堡，设置简单的障碍。

3. 进攻中敌各兵种协同密切，分工明确，支援及时，较大的冲击前，炮兵和空军行火力准备 2 ~ 4 小时之久，一般的炮兵压制我基本阵地，空军则压制我纵深。当步兵发起冲击前 10 分钟则同时在我阵地周围发射与投掷大量烟幕弹，掩护其步兵冲击。冲击发起后，炮兵则依次转移火力，用空炸信管（感应信管），封锁我反冲击道路，压制我纵深师、团指挥所及各级观察所与炮兵发射阵地；敌机则监视我炮兵发射阵地与第二梯队之运动。当我反冲击夺回阵地后，只需 5 ~ 7 分钟其火炮即向我夺回之阵地进行报复性的急袭。战斗中敌迫击炮大部用于压制我前沿步兵 105 榴弹炮和迫击炮支援步兵冲击，压制我发射点，155 榴弹炮则压制我指挥所及纵深炮兵发射阵地，203 榴弹炮压制我炮兵及封锁运输道路。敌军重视迫击炮的使用，而将团之 81 迫击炮和 4.2 寸迫击炮混合编群统一指挥。我反冲击时敌迫击炮射击及时、猛烈，对我反冲击危害最大。

（五）我炮兵火力的运用

1. 前沿前战斗时节

当敌由进攻出发地位向冲击出发地区运动时，我即以集中射击压制之。如 15 日敌 1 个营由甘凤里向我 597.9 高地运动，经我炮兵第二十团第七、八连以集中射击将敌击退。同日敌 1 个营又由上述地区运动，另 1 个营由下所里向 537.7 北无名高地运动，经炮兵第二十八团、三十团共 4 个连，在其他炮兵配合下对上述之敌先后行集中射击，杀伤敌过半将敌击退。但由于敌借山谷和烟幕掩护运动，较难发现，射击时机较少。

当敌进至冲击出发地区时，我即以集中射击和炮兵连的急袭射击歼灭之。如 14 日敌约 1 个营在 597.9 高地之西南凹部，经我炮兵第二十团第五连行急袭射击，将敌击退，19 日敌 1 个连又在上述地区待机，该连亦以急袭射击，歼敌大部。

当敌由冲击出发地区发起冲击或已冲至我阵地附近时（50～100 公尺甚至更近些），本不应当使用纵深炮兵，但因敌有烟幕掩护，距我很近始能发现，故迫不得已下炮兵以拦阻射击，支援步兵作战。这对我坑道内的步兵威胁不大，却给敌以重大杀伤。

在距我前沿 200 公尺处敌冲击道路上设不动拦阻射击，但此种火力运用甚少。

2. 纵深战斗时节

当敌占我某一阵地时，我即集中炮火行火力急袭，以求大量杀伤敌人，以不动拦阻射击，制止敌二梯队进入战斗，配合步兵立即进行反冲击，将敌击退。如步兵暂无力进行反冲击时，则我炮兵给敌以相当杀伤后，继续以监视射击，阻敌修工事。

3. 反冲击的炮火保障

当敌占我阵地仅数小时，只挖有露天工事和设置简单的障碍物，我行反冲击前，先行 5 分钟的火力急袭，随后步兵发起冲击，一举将阵地恢复。如14 日晚我步兵 4 个连，以火炮 26 门向 597.9 高地行 5 分钟火力急袭后，步兵发起冲击将该地恢复。此阶段我炮火保障程式，通常是采用此种程式。

当敌攻占我阵地 1～3 天，筑有若干发射点、堑壕时，我反冲击则对敌行两次火力急袭。如 19 日晚我以火炮 28 门、火箭炮 23 门，支援步兵 5 个连向 597.9 高地进行反冲击，向该地行第一次火力急袭后，行火力假转移，诱敌迎战，然后再以火箭炮对敌反斜面的预备队和迫击炮阵地急袭，火炮再向该高地行第二次火力急袭，予敌大量杀伤后，我步兵恢复阵地。使敌在我第二次火力急袭后，约 2 小时，仍未能以火力或兵力报复。

4. 和敌炮兵斗争

战役开始时，我对敌炮采取敌打我打的措施（每次 7、8 发或 20 至 30发），效果较小，后炮兵第二十团第九连于 18、19 两日，主动地压制了对我危害最大的松洞和注罗峙的敌炮阵地，迫使敌炮转入遮蔽阵地和后撤，减轻了对我纵深的威胁。

第二阶段（10 月 21 ～ 29 日）

此阶段新加强的炮兵为炮兵第十一团第二营。因火炮被毁停止战斗的有炮兵第二十团第七连，至 29 日炮兵共 19 个连，火炮 44 门（每日火炮皆有损伤和故障，参战火炮时增时减）。加强之炮兵第十一团第二营，编入师炮兵第二群，其发射阵地：四连位于德山岘，五、六连位于黄龙洞、垂阳亭（后均移德山岘），营观察所位于 927 高地。炮兵的分配与部署仍同第一阶段。

为使反冲击得到彻底的胜利，所以将第十二军调至上甘岭地区，作为战役预备队。第五师原有防务移交步兵第二十九师而以全力用于当前争夺战斗。第十二军先后机动来 82 公厘迫击炮 16 门至菊亭岘、488 高地。

23 ～ 27 日我步兵第四十四师第一三二团与敌反复争夺 391 高地之南峰，毙伤敌 2000 余名。敌深恐我沿西方山以西平原出击，因此美军将汉滩川以东防务及 597.9 高地之争夺任务移交伪二师，美七师西调以防我步兵第四十四师可能发动之进攻，这给我尔后决定性的反冲击，造成了有利条件。敌人由于伤亡惨重，不得不将位于抱川之美三师接替伪九师防务，将伪九师调至史仓里进行整补。

25 日第十五军召开了作战会议，传达了首长的以反冲击恢复阵地的决心。会议确定首先向 597.9 高地之敌反冲击，成功后再指向 537.7 高地以北无名高地之敌反冲击，并决定于 10 月 30 日对 597.7 高地实施决定性的反冲击。

我步兵在坚守坑道的阶段，敌人采用多种毒辣手段破坏我坑道，如用小分队袭击，飞机低空投弹和扫射，各种火器和坦克抵近射击；用手榴弹、炸药包、火焰喷射器甚至毒气，来破坏我坑道口；投掷成捆铁丝网和石块，堵塞我坑道口，或在我坑道口外筑地堡，架铁丝网来围困，等等。但坚守坑道的我步兵在炮兵的支援下，不断地击退企图破坏坑道的敌人，并不断地以小分队出击敌人。如 23 日晚我坚守 597.9 高地 1 号坑道的步兵，依托坑道一度攻克 1 号阵地，全歼守敌。我坚守 597.9 高地 4 号、0 号坑道之步兵于 23 ～ 29 日连夜在炮火支援下以小分队袭击 3、9、10 号阵地之敌。

为支援步兵坚守坑道作战和以积极的行动袭击敌人，炮兵火力运用情况如下：

1. 597.9 高地方面：以炮兵第九团第九连位于菊亭岘南山之直接瞄准的野炮 2 门，负责保障 2、8 号坑道口；以步兵第四十五师山炮营位于菊亭岘之 2 门直接瞄准山炮，负责保障主峰大坑道口；步兵第一三五团组织团属迫击炮（18 门）除补助以上火力外，负责保障其余各坑道口之安全。

2. 537.7 高地以北无名高地方面：以炮兵第九团第九连位于 647 高地之直接瞄准野炮 2 门，负责保障主峰大坑道口；步兵第四十五师山炮营位于 927 高地之直接瞄准山炮 2 门，负责保障 2、6、9 号坑道口；步兵第一三三团团属迫击炮（11 门）除补助以上火力外，负责保障 1～8 号坑道口之安全。

以上火炮除直接观察射击外，为了更密切地协同，皆与步兵营（团）指挥所取得联系，在敌施放烟幕时，根据坑道内的步兵要求，进行射击，有时以步谈机收听坑道内步兵呼唤，不待营、团命令，炮兵即行射击。

3. 当我坑道内步兵出坑道袭击敌人时，纵深的炮兵，先以单炮破坏敌封锁我坑道口之地堡、发射点等，尔后行 7～10 分钟的火力急袭，保障步兵出坑道，袭击敌人。当坑道内的步兵恢复了阵地之翌日，敌来进攻或调整部署时，以集中射击袭击运动或集结之敌。如 24 日 9 时敌 1 个营沿 597.9 高地主峰向我控制的西北山腿进攻时，我炮兵第二十团第四、七连进行炮火袭击，将敌击溃。同时敌另 1 个营从上甘岭向我 488 高地进攻，遭我炮火袭击，敌人溃窜。23 日 8 时，敌 1 个营乘汽车由金化进至 300 高地凹部，我炮兵十一团第二营乘敌车集结时，以集中射击杀伤过半。26 日敌 1 连于 537.7 以北无名高地集结，企图进攻我大坑道，遭我炮兵第二师部分炮火袭击，敌被杀伤大部。当敌占领两高地时，我纵深炮兵不时以单炮行扰乱射击，阻敌修工事，间接地配合了步兵坚守坑道。

4. 23、27 日两次统一组织了对注罗峙、立石、杨谷、松洞之敌炮的压制，毁伤 105 公厘口径以上火炮 29 门，迫敌抵近之火炮向后转移。这便利了我 30 日实施的决定性反冲击。

第三阶段（10 月 30 日～11 月 25 日）

（一）此阶段陆续加强的地面炮兵有第二十八团第三连，第二十九团第一营，第三十团第七、八连，第十一团第一营等 9 个连。因火炮损坏停止战斗有步兵第四十五师山炮第三连，炮兵第十一团第三、六连，六十军炮兵第四、五连；因调整部署撤出战斗的有步兵第四十五师山炮第一连、步兵第二十九师山炮连。此阶段经常参加战斗的有 21 个连，平均每日参战火炮 73 门。在此阶段高射炮兵第六一零团 3 个连参战，接替高射炮兵第六零一团 2 个连的任务，另高射炮兵第二十营已随第二十九师参战（该营早已参战因属步兵第二十九师指挥故未列入），高射炮兵共 8 个连。

（二）为便利指挥作战，于 11 月 2 日成立了第十五军前进指挥所，第十二军副军长负责指挥，并临时组成炮兵司令部，以炮兵第七师师长任司令员，该师参谋长、炮兵第二师副参谋长任副司令员，军炮兵主任办公室副主任任参谋长。5 日将炮兵重新分配部署，编成 2 个军炮兵群、1 个军高射炮兵群、1 个团炮兵群。

第一炮兵群：以炮兵第十一团第一、二营、第二十团第二、三营编成，以炮兵第七师副师长、参谋长为正副群长。各团由于火炮损伤建制合并，故将营、团指挥机构合并，直接指挥至连。

第二炮兵群：以炮兵第二十八团第一营、第二十九团第一营、第三十团 4 个连编成，以炮兵第三十团副团长为群长。

步兵第九十二团团炮兵群，由炮兵第九团第三营编成，该营营长任群长。

以高射炮第六一零团、高炮第二十营、第三十五营编成军高射炮兵群，炮兵第六一零团团长为群长。

火箭炮第二零九团为军机动炮兵。

（三）此阶段新加强炮兵的战斗队形的配置：炮兵第二十八团第三连位于宗铁洞；第二十九团第一营位于黄龙洞附近。第三十团第七、八连位于上店北 1 公里，第十一团第一营位于沙器店附近。其他炮兵发射阵地位置未变动。炮兵司令部及各群、分群之指挥所仍位于德山岘。观察所配置：炮兵第二十八团第一营位于 644.37 高地；第二十九团第二营位于五圣山；第三十团团观察所位于五圣山；第二营位于 927 高地、第三营位于 647 高地；第十一团位于 927 高地和上所里北山；第二十团位于五圣山和上所里北山。

（四）此战役所使用之迫击炮为步兵第四十五、二十九、三十一、三十四师的所属全部迫击炮。战役开始时仅有迫击炮 12 门，第一、二阶段，最多时为 36 门（82 公厘迫击炮为 33 门、化学迫击炮为 3 门），战役第三阶段最多时为 52 门（内有化学迫击炮 3 门）。战役开始后，步兵第四十五师各团先后参战，均将迫击炮统一编组，集中使用。10 月 20 日后，根据师关于轻重火器任务分工的指示，开始执行不参加炮火准备的任务，主要是杀伤敌进攻部队，因而大大地发挥了迫击炮的作用。

各团将迫击炮编成若干火力队或群由团统一指挥。各队或各群皆与步兵营直接联系，以直接支援步兵作战。其区分部署任务如下表（略）。

（五）实施决定性反冲击的经过 29 日 7 时，我各种火炮向 597.9 高地进行试射，为了迷惑敌人，同时亦对 537.7 高地以北无名高地进行试射。

30 日 22 时 50 分，我步兵 4 个连于炮火准备后，向 597.9 高地进行反冲击，至 23 时除部分山腿外全部恢复原阵地。31 日拂晓，敌 1 个营连续冲击 13 次，均被击退，11 月 1 日，敌步兵 2 个营另 5 个连在飞机 30 架次、坦克 40 辆支援下向我冲击，我以榴弹炮 50 门集中火力控制阵地前沿，迫击炮 30 门轮番向冲击之敌射击，共击退敌 14 次的进攻，击落敌机 4 架，毙伤敌 1300 余名，敌弃尸达 600 余具，我阵地屹立未动。2 日 4 时至 11 时敌以 5 个步兵营，连续冲击 15 次，发射 105 公厘以上炮弹 15 万余发，我阵地仍屹立未动。3 日，敌以 3 个营连续冲击 30 次，均被击退。4 日，敌以 1 个营另 2 个连冲击 4 次被击退。5 日，敌以 5 个营兵力，在飞机百余架次、坦克 30 辆，经 2 个小时的炮火准备开始冲击，亦被击退，我完全恢复 597.9 高地。

11 月 11 日，我以步兵 2 个营在火炮、迫击炮 89 门支援下，于 16 时趁天雾向 537.7 高地以北无名高地敌 1 个步兵营发起反冲击，仅 15 分钟即全部恢复阵地，歼灭守敌。12 日敌伪二师残部 2000 余名，集中火炮 300 余门、飞机 20 余架次掩护向我冲击，除 7、8 高地（约 300 平方公尺面积）

为敌攻占外，其余阵地仍在我手。11 月 15 日，敌畏惧我趁胜发起进攻，乃仓促地将位于杨口之美二十五师接替第七师。敌因兵力耗损过大，无力继续进攻，每天以飞机 30 余架次对我阵地及纵深指挥所、炮兵发射阵地以报复性的轰炸。同时敌每次以数万发炮弹轰击我步兵第四十四师防御正面。伪二师因损失惨重，被迫将防务移交给伪九师。至 11 月 25 日我完全恢复战前态势，战役结束。

（六）炮兵火力的运用

1. 依合成军队首长的决心，先向 597.9 高地之敌实施决定性的反击，因此炮兵火力皆机动至该地区。

10 月 28、29 两日，组织了步兵之无坐力炮对主峰 1、2、3 号阵地之敌地堡群行提前破坏射击，毁敌工事 10%。30 日 12 时至 17 时我集中了全部直接瞄准射击的火炮及炮兵第二十团 1 个连，进行单炮破坏射击，杀伤敌一部，破坏敌地堡约 70%，22 时 25 分，我以火炮 48 门对 597.9 高地之敌行炮火准备，第 1 次火力急袭为 5 分钟，间隙 10 分钟。此时步兵以 2 个班进行佯攻，诱敌展开后，我又进行第 2 次火力急袭（10 分钟），同时以火箭炮 21 门行一次齐放，袭击敌主阵地凹部的二梯队。炮火准备的两次火力急袭，共消耗山炮、加农炮、榴弹炮炮弹 2575 发，结果将敌工事大部摧毁，二梯队大部杀伤，打乱了敌人的部署。当我步兵反冲击时，我全部迫击炮负责冲击支援的任务，以压制敌二梯队及迫击炮阵地，所以步兵很顺利地恢复了除 8、2、11 号阵地外全部阵地。

2. 11 月 6 日，在 597.9 高地巩固以后，又将第一炮兵群全部及第二炮兵群 1 个营的火力机动至 537.7 高地北无名高地压制该地之敌。自 11 日以后又将大部火力机动至 537.7 高地北无名高地方向，以一部炮火支援步兵从左翼钳制敌人，以利主力向 537.7 高地北无名高地之敌反冲击。

11 月 11 日向 537.7 高地以北无名高地的反冲击，炮兵火力运用上，基本上与向 597.9 高地之敌反冲击相同。

3. 巩固阵地时，炮兵火力的运用上是根据敌进攻之惯例和战斗中所得之情报，对敌在进攻出发地和冲击出发地区以集中射击急袭之。如 11 月 1 日 1 时 4 分，我对 597.9 高地东南凹部之敌，以火箭炮 4 个连齐放一次，杀伤敌大部并将敌击退。15 日我根据敌数日来均在拂晓进攻的惯例，于 4时 15 分，对 537.7 高地之敌环形工事（敌进攻 537.7 高地以北无名高地的进攻出发地位）行火力急袭 20 分钟，使敌迟至中午才进攻。18 日下午根据无线电的侦察，知敌拟于 16 时 10 分对 537.7 以北无名高地发起进攻，我即于 15 时 50 分对敌可能的进攻出发地位、运输道路等行急袭射击，使敌未能在预定时间发起进攻。战斗中我常以不动拦阻射击将敌击退，如 10月 31 日 15 时伪第三十一团第二营向我 597.9 高地进攻时，经我不动拦阻射击伤亡惨重，未靠近我前沿而后撤，后又来美军 1 个营和伪军之残部 400 余人继续向我进攻，我又以不动拦阻射击将敌击退。11 月 3 日 8 时美、伪军共 3 个营，分路对我 597.9 高地之 2、10 号阵地连续进攻 10 余次，均被我不动拦阻射击击退。我有时也以重叠火力的集中射击，如 16 时敌汽车载步兵来援，下车时经我炮火袭击后又与原冲击未遂之敌会合，19 时 7 分我火箭炮齐放一次，杀伤敌 600 余名，使敌溃退。

当敌进攻未遂败退时，我即以火力追击，当观察不到而又估计敌可能运动时以单炮射击，向敌可能运动的道路和进攻出发地位扰乱。

此次战役，另一特点是反冲击易取胜，巩固阵地难。原因是敌人火力强，每日以 7~10 小时不断地连续地冲击，兵力由小至大，以消耗我生动力量和弹药。如 11 月 5 日以前的 6 天，敌竟日以 2~5 个步兵营，多次的冲击，每日 16~17 时来一次强大的进攻，所以我炮兵兵力使用上是采取敌小我小甚至以单炮射击；敌大我大甚至以大部或全部炮火有重点的火力分工，对敌冲击队形或敌已占的阵地行 3~5 分钟急袭射击，予敌杀伤甚大，巩固了阵地。

4. 敌进攻未逞，伤亡又大，只得以半数以上的炮兵和大量的飞机来压制我纵深的炮兵，因此我乃展开有组织的对敌炮兵做斗争。其措施是师统一组织，各群所指定的炮兵分队，分别负责，以压制对我危害最大的敌炮兵和迫击炮。通常我以 1 个连的炮兵来压制敌炮兵 1 个连的炮兵或迫击炮阵地。此阶段共毁伤敌火炮和迫击炮 50 余门，大大地打击了敌炮兵的疯狂气焰。

第四部分　总结

上甘岭防御战役历时 43 天，它是朝鲜战争最残酷、最紧张的一次防御战役。由于党和志愿军首长的正确领导和中朝人民的支援，尤其是各兵种之间的密切协同和全体参战人员的英勇顽强，终于彻底地粉碎了敌人发动的所谓"金化攻势"。此次战役敌人所参加的兵力、兵器皆占绝对优势，以我炮兵来说，战役开始前仅有火炮和迫击炮 55 门，敌人几乎多我 10 倍。我弹药数量则更少。但是由于炮兵主动地、积极地支援步兵，取得了战役的最后胜利。这说明炮兵在上甘岭地区防御战役中所起的作用是巨大的。整个战役时期，直接瞄准的火炮和全部迫击炮，所消耗的炮弹全部由人力搬运上山，许多同志在通过敌炮火封锁线时遭到伤亡，许多同志肩背红肿，肢体摔伤，但炮弹仍源源不断地供应。当我炮兵发射阵地工事被敌摧毁时，炮手们就冒着敌机、敌炮的威胁，扒出被埋的火炮，继续射击。如炮兵第九团 11 门野炮被埋过 12 门次抢救出来继续射击。炮兵第七师两次派出的前进观察所人员在途中大部分伤亡，只剩下 2 个无线电话兵，仍到达所指定的地点，执行任务。诸如上述英雄事迹不胜枚举，只有人民的炮兵，才能有这样可歌可泣的英雄行为。

通过此次防御战役，取得如下的经验教训：

（一）防御战役能保持稳定性和最后取得胜利，只有大胆地、广泛地从纵深和沿正面机动兵力和兵器，以积极的反冲击来杀伤、消耗敌人，以恢复原防御态势。上甘岭防御战役对于炮兵的机动，就是一个很好的典范。战役开始前，仅有炮兵 8 个连，高射炮兵 3 个连，至第三阶段时炮兵已增加至 31 个连、火箭炮 6 个连、高射炮 8 个连，火炮的质量也大大提高了。迫击炮在机动上更是惊人的，先后加入战斗的 4 个步兵师，步兵撤走了，而将全部迫击炮留下继续战斗。第十二军本为兵团的第二梯队，但也将一部迫击炮移动来参加战斗，由于炮兵、迫击炮的大量机动到上甘岭地区，有力地支援步兵取得了反冲击的成功。

（二）炮兵的分配部署：在战役的第一、第二阶段有师炮兵群 2 个、师高射炮兵群1个；第三阶段，步兵十五军成立了前进指挥所，并临时组成了军炮兵司令部。军有2个炮兵群、1个高射炮兵群、1个团炮兵群。这样分配和部署是正确的。整个战役进程中已充分说明，起到了巨大作用的。其原因：

（1）敌进攻的597.9高地和537.7高地以北无名高地仅是我2个连的防御阵地，其正面为2.5公里，两高地面积为3.7平方公里。这样的正面，团直接掌握迫击炮的使用，在射击指挥上，弹药输送上已付出很大的力量，若炮兵群编成过大，势必形成负担过重。

（2）团要直接指挥连作战，甚至坑道里的班、排，加之步兵团首长还没有足够指挥炮兵战斗的经验，因此，将大部炮兵归师、军指挥是必要的。

（3）敌进攻地区狭小，但我最多时有3个步兵团的部分兵力参加作战，若都编成有团炮兵群，也会形成炮兵火力分散，影响了火力机动。

（4）加强的炮兵是陆续来的，其建制众多（火炮的数量不多）发射阵地分散、靠后，因而大量炮兵只有步兵师来指挥为宜。

（5）许多炮兵的连、营、团观察所和步兵的营、团指挥所（观察所）在同一高地上或坑道里，当步兵要求火力支援时，炮兵不等待报告师、军炮兵司令部和群司令部，而立即支援，所以实际上军（师）炮兵群的火力皆是支援团的防御任务。

（三）炮兵观察所配置得较拥挤。较近的尚距敌前沿2公里，较远的4.5公里，虽然所占的地形很高，但在山地条件下，视界死角多，器材倍率有限，不能起到应有的作用，加之炮火轰击和烟幕形成一片烟雾，更使我炮兵有时观察困难，虽然派过两次前进观察所，但未成功。战役过程中，许多情报是步兵提供的，炮兵未能想尽各种办法，将炮兵的基本观察所前推或进入步兵坚守的坑道里，所以或多或少是影响炮兵火力的及时和准确。

由于我军大部分火炮陈旧，弹药供给困难，通信条件差，大部火炮射程在6公里以下（因受地形条件限制），甚至以最大射程（如炮兵第十一团等）和敌人作战，我炮兵火力只能控制敌基本阵地，能射击到敌第二阵地的火炮是很少的，因此对敌纵深威胁不大。根据上甘岭地区的地形情况，对炮兵发射阵地的配置是不利的，但就地形来说，部分火炮还是可以向前配置的。

另一主要原因在战役开始之前虽经长期的防御，可是未能预计大量炮兵机动到上甘岭地区，战役开始后加强的炮兵又是陆续而来，因此炮兵发射阵地形成犬牙交错的局面，给指挥上增加了许多困难。

（四）上甘岭地区防御战役，炮兵火力运用上是成功的。表现在：以火力急袭敌人在进攻出发地位和冲击出发地区之步兵，在火力组织程式上不是墨守成规，而是能更好地运用假转移方式；炮火准备时将全师大部火炮集中轰击一点，使敌震撼；决定性反冲击时能先向597.9高地之敌急袭，尔后再向537.7高地以北无名高地射击，这完全表现了炮兵火力机动的正确性；以1个炮兵连压制敌1个炮兵连是正确的，因为我们不能以1个营的炮兵来和敌1个连比消耗，以更多的炮弹来对付敌步兵比敌炮兵更为有利，其缺点表现在：战役开始时，未能提前发现敌人，而常形成被动，同时又未能集中火力，形成到处要求火力到处射击的现象，不能有力地制止敌进攻；第一阶段的反冲击，每次在3～5分短促的炮火准备后我步兵即冲击，因此形成规律，所以敌人能迅速地以炮火袭击我已占领阵地的第一梯队或拦阻我二梯队。

（五）炮兵支援坚守坑道的步兵战斗，给我军创造了宝贵的经验。在此次战役中，步兵所坚守的坑道，两高地总计23条（50～100公尺的4条，10～30公尺的19条），除因我不能利用而主动放弃之前沿小坑道6条外，仅被敌机炸毁小坑道1条，其余16条，始终为我步兵坚守。我步兵之所以能坚守住坑道和我炮兵支援是分不开的。战前，炮兵精确地测定了各坑道口的坐标，有必要地进行了试射；各直接瞄准的火炮、迫击炮分别负责各个坑道，重要的大坑道共同负责，有的炮兵分队和坑道里的步兵建立了无线电联络，保障了步兵不时地出坑道袭击敌人和进行反冲击；反冲击不成时，能以炮火掩护我步兵安全地退守坑道，经常地破坏敌在我坑道口外的地堡、发射点和打击敌各种破坏行动，纵深炮兵则以积极的手段，不时地射击敌表面阵地，使敌无法破坏我之坑道，这些措施对我步兵坚守坑道取得胜利起了重大的作用。

（六）对敌坦克做斗争是间接瞄准火炮的任务，是合乎客观要求的。此次战役由于我军防坦克火器少，加之我有坚固的坑道，因此在战役开始前仅组成了 2 个连的防坦克支撑点和 1 个团防坦克地域。虽然敌在进攻时一次最多时使用 40 辆坦克，每日百余辆坦克掩护步兵冲击，但因上甘岭地区地形限制敌坦克行动，因此敌只能沿公路或山下，以直接瞄准射击支援步兵冲击，而我军只有小口径的无坐力炮和火箭筒射程达不到，只好对付敌步兵和保障坑道口，对敌坦克斗争的任务，只有间接瞄准的火炮来担任。在整个战役中共击毁击伤敌坦克 14 辆。这说明，虽不能给敌坦克以重大的打击，但给敌坦克的威胁却不小。

（七）高射炮兵对空掩护起到了很好的作用。在战役过程中高射炮兵的火力使敌机不敢低空大肆活动，加之利用大雾，使我白天能输送物资和弹药。小口径高射炮发射阵地配置在山上，使敌炮兵校射机不敢接近我前沿，保障了地面炮兵的安全。地面炮兵经常压制敌炮，或当敌炮兵压制我高射炮阵地时，地面炮兵能很快压制敌炮，使高射炮得到安全，因此高射炮损失甚微。

（八）炮兵坑道工事是上甘岭地区防御战役能取得稳定性的重要因素之一。从此次战役中，炮兵以坑道为主要射击工事的情况看，直接瞄准射击的火炮所使用的坑道工事是成功的，发扬了火力，减少了损伤，但间接瞄准射击的火炮所使用的坑道工事火炮受到一些损失。其主要原因在于直接瞄准射击的火炮较轻便些，所使用的坑道有较长的甬道，当敌炮射击时，我将火炮拉至甬道里待避，敌不打时，我再拉出来射击；间接瞄准射击的火炮所使用的坑道却不然。当然直接瞄准射击的炮兵，比纵深的炮兵更加小心谨慎些。

坑道工事比野战工事易被敌发现，是因为我坑道工事之射口正位于向敌之山坡上，且山坡较陡，附近地形较开阔，射口大，本不易伪装，又加之发射烟不易消失，所以敌校射机在我前沿 3～5 公里上空，极易发现我坑道工事。野战工事皆位于背敌之山坡上，地形地貌复杂，易隐蔽伪装，故不易为敌校射机发现。

总之，坑道工事虽有不便于实施炮兵机动的缺点，但以人力可以改善进入路的条件，可以克服不便于火炮机动的缺点。在坑道工事附近构筑野战工事，作为经常性的射击工事，必要时才进入坑道工事，也可以克服不便于火力机动的缺点。坑道工事的优点在于能抵抗重磅炸弹，如炮兵第二十团第五连位于城岩里之坑道工事，曾遭敌机多次轰炸，但由于其顶部强大的抗力，我损失轻微。坑道工事另一优点在于能吸引敌炮兵火力，而使我在野战工事里的火炮免遭损失或减少损失。因此坑道工事是增强防御稳定性决不可少的条件之一。

（九）弹药消耗量巨大。此次战役弹药消耗是惊人的、空前的，以122公厘榴弹炮为例，弹药消耗为20.5个基数（每个基数为80发，这是以炮兵第二十团火炮最多时19门来计算的），到战役第三阶段，几乎只有1/2～2/3的火炮参加战斗，其他种火炮大致也如此。所以122榴弹炮有些炮要消耗30～40个基数。由于我大部火炮陈旧射击时超过定限，故有许多火炮射击时发生故障而损坏。更严重的是形成了巨大的弹药浪费，其原因：炮兵发射阵地配置过远；炮兵观察往往依靠步兵，步兵有时对敌情与目标位置报告不确；反冲击时火力急袭不根据目标面积之大小、急袭时间长短来决定所需火炮之多少，而往往用过多火炮、迫击炮急袭同一目标；火炮无烟幕弹在山地情况下试射不易；无精确的测地成果和报告。

附表：

（1）上甘岭地区防御战役，弹药消耗、战果、损失统计表（略）

（2）上甘岭地区防御战役敌我参战炮兵数量和对比表（略）

卢伟如叶景舟合葬碑文

二〇一七年三月立

　　卢伟如　客家人，一九一九年十月生于广东省惠阳县新圩镇约场村。一九三七年二月在惠阳师范学校读书时加入中国共产党，先后任惠阳县委宣传部长、组织部长等职。一九四一年在著名的抢救香港文化人士的"秘密大营救"中任惠州秘密联络站站长。一九四二年加入东江纵队，任大队政治委员、支队长、江南指挥部指挥员等职。一九四六年六月根据国共和谈达成的协议，随东江纵队北撤山东后入华东军政大学学习。毕业后调至解放军华东野战军三纵，先后任步兵副团长、炮兵团长，参加了许昌、开封、洛阳、济南攻坚战以及淮海、渡江、舟山等战役。一九五一年任华东第三炮校训练部部长。一九五二年赴朝鲜参加了著名的上甘岭战役，任炮七师副师长、代理师长。一九五五年到苏联列宁格勒炮兵指挥学院学习。一九六〇年毕业回国后到刚组建的炮兵科学技术研究院任一所所长、副院长。一九六五年任炮兵科研部副部长。一九七〇年至一九八二年先后任炮兵后勤部副部长、副参谋长、副司令员。一九八二年任广州军区副政委。一九八五年一月一七日在革命斗争中壮烈牺牲。卢伟如一生敬业好学、尊重知识和人才，不论在战争环境还是在军队建设的各类工作中都业绩突出，为革命工作鞠躬尽瘁，是我党我军德才兼备的优秀干部。

　　叶景舟（叶锦珠）　客家人，一九二二年五月生于广东省惠阳县淡水镇秋长村的叶氏大家族中。一九三八年二月参加东江抗日救国团的统战工作，同年七月加入中国共产党，后从事妇女和地下工作。一九四一年在抢救文化人的"秘密大营救"中与卢伟如并肩战斗并结为夫妻。一九四三年在东江纵队担任政治指导员。一九四六年六月随东江纵队北撤山东后入华东军政大学学习。毕业后随华东野战军征战南下，任组织干事等职。一九五〇年在南京炮兵司令部幼儿园担任政治指导员。一九五二年十月转业，先后任南京市人事局专职党支部书记、南京电力学校党总支书记、南京农学院系总支书记等职。一九六一年任辽宁省机电设备公司人事科长。一九七一年在北京量具刃具厂任政治部主任，工会主席。一九九一年三月十二日在北京病逝。叶景舟一生朴素乐观，淡泊名利，工作勤恳，生有子女六人，为支持丈夫的工作和哺养教育子女，多次放弃了原有的工作和机会，付出了毕生精力，是一位优秀的妻子和母亲。

附录四
出书后的留存[*]

卢晓衡

（一）2007 年秋，我开始整理保存父母的资料，2008 年 2 月 23 日，小舟将她保存的文字资料交给我（其中多数是我原来转送给她保管的），占用书柜的两层。从第二天（24 日）起，我从中陆续选择并请人打印出来，先搞了个汇编，"4 月 25 日卢山版共 116476 字"（我笔记本上的记录）。

这个数字使我心中有数，为之一振，觉得只要下功夫查找和找人访谈，按最低要求，搞一个 20 万字的"汇编"，肯定能做到，按照更高要求搞成"传略"是可能的。我同时看到，按照最低要求，编辑写作的任务也很重，按照更高要求，任务就很艰巨了。当时的资料情况：

（1）父亲文集只有抢救文化人的回忆录 4000 字、上甘岭战役总结 4000 字（当时采用的缩写本）、"谈谈火炮现代化与立足现代装备打仗"（整理成文的讲话稿）近 4000 字、东纵北撤人员的重要通电（有父亲署名）1000 多字；

（2）父亲的自传（写于 1953 年 3 月 13 日）6000 多字，因是"历史思想自传"，充满尖锐的自我批评，那个年代的政治烙印很重，不宜公开发表，但是内容可用的较多，能用的都用了；

---

    * 本部分内容为：（一）写作札记，包括写作开始时间、主要过程；（二）访问与查询到的资料与情况，应该入书但由于大意而尚未入书的内容与细节，或者不能入书但又值得保存的情况，等等。它们分散在各个笔记本中，集中起来较好查找使用。

（3）纪念文章，如邬强等10人写的1篇5000多字，曹养文章2000多字，另有炮兵团1篇（作者不详）不到2000字，姬广武等3人写的文章近4000字。

以上能够直接入书的文章共8篇2.6万字，离出书标准（约20万字）要求差得很远，有利的是，父亲战友的回忆录中提到父亲情况的文章有很多，如关于"抢救文化人"有廖安祥、陈永、兰造、胡一声、李惠群、李征（"回忆1942年惠淡之行"）等的回忆文章；叶锋回忆录《八十回眸》有北撤前后的资料；还有更多的背景资料，提供了一些情节、背景和线索，可以挖掘。

（二）5月下旬，我与燕毅和小巾、梓房一起去深圳、淡水、惠州和广州，此行先回新圩镇约场乡湾塘村，参观了象山师范学校旧址、深圳市宝安大鹏湾北撤基地；走访问了惠东县平山镇，参加了座谈外，参观了惠阳县简易师范学校旧址，远眺狮朝洞山（父亲入党宣誓的地方，由于要下雨和时间紧，没有上去）；到惠州参观了东湖旅店、水东街、中山公园廖仲恺纪念碑、东征烈士纪念碑、东江码头，西湖公园等地，沿着当年父亲接应护送文化人的路线走了一趟，还收集到一些资料。此行了解、观察了父亲出生、童年、上学的地方。

几个月后，陈主任又和我一起到南京、杭州、舟山调研。

在两年多时间中，除在北京调研、写作以外，我先后3次到广东，分别到惠阳、惠州、惠东、东莞、博罗、深圳和广州等地，访问父亲的战友及他们的夫人和子女、与当地党史办同志座谈、参观东江纵队的3个纪念馆；两次到南京、杭州和舟山，一次到西安，访问父亲的战友、同事、部下，回到北京后还不时给他们去电话，进一步了解和核对情况。我的退休生活主要忙于了解、摘抄、记录、整理、分析、撰稿、改稿等，其中考证史料费时较多。

我的工作得到了父亲战斗和工作过的部队和单位，他的战友、同事、部下以及有关军史和党史方面专家的有力支持，没有他们提供的大量资料和情况介绍，我绝不可能写出书稿，真正的作者应该是他们，我的工作是综合分析以后，按照"求真务实，言而有据"的标准，记录下来，如同历史学家，有一分材料讲一分话。

（三）书出版后的记事

（1）爷爷 1960 年 6 月 21 日葬于南京岗子村公墓墓室宁区 B04（或 804 号）。

（2）父亲生于 1919 年 10 月 25 日。

（3）舅舅于 2008 年 12 月 26 日 17 时病故，享年 86 岁。

（4）据叶锋伯伯说，我的外公叶志球的父亲是他（叶锋）的大哥，故叶锋辈分高卢家子女 4 代。

（5）2010 年 4 月 17 日，袁康说：1943 年 6 月，大队长到"大板岭"村旁的"板岭仔"养病，"板岭仔"这个地方只有一户人家，是客家人，当时由勤务兵和我与他同去，勤务兵负责照顾他，我是警卫员兼对外联系。他得什么病我不知道，只知道他身体不好，总出大汗，休息约半个月。站着的那一张相片肯定是你父亲，但是，我没有看到他照相，也没有见过他穿短裤，照相地点不是休养地点。

（6）2008 年 5 月，袁秘书告知：军区张汝成副政委是父亲任职时的干部部副部长。

（7）象山师范学校边有一寺，名拈花古寺，有机会补参观。

（8）北苑老同志说：201、202、203、205、207 都在一所管理范围，需要补充了解。其中火炮研究转到包头。有的项目，如"新 52"、"82 无坐力炮"都搞成了，还有"水压炮弹"、"弹体新结构"、"超级炮"（口径大、速度快，连接到洲际导弹，弹体由炮兵负责）、107 火箭炮、130 火箭炮都搞成了。

（9）2009 年 12 月，在西安，顾余铨说一所时期 100 公里以内的导弹由炮兵负责，100 公里以上的由航天部搞。卢带队到西安学习，搞"东风一号"。王振涛说：由于孔、卢支持，K31 只用了 4 个月就搞成，是中国出口的第一种开栓炮弹，10mm，80 年出口，每年 40 多万发。1967 年底，205、871 项目上马，是卢一手抓起来的。炮兵研究院为以后发展打基础，主要在人才、组织和机构方面。

（10）《麓水报》有两种，普通（16 开），发到连、排、班；增刊（32

开），仅发营以上干部。

（11）参考书：《儒将石一宸》，作者尚力科，解放军出版社 2002 年 10 月出版。《骁将王吉文》，作者尚力科，中国人事出版社 1992 年 8 月出版，1993 年第二次印刷。《寻找英雄——张明及其战友历史钩沉》，上海文艺出版社 2004 年 5 月出版。

（12）据中国企业政治思想工作协会王毅说，《从黄河到东海》文章的作者可能是魏万雄，他曾在部队，后在经委工作。

（13）2008 年 3 月访问石壁副参议长时，他提到二十四军和"平康前线"，"卢参加了组织指挥所"，也提到万海峰，应该是"突破注字洞南山与纵深出击战"，还说到"十一团配属三营"。

他的看法是：炮七师领导稳重、老练，颜伏在更高层次上处理问题，具体事情卢做得多，他经常与我们这些人在一起，我们一起去看阵地，看观察所，看不到基层的实际情况他不罢休，他是一个实干家，也非常勇敢，留下的印象非常好。

他还说道："现在世界上有名望的权威军事院校没有一家不把上甘岭战役作为战例。"

此外，父亲在被摧毁美军炮兵指挥所前的留影，照片上的英文应是"师火力协调中心"（据王蕴峤介绍）。

（14）会龙楼大门对联：范阳世泽，两晋家声。

初版后记

1985 年 1 月 17 日，父亲卢伟如突然逝世于广州军区副政委的工作岗位上，时年 66 岁。他的一些老战友在看望母亲时郑重提出：卢伟如同志一生经历丰富，贡献很多，应该编写成书，教育后代。不久，他们陆续送来了一些纪念文章和资料。母亲很想完成出书工作，不料在第二年突然身患重症，在顽强抗争 5 年以后，不幸与世长辞。

父亲生前从不向子女讲述他的战斗经历和工作情况，母亲因病来不及向子女讲述，我和弟妹们对此了解甚少，也因忙于工作，没有时间调查了解，编写传记之事搁置了 20 多年。

尽管如此，我们仍然非常注重收集有关父亲的资料。我退休后于 2007 年整理这些资料时发现，父亲生前撰写的文章和他的战友们的纪念文章共 7 万余字，提到他的文章和有关背景资料更多，使我产生编辑撰写父亲传略的想法。

我是长子，有责任替母亲完成她未毕大事。退休前在中国社会科学院机关工作时，我曾经主编过几本书，这是有利方面。但是，我从小生活在广东惠阳淡水镇，由外公和外婆抚养，13 岁才与父母生活在一起，是子女中对父母了解最少的一位，承担写作任务，困难很大。尽管如此，我从懂事起，就听到许多对父亲的赞誉，很想深入了解，知之甚少成了动力。由此，我联系了父亲的几位战友和家乡惠阳党史办，得到鼓励支持，由此开始追寻父亲足迹之旅。

在 1985 年 1 月悼念父亲的日子，我认识了参加追悼会的惠阳县领导与党史办的同志，编写父亲传记是他们的强烈愿望。20 多年后的 2007 年，当我提出可以试试编辑撰写时，当年在党史办工作的青年陈楚明，已经成长为主任，他表示坚决支持，并希望我回惠阳面议。

我抵达惠阳后，受到惠阳区领导的欢迎，陈主任和党史办同志陪同我回到新圩镇约场乡湾塘村，安排我参观父亲学习过的象山师范学校旧址、深圳市宝安大鹏湾北撤基地；陪同我访问惠东县平山镇，受到县党史办主任周桂花和前任主任苏克等的热烈欢迎，除座谈外，还参观了惠阳县简易师范学校旧址，远眺狮朝洞山（父亲入党宣誓的地方，当时下雨，没有上去）；最后来到惠州，受到惠州市领导的欢迎和市党史办洪汉文主任、彭长明副主任等的热情接待，安排我参观东湖旅店、水东街、廖仲恺纪念碑、东征烈士纪念碑、东江码头、西湖公园等地，介绍了当年父亲接应护送文化人路线和活动地点，还送给我不少资料。几个月后，陈主任又和我一起到南京、杭州和舟山调研。

在两年多时间中，除在北京调研写作以外，我先后3次到广东，分别到惠阳、惠州、惠东、东莞、博罗、深圳和广州等地，访问父亲战友和他们的夫人及子女、与当地党史办同志座谈、参观东江纵队的3个纪念馆；两次到南京、杭州和舟山，一次到西安，访问父亲战友、同事、部下，回到北京后还不时通过电话与他们联系，进一步了解和核对情况……我的退休生活主要忙于了解、摘抄、记录、整理、分析、撰稿、改稿等过程，其中查找、考证史料费时很多。

我的工作得到了父亲战斗和工作过的部队和单位，他的战友、同事、部下以及有关军史和党史专家的有力支持，没有他们提供的大量资料和情况介绍，我绝不可能写出书稿，真正的作者应该是他们，我的工作是综合分析以后，按照"求真务实，言而有据"的标准，记录下来，如同历史学家，有一分材料讲一分话。

在此书即将出版之际，我深切感谢原东江纵队干部叶锋和杜襟南两位伯伯，父亲在三大队任政委时的警卫员袁康叔叔，惠阳老战士联谊会会长叶钧叔叔，感谢父亲在东纵后期和华野三纵（包括二十二军）的战友曹养叔叔与他的爱人（也是东纵老战士）和儿子，还有"东纵子弟"，如邬强、刘培、张英、袁康和沈许的子女；深切感谢原华东野战军三纵八师二十三团参谋长方晓伯伯、南京军区档案馆研究员刘苏玲和舟山警备区领导、档案室主任李昌海以及人事科的同志们；深切感谢原第三炮校训练部副部长段仲宇伯伯、参谋耿效仁、教员胡念恭叔叔，以及父母的好友吴正春阿姨；深切感谢原军委炮兵副参谋长、抗美援朝时炮七师十一团团长石壁叔叔，原炮七师政治部宣传科副科长张钊叔叔，《雷霆千里》（炮七师抗美援朝战争回忆录）的主编、原炮七师文书陈孝兴，以及颜伏师长的长子；深切感谢父亲的留苏同学杨宗范、宋志国、门忠义叔叔；深切感谢原炮兵科学技术研究院第一研究所的研究人员和干部王昌仁、郑明达、曹翟、顾余铨、王振涛、蔡寅生，以及曾在一所工作、后任第203研究所所长的中国工程院院士王兴治，还有原副院长胡兴伯伯的儿子；深切感谢原炮兵科研部干部和科研人员张苗余、姬广武、朱盛厚、刘正邦、周绍乾、张国顺、王稼清、闵佩杰等10多位老同志以及原炮兵后勤部干部任禹和等老同志；深切感谢广州军区编研室的领导和同志，以及父亲当年的秘书胡美哉和袁斯福……深切感谢所有为编辑写作提供帮助的人们。

著名的军史专家王辅一将军将他所著的《华东军区、第三野战军简史》送给我，向我介绍父亲所参加战斗的背景和作用，亲切地鼓励我一定要将父亲的传略写好，后来审核了我的华东部分文稿；炮兵学院南京分院原院长王吉勤为我提供了多方面支持帮助，包括审校书稿，对全书的结构与写作提出中肯的意见；父亲在"炮研院"时的秘书姬广武为我组织科研部老同志的座谈会，提供第一研究所老同志的情况和线索，还提供了"重建科研部"、"四清"和"军管"等阶段的素材，审校了本书全文。

如果父亲仍然活着，应该91岁，他在战争年代的许多战友都已不在人世，仍然活着又能够接受访问的人数很少，接受访问，回忆往事，对他们说来，尽管很愿意做，却是一件非常吃力的事情，我为打扰他们的晚年生活而抱歉，也为他们的认真态度和实事求是的作风所感动，并深切地感到：这项工作开始太晚，抢救历史，很有意义。

本书记录了父亲的战斗和工作，也写到他的上级、战友和部下，写到他所在部队、工作单位成长经历，战斗与工作的背景，目的是要说明条件和作用，有利于读者理解，也说明他是打江山、保江山那一代革命前辈的一员，他有如此表现与这个集体息息相关。

　　父亲在 1953 年撰写的《自传》中说道：自入党后就"专心致志于革命事业"，在抗美援朝评军衔的自我鉴定中用"事业心强"概括自己，组织鉴定是"事业心极强"。"专心致志"和"事业心强"是他突出的优点和特点，表现为战争年代的不怕牺牲、智勇双全；和平年代的居安思危、奋力拼搏；作为领导干部的高瞻远瞩、实事求是、艰苦奋斗、敢于拼搏、勇于开拓进取的精神和作风。概括而言是，他们这一代人的超常奋斗、超常付出，取得超常成果，即使在改革开放 30 年多后的今天和未来，都应该值得我们学习。

　　我的弟弟妹妹非常关心支持我的写作，将他们所知道的情况和线索告诉我，帮助查找资料，提出修改意见，解决我因电脑技术较差而带来的种种问题。夫人曾在炮兵部队工作，在采访中记录炮兵作战和科研比我内行，还帮我打字、校对，以"第一读者"身份对书稿提出意见，出力不小。

　　由于我水平所限，本书难免有疏漏和不当之处，敬请读者批评指正。

卢晓衡

2010 年 11 月 24 日

再版后记

　　爷爷卢伟如去世时，我年仅 5 岁，对他的记忆仅是脑海中零星闪现的似是而非的模糊画面。父亲说，爷爷那时调任广州，我与他见面仅寥寥两次。而父亲儿时一直与他的外公外婆生活在老家，且爷爷工作繁忙，因而他对爷爷的了解也有限。"传承"在中国文化中十分重要，了解长辈先人的人生历程，才能清楚地知道自己从哪里来，要如何走下去。我想这是他决心编写爷爷传记的初衷之一。2007 年，我的父亲卢晓衡为完成奶奶未尽之志开始收集整理爷爷生平相关资料。多年参与学术工作的经历使父亲养成了对待信息资料严谨求实的作风。随着手上材料的增多，爷爷波澜壮阔的一生慢慢在他眼前展开，同时也让他意识到调研工作的浩繁以及写作的难度。在此后的 3 年里，他沿着爷爷的生活工作轨迹，逐一走访各地，深入部队和相关单位调查，寻找爷爷的上级、战友、部下及相关人员进行面对面访谈，获得了宝贵翔实的历史资料。这些资料不仅最终促成了本书的成型，为很多历史相关人士的家人提供了珍贵的补充信息，也帮助完善了爷爷故乡的革命史料。本书第一稿作为当时惠阳市"朝阳读书"活动系列丛书之一，2010 年 12 月在中共惠州市委党史研究室和中共惠州市惠阳区委党史研究室协助下由中共党史出版社出版。首次出版后，父亲陆续收到来自各方的意见、建议和补充资料信息。在此后的 5 年间，他再次投入本书的修改工作中。2014 年患冠心病而暂停工作 1 年，2015 年病情稳定后重拾笔耕，直至 2016 年 5 月 24 日，因突发心肌梗死于江苏省昆山市周庄地区去世。我在整理父亲遗留文稿时，发现已修改完成的本书主体稿件。最后修订日期为 2016 年 3 月。2017 年 9 月，二叔（卢伟如次子小可）根据爷爷战友栗从实提供的信息，补充本书第十七章"六　第一代国产东风弹道导弹的研发"。2021 年 8 月，根据故乡家人提供的信息，我代笔补充本书第四章四、五两部分"秘密大营救"中转移茅盾夫妇和邹韬奋事件的部分细节。

我想在那近 10 年的反复调研、整理、撰写和修改书稿过程中，父亲收获的不仅是对爷爷一生的深入了解，也结识了许多父辈经历交集的朋友，更增进了家人之间的联结。对我来说，这本书是了解爷爷传奇一生的窗口，也是父亲留给我的最重要的遗产之一。它让爷爷在我心中的形象具体而丰满起来，让我找到做人做事的准则标杆。

父亲去世后，他生前工作的中国社会科学院牵线，修改后的书稿由社会科学文献出版社协助出版。再次感谢所有为此书的成稿和出版提供帮助的人。

本书作者卢晓衡之女卢笛

2021 年 8 月 7 日

图书在版编目（CIP）数据

走出湾塘 志在卫国：卢伟如的革命人生 / 卢晓衡
著 . -- 北京：社会科学文献出版社，2023.7
ISBN 978 - 7 - 5201 - 9467 - 9

Ⅰ. ①走…　Ⅱ. ①卢…　Ⅲ. ①卢伟如（1919 - 1985）
- 生平事迹　Ⅳ. ①K825.2

中国版本图书馆 CIP 数据核字（2022）第 024531 号

走出湾塘　志在卫国
　　——卢伟如的革命人生

著　　者 / 卢晓衡

出 版 人 / 冀祥德
责任编辑 / 赵　晨
责任印制 / 王京美

出　　版 / 社会科学文献出版社
　　　　　地址：北京市北三环中路甲 29 号院华龙大厦　邮编：100029
　　　　　网址：www. ssap. com. cn
发　　行 / 社会科学文献出版社（010）59367028
印　　装 / 三河市龙林印务有限公司

规　　格 / 开　本：787mm × 1092mm　1/16
　　　　　印　张：24.5　插　页：1　字　数：366 千字
版　　次 / 2023 年 7 月第 1 版　2023 年 7 月第 1 次印刷
书　　号 / ISBN 978 - 7 - 5201 - 9467 - 9
定　　价 / 98.00 元

读者服务电话：4008918866